Landig · (Direkte) Referenz und Starrheit

Anders Landig

(Direkte) Referenz und Starrheit

Über die theoretischen Grundlagen
sprachlicher Bezugnahme

mentis
MÜNSTER

Diese Arbeit wurde gefördert durch ein Promotionsstipendium der
Landesgraduiertenförderung Baden-Württembergs.

Einbandabbildung: © Anders Landig

Bibliografische Information der Deutschen Nationalbibliothek

Die Deutsche Nationalbibliothek verzeichnet diese
Publikation in der Deutschen Nationalbibliografie;
detaillierte bibliografische Daten sind im Internet über
http://dnb.dnb.de abrufbar.

Dissertation der Universität Konstanz
Referenten: Prof. Wolfgang Spohn, Prof. Marcel Weber
Tag der mündlichen Prüfung: 12.02.2016

Gedruckt auf umweltfreundlichem, chlorfrei gebleichtem
und alterungsbeständigem Papier ∞ ISO 9706

© 2016 mentis Verlag GmbH
Eisenbahnstraße 11, 48143 Münster, Germany
www.mentis.de

Alle Rechte vorbehalten. Dieses Werk sowie einzelne Teile desselben sind urheberrechtlich
geschützt. Jede Verwertung in anderen als den gesetzlich zulässigen Fällen ist ohne vorherige
Zustimmung des Verlages nicht zulässig.

Printed in Germany
Einbandgestaltung: Anne Nitsche, Dülmen (www.junit-netzwerk.de)
Wissenschaftlicher Satz: satz&sonders GmbH, Münster (www.satzundsonders.de)
Druck: AZ Druck und Datentechnik GmbH, Kempten
ISBN 978-3-95743-064-9 (Print)
ISBN 978-3-95743-879-9 (E-Book)

Für Julia

Inhaltsverzeichnis

	Danksagung	9
	Einleitung	11
1.	Frege und die semantische Herausforderung	19
2.	Direkte Referenz	27
2.1	Eine Annäherung an direkte Referenz	30
2.2	Was ist direkte Referenz (nicht)?	35
2.3	Direkte Referenz und Wahrheitsbedingungen	44
2.4	Starrheit	51
2.5	Starrheit und Skopus	63
2.6	Starrheit und objektinvolvierende Wahrheitsbedingungen	69
2.7	Probleme hartnäckiger Starrheit	76
2.8	Die Konsequenzen	84
3.	Komplexe Bedeutung	93
3.1	Charakter	94
3.2	Das Autonomie-Problem	96
3.3	Charakter und Referentialität	108
3.4	Gehalt und Referenz: eine formale Semantik für singuläre Propositionen	118
3.5	Kritik an singulären Propositionen	128
3.6	Charaktere und kognitive Relevanz	129
3.7	Referenzbedingungen vs. metalinguistischer Deskriptivismus	133
3.8	Kripkes Argumenten begegnen	136
3.9	Definite Beschreibungen	146
3.10	Zusammenfassung	152
4.	Axiomatische Referenz und propositionale Semantik	155
4.1	Wahrheitstheoretische Semantik	156
4.2	Zwei Argumente gegen direkte Referenz	194
4.3	Zwei Argumente für direkte Referenz	200
4.4	Referentielle Axiome und Starrheit	212
4.5	Konklusion oder: die Lehren der referentiellen Axiome	217

5.	PROPOSITIONALE EINSTELLUNGEN	219
5.1	Kontextsensitivität	223
5.2	Probleme der kontextabhängigen Analysen	230
5.3	Pragmatische Lösungen	236
	KONKLUSION	249
	LITERATUR	251
	PERSONENREGISTER	259

Danksagung

An erster Stelle möchte ich mich herzlich bei meinem Betreuer Prof. Wolfgang Spohn bedanken. Obwohl er mich zu Beginn meiner Promotion davor warnte, dass er nicht viel Zeit für die Betreuung meiner Arbeit haben werde, kann ich ehrlich sagen: seine Prophezeiung hat sich nicht erfüllt. Ich fühlte mich immer gut aufgehoben, er war stets erreichbar und gab mir eine Fülle an wertvollen Kommentaren und Verbesserungsvorschlägen. Ohne ihn hätte diese Dissertation niemals die Qualität erreicht, die sie haben sollte.

Mein besonderer Dank gilt auch Prof. Mark Sainsbury, der mich im Herbst 2014 nach Texas einlud, um die Ergebnisse meiner Arbeit zu diskutieren. Ich habe in erheblichem Maße von diesem Aufenthalt profitiert. Seine Ratschläge und die philosophischen Auseinandersetzungen mit ihm und Prof. Joshua Dever haben meine Sicht geschärft und meine Thesen stark verbessert.

Ein großer Dank gebührt Prof. Marcel Weber. Ursprünglich als Erstbetreuer dieser Arbeit angedacht, waren es dann universitäre Umstände, die unsere Wege trennten. Obwohl wir nicht viel Zeit hatten, über Inhaltliches zu diskutieren, letztlich war er es, der mich motivierte, eine Promotion anzustreben und dafür möchte ich ihm herzlich danken.

Nicht zuletzt möchte ich bei Dr. Jochen Briesen, Wolfgang Schaffarzyk und Thorsten Helfer Danke sagen. Es ist einfach eine unersetzliche Hilfe jemanden zu haben, den man sich zu jeder Zeit beiseitenehmen und mit philosophischen Thesen bombardieren kann. Gleiches gilt für Dr. Martin Rechenauer und die Teilnehmer des Doktorandenkolloquiums von Prof. Spohn. Auch sie gaben mir immer die Möglichkeit, substantielle Punkte meiner Arbeit konstruktiv zu besprechen.

Eine Promotion stellt jeden auch vor emotionale Herausforderungen. Ohne meine Familie, die mich immer unterstützt hat, hätte ich dieser Arbeit vielleicht niemals schreiben können. Der größte Dank gilt meiner Frau Julia. Ohne Dich wäre ich wohl verrückt geworden.

Einleitung

Eine philosophische Arbeit über Referenz muss sich von Anfang an einen Weg durch ein Minenfeld bahnen. Von einer *Normalwissenschaft*, die ihre Zeit hauptsächlich mit dem Lösen von Detailrätseln in der Utopie des Paradigmas verdingt, kann hier nicht einmal annähernd die Rede sein. Das hat auch damit zu tun, dass die verschiedenen zu beachtenden Aspekte einer Philosophie der Referenz mehr als nur Berührungspunkte zu anderen wissenschaftlichen Feldern haben. Linguisten, Psychologen und Kognitionswissenschaftler sind in erheblichem Maße an der Frage interessiert, wie sich Menschen sprachlich die Welt erschließen. In der Verbindung zwischen Bewusstsein und Welt, zwischen Geist und Materie oder zwischen Subjekt und Objekt spielt Sprache vielleicht *die* zentrale Rolle. Und mit ihr *Referenz*.

Referieren ist im linguistischen Sinne die Fähigkeit, ein Objekt in den Diskurs zu heben. Eine fundierte Erklärung, was dabei eigentlich passiert, welche theoretischen Strukturen vorliegen müssen, damit Referenz möglich ist und was überhaupt kommuniziert wird, wenn wir sprachlich die Aufmerksamkeit auf einen Gegenstand lenken, sind sehr schwierige, vor allem aber noch immer relativ offene Fragen. Man stelle sich zur Erläuterung der Problematik folgende Situation vor: Sie berichten einem Kind, dass ihr Freund Peter ein neues Fahrrad besitzt. Sie wählen dazu den Satz »Peter hat ein neues Fahrrad« und verwenden bewusst den Ausdruck »Peter«, um die Konzentration des Kindes auf ihren Freund zu lenken. Allerdings fragt das Kind nun: »Was bedeutet ›Peter‹?« Wie beantwortet man diese Frage? Was haben Sie dem Kind überhaupt mit dem Ausdruck »Peter« mitgeteilt? Mit anderen Worten: wie, warum und auf was *referiert* »Peter«? Ich werde in dieser Arbeit versuchen, diese Fragen unter einer sprachphilosophischen Perspektive zu beantworten. Das heißt, dass vor allem die *Theoriebildung* im Vordergrund steht. Obwohl ich immer wieder ansprechen werde, welche kognitiven und psychologischen Dimensionen Referenzfragen haben, werden wir uns doch stets in einem hochabstrakten Feld bewegen und empirische Untersuchungen ausblenden. Letztere sind in dieser Arbeit auch deswegen nicht vorgesehen, weil das Testen einer Theorie voraussetzt, dass man über eine Theorie *verfügt*. Und bisherige Versuche, entsprechende Modelle zu entwickeln, haben so viele interne Probleme, dass man (mehr als) eine Doktorarbeit über sie schreiben kann.

Meine Herangehensweise ist die folgende: viele Philosophen akzeptieren grundsätzlich die so genannte *Theorie direkter Referenz*. Allerdings gibt es große Unterschiede in Bezug auf ihre Interpretation. Das beste Beispiel dafür bilden Eigennamen wie »Peter«. Hier herrscht ein Konflikt zwischen zwei Schulen: die einen interpretieren die Theorie so, dass sie in Bezug auf Eigennamen nicht mehr und nicht weniger sagen kann, als dass ihre semantische Funktion einzig und allein darin besteht, für ein Objekt zu stehen. Damit würde man mit dem Ausdruck »Peter« keinerlei Informationen *über* Peter kommunizieren. Das ist gut, denn Theorien, welche Bezugnahme von Erfüllungsbedingungen an ein Objekt abhängig machen, sind stark in Verruf geraten. Die andere Schule widerspricht dieser Sicht: nach ihr sind Eigennamen so genannte *indexikalische Ausdrücke*, funktionieren also wie »Ich«, »Du«, »Hier« und »Jetzt«. Das hat den Vorteil, dass ihre semantische Funktionsweise deutlich komplexer als bei ersterem Vorschlag ist und damit eine umfassendere Bedeutungsinterpretation zulässt. Zumindest könnte »Peter« damit die Information übermitteln, dass Peter derjenige ist, der »Peter« genannt wird.

Beide Interpretationen haben ihre Vor- und Nachteile, ihre Anhänger und Kritiker. Ich denke allerdings, dass ich eine Möglichkeit gefunden habe, wie wir die beiden eben genannten Vorschläge verbinden können, ohne einen einzigen ihrer Nachteile einzukaufen und ohne einen ihrer Vorteile zu verlieren. Die Ausarbeitung dieser Möglichkeit ist die Aufgabe meiner Dissertation. Im Vordergrund steht dabei das Ziel, eine Theorie der Referenz von Eigennamen zu entwerfen, die *nicht* indexikalisch ist. Ich werde nicht viel darüber sagen, warum ich die indexikalische Interpretation ablehne. Vielmehr soll meine Arbeit ein Werkzeug bereitstellen, wie man eine befriedigende Theorie direkter Referenz erhalten kann, die eine komplexe(re) bedeutungstheoretische Analyse von Eigennamen erlaubt und dabei die Grundintuition bewahrt, dass Namen eine eigenständige semantische Kategorie bilden.

Mein zentrales argumentatives Element ist der Versuch einer (Teil-)Fusion zweier semantischer Programme: der Theorie direkter Referenz und der wahrheitstheoretischen Semantik. Obwohl ich Letztere scharf kritisieren (und verwerfen) werde, gibt es in der wahrheitstheoretischen Semantik interessanterweise eine Strategie, die man in der Theorie direkter Referenz versäumt hat zu erwägen: Beschreibungen, die wir mit einem Namen verbinden, müssen nicht notwendigerweise Informationen enthalten, die das *Objekt*, auf das referiert wird, erfüllen muss. Man kann stattdessen eine Bedeutungsebene zulassen, unter welcher mit Eigennamen wie »Peter« Kennzeichnungen über den *Namen* allein verbunden werden. Ich werde diese Informationen, die in einem Namen stecken können, *referentielle Axiome* nennen und dafür argumentieren, dass man referentielle Axiome als zusätzliche Bedeutungsebene auch in die Theorie direkter Referenz integrieren kann. Dadurch kann man Namen eine durchaus komplexe Bedeutung zuweisen, ohne dass man Beschreibungen verwendet, die der Referent des Namens erfüllen muss. Man hat dadurch den Vorteil, die *kognitive Relevanz* von

Eigennamen viel umfassender erklären zu können als bisher, ist allerdings nicht gezwungen, Namen beispielsweise als indexikalische Ausdrücke zu interpretieren.

Eine besondere Schwierigkeit in einer Arbeit über Referenz besteht in der Verwendung der zentralen Begrifflichkeiten. Wir werden in dieser Arbeit verschiedene semantische Programme kennenlernen, welche dieselben theoretischen Terme in zum Teil höchst unterschiedlichen Auslegungen verwenden. Klassische Beispiele sind Konzepte wie *Gehalt*, *Bedeutung*, *Intension*, *Proposition* oder *Wahrheitsbedingung*. Ich werde stets versuchen kenntlich zu machen, in welcher Interpretation ich die jeweiligen Begriffe gerade verwende. Das wird vor allem in den einführenden Kapiteln von großer Wichtigkeit sein. Dass ich überhaupt andere Auslegungen vorstelle, hat dialektische Gründe: ich denke, man versteht die Theorie direkter Referenz am besten, wenn man sich verdeutlicht, worin die tiefgreifenden Unterschiede zwischen ihr und ihren Konkurrentinnen (in der Verwendung der theoretischen Terme) bestehen. Die entsprechenden Erläuterungen und Abgrenzungen dienen letztlich der verständlicheren Ausarbeitung meiner eigenen Lesart der zentralen Konzepte. Diese wird spätestens mit Kapitel 3.4 abgeschlossen sein. Wen bereits interessiert, mit welcher Bedeutung ich die wichtigsten theoretischen Terme versehe, kann sich gerne die dortige Zusammenfassung vor dem Lesen der ersten Kapitel ansehen.

Der Forschungsgegenstand dieser Arbeit ist also die Theorie direkter Referenz. Die zentrale Fragestellung lautet: kann man die Theorie direkter Referenz so erweitern, dass Eigennamen in ihr eine komplexe Bedeutung haben, d.h. für *mehr* als nur das Objekt stehen, das sie bezeichnen? Die Frage ist deshalb wichtig, weil die Theorie direkter Referenz erstens die wohl populärste Theorie in Bezug auf Eigennamen ist und weil ihr zweitens immer vorgeworfen wird, eben kaum Räume für eine komplexe Bedeutung von Eigennamen zuzulassen.

Um die zentrale Frage dieser Dissertation zu beantworten, muss man sie in mindestens drei weitere aufteilen:

1. Was ist direkte Referenz?
2. An welcher Stelle (und mit welchen Mitteln) bietet die Theorie die Möglichkeit, Namen eine komplexe Bedeutung zuzuweisen?
3. Wie kann und sollte die zusätzliche Bedeutungsebene aussehen?

Um den ersten Punkt besser ausarbeiten zu können, werde ich in Kapitel 1 eine kontrastierende Theorie vorstellen: den Deskriptivismus von Gottlob Frege. Hier werden wir vor allem kennenlernen, welcher Grundproblematik eine Referenztheorie gegenübersteht, wie eine einflussreiche klassische Lösung aussieht und welche Herausforderungen eine Alternativtheorie meistern muss.

Auch in Kapitel 2 wird es hauptsächlich um die erste Frage gehen: was ist direkte Referenz? Dazu werden in 2.1 einige Grundbegriffe und Ideen vorgestellt, die einen Einstieg in die Diskussion ermöglichen sollen. Aus diesen Erläuterungen versuche ich, eine Definition direkter Referenz abzuleiten. In 2.2 beschreibe ich zunächst, wie das nicht geht, werde dann aber in 2.3 aus meiner vorangegangenen Analyse eine (meiner Meinung nach) treffende Definition entwickeln. In 2.4 beginne ich die Diskussion um ein weiteres zentrales Konzept in der Debatte über Referenz: *Starrheit*. Ich werde hier verschiedene Starrheitskonzeptionen vorstellen und analysieren. Es wird sich herausstellen, dass die so genannte *hartnäckige Starrheit* die fruchtbarste und theoretisch ergiebigste Auslegung des Begriffes ist. Welchen sprachlichen Regeln die Verwendung von starren Ausdrücken gehorcht, werde ich in 2.4 und 2.5 diskutieren. Hier wird sich zeigen, dass die plausibelste Erklärung der Funktionsweise starrer Bezeichner in einer speziellen Generierung von *Wahrheitsbedingungen* liegt. Überraschenderweise wird sich dadurch eine äußerst starke Analogie zu direkter Referenz ergeben: in meiner Auslegung sind Starrheit und direkte Referenz *identisch*. Ich werde Kapitel 2 deswegen mit einer Diskussion von Problemen abschließen, die meiner Interpretation von Starrheit begegnen könnten (2.7) und einer ersten Ausarbeitung der Konsequenzen, die sich durch meine Definitionen direkter Referenz (und Starrheit) ergeben (2.8). Zentral sind hier die Folgen der Identität von Starrheit und direkter Referenz, welche ich in 2.8.1 näher beschreibe, und der Umstand, dass meine Definition direkter Referenz die *globale Substitution* von koreferentiellen Ausdrücken erlaubt (2.8.2).

In Kapitel 3 beschäftige ich mich mit der grundsätzlichen Frage, an welchen Stellen die Theorie direkter Referenz den theoretischen Raum bietet, Namen eine komplexe Bedeutung zuzuweisen. Natürlich wird es hier auch um die Frage gehen, was die Bedeutung und was die *komplexe* Bedeutung nicht nur eines Namens sein könnte. Dazu werde ich in 3.1 zunächst das zentrale Konzept des *Charakters* analysieren. Charaktere gelten in der Theorie direkter Referenz eigentlich nur in Bezug auf indexikalische Ausdrücke als interessant. Wenn man (wie ich) semantisch interessante Charaktere von Eigennamen einführen will, die nicht dazu führen, dass Namen indexikalisch werden, dann muss man etwas dazu sagen, welcher Zusammenhang zwischen Charakter und Kontextsensitivität besteht. Diesen werde ich in 3.2 diskutieren. In 3.3 steht ein Vorschlag von François Recanati im Vordergrund, der Parallelen zu meiner Vorgehensweise aufweist. Auch er versuchte, gewisse (metalinguistische) Hinweise in einen Namen zu integrieren (welche sich nur auf den Ausdruck und nicht auf den Referenten beziehen). Warum ich denke, dass mein Vorschlag eine Generalisierung zu Recanatis ist und welche Unterschiede zwischen uns bestehen, werde ich hier erläutern. Nach diesem Abschnitt folgt das etwas technische Kapitel 3.4, in welchem ich meine

Ergebnisse zusammenfasse und ein umfassendes theoretisches Bild meiner Interpretation von direkter Referenz entwerfe. Vor allem beleuchte ich hier, welche Semantik man für strukturierte singuläre Propositionen benötigt. Detailliert verteidigen werde ich die Konzeption von singulären Propositionen nicht. Welche Probleme ihr entgegenstehen, erwähne ich deshalb nur in 3.5. Bis hierhin sind die grundsätzlichen Thesen über direkte Referenz, mit denen ich arbeite, entwickelt. Mit Kapitel 3.6 beginne ich deshalb, die Vorteile meiner eigenen Auffassung und die Unterschiede zu bereits existierenden herauszuarbeiten. Ich erläutere hier etwas genauer den Zusammenhang, der zwischen Charakteren und kognitiver Relevanz besteht. Welche Möglichkeiten sich durch meine Integration von Referenzaxiomen in die Charaktere von Eigennamen ergeben, sollte hier besonders hervorstechen. Da meine Auffassung impliziert, dass ein Name N die Information übermittelt, der Name von N zu sein, könnte man versucht sein, meine Theorie mit einem metalinguistischen Deskriptivismus zu verwechseln, welcher besagt, dass die (einzige) wichtige Information, die ein Name N in sich trägt, jene ist, N genannt zu werden. In 3.7 beschreibe ich deswegen, warum mein Ansatz kein metalinguistischer Deskriptivismus ist. Dennoch beinhaltet meine Theorie, dass gewisse deskriptive Informationen in einem Namen stecken. Da Saul Kripke berühmte Argumente gegen eine solche These entwickelt hat, argumentiere ich in 3.8, dass seine Argumente meine Version direkter Referenz nicht treffen. Referentielle Axiome in die Charaktere von Eigennamen zu integrieren ist weder zirkulär (3.8.1), hat keine unplausiblen modalen Konsequenzen (3.8.2) und überfordert auch nicht die Kompetenzen und das Wissen von normalen Sprechern (3.8.3). In der Theorie direkter Referenz spielen definite Beschreibungen eher eine untergeordnete Rolle, in einer generellen Philosophie der Referenz sind sie aber äußerst wichtig. In 3.9 gebe ich deshalb einen kurzen Überblick über die Debatte um Kennzeichnungen und erwähne, dass meine Erkenntnisse über die Referenz von Eigennamen auch hier Konsequenzen haben könnten. Mit einer kurzen Zusammenfassung der zentralen Thesen schließe ich dann das Kapitel 3 in 3.10.

Mit Kapitel 4 folgt ein vorübergehender inhaltlicher Bruch in dieser Arbeit. Mein grundsätzliches Ziel, referentielle Axiome in die Theorie direkter Referenz zu integrieren und damit die oben aufgeworfene dritte Frage zu beantworten, kann ich nur erreichen, wenn ich beschreibe, wo referentielle Axiome eigentlich herkommen und was genau sie sind. Beide Punkte lassen sich nur beschreiben, wenn man ein klares Bild der grundsätzlichen Ideen und Thesen der wahrheitstheoretischen Semantik hat. Dieses Bild entwickle ich in 4.1. In 4.1.1 und 4.1.2 behandle ich einerseits die zwei wohl größten Herausforderungen des wahrheitstheoretischen Programms: die Informations- und die Extensionsfrage. Für letztere spielen die referentielle Axiome die zentrale Rolle, offenbaren aber auch eine Schwachstelle des Ansatzes (4.1.3). Die wahrheitstheoretische Semantik ist der propositionalen Semantik, in welcher die Theorie direkter Referenz beheimatet ist, diametral entgegengesetzt. Man könnte sich also fragen, warum man letztere überhaupt braucht, wenn doch erstere genug Raum für referentielle Axiome lässt. Ich beleuchte in 4.2 deshalb zwei Argumente für die wahrheitstheoretische und gegen die propositionale Semantik (und damit auch direkter Referenz). Allerdings wird sich herausstellen, dass beide Argumente nicht haltbar sind. Aus meiner Widerlegung entwickle ich dann zwei Argumente für direkte Referenz und gegen die wahrheitstheoretische Semantik (4.3). In 4.4 entwerfe ich das letzte Argument für direkte Referenz: die wahrheitstheoretische Semantik muss von genau jenen Werkzeugen Gebrauch machen, von denen auch die propositionale Semantik lebt. Referentielle Axiome müssen die Starrheit von Namen berücksichtigen und brauchen daher eine Interpretation durch direkte Referenz. Ich schließe Kapitel 4 dann mit einer Konklusion und Zusammenfassung (4.5).

Die vielleicht stärkste These dieser Arbeit lautet, dass man direkte Referenz so definieren muss, dass sie alle Sätze einschließt, in denen ein direkt referentieller Term vorkommt. Diese These impliziert die globale wahrheitserhaltende Substitution koreferentieller Terme. Viele Philosophen finden diese Konsequenz in Bezug auf Einstellungsberichte problematisch. Letztlich ist sie also auch für mein Vorhaben der größte Prüfstein. Ich habe ihr mit Kapitel 5 deswegen einen eigenen Teil in dieser Dissertation reserviert. In 5.1 betrachte ich die so genannten kontextabhängigen Analysen von Glaubensberichten, welche alle zumindest grundsätzlich mit direkter Referenz kompatibel sind. Es wird sich allerdings zeigen, dass ich mich nicht auf diese Lösungen stützen kann, da sie alle mit meiner Version direkter Referenz inkompatibel sind. In 5.2 beschreibe ich, warum mir das keine größeren Sorgen macht: die kontextabhängigen Analysen haben mit mindestens zwei schwerwiegenden Einwänden zu kämpfen. Welche das sind, erläutere ich an dieser Stelle. Der einzige Ansatz, der mit meiner Auffassung kompatibel ist, ist der pragmatische Ansatz in Bezug auf Glaubensberichte. Allerdings ist er an einigen Stellen noch relativ unausgereift. Ich zeige deshalb in 5.3, wie der pragmatische Ansatz aussieht, warum er plausibel ist und wie meine Theorie direkter Referenz helfen kann, ihn zu vervollständigen.

Die Dissertation schließe ich dann mit einer kurzen Konklusion: meine Erweiterung direkter Referenz mit referentiellen Axiomen bietet große Vorteile in Bezug auf rivalisierende Theorien von Eigennamen.

Ich sollte noch ein kurzes Wort zur Nummerierung der Beispiele verlieren. Auch eine rein theoretische sprachwissenschaftliche Arbeit lebt von Veranschaulichungen der Theorie anhand von Beispielsätzen. Man wird davon viele in dieser Dissertation finden. Es schien mir nicht sehr ratsam, sie chronologisch durchzunummerieren, weil die Zahlen irgendwann sehr hoch geworden wären und dem Verständnis nicht gerade zugetragen hätten – auch weil ich ein und dasselbe Beispiel manchmal wiederhole. Kennzeichnungen von Beispielen sind daher immer nur für ein Kapitel relevant. Beziehe ich mich also in der Arbeit auf einen Beispielsatz, etwa durch »Deshalb scheint Satz (4) unplausibel«, dann berufe ich mich stets auf die jeweilige Nummerierung der Beispiele innerhalb des vorliegenden Kapitels. Ich werde Beispielsätze nie (ohne darauf hinzuweisen) kapitelübergreifend durch Nummerierungen in Zusammenhang bringen.

Die Philosophie der Referenz hat lange Jahre das Bild der Sprachphilosophie grundlegend geprägt. Vor allem in den 1980er und 1990er Jahren gab es eine Flut von Veröffentlichungen. Obwohl das Thema bis heute aktuell ist, konnte man den Eindruck gewinnen, dass sich nach diesem Boom andere Themen in den Vordergrund drängten. Allerdings gab es in den letzten Jahren eine kleine Renaissance. Meine Arbeit reiht sich damit in eine Menge neuer Veröffentlichungen ein, die zum Teil von großer Wichtigkeit sind. Ich will dazu das eher lehrbuchmäßige »Reference« von Barbara Abbott (2010) erwähnen, das ich jedem empfehlen kann, da es einen grundlegenden und alle wichtigen Fragen über Referenz betreffenden Ansatz entwickelt. Für sehr aufschlussreich halte ich auch den Sammelband »Reference and Referring«, herausgegeben von William Kabasenche, Michael O'Rourke und Matthew Slater (2012). Dieser Band bietet eine große Zahl hervorragender Aufsätze über Referenz, von empirischen Fragestellungen über die Pragmatik bis hin zu hochtheoretischen Themen wie die Referenz leerer Namen. Letzteren hat sich auch der wichtige Sammelband »Empty Representations«, herausgegeben von Manuel García-Carpintero und Genoveva Martí (2014), gewidmet. Er bietet eine große Bandbreite an allgemeinem Material über Referenz, weshalb ich ihn uneingeschränkt empfehle. Erwähnen will ich hier auch die Monografie »Referential Mechanics« von Joseph Almog (2014). In der Tradition von Lehrern wie Keith Donnellan und Howard Wettstein empfiehlt Almog in diesem Buch der Philosophie der Referenz eine neue, auf die Interaktion von Sprachpraxen und Wahrnehmung ausgerichtete Herangehensweise. Zuletzt sollte ich auch noch auf den kürzlich erschienenen Band »On Reference«, herausgegeben von Andrea Bianchi (2015), hinweisen. Hier findet man unersetzliches neues Forschungsmaterial über die Referenzfixierung und Semantik von Eigennamen. Zu jedem dieser Bücher (bzw. Aufsätzen aus ihnen) werde ich an den geeigneten Stellen in dieser Dissertation eingehen. Ich denke, dass auch meine Arbeit der Debatte einen wichtigen neuen Impuls gibt. Vielleicht reiht sie sich ja ein in diese Liste der wichtigen Neuerscheinungen. Sollte das der Fall sein, habe ich das Minenfeld der Philosophie der Referenz wohl erfolgreich durchquert.

1.
Frege und die semantische Herausforderung

Referenz, darin ist man sich einig, ist eine spezielle Relation, die zwischen sprachlichen Ausdrücken und Objekten in der Welt besteht. Man ist sich auch einig, dass es diese spezielle Relation gibt: es scheint eine der zentralen Konventionen unserer Sprache zu sein, bestimmte Ausdrücke zu verwenden, um Objekte in den Diskurs zu heben. Diese Funktion der Bezugnahme ermöglicht das gezielte sprachliche Herausgreifen genau eines Objekts unter der gigantischen Anzahl von Einzeldingen in der Welt. Wie diese Funktion aber aussieht, wie man den Mechanismus dahinter beschreiben muss, warum Referenz überhaupt funktioniert, wann sie erfolgreich ist und was uns das über Wahrheit und Bedeutung sagt, all das sind Fragen, die der zum Teil heftig geführten Debatte in der Sprachphilosophie über Bezugnahme zugrunde liegen (und die alles andere als Einigkeit erzeugen). Einen dieser Streitpunkte, um den es im Folgenden gehen soll, kann man wunderbar anhand der folgenden Sätze illustrieren. Er betrifft die Frage, *wie* Ausdrücke referieren, d. h. wie der *Mechanismus* hinter Referenz beschaffen ist.

(1) Stuttgart liegt am Neckar.
(2) Die Hauptstadt Baden-Württembergs liegt am Neckar.
(3) Stuttgart ist die Hauptstadt Baden-Württembergs.
(4) Stuttgart ist Stoccarda.

Jeder dieser Sätze ist wahr. Aber warum? Einer der Gründe scheint zu sein, dass gewisse Ausdrücke in diesen Sätzen Objekte herausgreifen – im Falle dieser Sätze immer ein und dasselbe Objekt, nämlich die Stadt Stuttgart – und diesen erfolgreich gewisse Eigenschaften zugeschrieben werden. Eine alte und sehr erfolgreiche semantische Theorie, die ich die *Frege-Theorie* (natürlich weil sie auf Gottlob Frege zurückgeht) nennen werde, hatte dafür eine umfassende Erklärung. Obwohl es in dieser Arbeit nicht primär um die Frege-Theorie gehen wird, ist es dennoch sinnvoll, sie in einigen Sätzen darzulegen. Erstens lässt sich mit diesem Hintergrund der Kontrast zur *Theorie direkter Referenz* besser verstehen – dem zentralen Forschungsgegenstand dieser Dissertation. Zweitens bietet ein kurzer Überblick über die Frege-Theorie einen guten Einstieg in die allgemeine Problematik vor der wir stehen, wenn wir uns mit Referenz beschäftigen.[1]

---

[1] Ich werde mich in folgender Darstellung der Frege-Theorie hauptsächlich auf Freges monumentalen Aufsatz »Über Sinn und Bedeutung« (1892) konzentrieren.

Eines der semantischen Rätsel, das Frege umtrieb, war die Frage, wie ein Satz wie (4) *informativ* sein kann, wenn er wahr ist. Wenn (4) einfach eine Identitätsrelation zwischen Objekten ausdrückt, so die Sorge Freges, dann besagt er doch letztlich nur, dass Stuttgart mit sich selbst identisch ist. Das ist einerseits wenig informativ. Andererseits gäbe es demnach überhaupt keinen Unterschied mehr zwischen (4) und »Stuttgart ist Stuttgart«. Was durch die Identitätsaussage also ausgedrückt wird, muss etwas anderes sein, zum Beispiel »Dasjenige, das durch den ersten Ausdruck bezeichnet wird, ist identisch zu dem, was mit dem zweiten Ausdruck bezeichnet wird«.[2] Ist diese Aussage wahr, dann kann $a = b$ denselben Wahrheitswert haben wie $a = a$. Umfassend zufrieden war Frege aber auch damit nicht, denn dass Stuttgart Stoccarda ist, ist doch deswegen informativ, weil es eine *empirische Entdeckung* ist – und nicht nur der Hinweis auf die Koreferentialität zweier Namen. Die Lösung auf dieses Rätsel findet sich nach Frege in der Unterscheidung von *Sinn* und *Bedeutung*. Der Sinn eines Zeichens ist nach Frege der *Präsentationsmodus* oder die *Gegebenheitsweise* seines Referenten, d. h. jene Informationen, die man nur mit dem Referenten verbindet. Diese Sinne nennt Frege auch *Gedanken*. Darüber hinaus sagte Frege allerdings nicht viel Positives darüber, was Sinne sind. Er meinte aber nicht einfach etwas, das (willkürlich) mit einem Wort assoziiert wird. Vielmehr sind Sinne objektive Bestandteile einer gemeinsamen Sprache und werden (im Idealfall) von all ihren Sprechern geteilt. Einfach gesagt sind Sinne also konventionell determinierte *Erfüllungsbedingungen*. Die *Bedeutung* der Ausdrücke ist nach Frege einfach dasjenige, auf was sie *referieren*. Die Bedeutung von »Stuttgart« ist also die Stadt Stuttgart. Allerdings hat »Stuttgart« auch einen Sinn, in welchem Informationen darüber stecken, wie uns Stuttgart gegeben ist. Nach Frege gibt es also zwei semantische Werte von Ausdrücken: Sinn und Bedeutung. Die Lösung auf oben genanntes Rätsel lautet nun, dass die Informativität der Identitätsaussage von eben jenen Sinnen rührt:

> Kehren wir nun zu unserem Ausgangspunkte zurück! Wenn wir den Erkenntniswert von »$a = a$« und »$a = b$« im allgemeinen verschieden fanden, so erklärt sich das dadurch, daß für den Erkenntniswert der Sinn des Satzes, nämlich der in ihm ausgedrückte Gedanke, nicht minder in Betracht kommt als seine Bedeutung, das ist sein Wahrheitswert. Wenn nun $a = b$ ist, so ist zwar die Bedeutung von »b« dieselbe wie die von »a« und also auch der Wahrheitswert von »$a = b$« derselbe wie von »$a = a$«. Trotzdem kann der Sinn von »b« von dem Sinn von »a« verschieden sein, und mithin auch der in »$a = b$« ausgedrückte

---

[2] Wie genau Frege die Identitätsrelation interpretiert ist nicht völlig klar, scheint sich auch in verschiedenen Schriften von ihm zu unterscheiden. Eine entsprechende Diskussion findet sich bswp. in Jacquette 2011.

Gedanke verschieden von dem [in] »a = a« ausgedrückt sein; dann haben beide Sätze auch nicht denselben Erkenntniswert. Wenn wir, wie oben, unter »Urteil« verstehen den Fortschritt vom Gedanken zu dessen Wahrheitswert, so werden wir auch sagen, daß die Urteile verschieden sind.

(Frege 1892, S. 46)

Frege führte seine Unterscheidung von Sinn und Bedeutung anhand *singulärer Terme* ein, d.h anhand von Ausdrücken, die sich auf genau einen Gegenstand beziehen (Frege erwähnt hier hauptsächlich definite Beschreibungen). Sie wird aber schnell auch auf Sätze übertragen, wie wir gleich sehen werden. Allerdings ist hier eine terminologische Differenzierung angebracht: Freges Unterscheidung zwischen Sinn und Bedeutung kann man in heutiger Terminologie besser als Unterscheidung zwischen Sinn und *Referenz* ausdrücken. Der Terminus »Bedeutung« ist in Freges Gebrauch nämlich etwas irreführend. So wie der Ausdruck »Bedeutung« heute gebraucht wird, fängt er eher die Ebene der fregeschen Sinne ein. Ich werde mich ab hier dieser Verwendung anschließen, d. h. den Ausdruck »Bedeutung« zunächst intuitiv und ohne technische Konnotation verwenden und Freges Unterscheidung daher immer als Unterscheidung von Sinn und Referenz darstellen.

Nach Frege drücken alle singulären Terme Sinne aus. Der Sinn eines singulären Terms erfüllt dabei mehrere Zwecke: erstens ist der Sinn nach Frege ein zentraler Bestandteil dessen, was ein *Satz* ausdrückt, nämlich einen Gedanken (der Sinn eines Satzes *ist* ein Gedanke). Der Gedanke ist in heutiger Terminologie (grob gesprochen) das, was der Satz bedeutet (wir können der Einfachheit auch sagen: Gedanken sind Wahrheits*bedingungen*[3] von Sätzen, streng zu unterscheiden von Wahrheits*werten*). Der Semantik eines Satzes liegt nach Frege ein Prinzip zugrunde, das von herausragender Wichtigkeit für die Bedeutungslehre im Allgemeinen ist: das Prinzip der Kompositionalität. Kompositionalität besagt generell, dass die Bedeutung eines Satzes eine Funktion der Bedeutungen der einzelnen Teile des Satzes ist (plus syntaktische Regeln). Die Bedeutung eines komplexen Ausdrucks wird also determiniert durch die Bedeutungen seiner Teilausdrücke. Kompositionalität stellt sicher, dass wir nicht die Bedeutungen jedes einzelnen Satzes lernen müssen, sondern sie aus den Bedeutungen seiner Teilausdrücke ableiten können.[4] Da Frege für zwei Ebenen von Bedeutung argumentieren wollte – Sinn und Referenz – ist Kompositionalität für ihn auch ein zwei-Ebenen-Prinzip. Der Sinn eines Satzes wird determiniert durch die Sinne seiner Teilausdrücke, der Referent eines Satzes wird determiniert durch die

---

[3] Genaueres darüber, was Wahrheitsbedingungen sind, folgt im nächsten Kapitel.
[4] Dazu später mehr, vor allem in Kapitel 4.

Referenzen seiner Teilausdrücke (alles plus Syntax). Der Referent eines Satzes ist dabei sein *Wahrheitswert*. Drücken Sätze also Gedanken aus, dann sind die Sinne einzelner Ausdrücke Teile dieser Gedanken. Mit anderen Worten: Sinne sind *kognitiv relevant*.[5] Damit ist das Rätsel der Identitätssätze gelöst: wenn »Stuttgart« und »Stoccarda« sich in ihrem Sinn unterscheiden, dann präsentieren sie den gemeinsamen Referenten auf unterschiedliche Weise. Sobald unterschiedliche Sinne involviert sind, haben wir automatisch unterschiedliche Einflüsse auf Gedanken. Damit ist erklärt, warum (4) informativ ist (bzw. sein kann).

Für diese Arbeit besonders wichtig ist die zweite Funktion, die Sinne von singulären Termen erfüllen: der Sinn (eines singulären Terms) ist der *Begriff* eines Objektes. Die Aufgabe des Begriffs ist, ein Objekt herauszugreifen. Er geht dabei sehr stringent vor: gibt es genau ein Objekt, das die in dem Begriff enthaltenen Beschreibungen und Assoziationen erfüllt, bezieht sich der Term auf genau dieses Objekt. Der Sinn ist also eine Art semantischer Vermittler zwischen einem Ausdruck und einem Objekt. Ein sprachlicher Ausdruck referiert also aufgrund zweierlei Relationen: der zwischen Term und Sinn und der zwischen Sinn und Objekt. Die erste Relation ist semantischer Natur: der Sinn ist – in heutiger Terminologie – die Bedeutung eines Terms (und wird durch ihn ausgedrückt). Die zweite Relation ist empirisch: erfüllt etwas in der Welt den Begriff, greift der Begriff dieses Objekt heraus.

Betrachten wir zur Klärung die Sätze (1) und (2). (1) ist wahr genau dann, wenn der Begriff, den »Stuttgart« ausdrückt, ein Objekt auswählt, das am Neckar liegt. Weil der Sinn von »Stuttgart« wohl enthält, die Hauptstadt Baden-Württembergs zu sein, wählt er ebenjenes Objekt aus, das die entsprechende Hauptstadt ist. Liegt diese am Neckar, ist der Satz wahr.[6] Genauso verhält es sich bei Satz (2): da für Frege definite Beschreibungen ebenfalls singuläre Terme sind und damit referieren, drücken auch sie Sinne aus. »Die Hauptstadt Baden-Württembergs« funktioniert also wie »Stuttgart«: die Referenz des Ausdrucks wird durch den Sinn vermittelt.

Nach der Frege-Theorie ist Referenz also eine Relation zwischen Termen und Objekten, die nur dann zustande kommt, wenn sie durch einen Sinn vermittelt wird:

---

[5] David Kaplan ist der Meinung, dass (aufgrund von Überlegungen in Bezug auf Demonstrativpronomen) Gedanken nicht die angemessenen Träger von kognitiver Relevanz sind. Siehe dazu Kaplan 1989a, S. 501, Fn. 26 und Abschnitt XVII. Siehe ebenfalls Perry 1977 für eine ähnliche Kritik.

[6] Streng genommen sind bei Frege Gedanken die primären Träger von Wahrheit und Falschheit. Der Satz an sich hat also keinen Wahrheitswert, sondern *referiert* auf ihn. Ich werde diese Komplikation hier unterschlagen.

1. Frege und die semantische Herausforderung

> Ein Eigenname (Wort, Zeichen, Zeichenverbindung, Ausdruck) drückt aus seinen Sinn, bedeutet oder bezeichnet seine Bedeutung. Wir drücken mit einem Zeichen dessen Sinn aus und bezeichnen mit ihm dessen Bedeutung.
>
> (Frege 1892, S. 31)

Der Sinn ist in dieser Auffassung das zentrale Element: er ist semantischer und kognitiver Gehalt eines Ausdrucks und dessen Referenzmechanismus *zugleich*. Zudem sind Sinne öffentlich, d. h. frei von subjektiven Vorstellungen. Daraus folgt, dass (3) *a priori* wahr ist, sofern der Sinn von »Stuttgart« bereits enthält, die Hauptstadt Baden-Württembergs zu sein. Mit anderen Worten: nach Frege weiß jeder, der den Ausdruck »Stuttgart« versteht, dass Stuttgart die Hauptstadt Baden-Württembergs ist.

Die theoretische Tragweite der Unterscheidung von Sinn und Referenz eines Ausdrucks kommt, wie gesagt, besonders bei (4) zum Vorschein.[7] Warum erscheint uns dieser Satz intuitiv als informativ? Weil hier, so Frege, ausgesagt wird, dass zwei verschiedene Ausdrücke das gleiche Objekt *auf unterschiedliche Art und Weise präsentieren*: »Stoccarda« präsentiert die Stadt Stuttgart zumindest auf Italienisch, »Stuttgart« auf Deutsch. Deshalb erscheint uns dieser Satz als informativ.

Die Anhänger von Theorien *direkter* Referenz oder auch der *Neuen Theorie der Referenz* widersprechen der Frege-Theorie. Worin, kann man wieder besonders schön an (1) und (2) verdeutlichen. Nach den Anhängern von direkter Referenz täuschte sich Frege in der Annahme, die Wahrheitsbedingungen von Satz (1) und (2) analog beschreiben zu können. *Dass* Frege sie analog beschreiben muss, folgt aus dem Umstand, dass der Sinn von »Stuttgart« eine Information der Art »die Hauptstadt Baden-Württembergs« enthält. Die Kritik an dieser Auffassung lautet nun, dass es in unserer Sprache die Konvention zu geben scheint, dass die Ausdrücke »Stuttgart« und »Die Hauptstadt Baden-Württembergs« verschiedene Funktionen haben: mit »Stuttgart« beziehen wir uns auf die Stadt Stuttgart nämlich auch dann,

---

[7] Die Darstellung von Freges Ansichten ist lückenhaft und stark vereinfacht. Viele Fragen bleiben hier offen, beispielsweise, was genau Sinne sind (und was nicht) und vor allem, welche und wann Ausdrücke die gleichen Sinne haben. Ich denke tatsächlich nicht, dass Freges Theorie Spielraum lässt, die Informativität des Satzes (4) einzuholen, ganz einfach deshalb, weil beide Ausdrücke wohl die gleichen Sinne haben. Allerdings geht es mir an dieser Stelle nicht darum, ein vollständiges Bild der Sprachphilosophie Freges zu entwickeln. Es geht hier nur darum, den Kontrast zu direkten Referenztheorien hervorzuheben. Ich nehme also einfach an, dass Fregeaner behaupten müssen (und Gründe dafür haben), dass (4) informativ ist, weil die Ausdrücke unterschiedliche Sinne haben und gebe mich mit dieser Darstellung zufrieden. Für eine ausführlichere Diskussion von Freges Position siehe beispielsweise Dummett 1981, Evans 1982, Salmon 1986 oder Sainsbury 2001.

wenn Stuttgart nicht (mehr) die *Haupt*stadt Baden-Württembergs ist. Mit »die Hauptstadt Baden-Württembergs« beziehen wir uns dagegen immer auf dasjenige, das die Beschreibung erfüllt, die Hauptstadt Baden-Württembergs zu sein.[8] Ist dem so, müssen die Sätze (1) und (2) aber unterschiedliche Wahrheitsbedingungen haben. Einer der ersten, die das erkannt haben, war Saul Kripke. In seinen berühmten Vorlesungen zu *Naming and Necessity* kam er zu der Einsicht, dass Sätze, die bestimmte Ausdrücke enthalten (Eigennamen wie »Stuttgart« sind hier das paradigmatische Beispiel), spezielle Wahrheitsbedingungen haben.[9] Kripke nannte diese Ausdrücke *starre Bezeichner*. »Stuttgart« ist einer von ihnen. Das kann man sich leicht klar machen. Nehmen wir an, Heilbronn wäre 1952 (als das Land Baden-Württemberg gegründet wurde) zur Hauptstadt ernannt worden. In diesem Fall wäre es kontraintuitiv zu behaupten, dass (1) in diesem Falle wahr ist, weil *Heilbronn* am Neckar liegt (obwohl Heilbronn tatsächlich am Neckar liegt). Das müsste Frege aber zulassen, wenn der Sinn von »Stuttgart« einfach die Hauptstadt Baden-Württembergs herausgreift. Vielmehr scheint es dagegen so zu sein, dass (1) in dieser Situation wahr ist, weil *Stuttgart* am Neckar liegt, und ausschließlich (2) deswegen wahr ist, weil Heilbronn am Neckar liegt. Kripke zog daraus den Schluss, dass die Ausdrücke »Stuttgart« und »die Hauptstadt Baden-Württembergs« ein anderes *modales Profil* haben müssen, d. h. in unterschiedlichen möglichen Situationen unterschiedliche Objekte bezeichnen (können), und deswegen in verschiedene semantische Kategorien fallen: »Stuttgart« ist ein starrer Bezeichner, »die Hauptstadt Baden-Württembergs« nicht. Aber was genau sind starre Bezeichner und was heißt das für die (direkte) Referenz dieser Ausdrücke? Und worin hat man Frege eigentlich widersprochen, wenn man (1) und (2) nicht analog behandelt? Sprechen wir in diesem Fall überhaupt von der Art von Wahrheitsbedingung, die auch Frege vorschwebte? Diese Fragen zu beantworten war seit Kripke das zentrale Thema der Anhänger der Neuen Theorie der Referenz. Im Folgenden werde ich eine Antwort auf diese Fragen zu geben versuchen. Eine wichtige Aufgabe wird dabei sein zu untersuchen, was *direkte* Referenz bedeutet. Es wird sich herausstellen, dass nicht alle Theorien, die in der Forschungslandschaft über den Kamm der direkten Referenz geschoren werden, tatsächlich inhaltlich übereinstimmen. Dort gibt es einige Unterschiede. Die exakte Bestimmung der zentralen theoretischen Bausteine direkter Referenz steht dabei vor der großen Schwierig-

---

[8] Hier gibt es Ausnahmen. Zum Beispiel hat der Satz »Die Hauptstadt Baden-Württembergs könnte nicht die Hauptstadt Baden-Württembergs sein« eine wahre Lesart. Auf diesen Punkt wird später noch im Detail eingegangen, vor allem in Abschnitt 2.5.
[9] Siehe Kripke 1980.

keit, dass eben genau diese grundlegenden Begriffe im Vergleich zu anderen semantischen Theorien völlig unterschiedliche Interpretationen besitzen. Das folgende Kapitel behandelt daher die Klärung genau dieser Begrifflichkeiten.[10]

---

[10] Abschließend werden alle zentralen Begriffe (meiner Interpretation) der Theorie direkter Referent erst mit Ende von Kapitel 3 eingeführt sein. Ich möchte hier vor allem auf Abschnitt 3.4 hinweisen, der eine Zusammenfassung der einzelnen theoretischen Zahnrädchen der Theorie bietet und eine Beschreibung, wie diese ineinander greifen.

2.
Direkte Referenz

Wir haben bereits gesehen, worin sich Vertreter direkter Referenz einig sind: dass die Beispielsätze (1) und (2), die ich im vorherigen Kapitel erwähnt habe, nicht analog interpretiert werden dürfen. Einer der ersten, der aus dieser Einsicht eine Theorie direkter Referenz entwickelt hat, war David Kaplan. Im *Preface* des Aufsatzes »Demonstratives« gibt Kaplan eine vorläufige Charakterisierung dessen, was er unter einer Semantik direkter Referenz versteht: »By this I mean theories of meaning according to which certain singular terms refer directly without the mediation of a Fregean *Sinn* as meaning.« (Kaplan 1989a, S. 483) Schwierig ist hier direkt der Ausdruck »meaning«. Was Kaplan damit meint, könnte man folgendermaßen ausdrücken: direkt referierende Ausdrücke funktionieren nicht einmal ähnlich zu *Beschreibungen*, d. h. sie haben keinen Sinn, welcher der *semantische Gehalt* des Ausdrucks und der Referenzmechanismus *zugleich* ist. Die *Bedeutung* in Kaplans Vorstellung ist dabei der semantische Gehalt: wir können uns ihm annähern als dasjenige, was ein Ausdruck *aussagt*, d. h. als die Information, die er übermitteln soll, wenn er z. B. in einem Satz vorkommt. Diese Information sollte nach Kaplans Meinung jedoch nicht bei allen singulären Termen als fregescher Sinn interpretiert werden. *Singuläre Terme* sind dabei Ausdrücke, die sich sprachlich auf genau ein Objekt beziehen. Nach Kaplan müssen wir also zumindest bei einer Teilmenge von singulären Termen unterscheiden zwischen dem, was sie sprachlich übermitteln und den Gründen, warum und wie sie sich auf genau ein Objekt beziehen. In anderen Worten: wir müssen hier zwischen semantischem Gehalt und Referenzmechanismus unterscheiden. Die Ausdrücke, bei denen diese Unterscheidung nötig ist, sind die *direkt referierenden* Ausdrücke. Deswegen dürfen (1) und (2) nach Kaplan auch nicht analog interpretiert werden, da »Stuttgart« so ein direkt referierender Ausdruck ist. Wenn es also solche Ausdrücke gibt (deren semantischer Gehalt nicht ihr Referenzmechanismus ist), dann zerbricht auch die semantische Dreiecksbeziehung von Frege, die im vorigen Kapitel zur Sprache kam: es ist dann falsch, dass singuläre Terme grundsätzlich semantische Gehalte ausdrücken, nämlich Sinne, die wiederum die Referenten *herausgreifen*. Die These, dass man die Identifikation von Referenzmechanismus und semantischem Gehalt bei singulären Termen (wie etwa Eigennamen) aufgeben muss, eignet sich hervorragend als Ausgangspunkt für eine Analyse direkter Referenz, denn diese These eint alle entsprechenden Ansätze. In der positiven Ausgestaltung dieser Grundhaltung offenbaren sich allerdings einige inhaltliche Unterschiede. Worin diese Unterschiede und Gemeinsamkeiten bestehen, werde ich im Detail ausarbeiten. Eine zentrale Rolle in meiner Analyse wird dabei folgende Überlegung spielen: wenn man die semantische Dreiecksbeziehung von Frege in Frage stellt, dann muss man auf (mindestens) zwei *verschiedene* Thesen von Frege reagieren. Erstens muss man gegen die These argumentieren, dass die Referenzrelation immer durch einen Sinn vermittelt wird, d. h., dass mit Ausdrücken systematisch semantische Gehalte (z. B. Präsentationsmodi) assoziiert werden, die dann in jeder Situation den Referenten herausgreifen. Zweitens muss man auf die These des semantischen Gehalts an sich Bezug nehmen. Was ist der semantische Gehalt?

Ich hatte oben bereits angedeutet, dass die Theorie direkter Referenz in ihrer Interpretation zentraler Begriffe mit anderen semantischen Theorien in Konflikt gerät. Obwohl wir erst eine relativ rudimentäre Charakterisierung direkter Referenz kennengelernt haben, ist bereits ersichtlich wo und wie dieser Konflikt entsteht: auch wenn wir nur bei einigen simplen Ausdrücken den semantischen Gehalt von ihrem Referenzmechanismus trennen: wir bekommen unmittelbar Schwierigkeiten mit der Frage, wie wir den Gehalt eines *Satzes* interpretieren müssen.

Nach Frege muss man dasjenige, was ein Satz ausdrückt, scharf davon trennen, worauf der Satz referiert, nämlich auf einen Wahrheitswert. Will man diese (weitestgehend akzeptierte) Trennung beibehalten, muss man die Frage beantworten, was ein Satz denn *ausdrückt*. Bei Frege waren es Gedanken. Ich hatte diese Gedanken oben mit *Wahrheitsbedingungen* gleichgesetzt. Ob Gedanken tatsächlich identisch zu Wahrheitsbedingungen sind, kann hier nicht diskutiert werden. *Dass* allerdings Sätze tatsächlich Wahrheitsbedingungen ausdrücken – und was letztere eigentlich sind –, kann man sich folgendermaßen plausibel machen: wenn wir die Bedeutung eines Satzes kennen, dann scheint man nur noch die relevanten Fakten bezüglich der Welt in Erfahrung bringen zu müssen, um entscheiden zu können, ob der Satz wahr oder falsch ist. Umgekehrt scheint es plausibel zu behaupten, dass wenn wir über alle relevanten Fakten verfügen aber nicht wissen, ob der Satz wahr oder falsch ist, wir wohl die Bedeutung des Satzes nicht kennen. Wenn wir also die Bedingungen angeben können, *wann ein Satz wahr ist*, scheinen wir ihn erstens verstanden zu haben und übermitteln zweitens, wenn wir den Satz äußern, Informationen über die Welt. All das scheint dafür zu sprechen, dass Sätze Wahrheitsbedingungen ausdrücken.

In weiten Teilen der Literatur, vor allem in der mögliche-Welt-Semantik, werden Wahrheitsbedingungen mit *Propositionen* gleichgesetzt. Nach der mögliche-Welt-Konzeption sind Propositionen *Mengen von möglichen Welten*, bzw. Funktionen von möglichen Welten auf Wahrheitswerte. Diese Sicht passt gut mit der generellen Auffassung über *Intensionen* zusammen. Die Intension eines singulären Terms, z. B. einer definiten Beschreibung wie

2. Direkte Referenz

»die Hauptstadt Baden-Württembergs«, ist eine Funktion, die in jeder möglichen Welt dasjenige auswählt, das in dieser Welt die Hauptstadt Baden-Württembergs ist. Die Intension eines singulären Terms wird öfter auch »Individualkonzept« genannt (*individual concept*).[11] Intensionen sind formal also Funktionen von möglichen Welten auf *Extensionen* und sind damit eine Art formaler Analyse von fregeschen Sinnen.[12] Die Extension eines einfachen Ausdrucks ist sein Referent; die eines Prädikates ist normalerweise die Menge an Dingen, auf die das Prädikat anwendbar ist; die Extension eines Satzes ist sein Wahrheitswert. Intensionen von Sätzen sind demnach Funktionen von möglichen Welten in Wahrheitswerte. Auch das scheint wunderbar analog zu Freges Auffassung zu sein. Wenn Propositionen also die Bedeutungen (bzw. semantischen Gehalte) von Sätzen sind und man Propositionen wiederum mit den Intensionen der Sätze identifiziert, dann ist die Bedeutung eines Satzes eine Funktion von möglichen Welten in Wahrheitswerte. Das entspricht der gängigen Ansicht, dass die Bedeutung eines Satzes in der Angabe seiner Wahrheitsbedingungen liegt – letztere sind dann der *Gehalt* eines Satzes.

Zurück zur direkten Referenz. Folgendes Problem tritt nun auf: wir hatten bereits gesehen, dass wenn man Frege widerspricht, man etwas darüber sagen muss, was der semantische Gehalt eines singulären (direkt referierenden) Terms eigentlich ist. Akzeptieren wir die Analogie von Sinn und Intension, dann kann der Gehalt eines direkt referierenden Ausdrucks nämlich keine Intension sein. Aber wenn es Ausdrücke gibt, die keine Intensionen (als Gehalte) haben, wie sollen dann *Sätze*, die diese Ausdrücke enthalten, Intensionen ausdrücken? Man muss also darlegen, wie und warum die Wahrheitsbedingungen bzw. Propositionen von *Sätzen* nicht immer deskriptivistisch interpretiert werden dürfen, d. h. weder aus Mengen von möglichen Welten bestehen noch ausschließlich Sinne (oder Intensionen) als Bestandteile aufweisen. Wenn es also stimmt, dass es Ausdrücke gibt, die nicht durch dasjenige referieren, das *gleichzeitig* ihr semantischer Gehalt ist, dann muss man ebenfalls eine andere Konzeption von Propositionen entwickeln als Frege (bzw. als die sehr weit verbreitete Analyse von Propositionen als Mengen von möglichen Welten).

Ich denke, aus diesen kurzen Ausführungen wird bereits ersichtlich, wie weitreichend das Programm direkter Referenz ist. Es sollte auch klar geworden sein, wie wichtig es ist, vertraute theoretischen Konzepte – wie etwa *semantischer Gehalt, Intension, Bedeutung* oder *Proposition* – völlig neu zu

---

[11] Es gibt zwei verschiedene Arten von Individualkonzepten. *Variable* Individualkonzepte sind solche, die in verschiedenen Welten verschiedene Extensionen haben können, z. B. definite Beschreibungen. Ein *konstantes* Individualkonzept ist eine Funktion, die die gleiche Entität aus jeder möglichen Welt herausgreift, also z. B. Eigennamen. Siehe dazu Abbott 2010 und 2011.
[12] Vgl. dazu Abbott 2010, S. 61.

denken und sie nicht im Sinne einer von Frege inspirierten Tradition zu deuten. Wie genau wir sie verstehen müssen und wie ihre Zusammenhänge sind, werde ich in den nächsten Kapiteln im Detail erläutern. Der Ausgangspunkt wird dabei die folgende – fundamentale – Frage sein: was ist der semantische Gehalt eines direkt referierenden Ausdrucks? Ich werde in 2.1 und 2.2 dafür argumentieren, dass man in Bezug auf diese Frage eine Gemeinsamkeit unter den verschiedenen Formulierungen direkter Referenz finden kann. Ausgehend von dieser Gemeinsamkeit werde ich in 2.3 eine präzise Definition davon liefern, was es heißt, ein direkt referierender Ausdruck zu sein. Es wird sich dann aber zeigen, dass es eine interessante Analogie zur Definition von Starrheit gibt, welche ich in 2.4, 2.5 und 2.6 ausarbeite: direkte Referenz und Starrheit sind *identisch*. Damit sollte die Frage, was direkte Referenz genau ist, beantwortet sein. Ich werde dann in 2.7 einige Probleme meiner Konzeption besprechen und in 2.8 die weiteren Konsequenzen beleuchten.

2.1 Eine Annäherung an direkte Referenz

Wenn man sich Beiträge zur Debatte um die Theorie direkter Referenz ansieht, dann fällt schnell auf, dass viele Diskussionen in einer der folgenden beiden Weisen geführt werden: entweder wird ein neues Problem für die Theorie präsentiert, oder eine Lösung auf ein bekanntes. Das hat (auch) zu einer starken Auswucherung von Theorien von Eigennamen, indexikalischen Ausdrücken und Propositionen geführt. Allerdings ist es erstaunlicherweise relativ unklar, was direkte Referenz eigentlich *ist*. Wie wir gleich sehen, werden wechselseitig verschiedene Beschreibungen verwendet, um die Theorie zu charakterisieren. Tatsächlich sind die wenigsten dieser Definitionen äquivalent und haben zum Teil stark voneinander abweichende Implikationen. Wenn dann ein Problem der Theorie direkter Referenz diskutiert wird, wird oft einfach angenommen, dass die Theorie dieses Problem auch tatsächlich impliziert.

Mein Ansatz in dieser Arbeit hat (zunächst) einen anderen Fokus. Ich will untersuchen, was eigentlich alles unter den Begriff *direkte Referenz* fällt: ich analysiere verschiedene Interpretationen, zeige ihre Verbindungen zu anderen theoretischen Konzepten und präsentiere am Ende eine rein *semantische* Charakterisierung direkter Referenz. Erst wenn wir wissen, was direkte Referenz ist, können wir nämlich untersuchen, welche Probleme sie hat.

Also, woher kommt die Theorie *direkter* Referenz? In einer reinen (oder naiven) *referentiellen Semantik* ist der einzige semantische Wert, den ein sprachlicher Ausdruck – sei es ein einzelnes Wort oder ein ganzer Satz – hat, der Referent des Ausdrucks. Die einzige Bedeutung eines Satzes ist demnach sein Wahrheitswert, denn der Referent eines Satzes *ist* sein Wahrheitswert.

Dieser Ansatz hat viele Nachteile. Zum Beispiel kann eine rein referentielle Semantik nicht erklären, dass und warum verschiedene Sätze, die den gleichen Wahrheitswert haben, unterschiedliche Bedeutungen haben.[13] Dass die Beispielsätze (1)–(4), die ich Anfangs gegeben habe, alle die gleiche Bedeutung haben, ist wohl nicht nur kontraintuitiv, sondern einfach falsch. Aus diesem Grund werden in weiten Teilen der Semantik Ausdrücken nicht nur Referenten, sondern auch *Gehalte* zugewiesen.[14] Der Gehalt eines Satzes ist dann die Proposition, die er ausdrückt und der Gehalt eines simplen Ausdrucks dasjenige, das er zu der Proposition beiträgt. Das alles hatten wir beispielsweise oben schon bei Frege etwas genauer betrachtet. Ich werde im Folgenden alle Semantiken, die Ausdrücken spezielle Gehalte zuweisen, *propositionale Semantiken* nennen. Die Theorie direkter Referenz ist ebenfalls eine propositionale Semantik, allerdings unterscheidet sie sich eben fundamental zu Freges Theorie, weil sie die Gehalte von Ausdrücken völlig anders interpretiert. Dazu gleich mehr.

Auch wenn wir semantische Werte um eine Dimension erweitern – d. h. Referent *plus* Gehalt – gibt es immer noch (mindestens) ein Problem: die Zuweisung von Gehalten reicht nicht aus, um die Bedeutungseigenschaften *aller* Ausdrücke einzufangen. Besonders *indexikalische* Ausrücke sind hier zu nennen. Indexikalische Ausdrücke sind solche, die zwar scheinbar eine allgemein gültige Bedeutung haben, bei denen man aber nicht weiß, was sie (vollständig) aussagen, ohne über Informationen darüber zu verfügen, in welchem Kontext sie geäußert werden – ihr Gehalt ändert sich nämlich von Kontext zu Kontext.[15] Ein Beispiel ist der Ausdruck »Ich«. Einem Satz (oder einer Äußerung), der (bzw. die) diesen Ausdruck enthält, kann man nur dann eine Wahrheitsbedingung zuweisen, wenn man zusätzlich über die Information verfügt, *wer* ihn geschrieben (oder geäußert) hat. Allerdings ergibt sich nun folgendes Problem: indexikalischen Ausdrücken Gehalte zuzuweisen wird nicht ausreichen, um ihre semantische Funktionsweise vollständig zu entschlüsseln. Wir könnten nämlich einerseits sagen,

---

[13] Was natürlich auch Frege erkannt und gelöst hat.

[14] Eine berühmte Ausnahme ist die *wahrheitstheoretische Semantik*, die ich in Kapitel 4 diskutiere.

[15] Das ist noch keine besonders schöne Definition von indexikalischen Ausdrücken. Dazu später mehr. »Bank« ist übrigens nicht indexikalisch, sondern einfach mehrdeutig. Den Unterschied kann man sich folgendermaßen klar machen: kommt in einem Satz das Wort »Bank« vor, zum Beispiel in »Ich werde mir eine Bank kaufen«, dann brauchen wir Kontextinformationen darüber, welches *Wort* eigentlich in dem Satz vorkommt: das für das Geldinstitut, oder das für die Sitzgelegenheit? Wir benötigen also eher deskriptive Hinweise über die Ausdrücke, und weniger die Angabe von Individuen (d. h. Referenten). Bei »Ich« verhält es sich anders: hier ist völlig klar, welches Wort geäußert wurde. Nur benötigen wir Kontextinformationen, um den *Referenten* des Ausdrucks zu bestimmen. Wir müssen den Referenten identifizieren, um zu verstehen, wer sich eine Bank kaufen will.

dass der Gehalt des Ausdrucks »Ich« eine Art Beschreibung ist, zum Beispiel »derjenige, der spricht oder schreibt«. Der Referent des Ausdrucks wäre dann eben derjenige, der diese Beschreibung erfüllt. In diesem Fall können wir nicht die semantische Relevanz davon erklären, dass der Ausdruck in unterschiedlichen Kontexten unterschiedliche Referenten hat: das, was der Term ausdrückt, wäre immer das Gleiche (weil er zu der Proposition eines Satzes eben nur diese Beschreibung beitragen würde). Sagen wir aber, der Gehalt des Ausdrucks ist schlicht sein Referent, dann können wir nicht erklären, dass ein kompetenter Deutschsprecher in gewisser Weise einen Satz wie »Ich habe ein Auto gekauft« versteht, ohne dass er spezielle Informationen über den Äußerungskontext hat. Wir könnten ebenfalls nicht erklären, warum die Bedeutung von »Ich« so beschaffen ist, dass sie uns die Art und Weise, wie wir den Referenten des Ausdrucks bestimmen können, bereitstellt (und dass diese Information semantisch relevant ist).

In *Demonstratives* entwickelte David Kaplan eine Theorie, die mit genau diesen Phänomenen umgehen kann.[16] Die Semantik, Logik, Erkenntnistheorie und Metaphysik von indexikalischen Ausdrücken schlüsselt Kaplan auf, indem er indexikalischen Ausdrücken *Charaktere* zuweist. Letztere werden in der Literatur gerne folgendermaßen erläutert: Charaktere sind formal Funktionen von *Äußerungs*kontexten auf Gehalte. Charaktere sind also so beschaffen, dass sie für jeden gegebenen Äußerungskontext bestimmen, welchen semantischen Beitrag der Ausdruck zu einer Proposition leistet. Diesen Beitrag, d. h. der Gehalt, kann man zunächst als eine Funktion von *Auswertungs*kontexten auf Extensionen repräsentieren. Der Gehalt bestimmt also für jede Situation, für die wir uns fragen, was der Gehalt des Gesagten in ihr *wäre*, was die Extension in dieser Auswertungssituation *ist* (warum das wichtig ist, werden wir gleich sehen). Die Extension ist bei indexikalischen Ausdrücken ein Referent und bei Sätzen ein Wahrheitswert (wie oben auch). Das heißt also: ein Charakter ist eine Funktion von Äußerungskontexten auf eine Funktion von Auswertungskontexten in Extensionen.[17] Interpretiert man diese Funktionen als Intensionen, klingt das alles noch sehr ähnlich zur

---

[16] Siehe Kaplan 1989a.
[17] Das ist zwar die gängige Rekonstruktion, ist aber zu voreilig. Man muss Gehalte nicht als Funktionen interpretieren. Das ist nur eine mögliche formale Repräsentation. Tatsächlich scheint die Rede von Gehalten als Funktionen eine mögliche-Welt-Semantik vorauszusetzen, was ein interessantes Problem darstellt, denn das ist nicht der Rahmen, in dem die Theorie direkter Referenz agieren will. Ich werde mich später von dieser Formulierung distanzieren. Genau genommen sollten wir in einer Semantik für *direkt* referierende Ausdrücke Gehalte nicht *als* Funktionen interpretieren, sondern als (strukturierte abstrakte) Entitäten, die *Intensionen* haben, d. h. Funktionen *ausdrücken*. Siehe dazu das Kapitel über die formale Semantik singulärer Propositionen (3.4). In diesem Abschnitt wird ausführlich dargelegt, wie wir die Semantik direkter Referenz (auch formal) charakterisieren müssen.

oben beschriebenen mögliche-Welt-Semantik. Dieses Bild werden wir jedoch gleich relativieren müssen.

Wichtig ist zunächst, dass der Charakter als Teil der Bedeutung eines Ausdrucks aufgefasst wird. Die Bedeutung eines Ausdrucks, der einen Charakter hat, ist dann nicht (nur) dasjenige, worauf er in einem gegebenen Äußerungskontext referiert, sondern ist auch eine *Regel*, die uns sagt, was der Referent wäre, wäre die Welt so wie der Auswertungskontext sie beschreibt. Kurz gesagt: ein Charakter ist eine Regel, die in einem Äußerungskontext den Referenten für alle *kontrafaktischen Situationen* determiniert. Vertritt man eine solche Auffassung, gibt es (zunächst) also *drei* semantische Werte: Charakter, Gehalt und Extension. Dieser Ansatz stellt eine Antwort auf das oben genannte Problem bereit: wenn indexikalische Ausdrücke wie »Ich« einen Charakter haben, dann können wir erklären, warum beides für dessen Bedeutung relevant ist: die Art und Weise, wie wir für »Ich« einen Referenten bestimmen und sein vom Charakter verschiedener Gehalt.

Was ebenfalls sehr wichtig ist und uns interessierten sollte, ist, dass Kaplan dachte, dass seine Auffassung über die Semantik von indexikalischen Ausdrücken ebenfalls dazu geeignet sei, die Semantik von *Eigennamen* zu erklären – obwohl er ausdrücklich verneinte, dass Eigennamen indexikalische Ausdrücke *sind*. Er schreibt in *Demonstratives*:

> In earlier sections of this paper I have tried to show that many of the metaphysical and epistemological anomalies involving proper names had counterparts involving indexicals, and further that in the case of indexicals these wonders are easily explained by an obvious theory. Insofar as I am correct in regarding the anomalies as counterparts, the theory of indexicals may help to break down unwarranted resistance to the causal chain theory. It may also suggest the form of a general semantical and epistemological scheme comprehending both indexicals and proper names. (Kaplan 1989a, S. 563)

Die zentrale Anomalie bei Eigennamen, von der Kaplan hier spricht, ist, so denke ich, der Umstand, dass Namen *völlig ungeachtet* des Äußerungskontexts in allen Auswertungssituationen den gleichen Referenten haben. Seine Erklärung für diesen Umstand besteht in der Beobachtung, dass Namen, wie indexikalische Ausdrücke auch, *direkt* referieren:

> I believe that proper names, like variables, are directly referential. They are not, in general, strongly rigid designators nor are they rigid designators in the original sense. What is characteristic of directly referential terms is that the designatum (referent) determines the propositional component rather than the propositional component, along with a circumstance, determining the designatum. It is for this reason that a directly referential term that designates a contingently existing object will still be a rigid designator in the modified sense. The propositional component need not choose its designatum from

those offered by a passing circumstance; it has already secured its designatum before the encounter with the circumstance.

When we think in terms of possible world semantics this fundamental distinction becomes subliminal. This is because the style of the semantical rules obscures the distinction and makes it appear that directly referential terms differ from ordinary definite descriptions only in that the propositional component in the former case must be a constant function of circumstances. In actual fact, the referent, in a circumstance, of a directly referential term is simply independent of the circumstance and is no more a function (constant or otherwise) of circumstance, than my action is a function of your desires when I decide to do it whether you like it or not. The distinction that is obscured by the style of possible world semantics is dramatized by the structured propositions picture. That is part of the reason why I like it.   (Kaplan 1989a, S. 497)

Diese Textstelle ist absolut bemerkenswert. In wenigen Zeilen wird hier der gesamte metaphysische und semantische Apparat direkt referierender Ausdrücke entworfen. Zum Beispiel wird bereits ersichtlich, dass die oben gegebene Annäherung an Gehalte durch Funktionen nicht Kaplans bevorzugten Ansichten entspricht. Wir werden dieses Zitat also sorgfältig analysieren müssen, nicht nur um Kaplans Ansichten zu verstehen. Letztlich ist meine *gesamte* Arbeit der Versuch, aus diesen Zeilen eine kohärente und erklärungsstarke Theorie direkter Referenz zu entwerfen. Dazu ist es unumgänglich, die zentralen Begriffe, die Kaplan verwendet, zu untersuchen. Die erste Schlüsselfrage, der ich mich dabei stellen möchte, lautet: Was ist direkte Referenz und wie hängt sie mit dem Konzept der Starrheit zusammen? In diesem Zusammenhang nähere ich mich auch daran an, wie wir Gehalte verstehen sollten.

Ich werde im Folgenden zunächst argumentieren, dass Kaplans Rahmenwerk (und mit ihm weite Teile der Literatur) eine epistemologische mit einer semantischen Charakterisierung von direkter Referenz vermischt. Das führte dazu, dass man übersehen hat, dass es eine Interpretation von direkter Referenz gibt, die zu einer bestimmten Form der Starrheit äquivalent ist. Ich werde die theoretischen Implikationen, die sich aus dieser Identifikation ergeben, genau erforschen und argumentieren, dass die semantische Version direkter Referenz einige der Probleme, die generell mit direkter Referenz assoziiert werden, nicht impliziert. Diese Argumentation wird gleichzeitig aufdecken, warum ich denke, dass Kaplans Rahmenwerk unbefriedigend ist, dass und wie es aber möglich ist, eine befriedigendere Theorie referentieller Ausdrücke zu entwickeln ohne die Kernthesen Kaplans zu verletzen. Diese Erweiterung wird darin bestehen, Eigennamen eine *komplexe Bedeutung* zuzuweisen. Wie genau wir diese Erweiterung ausbuchstabieren müssen und welche Konsequenzen sie hat, werde ich dann in späteren Kapiteln darlegen.

2.2 Was ist direkte Referenz (nicht)?

Der erste Begriff, um den wir uns kümmern sollten, ist natürlich *direkte Referenz*. Das Zitat Kaplans enthält bereits mehrere Charakterisierungen. Zwei davon treten sehr häufig in der Literatur auf. Die erste bezieht sich auf die (scheinbare) Ähnlichkeit von direkt referierenden Ausdrücken und *Variablen*. Die zweite populäre Charakterisierung, die uns Kaplan anbietet, bezieht sich auf die zentrale Rolle der Relation zwischen Referenten und *propositionalen Bestandteilen*. Allerdings findet sich noch eine dritte Bestimmung in dem erwähnten Zitat. Sie ist nach meiner Sicht die treffendste, wird aber in dieser Form kaum genauer diskutiert: direkt referierende Ausdrücke sind nach Kaplan starre Bezeichner »in the modified sense«. Was genau das bedeuten soll, wird uns noch im Detail beschäftigen.

Die Suche nach einer Antwort auf die Frage, was genau direkte Referenz denn sei, sollte man meiner Meinung nach aber nicht bei Kaplan *beginnen*. Die zentralen Konzepte, die in der Debatte um direkte Referenz verwendet werden und in Kaplans Zitat die entscheidenden Rollen spielen, versteht man am besten, wenn man sich eine spezielle Debatte vor Augen führt, die Anfang des 20. Jahrhunderts zwischen Betrand Russell und Gottlob Frege geführt wurde. Russell und Frege stritten sich um die Frage, welche Bestandteile *Gedanken* haben (können). Ich werde also mit der Analyse eines Zitats von Russell beginnen, in welchem bereits einschlägige Charakterisierungen von direkter Referenz auftauchen. Danach werde ich auf Kaplan zurückkommen und nach Ähnlichkeiten zwischen den verschiedenen Definitionen suchen.

In seinem berühmten Aufsatz »Knowledge by Acquaintance and Knowledge by Description« schreibt Russell:

> Suppose some statement made about Bismarck. Assuming that there is such a thing as direct acquaintance with oneself, Bismarck himself might have used his name directly to designate the particular person with whom he was acquainted. In this case, if he made a judgment about himself, he himself might be a constituent of the judgment. Here the proper name has the direct use which it always wishes to have, as simply standing for a certain object, and not for a description of the object. (Russell 1910/1911, S. 114)

In diesem Zitat finden wir eine metaphysische, epistemologische und semantische Beschreibung direkter Referenz. Wenn sich ein Name *direkt* auf einen Gegenstand bezieht, dann wurde er auf eine spezielle Art und Weise *verwendet*. Er wurde verwendet, um etwas zu bezeichnen, mit dem der Sprecher bekannt (*acquainted*) ist – in der Philosophie Bertrand Russells können das Objekte, Sinnesdaten, oder Begriffe sein. Direkte Referenz darüber zu definieren, ob der Sprecher in einer Bekanntheits-Relation mit dem Referenzobjekt steht, ist sicherlich eine epistemologische Charakterisierung. Sie sollte allerdings nicht *pragmatisch* verstanden werden: ob ein Ausdruck direkt referiert hängt bei Russell nicht davon ab, wie oder mit welchen Intentionen wir den Ausdruck verwenden. Es hängt davon ab, *wer* ihn verwendet. Nehmen wir zum Beispiel den Ausdruck »Bismarck«. Wenn Bismarck selbst den Ausdruck verwendet(e), dann ist er direkt referentiell. Wenn jemand anderes ihn verwendet, ist er nicht direkt referierend, denn jeder andere außer Bismarck selbst ist nicht mit Bismarck bekannt (nach Russell), sondern nur mit Sinnesdaten *von* Bismarck. Verwendet also jemand anderes als Bismarck den Namen »Bismarck«, dann ist »Bismarck« nicht direkt referierend, sondern *deskriptiv*. Also, was genau soll es heißen, dass (und wenn) »Bismarck« direkt referiert? Es bedeutet nach Russell, dass genau das Objekt, das mit ihm bezeichnet wird, ein Bestandteil eines Urteils oder Gedankens ist. Die Semantik direkt referierender Ausdrücke sagt uns also, wann Objekte Bestandteile von Urteilen sind, die Epistemologie, dass dafür nur Objekte in Frage kommen, mit denen wir bekannt sind, und die Metaphysik, dass Objekte solche Bestandteile sind (bzw. sein können).

Wir können also eine erste Definition von direkter Referenz angeben:

Dir. Ref. 1: Ein Term *t* ist direkt referentiell genau dann, wenn *t* so *verwendet* wird, dass er ein Objekt zu einem Urteil oder Gedanken beisteuert.

Ich denke, Dir. Ref. 1 gibt die ursprüngliche Intuition hinter direkter Referenz wieder. Die heutigen Formulierungen mitsamt ihren Einsichten stammen wohl alle letztlich von Russells Gedanken ab. Man sollte Dir. Ref. 1 allerdings mit Vorsicht genießen. Sie hat mindestens zwei problematische Konsequenzen. Erstens setzt Dir. Ref. 1 voraus, dass ein Ausdruck nur dann direkt referierend sein kann, wenn der Sprecher mit dem Objekt, auf das er referiert, bekannt ist. Denn nur dann ist die Bedingung erfüllt, dass der Ausdruck so *verwendet* wird, dass er ein Objekt zu einem Gedanken beisteuert. Dieser Aspekt ist besonders problematisch, da es viele Ausdrücke gibt, die sich semantisch gesehen analog verhalten, der Sprecher die Bedingung der Bekanntheit aber nicht erfüllt. Das hängt zusammen mit dem zweiten problematischen Aspekt von Dir. Ref. 1: die Definition impliziert, dass die *Bedeutung* einer Aussage wie »Bismarck mag Schnurrbärte« zwischen verschiedenen Sprechern variiert. Ändert sich die Bedeutung aber, dann ist die Aussage, je nachdem wer sie äußert, unter anderen Bedingungen wahr. Das scheint aber falsch zu sein (wie wir schon bei Frege gesehen haben und später noch ausführlicher besprechen werden).

Es gibt eine ganze Reihe andere Einwände, die man hier gegen Dir. Ref. 1 anbringen könnte. Die zentrale Unzulänglichkeit ist letztlich Russells Konzept der Bekanntheit. Russell selbst sagte in seinen späteren Werken, dass wir nur mit Sinnesdaten bekannt sein können – was gewöhnliche Eigennamen und sogar den Ausdruck »Ich« daran hindert, ein Objekt zu einem Gedanken beizutragen. Gareth Evans (1982) hat beispielsweise detailliert dafür argumentiert, dass diese Konzeption von Bekanntheit zu restriktiv ist.[18] Es ist fraglich, ob mit Russells Konzeption überhaupt ein einziger Ausdruck generell direkt referiert.[19] Auch aus diesem Grund haben sich viele Philosophen von Russells Konzeption distanziert.

Es findet sich aber noch eine weitere Charakterisierung direkter Referenz in Russells Zitat. Diese Definition ist auch heute noch populär in der Literatur:[20]

Dir. Ref. 2: Ein Term *t* ist direkt referentiell genau dann, wenn *t* ausschließlich für ein Objekt steht (und nicht für eine Beschreibung des Objekts).

Ich werde Dir. Ref. 2 hier als äquivalent zu der These betrachten, dass sich die Bedeutung eines direkt referierenden Ausdrucks in dem Objekt, das er bezeichnet, erschöpft (d. h., dass *t* nichts anderes bedeutet als das Objekt, für das *t* steht). Dir. Ref. 2 ist sicherlich nicht äquivalent zu Dir. Ref. 1. Dir. Ref. 2 ist epistemologisch weit weniger aufgeladen: sie lässt die Möglichkeit völlig offen, dass ein Term auch dann direkt referieren kann, wenn der Sprecher nicht mit dem Objekt, für das der Ausdruck steht, bekannt ist. Auf der anderen Seite ist Dir. Ref. 2 *semantisch* gesehen stärker: Dir. Ref. 1 impliziert nicht, dass ein Ausdruck, der direkt referiert, keinerlei deskriptive Bedeutung haben kann (welche nur nicht zu den Gedanken oder Urteilen beigefügt wird). Dir. Ref. 2 schließt diese Möglichkeit aus. Darüber hinaus gibt es eine Lesart von Dir. Ref. 2, welche direkte Referenz Ausdrucks*typen* zuschreibt; und nicht bestimmten *Verwendungen* von Ausdrücken. Aus diesem Grund vermeidet Dir. Ref. 2 die entsprechenden Probleme von Dir. Ref. 1. Dafür treten andere auf. Als eine generelle, unqualifizierte These ist Dir. Ref. 2 wohl schlichtweg falsch: wenn indexikalische Ausdrücke einen Charakter haben und direkt referieren, dann haben wir direkt referierende Terme, die essentiell eine (partielle) deskriptive Bedeutung haben. Genau dieser Umstand

---

[18] Hawthorne und Manley (2012) entwickeln ebenfalls eine Theorie der Referenz ohne eine substantielle Rolle für Bekanntheit mit dem Referenten.

[19] Man könnte meinen, dass zumindest ein Ausdruck wie »dieser« immer direkt referiert, egal wer ihn verwendet. Einen anaphorischen Gebrauch kann man damit allerdings auch nicht erklären. In »Derjenige, der die deutschen Königreiche vereinte, mochte Schnurrbärte. Dieser Mann war auch ein Schriftsteller« ist »dieser« nicht direkt referierend.

[20] Ich denke ihre Popularität verdankt sie der Ähnlichkeit zu Mill's Theorie der Eigennamen (siehe Mill 1973). Daher rührt wohl auch die Konvention, Theorien direkter Referenz unter dem Label »Millianismus« zusammenzufassen. Man findet diese Charakterisierung bspw. in Sainsbury 2005, S. 83, vor allem Fn. 26, oder in Salmon 1982, S. 16. Salmon charakterisiert direkte Referenz negativ, d. h. als Ausdrücke, deren Referenz nicht durch eine Beschreibung (oder einen Sinn) vermittelt wird. Diese These mündet zwar nicht notwendigerweise in Dir. Ref. 2, scheint mir aber eine natürliche Erweiterung von ihr zu sein.

stellt für Kaplan ja den Ausgangspunkt dar, eine Theorie zu entwickeln, die mit mehreren semantischen Eigenschaften umgehen kann. Ich denke, das ist letztlich der beste Grund, Dir. Ref. 2 abzulehnen.

Von Russell können wir also nur bedingt etwas über direkte Referenz lernen. Die wahrscheinlich gängigste Formulierung direkter Referenz stammt daher auch von Kaplans Auffassung über den semantischen Gehalt eines direkt referierenden Ausdrucks. Diese Auffassung verbessert die beiden vorangegangenen Definitionen beträchtlich, indem sie die Intuition hinter Dir. Ref. 1 – dass direkte Referenz eine Sache des epistemischen Zugangs sei – mit der zentralen Intuition hinter Dir. Ref 2 – dass direkt referierende Ausdrücke eine spezielle Semantik haben – *verbindet*. Nach Kaplan hängt die Frage, ob ein Ausdruck direkt referiert, von der *semantischen Rolle des Referenzmechanismus* ab: wenn es Ausdrücke gibt, die zwar referieren aber so beschaffen sind, dass der Referenzmechanismus nicht Teil des Gehalts des Ausdrucks ist, dann ist so ein Ausdruck direkt referentiell. Das bedeutet (für Kaplan), dass die Proposition, die ein Satz ausdrückt, in welchem so ein Ausdruck vorkommt, *Individuen* enthält (und keine Individualkonzepte oder Präsentationsmodi). Das Individuum ist dann selbst der Gehalt des Ausdrucks. Diese Charakterisierung direkter Referenz ist äußerst gängig und kann folgendermaßen auf den Punkt gebracht werden:[21]

> **Dir. Ref. 3**: Ein Term t ist direkt referentiell genau dann, wenn t nur ein Objekt zu den Propositionen von Sätzen beisteuert, die t enthalten.

Dir. Ref. 3 ist äquivalent zu der These, dass ein Ausdruck t direkt referiert genau dann, wenn der semantische Gehalt von t ein Objekt ist. Dir. Ref. 3 impliziert weder, dass ein direkt referierender Ausdruck keinerlei deskriptive Bedeutung haben kann, noch, dass sich ein Sprecher in einer bestimmen epistemologischen Situation befinden muss, um einen direkt referierenden Ausdruck zu äußern. Leider impliziert Dir. Ref. 3 auch insgesamt relativ wenig. Das liegt an der eher metaphorischen Gestalt: was genau soll es heißen, Objekte zu Propositionen beizusteuern? Eine Antwort auf diese Frage ist nicht offensichtlich. Tatsächlich scheinen wir auch hier wieder eine epistemologische Auffassung darüber zu brauchen, wie jemand eine Proposition erfassen kann, die ein Objekt enthält.[22] In welcher Relation zu einem Objekt oder einer Aussage muss ein Sprecher oder Hörer (oder Denker) stehen, da-

---

[21] Man findet ähnliche Charakterisierungen bspw. in Soames 2002, S. 140 (Soames formuliert sie allerdings nicht als Bikonditional), Schiffer 2003, S. 123, Fn. 21, oder Williamson 2007, S. 66.
[22] Sie ist aber nicht mit Dir. Ref. 1 äquivalent, selbst dann nicht, wenn wir Gedanken mit Propositionen gleichsetzen, weil sich Dir. Ref. 1 explizit auf bestimmte Verwendungsweisen von Ausdrücken beruft.

2.2 Was ist direkte Referenz (nicht)?

mit er einen direkt referierenden Ausdruck äußern oder verstehen kann? Dir. Ref. 3 kann uns darüber nichts sagen. Wir scheinen Dir. Ref. 3 zur Bestimmung eines direkt referierenden Ausdrucks nur dann anwenden zu können, wenn wir bereits über eine substantielle Metaphysik und Epistemologie von Propositionen verfügen, die Objekte enthalten (können). Wie kann ich eine Person, die nicht mehr existiert – Bismarck beispielsweise – in eine Proposition »laden«? Wenn verschiedene Personen den gleichen direkt referierenden Ausdruck verwenden, wie kann der Ausdruck gleichzeitig ein und dasselbe Objekt zu verschiedenen Propositionen beisteuern? Kaplan selbst dachte natürlich, dass man das kann – wenn man den so genannten *dthat-Operator* verwendet, kann man sogar erst zukünftig existierende Dinge in Propositionen laden. Annäherungsweise können wir hier sagen, dass der dthat-Operator jeden Ausdruck, der ihm nachfolgt, z. B. eine definite Beschreibung, in einen direkt referierenden Ausdruck in obigem Sinn verwandelt.[23] Dass er dadurch Objekte in Propositionen lädt, scheint nach Kaplan einfach an der Semantik direkt referierender Ausdrücke zu liegen:

> It is now clear that I can assert *of* the first child to be born in the twenty-first century that *he* will be bald, simply by assertively uttering,
> (29) Dthat [›the first child to be born in the twenty-first century‹] will be bald.
> (Kaplan 1978, S. 241. Originale Hervorhebung)[24]

Ich will das (noch) nicht im Detail erläutern. Für unsere Zwecke reicht es aus zu verstehen, dass (i) sich Dir. Ref. 3 auf die Semantik bestimmter Ausdrücke beruft (bei Kaplan vor allem auf Demonstrativpronomen), und dass (ii) der vertraute Umgang mit diesen Ausdrücken Sprecher dazu befähigt, Propositionen zu äußern (und zu erfassen), die Objekte enthalten. Für Kaplan hat das den epistemologischen Effekt, dass wir nicht mit den Dingen, die zu den Propositionen beigesteuert werden, bekannt sein müssen (oder *en rapport*). Wir »laden« diese in Propositionen, einfach indem wir uns auf die Semantik der Ausdrücke stützen. Ich werde an dieser Stelle (noch) nicht diskutieren, ob

---

[23] Wie genau dieser Operator funktioniert, werde ich später erläutern (vor allem in Kapitel 3.2 und 3.3). Siehe auch Kaplan 1978, 1989a und 1989b. In »Quantifying in« (1968) entwickelt Kaplan eine Auffassung darüber, dass wir eine Proposition, die ein Objekt enthält, nur dann erfassen können, wenn wir *en rapport* mit dem Objekt sind. Als er allerdings anfing, über Demonstrativpronomen zu arbeiten, änderte er diese Meinung. In »Dthat« (1978) scheint Kaplan bereits die Auffassung zu verteidigen, dass einzig die *Semantik der Ausdrücke* ermöglicht, dass Objekte in Propositionen geladen werden.

[24] Man beachte, dass dieses Zitat aus dem Jahr 1978 stammt. Um Kaplans Punkt zu erfassen, sollte man sich also auf das erste Kind beziehen, das im *zwei*undzwanzigsten Jahrhundert geboren wird.

diese epistemologische Konsequenz plausibel ist.[25] Ich will hier nur darauf aufmerksam machen, dass Dir. Ref. 3 eine Menge epistemologischen Ballast mit sich herumträgt (sonst ist die Definition leer). Dir. Ref. 3 ist kompatibel mit der merkwürdigen These, dass Objekte Bestandteile unserer Äußerungen und Gedanken sein können, die erst existieren *werden*. Um das zu plausibilisieren, muss man wahrscheinlich auch einen Determinismus voraussetzen. Denn wir bringen ein Objekt sicher nicht in Existenz, nur weil wir darüber reden. Es könnte doch sein, dass im zweiundzwanzigsten Jahrhundert *überhaupt kein Kind geboren wird*.

Dir. Ref. 3 gibt die zentrale Grundannahme hinter der Semantik direkt referierender Ausdrücke wohl passend wieder. Die Philosophen, die eine Theorie direkter Referenz vertreten und allgemein auch als »Millianer« bezeichnet werden, eint die Ansicht, dass Objekte in den Gehalten von referierenden Ausdrücken die entscheidende semantische Rolle spielen.[26] Schon bei John Stuart Mill waren bspw. Eigennamen ihren Referenten sozusagen ›aufgeklebt‹.[27] Ihr semantischer Wert ist nach Mill also das Objekt selbst. Dass die Objekte selbst die semantischen Gehalte mancher Ausdrücke sind (und nicht ihr Präsentationsmodus), gibt Dir. Ref. 3 wieder. Für eine uneingeschränkt geeignete Definition halte ich sie dennoch nicht. Das hat folgenden Grund: berufen wir uns auf Dir. Ref. 3, dann setzen wir bereits etwas Fundamentales voraus, nämlich dass Propositionen keine Mengen von möglichen Welten sein können. Wenn es Ausrücke gibt, die einzelne Objekte in Propositionen laden, dann sind die Gehalte eben jener Ausdrücke einzelne Objekte und keine Intensionen. Damit können die Gehalte von Sätzen, in denen diese Ausdrücke vorkommen, auch nicht durch Mengen von möglichen Welten repräsentiert werden. Dir. Ref. 3 setzt diese These voraus, ohne sie zu plausibilisieren

---

[25] Wenn man das diskutieren will, dann sollte man sich Kaplans Ansichten über die intime Beziehung zwischen einer Zeige-Geste und der Verwendung von definiten Beschreibungen, die einer Zeige-Geste *nachfolgen*, ansehen.

[26] Siehe dazu auch Pepp 2012. Ich finde die Terminologie »Millianer« eher unglücklich. Ob bspw. Kripke alle Konsequenzen der Namenstheorie von Mill akzeptiert, ist fraglich. Vor allem scheint Kripke nicht zu meinen, dass Namen *keinerlei* Bedeutung außer ihrem Referenten haben (was Mill tat). Vgl. dazu Hughes (2004), vor allem Kapitel 2. Eine andere Einschränkung ist hier ebenfalls angebracht: ein wirklicher Millianismus, so wie ich ihn eben beschrieben habe, besteht nur dann, wenn wir die relativ plausible Annahme machen, dass es sinnvoll ist, in kontrafaktischen Umständen über dieselben Objekte zu sprechen wie die aktualen. Nur dann ist der semantische Gehalt wirklich das Objekt selbst (auf das referiert wird). Zu diesem Schritt ist Mill aber nicht gezwungen, z. B. ist die Namenstheorie von Mill auch mit einer modalen Metaphysik à la David Lewis kompatibel. Siehe dazu Marti (2003, vor allem S. 169) oder auch Lewis (1986). Ich rede aus diesen Gründen nicht gerne vom *Millianismus* – einfach, weil nicht klar, ist, wie viel Mill da noch drin steckt. Ich werde deshalb auch weiterhin einfach von direkter Referenz und ihren Anhängern sprechen.

[27] Nach Mill sind Eigennamen ›attached to the objects themselves‹. Vgl. Mill 1973, S. 33.

2.2 Was ist direkte Referenz (nicht)?

oder gar zu erklären. Tatsächlich *ist* direkte Referenz auf die These festgelegt, dass die semantischen Eigenschaften direkt referierender Ausdrücke nicht in einer mögliche-Welt-Semantik ausbuchstabiert werden können. Ich halte es aber für gefährlich, an einer Definition wie Dir. Ref. 3 festzuhalten, weil Dir. Ref. 3 in einer mehr oder weniger metaphorischen Gestalt diese starke metaphysische Grundannahme macht. Ich denke, wenn wir eine rein *semantische* Charakterisierung von direkter Referenz geben wollen, eine, die keine scharfen epistemologischen und metaphysischen Voraussetzungen hat, dann sollten wir uns von der *Definition* Dir. Ref. 3 distanzieren. Ansonsten machte sich direkte Referenz bereits unmittelbar aus metaphysischen Gründen angreifbar.

Wo stehen wir jetzt? Wir wissen, dass einer der Hauptgründe von Kaplan, eine neue Semantik referierender Ausdrücke zu entwickeln, in der Unzufriedenheit mit Freges Ansatz liegt. Der Unterschied von Kaplans Semantik zu Freges ist folgender: für Frege ist der Gehalt eines Ausdrucks, also dasjenige, was zu den Propositionen beigetragen wird, sein *Sinn*. Sinne sind dasjenige, was wiederum die Referenz determiniert. Nach Frege ist der Gehalt eines Ausdrucks also niemals der Referent selbst. Es gibt folglich zwei wichtige Unterschiede zu Kaplan: (i) die (espistemologische und metaphysische) Konzeption davon, was semantische Gehalte sind; und (ii) die semantische Rolle des Gehalts. Eine erste Idee der metaphysischen Konzeption von Propositionen (also von (i)) können wir bereits festhalten: die Idee direkter Referenz widerspricht einer mögliche-Welt-Konzeption von semantischen Gehalten von Sätzen (und einzelnen Ausdrücken). Propositionen sind demnach keine Intensionen, Funktionen oder Mengen, sondern sind teilweise aus *Objekten* zusammengesetzt (spreche ich ab hier von Propositionen, werde ich mich folglich immer auf letztere Konzeption berufen, außer es ist explizit anders vermerkt). Wie genau, werde ich noch detaillierter erläutern. Was ist mit (ii)? Für Kaplan ist dasjenige, was den Referenten eines singulären Terms determiniert, nicht sein Gehalt. Warum ist das so? Die erste Idee hinter diesem Gedanken stammt wohl von der Beobachtung, dass Sprecher bestimmte Arten von Ausdrücken verwenden, um Objekte in den Diskurs zu heben. Die zweite Idee lautet, dass Sprecher ebenfalls intendieren (wenn sie diese speziellen Ausdrücke verwenden), dass die Wahrheit (oder Falschheit) des Gesagten von eben diesem Objekt abhängt – und nicht davon, wie sie auf das Objekt aufmerksam gemacht haben, d. h. von dem »Mechanismus« der Referenz.

Als paradigmatisches Beispiel eines Ausdrucks, der genau diese beiden Rollen spielen kann, erwähnt Kaplan das Konzept einer (freien) Variablen (deshalb spricht Kaplan von Variablen in obigem Zitat). Das hat folgende Gründe: die einzige »Bedeutung« einer Variablen ist ihr Wert, bzw. das Individuum aus dem Bereich, über den sich die Variable erstreckt. Innerhalb einer

Formel kann man Variablen auch als Individuenterme (auch machmal als Individuenkonstanten) deuten.[28] Die Funktion einer Variablen besteht also darin, für ein Objekt zu »stehen«. Im Gegensatz zu gebundenen Variablen kann man Individuenkonstanten nicht eliminieren (da die Interpretation letzterer von dem Wertebereich (*domain*) oder dem Modell einer Welt abhängt, wohingegen die Interpretation einer gebundenen Variablen von der Reichweite der Quantoren abhängt). Aus diesem Grund fängt eine freie Variable (oder eine Individuenkonstante) die beiden Intuitionen (i) und (ii) Kaplans ein: eine freie Variable steht für ein Objekt und ist nicht durch andere Begriffe zu ersetzen. Wenn wir also eine Proposition mit einer Formel assoziieren, die eine freie Variable enthält, dann enthält diese Proposition ein Objekt. Welcher Mechanismus auch dafür verantwortlich war, dass die Variable einen Wert enthält, er selbst ist nicht Teil der Proposition.

Wie also ist die Analogie zu direkter Referenz zu verstehen? Es zeichnet sich folgendes Bild ab: ein direkt referierender bzw. singulärer Term determiniert ein Individuum, und dieses ist der semantische Gehalt des Ausdrucks bzw. die Bedeutung bzw. der propositionale Bestandteil. Direkte Referenz ist demnach auf der semantische Seite eine *logische Charakterisierung* der Relation von Individuen und Bedeutung bzw. propositionalen Bestandteilen, nämlich insofern, als dass die Bedeutung bzw. der propositionale Bestandteil nicht das Individuum herausgreift, sondern mit ihm *identisch* ist. Die entscheidenden Fragen jedoch sind: warum ist das so und wie kann uns diese Einsicht helfen, eine semantische Definition von direkter Referenz zu formulieren? Um diese Fragen zu beantworten, muss man sich von dem Bild der freien Variablen distanzieren, denn es ist unzureichend: erstens fängt dieses Bild die zentrale Intuition, warum der semantische Gehalt eines direkt referierenden Ausdrucks ein Objekt ist, nicht ein. Diese bezieht sich darauf, dass eben Objekte eine zentrale Rolle dabei spielen, ob das, was gesagt wurde, *wahr* ist oder nicht. Mit *Formeln* assoziiert man normalerweise aber keine solchen Wahrheitsbedingungen. Zweitens sagt uns das Bild der freien Variablen nichts darüber, *warum* der propositionale Bestandteil identisch mit einem Objekt ist. Drittens sind freie Variablen bedeutungslose Zeichen, gewissermaßen ausschließliche Platzhalter für Objekte. Damit fangen sie eine zentrale Kategorie von direkt referierenden Ausdrücken nicht ein, nämlich indexikalische Ausdrücke (zB. »Ich«, »jetzt« oder »hier«).[29] Die Funktion, die einer feien Variablen einen Wert zuweist, ist nicht Teil der »Bedeutung« der Variablen. Das ist einerseits gut, weil wir die Frage, *wie*

---

[28] Für eine nähere Beschreibung der Funktion von freien Variablen in der formalen Semantik siehe beispielsweise Löbner 2002, Kap. 10
[29] Außer natürlich man verneint wie Napoli (1995), dass der Charakter eines indexikalischen Ausdrucks eine Form seiner Bedeutung ist.

ein Ausdruck referiert, damit aus der Konzeption von Gehalten heraushalten. Andererseits ziehen wir den Referenzmechanismus damit zu weit nach außen: die Frage, wie eine Variable referiert, spielt *keinerlei* Rolle für ihre »Bedeutung«.

Das Bild der freien Variablen ist also nichts anderes, als eine Verdeutlichung von Dir. Ref. 2 und 3. Die Probleme dieser Definitionen haben wir ja bereits kennengelernt. Das Bild der freien Variablen ist also auch nur äußerst bedingt hilfreich, wenn wir verstehen wollen, was direkte Referenz ist. Gerade der letzte Kritikpunkt verdeutlicht das am besten. Die Analogie von direkter Referenz und freien Variablen stammt aus der Modell-Theorie. In der Modell-Theorie werden Ausdrücken Werte durch Interpretationsfunktionen zugewiesen. Sind die »Referenten« einmal verteilt, ist die Frage, was Referenz denn jetzt sei, oder was der Referenzmechanismus hinter dem Wert einer Variablen ist, relativ sinnlos. Alles, was wir bekommen, ist schlicht eine Liste von Referenten (bzw. Werten). Mehr brauchen wir auch nicht (in der formalen Semantik bzw. Modell-Theorie).

Ich denke, dass das Bild einer freien Variablen nicht nur ungeeignet ist, eine Eigenschaft – nämlich *Referenz* – von *natürlichsprachlichen* Ausdrücken zu erläutern. Es verzerrt auch schnell unsere Sicht und Analyse der Referenzrelation im Allgemeinen. In der Modelltheorie ist Referenz – wenn wir gewillt sind zu sagen, dass die Interpretationsfunktion überhaupt eine Referenzrelation beschreibt – immer eine Relation von einem Ausdruck zu einem Wert. Der Wert selbst, oder das »Objekt«, spielt überhaupt keine Rolle in der Determination der Referenz. In nicht-künstlichen Sprachen wie dem Deutschen ist das sicher nicht der Fall. Hier ist die kausale Rolle eines Objekts zentral – zum Beispiel bei der Frage, wann Referenz erfolgreich ist. Dass wir ein Objekt vor Augen oder »im Geiste« haben, wenn wir einen Ausdruck verwenden, oder dass das Objekt das Ende einer kausalen Kommunikationskette und die Ursache eines Taufaktes und der nachfolgenden Verwendungsweise eines Ausdrucks ist, sollte jede Theorie der Referenz erklären können.[30] Referenz ist nicht ausschließlich eine Wort-zu-Objekt-Relation. Die andere Richtung, d.h. Objekt-zu-Wort, ist mindestens genauso wichtig. Das Bild der freien Variablen hat hier nichts zu bieten. Indem es die Objekt-zu-Wort-Relation vollständig ausblendet, ist es selbst für die Darstellung der Semantik direkt referierende Ausdrücke zu stark. Es legt sogar die Interpretation nahe, dass die Objekt-zu-Wort-Relation für Referenzfragen überhaupt zu vernachlässigen ist. Ich denke, das ist schlichtweg falsch. Man sollte das Bild einer

---

[30] Man beachte, dass es genau diese Eigenschaft von Referenz ist, das Objekt-im-Kopf-haben, welche Keith Donnellan dazu veranlasste, die Unterscheidung von referentiellen und attributiven Verwendungen definiter Beschreibungen zu etablieren. Siehe Donnellan 1966. Joseph Almog (2014) geht sogar so weit, sie als einzig relevante Relation für Referenzfragen zu interpretieren.

freien Variablen also nur mit ausdrücklichen Einschränkungen bemühen. Für eine *Definition* direkter Referenz ist die Analogie zu freien Variablen also ungeeignet.

2.3 Direkte Referenz und Wahrheitsbedingungen

Ich denke, der Schlüssel zu einer befriedigenden (semantischen) Definition von direkter Referenz liegt in der Antwort auf folgende Frage: wann (oder warum) ist der Gehalt eines Ausdrucks ein Objekt? Die Antwort auf diese Frage wird die nach meiner Meinung zentrale These in der Theorie direkter Referenz aufdecken: die These über die Existenz einer speziellen Art von Wahrheitsbedingung. Eine Wahrheitsbedingung, die bis dato noch nicht bekannt war.

Schaut man sich die Beispiele an, die Kaplan gibt, um direkte Referenz zu illustrieren, dann sollte einem auffallen, dass sich diese Beispiele immer um die Frage drehen, *was eine Proposition wahr macht*. Z. B. das folgende:

> Suppose I point at Paul and say, »He now lives in Princeton, New Jersey.« Call what I said – i. e., the content of my utterance, the proposition expressed – ›Pat‹. Is Pat true or false? True! [...] Now, the tricky case: Suppose Paul and Charles had each disguised themselves as the other and had switched places.[...]Pat, I would claim, would still be true in the circumstances of the envisaged possible context provided that Paul – in whatever costume he appeared – were still residing in Princeton. (Kaplan 1989a, pp. 512–513)

Die wesentliche Idee hinter diesem Beispiel ist die folgende: wenn jemand einen Satz wie »Er lebt in Princeton« äußert, und währenddessen auf Paul zeigt, dann sagt er essentiell etwas über Paul aus – und nicht über jeden, der die Beschreibung »auf-x-wird-gezeigt« erfüllt. Wenn also die Äußerung von Paul handelt, dann hängt die Frage der Wahrheit der ausgedrückten Proposition in keiner Auswertungssituation von einem anderen Objekt als Paul ab. Das sagt uns, dass (i) »er« direkt referiert und (ii) dass der Mechanismus, der verwendet wurde, um auf Paul zu referieren, z. B. der Charakter von »er« plus eine Zeige-Geste, keine Rolle bei der Auswertung in Bezug auf die Wahrheit von Pat spielt. »Derjenige, auf den gezeigt wird« ist nicht der *semantische Gehalt* von »er« in dieser Situation. Es würde keinen Sinn machen zu sagen: wenn Kaplan auf Charles gezeigt hätte, dann wäre, was er tatsächlich ausgesagt *hat* – nämlich Pat – falsch. Das zeigt, dass (iii) wenn ein direkt referierender Ausdruck involviert ist, der *Referent* des Ausdrucks (in einer Äußerungssituation) die Wahrheit (oder Falschheit) dessen determiniert, was gesagt wurde – und nicht das Objekt, das eine bestimmte deskriptive Bedingung erfüllt. Es ist also eine essentielle Eigenschaft von direkt referierenden Ausdrücken, dass die *Wahrheitsbedingungen* von Sätzen, die solche Ausdrücke enthalten, *objektinvolvierend* sind. Das bedeutet nichts anderes, als dass ein bestimmtes Objekt dafür verantwortlich ist, ob ein Satz wahr oder falsch ist (und zwar in allen Auswertungssituationen). Vergleichen wir das mit einem Satz, der eine definite Beschreibung enthält: ob ein Satz wie »Die Hauptstadt Baden-Württembergs liegt am Neckar« in einer kontrafaktischen Situation wahr ist, hängt nicht (in jeder Lesart) davon ab, welche spezielle Stadt tatsächlich am Neckar liegt, sondern davon, welche Stadt die Bedingung erfüllt, die Hauptstadt Baden-Württembergs zu sein. Eine solche Wahrheitsbedingung wird oft eine *generelle* Wahrheitsbedingung genannt: eine generelle Wahrheitsbedingung wird nicht notwendigerweise von einem einzigen Individuum erfüllt: das Individuum kann wechseln, ohne dass der Wahrheits*wert* beeinflusst wird.[31] Auf die Frage, was einen Satz, in dem eine definite Beschreibung vorkommt, in einem bestimmten Umstand wahr macht, ist die Antwort nämlich: dasjenige, das die Beschreibung erfüllt. Bei direkt referierenden Ausdrücken wäre die Antwort aber objektinvolvierend: Individuum *i*. Hier ist die Rolle des Individuums entscheidend, deshalb die Rede von *objektinvolvierenden* Wahrheitsbedingungen.[32] Ich denke, am präzisesten kann man das folgendermaßen ausdrücken: es ist eine essentielle Eigenschaft von generellen Wahrheitsbedingungen, dass ihre *Identitätsbedingungen* nicht von bestimmten Objekten abhängen. Zwei Äußerungen (oder Sätze) können identische generelle Wahrheitsbedingungen haben, selbst wenn verschiedene Objekte sie wahr machen, d. h. selbst dann, wenn die eine Äußerung wahr, die andere falsch ist. Das ist nicht möglich für objektinvolvierende, oder *singuläre* Wahrheitsbedingungen: zwei Äußerungen haben die gleiche singuläre Wahrheitsbedingung nur dann, wenn sie von identischen Objekten abhängen. Z. B. hat die Äußerung »Er lebt in Princeton«, während auf Paul gezeigt wird, nicht die gleiche singuläre Wahrheitsbedingung wie die Äußerung »Er lebt in Princeton«, wenn auf Charles gezeigt wird. Das ist vielleicht die wichtigste These jeder Theorie direkter Referenz: direkte Referenz zu akzeptieren heißt zu akzeptieren, dass es verschiedene Arten von *Identitätsbedingungen von Wahrheitsbedingungen* gibt.[33] Diese Einsicht markiert auch den entscheidenden Unterschied zu Frege. Nach Frege deter-

---

[31] Nach Marti (1995) sollte man deshalb nicht fragen, ob eine Äußerung in einer kontrafaktischen Situation wahr *ist*, sondern, was sie wahr *macht* (vgl. S. 277). Nach meiner Ansicht ist es passender zu fragen: von was hängt die Identitätsbedingung der Wahrheitsbedingung ab?

[32] Der Ausdruck »objektinvolvierende Wahrheitsbedingung« stammt nicht von mir. Christopher Peacocke verwendet ihn bereits in seinem Aufsatz »Proper Names, reference, and rigid designation« (1975). Diese Art von Wahrheitsbedingung verwendet Peacocke vor allem, um Starrheit zu definieren. Ich werde darauf noch zurückkommen (vor allem in Kap. 2.6).

[33] Fairerweise sollte man sagen, dass Dir. Ref. 2 eine Lesart hat, unter welcher sie äquivalent zu der Auffassung ist, dass direkte Referenz eine These über objekt-involvierende Wahrheitsbedin-

miniert der Sinn eines Ausdrucks die Referenz des Ausdrucks. Deshalb sind es immer die Sinne, die die Bestandteile von Wahrheitsbedingungen bilden. Nach der Theorie direkter Referenz ist das falsch: es gibt Ausdrücke, die darauf hinweisen, dass es noch eine andere Art von Wahrheitsbedingung gibt als generelle.[34]

Für die These, dass sich der grundsätzliche Gedanke hinter direkter Referenz auf die Art der Wahrheitsbedingung konzentriert, die ein bestimmter Ausdruck erzeugt, spricht auf Kaplans Seite, dass er selbst zu meinen scheint, dass Propositionen nicht nötig sind, um direkte Referenz zu charakterisieren.[35] Der Grund, warum er sie dennoch über die Identität zwischen dem Referenten des Ausdrucks und dem *propositionalen* Bestandteil beschreibt – wie in Dir. Ref. 3 ausgedrückt wird –, scheint mir einfach der zu sein, dass er annimmt, dass Propositionen diejenigen Entitäten sind, die wahr oder falsch aufgrund von bestimmten Bedingungen sind. Geht man davon aus, kann man schließen, dass die entsprechenden Bestandteile der Wahrheitsbedingungen auch die Bestandteile von Propositionen sind. Dann kann man direkte Referenz auch über Propositionen charakterisieren, was Kaplan selbst vorschlägt. Allerdings ist dieser Weg eher umständlich und – wie bereits argumentiert wurde – sehr voraussetzungsreich: wie soll eine Semantik aussehen, in welcher (singuläre) Propositionen Wahrheitsbedingungen *haben* und nicht die Wahrheitsbedingungen *sind*?

Es ist äußerst wichtig noch einmal hervorzuheben, dass die Charakterisierung von direkter Referenz über propositionale Bestandteile der Definition von Gehalten, die ich anfangs gegeben habe, widerspricht. Ich hatte den Begriff *Gehalt* so eingeführt, wie Kaplan es selbst tut:

> It is *contents* that are evaluated in circumstances of evaluation. [...] In general, the result of evaluating the content of a well-formed expression α at a circumstance will be an appropriate extension for α (i. e., for a sentence, a truth-value; for a term, an individual; for an *n*-place predicate, a set of *n*-tuples of individuals, etc.). This suggests that we can represent a content by a function from circumstances of evaluation to an appropriate extension. Carnap called such functions *intensions*. (Kaplan 1989a, S. 501–502. Originale Hervorhebung)

---

gungen sei. Nach dieser Lesart ist Dir. Ref. 2 nicht äquivalent zu der These, dass die Bedeutung eines direkt referierenden Ausdrucks von seinem Referenten erschöpft wird.

[34] Nach Marti (1995) heißt direkte Referenz *nichts anderes* als die *Akzeptanz* von zwei verschiedenen Arten von Wahrheitsbedingungen (vgl. S. 278). Interessant bei Marti ist auch, dass sie direkte Referenz als Intuition über ›truth-maker‹ charakterisiert. (Vgl. ebd.) Was genau Marti unter einem *Wahrmacher* versteht und wie sich diese beispielsweise zu Propositionen verhalten, kann leider nicht diskutiert werden. Siehe dazu Marti 1989. Mein Ansatz unterscheidet sich bspw. dadurch, dass ich nicht gezwungen bin, über *Wahrmacher* zu sprechen, weil ich die Rede von Identitätsbedingungen vorziehe.

[35] Vgl. dazu Kaplan 1989a, S. 493, Fn. 17.

2.3 Direkte Referenz und Wahrheitsbedingungen

Kaplan ist sich sehr wohl bewusst, dass die Rede von Intensionen der Idee widerspricht, dass Objekte die Gehalte (also die propositionalen Bestandteile) von direkt referierenden Ausdrücken sind: »Use of representing intensions does not mean I am abandoning that idea – just ignoring it temporarily.« (Kaplan 1989a, S. 502). Man muss sich eben entscheiden: entweder ist der Gehalt eines Satzes (in einem Äußerungskontext) eine *Funktion*. In diesem Fall ist die Proposition eine Menge von möglichen Auswertungssituationen (Welten) auf Extensionen (Wahrheitswerte). *Oder* der Gehalt eines Satzes ist eine Proposition, die *Objekte* als Bestandteile hat. Man kann nicht beides haben. Das kann man sich folgendermaßen klar machen. Nehmen wir an, ein (direkt referierender) Term steuert zu der Proposition eines Satzes ein Objekt bei. Betrachten wir hernach diese Proposition, können wir anhand der Bestandteile der Proposition darauf zurück schließen, dass der semantische Wert von einem der Ausdrücke eines Satzes eben dieses Objekt war. Das ist nicht möglich, wenn Propositionen Mengen von möglichen Welten sind. Betrachten wir eine solche Menge, können wir nicht bestimmen, was die einzelnen semantischen Werte der Ausdrücke des Satzes waren, der diese Proposition aussagt. Das sieht man besonders gut an notwendigen Wahrheiten: nach der mögliche-Welt-Semantik (zumindest in ihrer ursprünglichen Form), drücken die Sätze »Alle Kreise sind rund« und »Alle Eltern haben Kinder« die gleichen Propositionen aus, weil beide in allen Welten wahr sind.

Entscheidet man sich also für die These, dass es direkt referierende Ausdrücke gibt, dann folgt aus dem Umstand, dass wir auch in diesem Ansatz Propositionen (oder Gehalte) in möglichen Welten *auswerten*, dass Propositionen nicht mit Wahrheitsbedingungen *identifiziert* werden dürfen, sondern selbst Wahrheitsbedingungen *haben*. Ich werde später zeigen, wie genau dieses Bild aussieht und wie man eine formale Semantik für eine solche Auffassung entwickeln kann.[36] Ich möchte hier erst einmal darauf aufmerksam machen, welch entscheidende Rolle Objekte in den *Wahrheitsbedingungen* der Theorie direkter Referenz tatsächlich spielen. Ich denke, wir können uns diese Rolle zunutze machen und in eine explizite Definition von direkter Referenz umschreiben.

---

[36] Siehe Kap. 3.4. Es ist mir nicht ganz klar, welchen Stellenwert Kaplan der Idee einräumt, dass Propositionen aus den Gehalten der einzelnen Ausdrücke (die einen Satz bilden) zusammengesetzt sind (also im Falle direkter Referenz singulär sind). In seinen formalen Theorien verwendet er stets das Bild von Propositionen als Mengen von möglichen Welten. Auch bezeichnet er seine Auffassungen über singuläre Propositionen gelegentlich als ein *Bild* und explizit nicht als Theorie (z. B. in Kaplan 1989a., S. 494). Allerdings ist er sich ebenfalls bewusst, dass seine Idee direkter Referenz nicht mit der mögliche-Welt-Semantik kompatibel ist. Die Situation ist also nicht eindeutig.

Dir. Ref. 4: Ein Term t ist direkt referentiell genau dann, wenn
    (i)   es ein Objekt x gibt, so dass
    (ii) t auf x referiert, und
    (iii) alle Sätze … t … wahr sind genau dann, wenn … x …

Diese Definition besagt nichts anderes, als dass direkt referierende Ausdrücke singuläre bzw. objektinvolvierende Wahrheitsbedingungen erzeugen. Es mag zunächst verwunderlich klingen, dass ich direkte Referenz für *alle* Sätze definiere. Hier muss ich auch eine Einschränkung machen: es sind nur *objektsprachliche* Sätze gemeint. Sätze, in denen direkt referierende Ausdrücke beispielsweise angeführt werden, scheiden natürlich aus. Ansonsten halte ich den Allquantor in (iii) sogar für unumgänglich. Das hat folgende Gründe.

Die Universalität von (iii) garantiert, dass (zumindest die meisten) definiten Kennzeichnungen als Kandidaten für direkt referierende Ausdrücke ausscheiden, denn (iii) schließt modale (oder andere intensionalen) Kontexte ein. Auf der anderen Seite fängt diese Universalität die Musterbeispiele direkt referierender Terme ein: Namen und indexikalische Ausdrücke. Ein weiterer Grund ist die Möglichkeit, aus Dir. Ref. 4 ein universales Substitutionsprinzip koreferentieller Ausdrücke abzuleiten. Dazu brauchen wir nur noch folgendes Prinzip (angelehnt an Dir. Ref. 3): der semantische Gehalt eines direkt referierenden Ausdrucks (also dasjenige, was er zu einer Proposition beiträgt) ist das Objekt, das in den objektinvolvierenden Wahrheitsbedingungen von Sätzen, in denen der Ausdruck vorkommt, spezifiziert wird. Jetzt können wir Folgendes ableiten: wenn S und S' Sätze sind (für die Kompositionalität gilt) und sich nur durch die (direkt) referentiellen Ausdrücke t und t' unterscheiden, dann gilt: wenn t und t' auf das gleiche Objekt referieren, dann drücken S und S' die gleiche Proposition aus. S ist also wahr genau dann, wenn S' wahr ist. Die Substitution koreferentieller Ausdrücke ist also in allen (objektsprachlichen) Satzkontexten wahrheitserhaltend. Ich werde dieses Substitutionsprinzip auch *globale Substitution* nennen. Durch diese globale Substitution erhalten wir eine erstaunlich erklärungsstarke Theorie. Man mag hier zwar bereits Bedenken anmelden, gerade was Äußerungen betrifft, die Vokabular über propositionale Einstellungen enthalten. Diesen Einwand muss ich hier allerdings zurückstellen. Ich werde im letzten Kapitel dieser Arbeit ausführlich auf ihn eingehen. Nur so viel sei gesagt: propositionale Einstellungskontexte sind explizit in die Definition eingeschlossen.

Der letzte Grund, direkte Referenz für alle Satzkontexte zu definieren, ist negativer Natur: ich sehe schlichtweg keine andere Möglichkeit. Nehmen wir an, wir ändern (iii) und schreiben: alle *simplen* Sätze … t … wahr sind genau dann, wenn … x … Sofort bekommen wir das Problem, dass diese Bedingung auch definite Beschreibungen erfüllen. Wollen wir diese ausschließen,

2.3 Direkte Referenz und Wahrheitsbedingungen

könnten wir bspw. einen Modaloperator einführen und sagen: notwendigerweise gilt: alle simplen Sätze ...*t*... sind wahr genau dann, wenn ...*x*... Jetzt haben wir aber folgende unschöne Konsequenz: wir definieren direkte Referenz durch einen modalen Satz, schließen aber aus, dass direkte Referenz für modale Sätze gilt. Es mag Auswege aus diesem Problem geben, zum Beispiel, das »genau dann, wenn« nicht als materiales Bikonditional zu lesen, sondern als logische Äquivalenz. Jetzt haben wir aber eine sehr schwache Definition direkter Referenz. Ein Substitutionsprinzip beispielsweise ist jetzt nur noch für simple Sätze ableitbar. Dabei scheint Substitution zumindest auch in modalen Kontexten unproblematisch: Wenn Peter Bieri ein Musiker sein könnte, dann könnte Pascal Mercier ein Musiker sein. Streng genommen könnte Peter Bieri ein Musiker sein *genau dann, wenn* Pascal Mercier ein Musiker sein könnte. Die schwache Definition direkter Referenz hat keinerlei Erklärung für Letzteres. Auch hier könnte man versuchen, Bedingung (iii) für simple *und* modale Sätze zu formulieren. Das scheint auf der einen Seite aber *ad hoc*. Auf der anderen hilft es nicht viel: es gibt noch andere Sätze, die nicht simpel sind, und dennoch offen für Substitution koreferentieller Ausdrücke, zum Beispiel: Pascal Mercier wird zukünftig ein neues Büro haben genau dann, wenn Peter Bieri zukünftig ein neues Büro haben wird. Schränken wir die Definition direkter Referenz also ein, dann verlieren wir ein erhebliches Maß an Erklärungskraft. Außerdem müssten wir erst einmal begründen, warum wir die Definition einschränken. Hier kann die Erklärung aber nicht lauten: weil die Definition sonst falsch ist. Eine entsprechende Einschränkung dürfte nicht *ad hoc* sein.

Dir. Ref. 4 vermeidet diese Probleme und bietet zudem einige Vorteile. Sie scheint stark genug, um eine genuine semantische Kategorie von Ausdrücken zu konstituieren. Sie garantiert dieses Identifizierungsmerkmal durch rein semantische Begriffe: durch Wahrheitsbedingungen. Dir. Ref. 4 lässt die Möglichkeit offen, dass direkt referierende Ausdrücke Begriffe in den Köpfen von Sprechern hervorrufen und dass direkt referierende Ausdrücke eine durchaus komplexere Bedeutung haben können, als nur für ihren Referenten zu stehen. Nichts wird darüber ausgesagt, ob ein entsprechender Referenzmechanismus linguistisch oder kognitiv relevant ist. Alles, was Dir. Ref. 4 aussagt, ist, dass wann auch immer wir die Wahrheit eines Satzes auswerten, der einen direkt referierenden Ausdruck enthält, wir das Objekt bestimmen müssen, auf das er referiert, und dass genau dieses Objekt für die Auswertung der Wahrheit relevant ist (und nicht der Referenzmechanismus). Dir. Ref. 4 sagt uns sogar, warum das so ist, und dass daraus ein globales Substitutionsprinzip koreferentieller Ausdrücke folgen kann. Ich denke, diese Definition fängt deshalb am besten auch Kaplans Grundintuitionen ein. Wenn wir einen Satz wie »*t* ist F« auswerten (wobei *t* ein direkt referierender Term ist und *F* ein Prädikat), dann determinieren wir nach Kaplan zunächst den Referenten und fragen erst dann, ob das, was ausgesagt wurde, wahr ist in Bezug auf diesen speziellen Referenten (von *t*):

> [...] I intend to use ›directly referential‹ for an expression whose referent, once determined, is taken as fixed for all possible circumstances, i. e., is taken as being the propositional component. [...] For me, the intuitive idea is not that of an expression which turns out to designate the same object in all possible circumstances, but an expression whose semantical rules provide directly that the referent in all possible circumstances is fixed to be the actual referent.
> (Kaplan 1989a, S. 493)

Dir. Ref. 4 fängt diese Auffassung ein: wir fixieren zunächst den Referenten in der aktualen Welt (Schritte (i) und (ii)) und evaluieren den Satz bzw. die Äußerung dann in Bezug auf den bereits bestimmten Referenten. Dir. Ref. 4 impliziert dadurch, dass wir, wenn ein direkt referierender Ausdruck involviert ist, keine Referenten in kontrafaktischen Szenarios *determinieren*. Durch Dir. Ref. 4 ist er bereits determiniert, *bevor* der Evaluierungsprozess beginnt.

Ich denke, man kann bereits viel aus Dir. Ref. 4 lernen. Erstens deutet Dir. Ref. 4 darauf hin, dass die Theorie direkter Referenz noch keine vollständige Theorie der Referenz ist. Die Definition lässt nämlich offen, was (ii) eigentlich genau bedeutet, d. h. sagt uns nichts darüber, wie und wann *t auf x referiert*. Sie setzt der Referenzrelation nur theoretische Grenzen: (a) sie muss so beschaffen sein, dass der Referent in der aktualen Welt determiniert wird und (b) wie der Referent determiniert wird, darf für die Auswertung eines Satzes nicht relevant sein. Um die Theorie direkter Referenz zu vervollständigen, muss man dann natürlich ausführen, wie ein Ausdruck referiert.

Zweitens zeigt Dir. Ref. 4, dass es möglich ist eine Definition direkter Referenz anzugeben, die frei von epistemologischem Ballast ist – und trotzdem die Kerngedanken beibehält, indem sie eine *semantische* Auffassung direkter Referenz ausbuchstabiert. Dieser Umstand wird kaum beachtet in der Literatur. Es wird noch weniger beachtet, dass man die epistemologische von der semantischen Konzeption trennen kann. Wie ich schon sagte, denke ich, dass Kaplan selbst diese Trennung sah. Er selbst deutet es an, wenn er davon spricht, dass direkt referierende Ausdrücke in einem bestimmten Sinne *starre Bezeichner* sind. Es ist daher höchste Zeit, unsere Konzentration auf diesen Begriff zu lenken.

2.4 Starrheit

Die These, dass direkt referierende Ausdrücke starre Bezeichner sind, ist ambig. Die gewöhnliche Lesart des Verhältnisses von direkter Referenz und Starrheit (und was Kaplan wohl selbst annahm) interpretiert das »sind« prädikativ, d. h., dass direkt referierende Ausdrücke die Eigenschaft haben, starre Bezeichner zu sein. Nach dieser Lesart impliziert die Eigenschaft, ein direkt referierender Ausdruck zu sein, die Eigenschaft, ein starrer Bezeichner zu sein. Eine andere Möglichkeit wäre, das »sind« in »Direkt referierende Ausdrücke sind starre Bezeichner« als Identität zu lesen, d. h., dass direkt referierende Ausdrücke starre Bezeichner sind und *vice versa*. Diese Lesart sieht sich einer offensichtlichen Kritik ausgesetzt. Nach Dir. Ref. 4 ist kein Ausdruck direkt referentiell, der einen *Begriff* zu den Wahrheitsbedingungen von Sätzen beisteuert, d. h. generelle Wahrheitsbedingungen nach (grob) folgender Art generiert: »Der Satz *a ist F* ist wahr genau dann, wenn es ein *x* gibt, so dass *x P* und *F* ist« (wobei *a* ein Eigenname ist und *P* und *F* Prädikate sind). Da jeder deskriptive Ausdruck, z. B. definite Beschreibungen, generelle Wahrheitsbedingungen erzeugt, kann kein solcher Ausdruck direkt referieren. Es ist aber eine weit verbreitete Ansicht, dass Beschreibungen *starr* sein können. Also ist nicht jeder starre Ausdruck direkt referierend. Die Identitätsthese schlägt daher fehl.

Argumente dieser Art findet man in weiten Teilen der Literatur. Ich werde es das *Implikationsargument* nennen. Es hat stets folgende Form: da direkte Referenz impliziert, dass die Wahrheit oder Falschheit eines Satzes in jeder möglichen Welt von dem gleichen Objekt abhängt, impliziert direkte Referenz Starrheit. Da manche Beschreibungen starr sind, Beschreibungen aber nicht direkt referieren können, impliziert Starrheit nicht direkte Referenz.[37] Obwohl dieses Argument auf breite Akzeptanz stößt, sollten wir nicht voreilig den Schluss ziehen, dass die Identitätsthese falsch ist. Das Implikationsargument basiert auf einigen Voraussetzungen, die sehr stark und zum Teil höchst fragwürdig sind. Sie alle hängen von der Frage ab, wie man »Starrheit« und »direkte Referenz« verstehen soll. Ich werde in diesem Abschnitt dafür argumentieren, dass die Identitätsthese nicht unter jeder Lesart dieser Begriffe scheitert. Ich werde ebenfalls argumentieren, dass die Lesarten, unter denen die Identitätsthese korrekt ist, die plausibelsten Lesarten von *Starrheit* und *direkter Referenz* sind. Wir müssen also mit der folgenden Frage beginnen: was ist Starrheit?

Starrheit ist grundsätzlich eine semantische Charakterisierung der Relation von Referenz und Modalität. Wenn der Referent eines Ausdrucks in verschie-

---

[37] Das Implikationsargument findet man bspw. bei Schiffer (2003, S. 123–124, Fn. 21), Marti (2003, S. 173) oder Recanati (1993, S. 11).

denen modalen Kontexten wechselt, dann wird der entsprechende Ausdruck nicht als starr eingestuft. Klassisches Beispiel für nicht-starre Bezeichner sind definite Beschreibungen: »Der Autor von ›dthat‹« referiert beispielsweise auf David Kaplan in der aktuellen Welt, bezieht sich aber in einer kontrafaktischen Welt, in welcher Joseph Almog der Autor von »dthat« ist, auf Joseph Almog. Die große Mehrheit von Sprachphilosophen geht mittlerweile davon aus, dass das bei Eigennamen nicht der Fall sein kann: gegeben, dass »David Kaplan« auf David Kaplan (in der aktuellen Welt) referiert, wird »David Kaplan« in keiner möglichen Welt einen anderen Referenten haben als David Kaplan. Deshalb ist »David Kaplan« starr. In den Worten Saul Kripkes, dem Entdecker der Starrheit: »Let's call something a rigid designator if in every possible world it designates the same object [...].« (Kripke 1980, S. 48).[38]

Tatsächlich erfüllt eine große Bandbreite an Ausdrücken dieses Kriterium. Das Problem an Kripkes Definition ist nur, dass sie verschiedene Lesarten hat. Welche Ausdrücke starr sind, hängt von der entsprechenden Interpretation ab. Kripkes Zitat hat mindestens *drei* Lesarten:

Hartnäckige Starrheit: Ein Term *t* ist ein starrer Bezeichner genau dann, wenn *t* dasselbe Objekt *o* in jeder möglichen Welt bezeichnet, d. h. auch in kontrafaktischen Welten, in denen *o* nicht existiert.[39]

Moderate Starrheit: Ein Term *t* ist ein starrer Bezeichner genau dann, wenn *t* dasselbe Objekt *o* in jeder möglichen Welt bezeichnet, in der *o* existiert, und in jeder anderen Welt nichts bezeichnet.[40]

Konditionale Starrheit: Ein Term *t* ist ein starrer Bezeichner genau dann, wenn gilt: wenn *t* ein Objekt in einer möglichen Welt bezeichnet, dann bezeichnet *t* das Objekt, das *t* in der aktuellen Welt bezeichnet, d. h. wenn

---

[38] Ja, ich sagte »Entdecker«, obwohl ich hier nicht behaupten will, über geheime Informationen zu verfügen. Eine amüsante Geschichte darüber, wer wirklich der Allererste war, der über starre Bezeichnung gesprochen (und sie somit entdeckt) hat, findet sich in Humphreys 1998.

[39] Ich verwende den Begriff »hartnäckig« hier für den englischen Begriff »obstinate«.

[40] Wie es mir scheint, war Nathan Salmon (1982, S. 34) der Erste, der diese Art von Starrheit »moderate« nannte. Manche Philosophen nennen sie auch (etwas despektierlich) »quasi-Starrheit« (zum Beispiel Hughes 2004, S. 21). In der Literatur werden Ausdrücke, welche die moderate Definition erfüllen, ebenfalls oft als »persistently rigid« bezeichnet, zum Beispiel bei Brock 2004. Es gibt eine große Debatte in Bezug auf die Frage, welche Art von Starrheit Kripke selbst im Kopf hatte – moderat oder hartnäckig? Ich werde diese Frage hier nicht diskutieren. Im Vorwort (der erweiterten Auflage) von *Naming and Necessity* (1980) spricht sich Kripke für die hartnäckige Variante aus, während er in *Identity and Necessity* (1971, S. 146) die moderate Auffassung vorzieht. Die Situation ist also verwirrend. Kaplan (1989a) hat einflussreich herausgearbeitet, dass es eine derartige Ambiguität in Kripkes Schriften gibt. Einen kurzen und guten Überblick über die Debatte gibt Steinman (1985). Ich werde später dafür argumentieren, dass nur die hartnäckige Auffassung mit einer der zentralen Forderungen an Starrheit, die Kripke selbst aufstellt, fertig wird. Ob er sie deshalb tatsächlich vorzieht, werde ich nicht diskutieren.

für alle Welten w_1 und w_2 und alle Objekte x und y gilt: wenn t x in w_1 bezeichnet und y in w_2, dann $x=y$.

Je nachdem, welche dieser Varianten man favorisiert, werden verschiedene Ausdrücke als starr gelten.[41] Der entscheidende Unterschied zwischen den Definitionen liegt in ihrer jeweiligen Interpretation der Beziehung zwischen Existenz und Referenz. Moderate Starrheit bietet uns hier die strengste Verbindung an: wenn der Referent existiert, dann referiert der Ausdruck, wenn der Referent nicht existiert, referiert der Ausdruck nicht. Konditionale Starrheit verlangt hingegen nur eine schwache Beziehung zwischen Existenz und Referenz: für die Starrheit eines Ausdrucks reicht es hin, wenn der Ausdruck in *manchen* Welten, in denen der Referent existiert, referiert (solange der Referent immer der gleiche ist und der Ausdruck in allen anderen Welten nicht referiert). Nach der konditionalen Konzeption kann ein Ausdruck also auch dann starr sein, wenn er in manchen Welten, in denen der Referent existiert, nicht referiert.[42] Hartnäckige Starrheit ist in dieser

---

[41] Ich sollte hier hervorheben, dass meine drei Lesarten Versuche sind, die *ursprüngliche* Formulierung von Kripke zu disambiguieren. Kaplan (1989b, S. 569) schreibt allerdings, dass Kripke ihm gegenüber in einem Brief erwähnte, dass er (Kripke) intendierte, eine Auffassung von starrer Bezeichnung zu formulieren, die neutral in Bezug auf die Frage bleibt, ob der entsprechende Ausdruck in den Welten, in denen der Referent nicht existiert, den Referenten bezeichnet oder nicht. Er intendierte allerdings sehr wohl, dass ein starrer Bezeichner seinen Referenten in *allen* Welten bezeichnet, in denen der Referent existiert. Die konditionale Auffassung garantiert diese Intention nicht. Sie ist also nur kompatibel mit der ursprünglichen Formulierung, obwohl sie nicht beabsichtigt war.

Es mag außer den drei gegebenen Lesarten noch andere Auffassungen von Starrheit geben. Stuart Brock beispielsweise erwähnt die so genannte »insulare Starrheit« (»insular rigidity«, Brock 2004, S. 285). Diese Konzeption besagt, dass ein Ausdruck t starr ist genau dann, wenn gilt: wenn t in einem simplen Satz S vorkommt und das Objekt o bezeichnet, dann bezeichnet t o selbst dann, wenn S in einem modalen Kontext steht. Brock erwähnt hier auch, dass viele Deskriptivisten diese Auffassung von Starrheit vertreten. Hier könnte auch der Begriff der so genannten »relationalen Modalität« von Kathrin Glüer und Peter Pagin interessant sein (siehe Glüer und Pagin 2008 und 2006). Die deskriptivistische Semantik von Glüer und Pagin besagt, dass das spezielle Verhalten von Eigennamen in modalen Kontexten vollständig durch die Semantik der *modalen* Ausdrücke erklärt werden kann. Nach ihrer Meinung ist diese Semantik äquivalent zu einer Semantik, die starre Bezeichner enthält. Übernehmen wir allerdings die Konzeption der insularen Starrheit, dann enthält auch ihre Semantik starre Bezeichner. Wie dem auch sei: insulare Starrheit wird nicht von Kripkes Formulierung impliziert. Ich werde diese Konzeption deshalb nicht diskutieren.

[42] Einige Philosophen wenden sich explizit gegen die Idee, dass ein Ausdruck, der seinen Referenten nicht in jeder Welt bezeichnet, in denen der Referent existiert, starr sein kann (z. B. Hughes 2004, S. 21). Andere hingegen akzeptieren diese Idee, z. B. Hawthorne und Manley 2012, S. 11: »A second way a term might be rigid [...] is by failing to pick out o even at certain worlds where o exists. For example, one way of treating an expression like ›Professor Hawthorne‹ is to think of it as picking out John only at worlds where he is a professor, and nothing otherwise.«

Hinsicht ein Mittelweg: ist ein Ausdruck starr, referiert er in *allen* Welten (auf das gleiche Objekt), völlig ungeachtet jeglicher Existenzfestlegungen.

Ich werde dafür argumentieren, dass hartnäckige Starrheit das plausibelste und erklärungsstärkste Konzept von Starrheit ist, und dass wir die anderen Konzepte verwerfen sollten.[43] Bevor ich meine entsprechenden Argumente präsentieren und auch endlich konkrete Beispiele für jede Starrheitskonzeption geben kann, brauchen wir allerdings noch einige andere Begriffe, die in der Literatur verwendet werden. Eine der grundlegendsten Unterscheidungen ist zum Beispiel jene zwischen *de jure* und *de facto* starren Bezeichnern.[44] Kripke selbst führte diese Unterscheidung ein, um auf die verschiedenen Gründe, *warum* ein Ausdruck starr sein kann, hinzuweisen. Für ihn kann ein Ausdruck auf zwei verschiedene Weisen starr sein.

1. Durch linguistische Konvention. Eine linguistische Gemeinschaft kann (nach Kripke) einfach entscheiden, einen Ausdruck so zu verwenden, dass er starr ist. Eine von Kripkes größten Errungenschaften ist nach allgemeiner Auffassung die Entdeckung, dass es in Bezug auf Eigennamen eine solche Konvention in vielen Sprachen gibt. Er nannte diese Art von starren Bezeichnern *de jure* starr. Ein Ausdruck ist also starr *de jure* aufgrund einer speziellen *Festlegung* der Verwender des Ausdrucks. Worin genau die Festlegung besteht, bleibt allerdings (auch bei Kripke) unklar. Eine erste Annäherung könnte folgendermaßen aussehen: die linguistische Gemeinschaft legt für gewisse Ausdrücke, bspw. Eigennamen, Verwendungs*regeln* fest, welche *implizieren*, dass sich der Ausdruck referentiell starr in kontrafaktischen Situationen verhält. Die meisten Philosophen stimmen (auch dank der Arbeiten Kaplans) darin überein, dass indexikalische Ausdrücke ebenfalls starr *de jure* sind.[45]
2. Falls nicht durch Konvention, kann ein Ausdruck aber auch aus *metaphysischen* Gründen starr sein. Manche Prädikate oder Beschreibungen sind so beschaffen, dass sie immer, d. h. in jeder möglichen Welt, von demselben Ding erfüllt werden, obwohl die semantischen Regeln das

---

[43] Damit bin ich in guter Gesellschaft, siehe z.B. Salmon 1982, Smith 1984 und 1987, Kaplan 1989a, oder Hughes 2004. Verfechter der moderaten Auffassung findet man in Steinman 1985 oder Sainsbury 2005.
[44] Siehe dazu Kripke 1980, S. 21, Fn. 21
[45] Der Grund ist der, dass der *Charakter*, verstanden als *Regel*, die in einem bestimmten Kontext einen Referenten determiniert, durch linguistische Konventionen festgesetzt wird. Diese Regeln beinhalten, dass indexikalische Ausdrücke direkt referieren, d. h. starr sind. Es gibt auch einige wenige, die manch andere Beschreibungen als starr *de jure* ansehen. Vgl. dazu Salmon 2003, S. 486–487 oder Stanley 1997, S. 570–571. Auf diesen Punkt werde ich noch zurückkommen.

2.4 Starrheit

nicht direkt beinhalten. Das passiert normalerweise, wenn die Beschreibungen notwendige Existenzen bezeichnen. In einem solchen Fall ist der Bezeichner starr *de facto*.[46]

Es gibt noch eine weitere metaphysische Klassifizierung starrer Bezeichner. Wir sagen, ein starrer Bezeichner ist *stark (strongly)* starr, wenn der Referent des Ausdrucks in jeder möglichen Welt existiert. Wenn das nicht der Fall ist, ist er *schwach (weakly)* starr.

Wendet man alle gegebenen Unterscheidungen konsequent an, dann gibt es zwölf verschiedene Arten bzw. Kombinationen, auf die ein Ausdruck starr sein kann. Nicht alle dieser Kombinationen sind plausibel, einige sind aus theoretischer Sicht problematisch, wieder andere sind inkonsistent. Ich denke, mindestens drei Kombinationen sollte man direkt verwerfen. Die erste ist (i) hartnäckige *de facto* schwache Starrheit. Der Grund ist relativ einfach: ein Ausdruck, der hartnäckig starr ist, referiert in *allen* möglichen Welten. Wenn er ebenfalls schwach starr ist, dann existiert der Referent nicht in allen möglichen Welten. Wenn er aber zugleich auch *de facto* starr ist, dann geben die Regeln des Ausdrucks nicht direkt vor, dass er seinen Referenten auch in Welten bezeichnet, in denen der Referent nicht existiert. Also referiert er nicht notwendigerweise in diesen Welten. Daraus folgt, dass der Ausdruck nicht hartnäckig starr ist.

Obwohl (i) die einzige Kategorie ist, die allein aus a priori Gründen zurückgewiesen werden kann, kann man einen intuitiven Einwand auch gegen (ii) konditionale *de jure* starke Starrheit und (iii) konditionale *de jure* schwache Starrheit formulieren. Ein Term ist starr *de jure*, wenn die semantischen Regeln des Terms bereitstellen, auf was sich der Ausdruck in einer möglichen Welt bezieht. Die Definition konditionaler Starrheit lässt allerdings die Möglichkeit offen, dass ein Term starr sein kann, selbst wenn es eine mögliche Welt gibt, die so beschaffen ist, dass das Objekt, auf das der Ausdruck sich in der aktualen Welt bezieht, existiert, der Ausdruck in dieser Welt aber nicht referiert. Die Kategorie konditionaler *de jure* Starrheit würde also implizieren, dass es Ausdrücke gibt, deren semantischen Regeln direkt beinhalten, in welchen Welten, in denen der Referent existiert, der Ausdruck *nicht* referiert (ohne dass weitere qualitative Informationen über diese Welt verfügbar sind). Da es wahrscheinlich (zumindest im Deutschen) keine solchen Ausdrücke gibt, kollabieren (ii) und (iii) entweder in hartnäckige oder moderate *de jure* Starrheit (weil beide konditionale *de jure* Starrheit implizieren) oder (ii) und (iii) sind relativ nutzlos. Das gilt nicht für konditionale *de facto* Starrheit: es gibt Ausdrücke, die konditional *de facto* starr sind,

---

[46] Weder meine Beschreibung von starr *de jure* noch von starr *de facto* ist wirklich befriedigend. Ich belasse es an dieser Stelle aber dabei. Später werde ich noch einmal darauf zurückkommen.

aber nicht moderat oder hartnäckig starr (ob ein Ausdruck konditional *de facto* starr ist, kann man aber nur entscheiden, wenn man zusätzlich zu der Information, *was* in einer möglichen Welt existiert, ebenfalls weiß, *welche Eigenschaften* in dieser Welt instanziiert sind).

Wir haben jetzt folgende Kombinationsmöglichkeiten von Starrheit:[47]

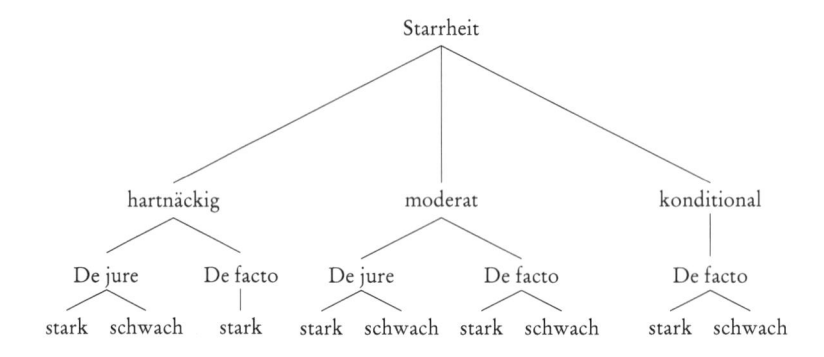

```
                            Starrheit
            ┌───────────────────┼───────────────────┐
        hartnäckig            moderat           konditional
        ┌───┴───┐           ┌────┴────┐              │
     De jure  De facto   De jure   De facto       De facto
     ┌──┴──┐     │       ┌──┴──┐   ┌──┴──┐        ┌──┴──┐
   stark schwach stark stark schwach stark schwach stark schwach
```

Von unserer ersten Wahl, d. h. ob wir Starrheit als hartnäckig, moderat oder konditional interpretieren, wird abhängen, welche Art von Ausdrücken als starr gelten. Eine repräsentative Klassifikation von Beispielen kann man in gegenüber liegender Tabelle finden.

Die Häkchen bedeuten, dass der Ausdruck, der am oberen Ende jeder Spalte steht, als starr in Bezug auf die jeweilige Interpretation von Starrheit gilt, die auf der linken Seite jeder Zeile angegeben ist. Die Striche deuten an, dass der jeweilige Ausdruck nicht als starr gilt (unter der jeweiligen Interpretation). Die Fragezeichen sollen darauf hinweisen, dass nicht unbedingt klar ist, ob der Ausdruck als starr gilt (unter der jeweiligen Interpretation). Drei Felder sind hervorgehoben (in hellgrau). Diese Felder sind besonders interessant und verdienen eine ausführlichere Diskussion als die anderen. Ich werde gleich darauf zurückkommen. Doch zunächst will ich einige allgemeinere Dinge über die Beispiele sagen.

Die ersten vier Spalten repräsentieren Beispiele, die weitestgehend als starre Bezeichner angesehen werden. Wir haben hier einen Eigennamen für eine abstrakte (notwendig existierende) Entität, die Nummer 3, sowie einen Eigennamen für eine Person, nämlich David Kaplan. »Ich« repräsentiert die Klasse der indexikalischen Ausdrücke. »Die kleinste Primzahl« ist ein Beispiel für einen *de facto* starren Ausdruck. Damit haben wir die klassischen

---

[47] Das Schaubild ist nicht vollständig. Z. B. könnte man eventuell noch modale Starrheit von temporaler Starrheit abgrenzen, wie Hughes (2004), oder eine Unterscheidung hinsichtlich der Art und Weise treffen, wie die Referenz eines starren Bezeichners determiniert wird, wie z. B. bei Berger (2002).

Starrheit	»3«	»David Kaplan«	»Ich«	»die kleinste Primzahl«	»derjenige, der mit Kaplan identisch ist«	»die Mutter von David Kaplan«	»der aktuale Autor von ›dthat‹«
hartnäckig *de jure* stark	✓	–	–	–	–	–	–
hartnäckig *de jure* schwach	–	✓	✓	–	–	–	✓
hartnäckig *de facto* stark	–	–	–	✓	–	–	–
moderat *de jure* stark	✓	–	–	–	–	–	–
moderat *de jure* schwach	–	✓	✓	–	?	–	–
moderat *de facto* stark	–	–	–	✓	–	–	–
moderat *de facto* schwach	–	–	–	–	✓	–	–
konditonal *de facto* stark	?	–	–	✓	–	–	–
konditonal *de facto* schwach	–	?	?	–	✓	✓	?

Beispiele für starre Bezeichner beisammen. Wie man der Tabelle entnehmen kann, erfüllen die hartnäckige und die moderate Auffassung von Starrheit vollständig die entsprechenden Intuitionen über die Starrheit dieser Ausdrücke. Die konditionale Interpretation steht allerdings vor einer Entscheidung. Ein Verfechter dieser Variante von Starrheit könnte sagen, dass im Falle der ersten vier Beispiele (i) die konditionale in die hartnäckige oder moderate Sicht kollabiert und die Beispiele deswegen auch abdeckt; (ii) könnte man argumentieren, dass die konditionale Sicht sehr wohl mit den Beispielen zurechtkommt (dann müsste man mein oben gegebenes Argument gegen konditionale *de jure* Starrheit entkräften oder dafür argumentieren, dass die

Beispiele *de facto* starr sind), und dass deswegen Häkchen anstatt Fragezeichen in die entsprechenden Boxen gehören; (iii) könnte man versuchen zu zeigen, dass die Beispielausdrücke überhaupt nicht starr sind. Ich denke Möglichkeit (ii) und (iii) sind aus offensichtlichen Gründen sehr problematisch. Ich werde diese Fälle hier nicht diskutieren.

Richtig interessant wird es mit »derjenige, der mit Kaplan identisch ist«. Stellen wir uns eine Welt vor, in welcher David Kaplan nicht existiert. In dieser Welt gibt es niemanden, der mit Kaplan identisch ist. Der Ausdruck »derjenige, der mit Kaplan identisch ist« referiert also nicht in dieser Welt und ist somit auch nicht starr im hartnäckigen Sinne.[48] Aber er ist starr unter der moderaten Interpretation: jede Welt, in der David Kaplan existiert, ist eine Welt, in der »derjenige, der identisch mit Kaplan ist« auf Kaplan referiert – und auf nichts anderes. Der Ausdruck wird nichts bezeichnen in Welten, in denen Kaplan nicht existiert. Der Ausdruck ist also moderat starr. Zur Debatte steht nur die Frage, ob er *de jure* oder *de facto* moderat starr ist. Ich habe oben angegeben, dass er *de facto* starr ist, weil mir nicht klar ist, inwiefern die semantischen Regeln von »derjenige, der identisch mit x ist« so beschaffen sein sollen, dass sie implizieren, dass der Ausdruck starr ist. Z. B. ist »derjenige, der identisch mit x ist« *nur dann* starr, wenn wir x durch einen Eigennamen, eine rigidifizierte Beschreibung oder essentielle Eigenschaft ersetzen. Aber vielleicht gibt es ein Argument für die Auffassung, dass er *de jure* starr ist. Deswegen habe ich Fragezeichen in die entsprechenden Kästchen gesetzt. Wichtig ist hier eigentlich nur, *dass* der Ausdruck moderat starr ist.

Das nächste eigentümliche Beispiel ist »die Mutter von David Kaplan«. Dieser Ausdruck ist nur starr unter der konditionalen Konzeption. Warum ist das so? Sagen wir, die Mutter von David Kaplan heißt »Danielle Kaplan«.[49] In der aktualen Welt referiert »die Mutter von David Kaplan« also auf Danielle. Einen Sohn zu haben ist keine essentielle Eigenschaft von Danielle. Es wird also Welten geben, in welchen Danielle existiert, aber keine Kinder hat. In so

---

[48] Wir werden später sehen, dass man diese Behauptung leicht modifizieren muss. In modalen Kontexten bspw. können definite Beschreibungen hartnäckig starr sein, und zwar wenn sie weiten Skopus in Bezug auf die Modaloperatoren einnehmen. Das heißt »derjenige, der mit Kaplan identisch ist« hat eine Lesart unter welcher er hartnäckig starr ist. Ich berücksichtige diese Möglichkeit nicht in der Tabelle, da sie nur dazu dienen soll, Starrheit für Ausdruckstypen zu repräsentieren (ohne jeden Satzkontext). Ich werde aber im nächsten Abschnitt (2.5) noch auf die Skopusfrage eingehen.

[49] Ich entschuldige mich für jedwede potentielle Unannehmlichkeit. Ich habe tatsächlich keine Ahnung, wie die Mutter von David Kaplan wirklich heißt.

2.4 Starrheit

einer Welt existiert das Objekt, das in der aktualen Welt der Referent von »die Mutter von David Kaplan« ist. Allerdings referiert der *Ausdruck* »die Mutter von David Kaplan« nicht in dieser Welt (nur »David Kaplan« referiert). Es wird aber keine Welt geben, in welcher »die Mutter von David Kaplan« auf irgendetwas anderes als Danielle referiert. Der Grund ist der, dass der Sohn von Danielle zu sein eine essentielle Eigenschaft von *David* ist (und weil »David Kaplan« starr ist). Der Ausdruck »die Mutter von David Kaplan« ist also konditional starr.

Das ist durchaus eine bittere Pille. Aber warum? Zunächst sieht es so aus, als würden die Gründe, warum ein Ausdruck wie »die Mutter von David Kaplan« starr ist, zu sehr von metaphysischen Annahmen wie etwa der Existenz von essentiellen Eigenschaften abhängen. Obwohl man das auch im Falle von einigen anderen *de facto* starren Bezeichnern einwenden könnte, gibt es durchaus eine strukturelle Differenz zwischen etwa »die kleinste Primzahl« und »die Mutter von David Kaplan«: letzterer Ausdruck bezeichnet seinen Referenten aufgrund einer essentiellen Eigenschaft eines *anderen* Objekts. »Die Mutter von ...« bezeichnet keine essentielle Eigenschaft des Referenten selbst. Der Ausdruck wird nur starr dadurch, dass wir einen Eigennamen wie »David Kaplan« mit ihm verbinden. Ich denke, das ist letztlich der Grund, warum die konditionale Auffassung von Starrheit suspekt erscheint: alles, was wir brauchen, um starre Bezeichner zu generieren, ist eine gewöhnliche Beschreibung (sie muss nicht einmal definit sein) plus einen Eigennamen. »Der Philosoph David Kaplan«, »der Physiker Albert Einstein«, »der Lehrer Plato«, alle diese Ausdrücke sind starr nach der konditionalen Definition. Ich denke, das ist ein klarer Nachteil dieser Auffassung von Starrheit, denn nicht alle Beschreibungen, die mit einem Eigennamen kombiniert werden, erfüllen die *modalen Intuitionen* in Bezug auf Starrheit: »die Mutter von David Kaplan hätte nicht die Mutter von David Kaplan sein können« hat wahre Lesarten. Wie dem auch sei: die konditionale Definition ist konsistent mit Kripkes ursprünglicher Formulierung und schließt solche Beispiele mit ein. Wenn man diese Beispiele als starr ausweisen will, muss man sich also für die konditionale Variante von Starrheit entscheiden.

Wir sollten hier einen Moment innehalten. Ich hatte bereits erwähnt, dass »derjenige, der mit Kaplan identisch ist« und »die Mutter von David Kaplan« nur deswegen als starr gelten können, weil die Ausdrücke aus einer Kombination von essentiellen Eigenschaften und starren Bezeichnen bestehen. Das schien vor allem für die konditionale Auffassung von Starrheit problematisch zu sein, ist aber durchaus auch unangenehm für die *moderate* Konzeption, denn Beschreibungen, die gemeinhin als moderat *de facto* starr gelten, bestehen den *Starrheitstest* ebenfalls nicht uneingeschränkt: »derjenige, der identisch mit Kaplan ist, hätte nicht derjenige sein können, der identisch mit Kaplan ist« hat eine wahre Lesart:[50] nehmen wir an, es gibt es eine Welt w, in welcher Kaplan nicht existiert. *De facto* starre Beschreibungen gelten gemeinhin deswegen als starr, weil sie in jeder Welt das gleiche Objekt *auswählen*. In w gibt es aber nichts auszuwählen für »derjenige, der mit Kaplan identisch ist«. Mit anderen Worten: es ist möglich, dass es *falsch* ist, dass Kaplan derjenige ist, der mit Kaplan identisch ist. Das klingt zugegebenermaßen unschön, ist aber eine Konsequenz der moderaten Starrheit – wenn wir den Starrheitstest akzeptieren.[51] Sollten wir ihn also ablehnen? Sicher nicht, denn dann kann Folgendes passieren.

Sobald wir anerkennen, dass eine Beschreibung auch dann schon starr sein kann, wenn einer ihrer Teilausdrücke ein (*de jure*) starrer Bezeichner ist – was meiner Meinung nach auch so sein muss –, dann könnte es richtig unangenehm werden. Betrachten wir dazu noch einmal den Ausdruck »die kleinste Primzahl«. Nach meiner Analyse ist dieser Ausdruck starr, weil »Primzahl« bereits ein starrer Bezeichner ist.[52] Der Unterschied zu den anderen Beispielen ist nur der, dass »die kleinste Primzahl« ebenfalls hartnäckig starr ist. Wenn wir das berücksichtigen, dann können wir nun Ausdrücke bilden, die nach jeder Konzeption von Starrheit als starr gelten, welche aber zumindest intuitiv nichts mit den ursprünglichen Beispielen starrer Bezeichner gemein haben. Betrachten wir beispielsweise den Ausdruck »diejenige Zahl, die die kleinste Primzahl *und* meine Lieblingszahl ist«. Diese Beschreibung ist konditional starr. Sie scheint aber klarerweise nicht starr zu sein, weil die kleinste Primzahl nicht meine Lieblingszahl ist in jeder Welt. Was ist mit disjunktiven Eigenschaften? Eine einschlägige Auffassung über die Semantik von

---

[50] Der Starrheitstest funktioniert folgendermaßen. Ist ein Satz der Form »A hätte nicht A sein können« – wobei wir für A jeden beliebigen Ausdruck einsetzen können – eine wahre Lesart, dann ist der Ausdruck A nicht starr.

[51] Ich hätte in der Tabelle oben also streng genommen ein Fragezeichen in die Box setzen sollen, die »derjenige, der identisch mit Kaplan ist« als moderat starr ausweist. Ich habe es aber vorgezogen, sie als starr zu markieren, weil die Beschreibung die *Definition* moderater Starrheit erfüllt.

[52] Ich hatte zwar noch nicht über generelle Terme gesprochen (werde ich auch nicht), gehe hier aber stillschweigend davon aus, dass generelle Terme ebenfalls starre Bezeichner sein können. »Primzahl« wäre jedenfalls ein vielversprechender Kandidat in dieser Hinsicht. Wem das nicht gefällt, soll ein anderes Beispiel nehmen, z. B. »die Summe aus 1 und 1«. Tatsächlich hat meine Analyse eine bemerkenswerte Konsequenz. Wenn »die kleinste Primzahl« nur starr ist, weil »Primzahl« starr ist, dann ist der gesamte Ausdruck *de jure* starr. Die Kategorie *de facto starr* fällt also mit *de jure* Starrheit zusammen. Das hat vor allem für die hartnäckige Auffassung von Starrheit Vorteile: wenn »die kleinste Primzahl« *de jure* starr ist, dann referiert die Beschreibung aus rein semantischen Gründen in jeder Welt auf die Nummer 2. Die metaphysische Annahme, dass die Zahl 2 in jeder Welt existiert, ist dazu nicht mehr nötig. Ein Anhänger der *moderaten* Auffassung kann die Metaphysik allerdings nicht ganz aufgeben. Wenn er die Intuition bewahren will, dass »die kleinste Primzahl« in *jeder* Welt referiert, muss er etwas über die Existenz der Nummer 2 sagen.

2.4 Starrheit

Eigennamen bspw. besagt, dass diese ein so genanntes *Cluster* an Eigenschaften ausdrücken.[53] Allerdings müssen nicht alle dieser Eigenschaften auch tatsächlich auf den Referenten zutreffen, damit der Name referiert – eine hinreichend große Anzahl ist genug. Das heißt nicht anderes, als dass ein Cluster eine disjunktive Menge von Eigenschaften ausdrückt, welche wiederum einen Referenten auswählt. »Diejenige Zahl, die die kleinste Primzahl oder meine Lieblingszahl ist« sollte nach dieser Auffassung also zumindest prinzipiell referieren. Die Beschreibung sollte also auch starr sein können. Dass die Beschreibung nicht im Plural formuliert ist und dadurch nicht *mehrere* Referenten haben kann, spricht dafür. In Welten, in welchen meine Lieblingszahl die Nummer 3 ist, muss man sich also entscheiden: referiert die disjunktive Beschreibung auf die 2 oder die 3 oder überhaupt nicht? Wenn man der Meinung ist, dass es schlichtweg unbestimmt ist, auf was die Beschreibung in einer solchen Welt referiert (oder dass sie dort gar nicht referiert), kann man einfach noch zusätzliche Beschreibungen einfügen, z. B. »diejenige Zahl, die die kleinste Primzahl, oder die positive Quadratwurzel von 4, oder die Summe aus *1 und 1*, oder ... oder meine Lieblingszahl ist«. Damit haben wir ein klassisches Cluster-Konzept. In diesem Fall referiert »diejenige Zahl, die die kleinste Primzahl, oder die positive Quadratwurzel von 4, oder die Summe aus *1 und 1*, oder ... oder meine Lieblingszahl ist« aber *in allen möglichen Welten auf die Zahl 2* – und ist somit ebenfalls hartnäckig und moderat starr![54]

Es wird noch schlimmer. Nehmen wir an, wir bilden ein Cluster aus essentiellen Eigenschaften E_1, E_2 und E_3 eines in unserer Welt existierenden physikalischen Objekts *o*. Hätte *o* nicht E_1 oder E_2 oder E_3 sein können? Ja! Nämlich dann, wenn es eine Welt *w* gibt, in der *o* nicht existiert. Das ist äußerst problematisch für die *moderate* Auffassung von Starrheit, denn nach dieser Auffassung muss das Cluster aus E_1, E_2 und E_3 starr sein – weil in allen Welten, in denen *o* existiert, das Cluster auf *o* referiert.

Man könnte jetzt versucht sein, den Starrheitstest zu reformulieren und auf Welten zu beschränken, in denen der Referent des entsprechenden Ausdrucks existiert. Dann scheiden Konjunktionen und Cluster-Begriffe möglicherweise aus. Ich will hier nicht diskutieren, wie ein solcher Test aussehen müsste und ob er noch plausibel wäre. Es gibt nur ein Problem dabei: wenn *alle* Namen starre Bezeichner wären, dann würde ein leerer Name (wie »Superman«) den Starrheitstest auf jeden Fall nicht bestehen, weil er überhaupt

---

[53] Siehe dazu bspw. den klassischen Searle 1958.
[54] Natürlich spielen hier auch wieder metaphysische Gründe eine Rolle. Nehmen wir an, es gibt eine Welt, in der die Zahl 2 nicht existiert. Gibt es eine solche Welt, dann ist das Cluster zumindest nicht *hartnäckig* starr.

nicht auf ihn anwendbar wäre. Leere Namen wären demnach keine »echten« Namen.

Wie wir es auch drehen: die Situation ist etwas verstörend. Vielleicht referieren Ausdrücke wie »diejenige Zahl, die die kleinste Primzahl, oder die positive Quadratwurzel von 4, oder die Summe aus *1 und 1*, oder ... oder meine Lieblingszahl ist« überhaupt nicht. Ich sehe nicht, warum dem nicht so sein sollte. Aber vielleicht gibt es entsprechende Argumente. Vielleicht ist auch der Starrheitstest fehlerhaft – auch hier sehe ich aber nicht warum. Der entscheidende Punkt an dieser Stelle ist nur der, dass uns die *Definitionen* von Starrheit keine Anhaltspunkte geben, warum disjunktive (oder durch Konjunktion verbundene) definite Beschreibungen nicht starr sein sollten. Wenn definite Beschreibungen referierende Ausdrücke sind, dann scheint das Konzept eines starren Bezeichners eine große Masse an semantischen Ausdrücken einzufangen. Wenn das der Fall ist, dann ist die Frage durchaus angebracht, ob das Konzept der Starrheit wirklich nützlich ist. Wie wir allerdings noch sehen werden, gibt es eine Möglichkeit, Starrheit zu definieren, die auf der hartnäckigen Variante aufbaut, allerdings keinerlei problematische Beschreibungen als starr ausweist.

Bevor ich die entsprechende Interpretation entwickle, sollten wir uns aber noch dem letzten Beispiel – »der aktuale Autor von ›dthat‹« – zuwenden. So, wie er in der Sprachphilosophie verwendet wird, *rigidifiziert* der Ausdruck »aktual« jede Beschreibung, die ihm nachfolgt. Er macht sich dabei seine spezielle Semantik zunutze: einmal mit einer Beschreibung kombiniert, referiert die Beschreibung auf dasjenige, das die Beschreibung in der *aktualen* Welt erfüllt. In anderen Worten: der Ausdruck »aktual« garantiert modale Stabilität dadurch, dass der mit ihm gebildete (komplexe) Ausdruck stets zur aktualen Welt *zurück*referiert. Der Referent von »der aktuale Autor von ›dthat‹« wird also (i) in der aktualen Welt fixiert und (ii) bleibt in seiner Referenz in kontrafaktischen Szenarios stabil. Deswegen ist »der aktuale Autor von ›dthat‹« *de jure* starr. Es ist durchaus interessant, dass diese Art von Ausdruck als nicht-starr gilt, wenn wir die moderate Interpretation anwenden. Der Grund ist einfach: in Welten, in denen David Kaplan nicht existiert, referiert »der aktuale Autor von ›dthat‹« trotzdem auf Kaplan. »Der aktuale Autor von ›dthat‹« referiert also in allen möglichen Welten, auch in denen, in denen der Referent nicht existiert. Sobald der *Operator* »aktual« dazu verwendet wird, um eine Beschreibung zu modifizieren, ist die Frage, auf was sich die modifizierte Beschreibung in einer kontrafaktischen Welt bezieht, letztlich überflüssig.[55] Also ist sie hartnäckig starr, aber nicht starr nach der moderaten Auffassung. Das scheint ein klarer Vorteil der hartnä-

---

[55] Gleiches könnte man auch für den dthat-Operator behaupten.

ckigen Variante zu sein: wenn es einen Kandidaten für einen Ausdruck gibt, dessen semantische Regeln implizieren, dass der Ausdruck starr ist, dann sind es Beschreibungen, die durch den Aktualitätsoperator modifiziert wurden. Die moderate Auffassung ist hier in Bedrängnis: man muss entweder erklären, warum »aktual« überhaupt keine eindeutige Semantik hat, oder man muss eingestehen, dass moderate Starrheit nicht jedes Beispiel eines starren Ausdrucks einfängt.

Welches Fazit können wir aus dieser Diskussion für meine obige Tabelle ziehen? Auf jeden Fall sollten wir sie mit Vorsicht genießen. Die Tabelle gibt uns zwar nach wie vor die zentralen Beispiele, die allgemein als starr unter den jeweiligen Definitionen gelten. Wir haben aber gesehen, dass dabei auch metaphysische Annahmen eine Rolle spielen, zum Beispiel darüber, dass bestimmte Entitäten notwendigerweise existieren. Ebenfalls sollte klar geworden sein, dass der Starrheits*test* durchaus in Spannungen mit den Beispielen gerät, welche die Starrheits*definitionen* als starr ausweisen.

2.5 Starrheit und Skopus

Bis jetzt habe ich noch keine zwingenden Argumente für oder gegen eine bestimmte Starrheitsauffassung formuliert. Die vorangegangene Diskussion zielte darauf ab, gewisse Unterschiede und intuitive Konsequenzen der einzelnen Konzeptionen hervorzuheben. Um wirklich für eine dieser Positionen argumentieren zu können, sollten wir uns der Frage zuwenden, wie die semantischen Regeln eines (*de jure*) starren Bezeichners aussehen könnten, die Bezeichner eben zu *starren* Bezeichnen machen. An ihnen wird sich nicht nur entscheiden, welche der bereits genannten Definitionen die plausibelste ist; es wird sich auch entscheiden, ob man überhaupt in der Lage ist, das semantische Phänomen der Starrheit in ein umfassendes Erklärungsmodell zu gießen.

Ich denke, es gibt zwei ernstzunehmende Vorschläge, die semantischen Regeln hinter starrer Bezeichnung zu beschreiben. Interessanterweise funktionieren beide nur in Bezug auf hartnäckige Starrheit. Mir ist kein Versuch bekannt, entsprechende Regeln für moderate (oder gar konditionale Starrheit) zu formulieren. Ein weiteres Indiz für die philosophische Schwäche der moderaten Starrheit.

Zunächst können wir vier Desiderata an eine semantische Erklärung von Starrheit erheben. Diejenigen Regeln, die die Verwendung von (hartnäckig) starren Bezeichnern beschreiben, müssen so beschaffen sein, dass sie (i) Starrheit implizieren, (ii) erklären, warum welche Ausdrücke starr sind, (iii) den (metaphorischen) Gebrauch von möglichen Welten in der gängigen Definition erhellen und (iv) dabei klären, was Starrheit wirklich *ist*. Haben wir

Antworten auf diese vier Punkte, dann sind wir auf einem guten Weg, eine befriedigende semantische Erklärung zu finden.

Den ersten entsprechenden Versuch, den ich präsentieren werde, wird seit Längerem in der Literatur diskutiert und hängt eng mit Punkt (iii) zusammen. Die mögliche-Welt-Definitionen von Starrheit scheinen auf die *modale Natur* von Starrheit hinzudeuten. Ausgehend von dieser Beobachtung kann man argumentieren, dass ein Ausdruck starr ist, weil er *weiten Skopus in modalen Kontexten* einnimmt.[56]

Wenn ein Bezeichner weiten Skopus in einem modalen Satzkontext einnimmt, dann referiert er auf das gleiche Objekt, auf das er referieren würde, würde der Satz von der aktualen Welt handeln. Betrachten wir dazu ein Beispiel:

(1) Der Präsident von Frankreich könnte groß gewachsen sein.

Wenn der Bezeichner »der Präsident von Frankreich« weiten Skopus einnimmt, dann liegt er nicht im Skopus des Modaloperators »könnte«. In diesem Fall würde (1) Folgendes aussagen: es gibt ein x, das Präsident von Frankreich ist, und es ist möglich, dass x groß gewachsen ist. In dieser Interpretation referiert »der Präsident von Frankreich« auf den tatsächlichen, den aktualen Präsidenten von Frankreich, nämlich auf François Hollande. Es scheint also, als ob die Beschreibung »der Präsident von Frankreich« starr ist, wenn sie weiten Skopus einnimmt: wir referieren damit auf Hollande, egal ob wir über kontrafaktische Situationen sprechen oder nicht. Der Grund liegt darin, dass wir den Referenten des Ausdrucks in der aktualen Welt festlegen und erst dann fragen, was in Bezug auf genau diesen Referenten möglich ist und was nicht. Genau so gehen wir in (1) vor: wir sprechen über eine kontrafaktische Situation, behalten den Referenten Hollande aber bei (wenn die Beschreibung weiten Skopus hat).[57]

Dieses Vorgehen hat zur Folge, dass in der Lesart mit weitem Skopus »der Präsident von Frankreich« hartnäckig starr ist. Die weite-Skopus-Interpretation ist also eine gute Erklärung, warum ein Bezeichner starr ist, sofern seine semantischen Regeln nämlich beinhalten, dass er weiten Skopus in Bezug auf Modaloperatoren einnimmt. Starrheit ist dann auch nichts anderes als ein gewisses Verhalten eines Bezeichners in modalen Satzkontexten. Die Skopus-Variante scheint also zumindest geeignet, die von mir genannten vier Desiderata zu erfüllen. Diese Interpretation ist ebenfalls eine Erklärung der

---

[56] Der Erste, der umfassend und einflussreich für diese Position argumentiert hat, war Dummett (1981, siehe bspw. S. 127). Dummett versuchte auf diese Weise einen Deskriptivismus in Bezug auf Eigennamen zu retten. Kripke zieht den Skopus-Ansatz auch selbst in Erwägung (siehe Kripke 1980, S. 62).

[57] Vgl. dazu Kripke 1980, S. 77 oder Recanati 1993, S. 8.

2.5 Starrheit und Skopus

speziellen Semantik von »aktual«: modifizieren wir einen Ausdruck mit diesem Operator, dann stellen wir sicher, dass der gebildete Ausdruck *immer* weiten Skopus einnimmt. Das würde sogar für Eigennamen Sinn machen: die semantischen Regeln, die ihre Verwendung leiten, besagen, dass sie ebenfalls (stets) weiten Skopus in modalen Kontexten einnehmen. Das würde ihre hartnäckige Starrheit erklären und implizieren: Namen referieren starr, *weil deren Referenz in kontrafaktischen Situationen überhaupt nicht determiniert wird.* Sie referieren einfach immer zurück zur aktualen Welt.

(1) hat allerdings auch eine andere Lesart, denn (1) ist nicht eindeutig in Bezug auf die Reichweite des Modaloperators. Man kann (1) auch so interpretieren, dass Folgendes ausgesagt wird: es ist möglich, dass es ein *x* gibt, das Präsident von Frankreich ist und groß gewachsen. Nach dieser Lesart nimmt der Bezeichner engen (oder nahen) Skopus in Bezug auf den Modaloperator »möglich« ein und referiert nicht mehr notwendigerweise auf Hollande (sondern eben einfach auf dasjenige, das in einer kontrafaktischen Situation die Beschreibung erfüllt, der Präsident von Frankreich zu sein). Somit ist »der Präsident von Frankreich« nicht starr in dieser Lesart. Obwohl also eine Lesart von (1) existiert, unter welcher »der Präsident von Frankreich« starr ist, kann der Ausdruck nicht generell als starr gelten: die semantischen Regeln sagen nicht eindeutig, welche Position der Ausdruck in modalen Kontexten einnehmen soll.

Diese Schwierigkeit hat weitere unangenehme Konsequenzen für den Skopus-Ansatz: »der Präsident von Frankreich« und »die kleinste Primzahl« sind strukturell analoge Ausdrücke. Wenn die semantischen Regeln des ersteren Ausdrucks Skopusambiguitäten erzeugen, dann sollte das auch für letzteren gelten. Wenn »die kleinste Primzahl« aber eindeutig starr *ist*, dann ist der Skopus-Ansatz in seiner präsentierten Form nicht geeignet, die semantischen Eigentümlichkeiten *aller* starren Bezeichner zu erklären.

Allerdings betrachten einige Philosophen dieses Argument als zu voreilig. Es gibt Versuche, das aufgeworfene Problem in der folgenden Weise zu lösen: obwohl »die kleinste Primzahl« Skopusambiguitäten erzeugt, macht es in Bezug auf die Frage, welchen Referenten der Bezeichner hat, keinen Unterschied, ob er innerhalb oder außerhalb des Skopus des modalen Operators steht. »Die kleinste Primzahl« referiert notwendigerweise auf die Zahl 2 (weil, nach dieser Auffassung die Zahl 2 in jeder möglichen Welt existiert). Ein ähnliches Argument könnte man auch für Eigennamen formulieren:

(2) Hollande könnte groß gewachsen sein.

In Bezug auf den Referenten von »Hollande« scheint es nicht relevant zu sein, ob »Hollande« weiten oder engen Skopus einnimmt. Selbst in der engen Lesart referiert der Name auf Hollande, denn das ist bei Eigennamen schlicht die semantische Festsetzung. Es gibt also keinen Unterschied zwischen der Lesart mit engen und der mit weitem Skopus (bei Eigennamen). Wenn wir diesen Umstand berücksichtigen, können wir die semantische Vorschrift, welche die Verwendung von starren Bezeichnern regelt, folgendermaßen formulieren: ein Ausdruck ist starr, weil (und genau dann, wenn) seine verschiedenen Lesarten in modalen Kontexten äquivalent sind. Dass sie äquivalent sind, soll hier schlicht heißen, dass egal ob wir den Bezeichner in den Skopus des Modaloperators stellen oder nicht, für die Wahrheit des Satzes ist stets der gleiche Referent (des Bezeichners) relevant. Damit haben wir die oben genannte Schwäche des Skopus-Ansatzes erst einmal ausgeräumt.

Der Erste, der einen derartigen Ansatz in Erwägung zog, war tatsächlich Kripke selbst. Im Vorwort zu *Naming and Necessity* schreibt er:

> The thesis that names are rigid in simple sentences is, however, equivalent (ignoring complications arising from the possible nonexistence of the object) to the thesis that if a modal operator governs a simple sentence containing a name, the two readings with large and small scopes are equivalent.
> (Kripke 1980, S. 12, Fn. 15)

Ich denke, Kripke lag hier falsch: selbst in modalen Kontexten sind die Lesarten mit engen und weitem Skopus nicht vollständig äquivalent. Es macht durchaus einen Unterschied, ob der Referent von »Hollande« in der aktualen Welt determiniert wird oder in der möglichen Welt, die durch den Modaloperator eingeführt wird (selbst wenn das Resultat das gleiche ist). Wenn das keinen Unterschied machen würde, dann würden wir sofort die Unterscheidung zwischen hartnäckiger und moderater Starrheit verlieren.[58] In der Skopus-Terminologie entspricht die hartnäckige Version von Starrheit der Lesart, die Namen weiten Skopus in modalen Satzkontexten einräumt, wohingegen moderate Starrheit der Lesart mit engem Skopus entspricht. Wir können diesen Unterschied an folgendem Satz sehen:

(3) Hollande könnte nicht existieren.

Nach der moderaten Interpretation von Starrheit referiert ein Term nicht in Welten, in denen der Referent nicht existiert. Also müssen wir in jeder Welt, Schritt für Schritt, evaluieren, ob der Term referiert oder nicht. Genau dann, wenn Hollande in der entsprechenden Welt existiert, referiert »Hollande« auf Hollande in dieser Welt (genau das Gleiche passierte in der engen Les-

---

[58] Fairerweise muss man hier sagen, dass Kripke dieses Problem wohl antizipiert, weil er *Komplikationen, die durch die mögliche nicht-Existenz eines Objektes entstehen, ignoriert*. Leider entwickelte er seine Gedanken an dieser Stelle nicht weiter. Meine nachfolgenden Ausführungen sind Versuche, den größtmöglichen Sinn aus Kripkes Worten zu ziehen.

2.5 Starrheit und Skopus

art von (1)). Die Konsequenz dieser Welt-für-Welt-Evaluierung ist, dass (3) *wahr* ist genau dann, wenn es eine Welt gibt, in welcher »Hollande« nicht referiert.[59] Nach der hartnäckigen Konzeption von Starrheit und der Lesart (von Eigennamen) mit weitem Skopus ist (3) wahr genau dann, wenn es eine mögliche Welt gibt, in der Hollande, d. h. das *Objekt*, auf das der Ausdruck in der aktualen (und damit in jeder) Welt referiert, *nicht existiert*. Die Lesarten mit engen oder weitem Skopus implizieren also unterschiedliche Wahrheitsbedingungen für Sätze, in welchen starre Bezeichner vorkommen. Sie sind also nicht (vollständig) äquivalent.

Was folgt aus diesem Argument? Erstens: die Trennung von Lesarten mit engen und weitem Skopus in Bezug auf *modale Sätze* ist ein vielversprechender Ansatz, den Ursprung von *hartnäckiger* Starrheit zu erklären. Ein solcher Ansatz würde besagen, dass ein Term referentiell starr ist, weil er in Bezug auf Modaloperatoren immer weiten Skopus einnimmt. Das erklärt, warum solche Terme starr sind (weil die Referenz modal in der aktualen Welt fixiert wird) und warum »die kleinste Primzahl« *de facto* starr ist: weil letzterer Ausdruck auch enge Lesarten hat, ist er nur aus metaphysischen Gründen starr. Die semantische Festsetzung bzw. Regel hinter *de jure* Starrheit wäre demnach die Forderung, dass diese Ausdrücke immer so gelesen werden müssen, dass sie weiten Skopus einnehmen.

Zweitens zeigt meine Argumentation, dass der Skopus-Ansatz nicht für die moderate Interpretation von Starrheit verfügbar ist. Es folgt einfach deshalb, weil die moderate Konzeption von Starrheit verneint, dass ein Term starr ist, wenn er immer weiten Skopus (in Bezug auf Modaloperatoren) einnimmt. Das Gegenteil ist der Fall: wenn ein Term immer weiten Skopus hat, wie »aktual«, dann ist der Term nicht moderat starr (weil er auch in Welten referieren würde, in denen der Referent nicht existiert). Um sich den Skopus-Ansatz zunutze zu machen, müsste ein Anwalt der moderaten Auffassung von Starrheit Folgendes sagen: ein Term ist starr, weil die enge-Skopus-Lesart und die weite-Skopus-Lesart äquivalent in Bezug auf Welten sind, in denen der Referent existiert. Ich werde hier offen lassen, ob das ein geeigneter Ansatz wäre, denn es gibt noch eine offensichtlichere Möglichkeit, wie der Anwalt der moderaten Starrheit mit dem Skopus Ansatz verfahren kann. Diese Möglichkeit stammt wieder von Kripke selbst: zu leugnen, dass der Skopus-Ansatz überhaupt nützlich ist.

Ein gängiges Argument gegen die Erklärung von Starrheit über den Skopus von Modaloperatoren lautet folgendermaßen: sie ist ungeeignet, weil sie nicht

---

[59] Und *nicht*, wenn es eine Welt gibt, in welcher Hollande nicht existiert! Dieser Punkt ist entscheidend. Ich werde noch darauf zurückkommen.

erklären kann, dass die starr/nicht-starr Unterscheidung auch für nicht-modale Kontexte zutrifft.[60] Betrachten wir dazu die nachstehenden Beispiele:

(4) Hollande ist klein.
(5) Der Präsident von Frankreich ist klein.

Es scheint, als wäre »Hollande« in (4) starr, »der Präsident von Frankreich« in (5) allerdings nicht – und dass obwohl weder (4) noch (5) Modaloperatoren enthält. Dieser Umstand soll nun zeigen, dass das Konzept der Starrheit generelle Anwendbarkeit genießt, d. h. auch in atomaren oder simplen Sätzen. Nur, warum ist das so? Die Antwort auf diese Frage ist entscheidend. Sie wird uns auf den zweiten Weg führen, wie man Starrheit erklären kann.

Der Grund, warum »Hollande« starr ist und »der Präsident von Frankreich« nicht, liegt in den *Wahrheitsbedingungen* von (4) und (5). (4) ist wahr in einer Welt w genau dann, wenn Hollande klein ist in w, d. h.: »In this case, there is a unique individual x such that, for any world w, the sentence is true with respect to w if and only if x is small in w.« (Recanati 1993, S. 9. Originale Hervorhebung) Solch ein spezifisches Individuum existiert nicht für Fall (5): (5) ist wahr in einer Welt w genau dann, wenn es in w ein x gibt, das Präsident von Frankreich ist und klein. Im Gegensatz zu (4) kann x von Welt zu Welt verschieden sein, ohne den Wahrheitswert von (5) zu verändern. Also gibt es keine Ambiguität in (4) und (5) in Bezug auf den Skopus der denotierenden Ausdrücke. Trotzdem finden wir die starr/nicht-starr Unterscheidung in beiden Sätzen. Wir können sie sogar erklären. Alles, was wir dazu tun müssen, ist, die Wahrheitsbedingungen von (4) und (5) zu analysieren. Deswegen sagt Kripke wohl auch: »[Rigidity] is a doctrine about the truth conditions, with respect to counterfactual situations, of (the propositions expressed by) *all* sentences, including *simple* sentences.« (Kripke 1980, S. 12. Originale Hervorhebung). Und genau das zeigt auch, warum es falsch ist, Starrheit auf Skopusfragen zu reduzieren, denn »[…] this would make the notion of rigidity relevant only to modal contexts […]«. (Recanati 1993, S. 8). Starrheit ist aber auch in nicht-modalen Kontexten relevant.[61] (4) und (5) beweisen das.

---

[60] Dieses Argument stammt von Kripke (1980, siehe vor allem das Vorwort). Recanati (1993) unterschreibt es ebenfalls.

[61] Ich stimme vollkommen damit überein, dass jede Definition von Starrheit einen Unterschied zwischen (4) und (5) implizieren muss. Wir sollten trotzdem vorsichtig sein, den Skopus-Ansatz jetzt schon zu verwerfen. Vielleicht ist es möglich, ihn zu reformulieren, und zwar so, dass er nicht für Satzkontexte gilt, sondern für Auswertungskontexte. David Sosa (2001) argumentiert bspw., dass die mögliche-Welt-Wahrheitsbedingung Skopusambiguitäten einführt. Demnach wäre (5) doch ambig in Bezug auf die denotierenden Ausdrücke. Ich werde diesen Ansatz nicht diskutieren. Ich werde später vorschlagen, dass es eine Interpretation von Starrheit gibt, die den Unterschied von (4) und (5) auf sehr natürliche Weise erklärt und den Skopus Ansatz ausschließt.

2.6 Starrheit und objektinvolvierende Wahrheitsbedingungen

Die vorangegangene Diskussion sollte zeigen, dass es neben dem Skopus-Ansatz noch eine weitere mögliche Erklärung für die Starrheit von denotierenden Ausdrücken gibt: Starrheit als eine These über Wahrheitsbedingungen. Ich denke, dieser Erklärungsweg ist der effektivste, intuitivste und plausibelste. Er ist erstaunlicherweise noch sehr unterentwickelt. Ich werde im Folgenden versuchen, die theoretischen Möglichkeiten dieses Ansatzes auszuarbeiten. Die Idee dazu wurde bereits formuliert: wenn ein Ausdruck starr ist, dann gibt es ein spezielles Individuum, das für die Evaluierung der Wahrheit eines Satzes, in dem der entsprechende Ausdruck vorkommt, in jeder möglichen Welt relevant ist.[62] Die semantische Regel, die starre Bezeichnung möglich macht, wäre dann schlicht: manche denotierenden Ausdrücke sollten so verwendet werden, dass ihre Referenz in kontrafaktischen Szenarien nicht determiniert werden muss. Ihr Referent ist stets derjenige, der in der aktualen Welt determiniert wird. In anderen Worten:

Starrheitsprinzip (SP): Ein Term t ist ein starrer Bezeichner, weil (und wenn) es ein x gibt, so dass t auf x referiert und jeder Satz der Form ...t... wahr ist genau dann, wenn ...x...

SP gibt meiner Meinung nach an, wie Eigennamen tatsächlich verwendet werden. Wenn wir darüber sprechen, was in Bezug auf ein spezifisches Individuum der Fall sein könnte, dann ist die Frage, wie wir dieses Individuum in verschiedenen möglichen Welten determinieren sollen, schlichtweg *bedeutungslos*. SP reflektiert diese Einsicht. Ein anderer Vorteil von SP ist, dass es die Definition von hartnäckiger Starrheit erhellt: letztere ließ offen, wie der semantische Mechanismus hinter Starrheit aussieht. SP hat hier mehr zu bieten, ohne sich direkt auf mögliche Welten zu beziehen. Starre Bezeichner sind nach SP solche Ausdrücke, die objektinvolvierende Wahrheitsbedingungen erzeugen.[63]

SP hat dennoch Probleme. Das erste und offensichtlichste ist altbekannt: auch SP erfasst *de facto* starre Bezeichner – wie »die kleinste Primzahl« – nicht hinreichend. Hier gibt es mindestens drei konsistente Positionen, die ein Befürworter von SP einnehmen kann: (i) füge SP »... oder t bezeichnet eine notwendige Existenz« hinzu; (ii) wir beschränken das Starrheitsprinzip auf *de jure* starre Bezeichner; (iii) man argumentiert dafür, dass es überhaupt

---

[62] Christopher Peacocke (1975) war wohl der erste, der vorschlug, Starrheit auf diese Weise zu definieren. Siehe dazu auch Recanati (1995, S. 10–12).
[63] Objektinvolvierende Wahrheitsbedingungen stehen (wie gesagt) *generellen* Wahrheitsbedingungen gegenüber.

keine *de facto* starren Bezeichner gibt. (iii) ist die Position, für die ich in dieser Arbeit argumentieren werde. Ich habe auch schon angedeutet, wie man dabei vorgehen kann: Ausdrücke wie »die kleinste Primzahl« sind nur deswegen starr, weil sie aus Ausdrücken zusammengesetzt sind, von denen einer bereits ein starrer Bezeichner ist.[64]

Wo stehen wir jetzt? Die vorangegangene Diskussion sollte auf folgende Weise verstanden werden: (i) es gibt vielfältige Definitionen und Erklärungen von Starrheit, (ii) der entscheidende Aspekt von hartnäckiger Starrheit ist die Auffassung, dass es keinen Sinn macht zu fragen, auf was sich ein (starrer) Bezeichner in einer kontrafaktischen Situation bezieht; (iii) über das Konzept der objektinvolvierenden Wahrheitsbedingung können wir präzise die Semantik von hartnäckig starren Bezeichnern beschreiben; (iv) hartnäckige Starrheit scheint deshalb die verständlichste Form von Starrheit zu sein. Ich will nun vor allem hervorheben, dass die Punkte (i)–(iv) einen neuen Weg eröffnen, das Konzept der Starrheit zu verstehen. Das beste Argument für die Auffassung, die ich jetzt entwickeln werde, ist *Einfachheit*: Starrheit ist wirklich keine komplizierte Sache.

Bis hierhin habe ich in der Darstellung der Diskussion über Starrheit noch kein einziges Mal das Wort »Bedeutung« verwendet. Obwohl Bedeutung ein eher dunkles theoretisches Konstrukt ist, kann der Begriff uns helfen zu verstehen, was Starrheit wirklich ist. Die Eigentümlichkeit mancher Ausdrücke scheint nämlich zu sein, dass es schlicht sinnlos ist, nach ihren Referenten in kontrafaktischen Welten zu fragen. Wir haben dieses Phänomen »hartnäckige Starrheit« genannt. Jetzt gibt es aber folgendes Prinzip:

Kontrafaktizitätsprinzip (KP): Wenn wir einen Satz (oder eine Aussage) in einer kontrafaktischen Welt evaluieren, dann dürfen wir die Bedeutungen der involvierten Ausdrücke nicht verändern.

Ohne ein Prinzip wie KP ist es (bspw.) nicht möglich, modale Begriffe wie Notwendigkeit und Möglichkeit, oder epistemische Begriffe wie Apriorizität philosophisch zu analysieren. Wenn ich frage: »Ist es notwendigerweise wahr, dass *2 + 2 = 4*?«, dann ist die Information, dass es eine Welt gibt, in welcher das Zeichen »2« 6 bedeutet, nicht relevant für die ursprüngliche Frage (wenigstens dann, wenn wir über metaphysische Notwendigkeit sprechen). Der Grund ist, dass KP gilt. Ich denke, es gibt eine erstaunliche Parallele zwischen KP und hartnäckiger Starrheit. Der Grund, warum manche Terme hartnäckig starr sind, warum es keinen Sinn macht zu fragen, auf was sie in kontrafaktischen Situationen referieren, könnte doch einfach der sein, dass der Referent dieser Ausdrücke Teil der *Bedeutung* der Ausdrücke ist. Das ist überraschen-

---

[64] Ich bin außerdem nicht vorbehaltlos davon überzeugt, dass es so etwas wie notwendige Existenzen gibt.

2.6 Starrheit und objektinvolvierende Wahrheitsbedingungen 71

derweise alles, was wir brauchen, um starre Bezeichnung zu generieren. Ist die Bedeutung eines Terms einfach der Referent, dann ist Starrheit eine unmittelbare Konsequenz dieser These, einfach wegen KP. Viele denken, dass Mill bereits die Position entwickelte, dass die Bedeutung eines Eigennamens nichts als sein Referent ist. Es wurde aber noch nie anerkannt, dass Mills Position dann bereits eine Semantik starrer Bezeichner ist (es wurde nur anerkannt, dass Mills Position anti-deskriptivistisch ist). Wegen KP brauchen wir das Konzept der Starrheit streng genommen überhaupt nicht. Starrheit ist nichts anderes als Mills Position kombiniert mit KP. Genau das meinte ich, als ich sagte, dass Starrheit keine komplizierte Sache ist. Man fängt an sich zu wundern, weshalb soviel Aufhebens um Kripkes »Entdeckung« der Starrheit gemacht wurde.

Natürlich gibt es starke Argumente gegen Mill. Aber der Grund ist einfach der, dass Mills Position stärker ist als sie zu sein braucht. Wir können sie problemlos etwas aufweichen und sagen, dass der Referent eines Eigennamens ein *Teil* der Bedeutung des Namens ist. Oder besser: wenn sich zwei Eigennamen in ihrer Referenz unterscheiden, dann unterscheiden sie sich in ihrer Bedeutung.

Starrheit ist jetzt wirklich einfach: ein Term *t* ist ein starrer Bezeichner genau dann, wenn der Referent von *t* ein Teil der Bedeutung von *t* ist. Was heißt »Bedeutung« hier? Das kann durch das Konzept der objektinvolvierenden Wahrheitsbedingung erklärt werden, d. h.: der Referent eines Terms *t* ist Teil der Bedeutung von *t* genau dann, wenn *t* objektinvolvierende Wahrheitsbedingungen generiert.[65]

Aus meiner Sicht gibt es also keine intelligible Auffassung von *Referenz-in-w*. Wir müssen Eigennamen keine speziellen (d. h. konstanten) Intensionen zuweisen, um zu erklären, dass sie in kontrafaktischen Situationen referentiell stabil bleiben. Genauso wenig gibt es eine intelligible Auffassung von *Bedeutung-in-w*.[66] Es gibt nur KP. Diese Rekonstruktion räumt uns eine ganze Bandbreite an theoretischen Möglichkeiten ein, zum Beispiel eine einheitliche Analyse von referentiellen und nicht-referentiellen Verwendungen von definiten Beschreibungen. Wenn wir den Bezug einer Beschreibung ändern können, ohne ihre Bedeutung zu beeinflussen, dann *referiert* die Beschreibung nicht, d. h. sie ist nicht starr.[67] Das Konzept der Starrheit könnte sogar

---

[65] Und *Teil der Bedeutung* kann entsprechend über die Unterscheidung von Charakter und Gehalt erklärt werden.

[66] Was wir brauchen ist nur eine Konzept von *Designation-in-w*, damit wir Sätzen in *w* Wahrheitswerte zuweisen können. *Designation-in-w* für einen Term *t* steht aber nicht mit den Bedeutungsdimensionen von *t* in Verbindung. Wenn ich also sage, dass es keine intelligiblen Begriffe von *Referenz-in-w* und *Bedeutung-in-w* gibt, dann heißt das, dass die Wahrheitsbedingungen von Sätzen nicht von diesen Begriffen abhängen.

[67] Später mehr zu definiten Beschreibungen. Siehe Kap. 3.9.

gänzlich überflüssig werden. Referenz und Bedeutung scheinen alles zu sein, was wir brauchen, um das Verhalten von so genannten starren Bezeichnern zu erklären. Es gibt sogar bereits eine Theorie, die umfassend ausgearbeitet, wie man Bedeutung *als* Referenz deuten kann: die Theorie direkter Referenz. Nach meiner Rekonstruktion ist es möglich, beide Begriffe, d. h. Starrheit und direkte Referenz, als ein und dasselbe theoretische Konzept zu begreifen. Das hätte eine wünschenswerte konzeptuelle Ökonomie zur Folge: es gibt keine *zusätzliche* Eigenschaft mancher Ausdruckstypen, genannt *Starrheit*;[68] es gibt somit keine komplexen Intensionen von Termen, die diese Eigenschaft erklären sollen; zentrale Begriffe der Semantik fallen damit zusammen. Wir können sogar die Unterscheidung von *de jure* und *de facto* starren Bezeichnern loswerden, denn diejenigen Ausdrücke, die wir als *de facto* starr ausgewiesen haben, sind entweder überhaupt nicht mehr starr, oder sie sind ebenfalls *de jure*. Die zentrale Frage ist nicht: was bezeichnet ein Ausdruck in einer möglichen Welt? Die wichtigste Frage ist vor allem: was ist Teil der Bedeutung des Ausdrucks? Ist beispielsweise die Zahl 2 ein Teil der Bedeutung von »die kleinste Primzahl«? Wenn ja, dann ist der Ausdruck starr, wenn nicht, dann nicht. Kripke hat uns auch gezeigt, wie wir beginnen können, diese Frage zu beantworten: befragen wir unsere Intuitionen in Bezug auf kontrafaktische Szenarios. Sind unsere Intuitionen derart beschaffen, dass ein Satz wie »Die kleinste Primzahl spielt eine Rolle in der Algebra« wahr ist nur dann, wenn sich »die kleinste Primzahl« auf die 2 bezieht, dann sind wir auf einem guten Weg, die Beschreibung als starr auszuweisen. Sind unsere Intuitionen auch noch so beschaffen, dass »die kleinste Primzahl«, wenn sich der Ausdruck auf die 3 bezieht, eine völlig andere Bedeutung haben muss, als wenn wir ihn gebrauchen (also wenn er sich auf die 2 bezieht), dann haben wir erklärt, das der Ausdruck *de jure* starr ist. Unsere Intuition, dass er *de facto* starr ist, bezog sich ja nur auf die metaphysische These, dass die 2 in jeder Welt existiert. Diese dubiose Erklärung können wir durch meinen Ansatz loswerden: es gibt dann gar keine *de facto* starren Bezeichner mehr.[69]

Ich will noch eine andere Konsequenz meiner Argumentation hervorheben. Sie ist vielleicht die wichtigste: der Unterschied zwischen moderater und hartnäckiger Starrheit lässt sich nicht auf die Frage reduzieren, wie wir mit Welten umgehen sollen, in welchen der Referent eines Ausdrucks nicht existiert. Nach meiner Rekonstruktion (von hartnäckiger Starrheit) entsprechen beide Konzeptionen von Starrheit allgemein völlig unterschiedlichen semantischen Ansätzen. Die hartnäckige Auffassung ist nicht kompatibel mit

---

[68] Man könnte genau so gut andersherum argumentieren und sagen: starre Bezeichner haben keine zusätzliche Eigenschaft, genannt »direkte Referenz«.
[69] Falls »die kleinste Primzahl« auf die 3 referieren kann, ohne ihre Bedeutung zu ändern, ist die Beschreibung natürlich nicht starr.

2.6 Starrheit und objektinvolvierende Wahrheitsbedingungen

dem Ansatz, dass der referentielle Mechanismus hinter (bspw.) Eigennamen konstante Intensionen sind, die den Referenten in allen möglichen Welten auswählen. Sie ist wenigstens dann nicht mit diesem Ansatz kompatibel, wenn manche Dinge (die Namen haben) nicht notwendigerweise existieren. Auf der anderen Seite ist die moderate Definition von Starrheit nicht mit einer Semantik kompatibel, die Objekte mit den Bedeutungen referentieller Ausdrücke assoziiert. Das heißt auch, dass wenn Eigennamen starre Bezeichner in meinem Sinne sind, dann ist die These notwendigerweise falsch, dass ein Eigenname semantisch äquivalent zu einer Beschreibung ist, die immer weiten Skopus in Bezug auf Modaloperatoren einnimmt. Um das zu erklären, borge ich mir den Ausdruck der »direkten Auswertung« (*direct assessment*) und das entsprechende Argument von David Smith:

> [...] an intrinsically wide scope definite description cannot be assessed directly at a possible but non-actual world; rather, it is a formula containing a *variable* that is assessed at such worlds, the referent of the variable being determined antecedently to the modal operator via the satisfaction relation at the actual world. A term is, by contrast, strongly rigid when its weak rigidity is accounted for by the fact that the term itself has an integral and stable meaning such that statements containing the term can themselves be directly worked out at various possible worlds. This is the formal way of spelling out what Kripke has in mind when he talks of using a name *within* a counterfactual situation. Only when a term meets this stronger condition of stability in meaning is it rigid, according to Kripke. (Smith 1984, S. 184. Original emphasis)

Smith verwendet die Ausdrücke »stongly rigid« und »weakly rigid« hier offenkundig nicht so, wie ich diese Ausdrücke eingeführt habe.[70] Aber das ist auch nicht wichtig. Entscheidend ist, dass wenn wir einen Satz, der eine Beschreibung (mit weitem Skopus) enthält, in einer möglichen Welt auswerten, dann müssen wir zurück zur aktualen Welt gehen und dort das Individuum identifizieren, das die Beschreibung erfüllt. Erst dann wissen wir, welchen Wert (oder welchen Referenten) die Beschreibung hat. Wir müssen aber nicht die *Bedeutungen* der involvierten Ausdrücke identifizieren, indem wir zurück zur aktualen Welt gehen. Die Bedeutungen der Ausdrücke sind direkt in der möglichen Welt *auswertbar*: der Satz muss *in* der möglichen Welt ja die gleiche Bedeutung haben, wie in der aktualen. Nur der Referent ist nicht direkt in der möglichen Welt erhältlich.

Wenn Namen in meinem Sinne starr sind, dann ist die Bedeutung, d. h. der *Referent* des Namens, ebenfalls direkt in der möglichen Welt auswertbar.

---

[70] Er verwendet sie eher gemäß meiner Interpretation. Nach Smith ist ein Term »weakly rigid«, wenn er querweltlich stabile Referenz aufweist. Ein Ausdruck ist aber »strongly rigid«, wenn er querweltlich stabile Referenz aufweist, *weil* seine Referenz *in* jeder möglichen Welt determiniert werden kann.

Das heißt auch, dass keine Beschreibung, kein Begriff, keine Erfüllungsrelation semantisch äquivalent zu einem Eigennamen ist, wenn Eigennamen in meinem Sinne starr sind – auch nicht wenn die Beschreibungen weiten Skopus einnehmen. Der Referent eines Eigennamens muss nach meiner (und scheinbar auch Smiths) Auffassung nicht in der kontrafaktischen Situation bestimmt werden (indem wir beispielsweise zur aktualen Welt zurück gehen). Er ist, sozusagen, schon dort. Starrheit ist somit nicht nur Stabilität der Referenz, sondern Starrheit ist auch Stabilität der Bedeutung. Namen können also keine Intensionen ausdrücken, *kraft derer* der Referent bestimmt wird. Der Referent ist selbst Teil ihrer Semantik.

Was ist aber beispielsweise mit einem Ausdruck wie »der aktuale Autor von ›Dthat‹«? Wir finden hier eine paradoxe Situation vor. Erstens scheint »der aktuale Autor von ›Dthat‹« ein genuiner *Begriff* zu sein, d. h. in diesem Fall ein referentieller Ausdruck, der ein Objekt aufgrund einer Erfüllungsbedingung auswählt. In meiner ursprünglichen Formulierung von hartnäckiger Starrheit zählte »der aktuale Autor von ›Dthat‹« dennoch als starr, eben weil der Begriff so beschaffen ist, dass er immer zur aktualen Welt zurück-referiert (und damit denselben Referenten in allen möglichen Welten hat). Wenn aber die *Bedeutung* von »der aktuale Autor von ›Dthat‹« nicht David Kaplan ist, dann ist der Ausdruck nicht in dem Sinne starr, den ich hier entwickelt habe. »Der aktuale Autor von ›Dthat‹« ist semantisch nicht zu dem Eigenname »David Kaplan« äquivalent, wenn David Kaplan Teil der Bedeutung von »David Kaplan« ist.[71] Das bedeutet, dass es zwei verschiedene Lesarten unserer ursprünglichen Formulierung hartnäckiger Starrheit gibt, oder besser: zwei Interpretationen von Starrheit, die beide die Definition erfüllen. Auf der einen Seite gibt es die Auffassung, die ich vertrete, d. h., dass ein Term starr ist genau dann, wenn sein Referent ein Teil der Bedeutung des Ausdrucks ist. Auf der anderen Seite kann man aber ebenfalls sagen, dass ein Term starr ist genau dann, wenn er eine Intension ausdrückt, die den Referenten des Terms immer in der aktualen Welt auswählt und welche seine Bedeutung vollständig erfasst (z. B. durch eine Beschreibung, die »aktual« enthält).[72]

---

[71] Es gibt einen Weg, auch mit dieser Interpretation von Starrheit Ausdrücke wie »der aktuale Autor von ›Dthat‹« einzufangen. Die Idee ist folgende: wenn man »aktual« wie den dthat-Operator interpretiert, kann man den Ausdruck als ein Demonstrativpronomen lesen, das durch die nachfolgende Beschreibung angibt, wie die Referenz des gesamten Ausdrucks *festgelegt* wurde. »Der aktuale Autor von ›Dthat‹« drückt dann keinen genuinen Begriff aus, sondern ist eher eine Art Name für David Kaplan, der Kaplan selbst als integralen semantischen Bestandteil hat. Ich werde das hier nicht ausführen, komme aber noch darauf zurück!

[72] Man muss hier Folgendes beachten: wenn »David Kaplan« eine konstante Funktion ausdrückt, die David Kaplan *in* einer möglichen Welt auswählt, dann ist »David Kaplan« nicht hartnäckig starr (weil die Funktion in Welten, in denen Kaplan nicht existiert, nichts auswählen kann). Wenn »David Kaplan« eine konstante Funktion auswählt, die Kaplan per Definition in *allen*

2.6 Starrheit und objektinvolvierende Wahrheitsbedingungen

Obwohl ich denke, dass letztere Position mit schwerwiegenden Problem zu kämpfen hat, will ich hier nur hervorheben, dass sich beide Interpretationen von hartnäckiger Starrheit tatsächlich unterscheiden.[73] Den Unterschied kann man sich durch folgende Frage klar machen: ist meine Interpretation von Starrheit (d. h. Starrheit als konstante Bedeutung als Referenz) noch in irgendeiner Art und Weise das, was Kripke vorschwebte? Ich sagte ja bereits, dass es in Kripkes Schriften keine eindeutige Antwort darauf gibt, was seiner Meinung nach starre Bezeichner sind. Dass ihm aber etwas Ähnliches wie meine Position vorschwebte, ist, denke ich, durch ein Zitat evident, das ich bereits angegeben habe. Ich zitiere ihn nochmals: »[Rigidity] is a doctrine about the truth conditions, with respect to counterfactual situations, of (the propositions expressed by) *all* sentences, including *simple* sentences.« (Kripke 1980, S. 12. Originale Hervorhebung). Nur meine Interpretation kann erklären, dass die starr / nicht-starr Unterscheidung auch für *simple Sätze* relevant ist. Stellen wir uns eine Sprache vor, in der es keine modalen Ausdrücke gibt. In so einer Sprache sind »Der aktuale Autor von ›Dthat‹« und »Der Autor von ›Dthat‹« äquivalent (zumindest wenn »aktual« ein modaler Begriff ist). In der modallosen Sprache dürfte es also keinen *semantischen* Unterschied zwischen »David Kaplan ist ein Philosoph« und »Der Autor von ›Dthat‹ ist ein Philosoph« geben, wenn »David Kaplan« eine Intension ausdrückt, die Kaplan über eine *aktualisierte* Beschreibung auswählt. Nach meiner Interpretation gibt es aber *trotzdem* einen semantischen Unterschied: David Kaplan ist nicht Teil der Bedeutung von »der (aktuale) Autor von ›dthat‹«. Und es scheint durchaus möglich, dass die Sprecher der modallosen Sprache diesen Unterschied auch verstehen können.[74] Zum Beispiel gibt es keinen Grund kategorisch abzulehnen, dass sie nicht verstehen könnten, dass die Sätze »Der Autor von ›Dthat‹ ist ein Autor« und »David Kaplan ist ein Autor« aus völlig unterschiedlichen Gründen wahr sind. Warum sollte man ihnen nicht erklären können, dass letzterer *nicht* aus a priori Gründen wahr ist? Daraus folgt erstens, dass die beiden genannten Auffassungen von hartnäckiger Starrheit nicht äquivalent sind, und zweitens, dass nur die von mir vorgeschlagene Interpretation mit Kripkes Forderung zurechtkommt, dass Starrheit auch in simplen Sätzen relevant ist.

Welten auswählt, dann müssen wir sagen, dass Kaplan selbst ein integraler Bestandteil der Funktion ist. Diese Sicht scheint mir dann ähnlich zu der Position zu sein, die ich vertrete. Aber: wenn Kaplan *nicht* integraler Bestandteil der Funktion ist, dann können wir starre Bezeichner nicht so definieren, dass alle Arten von Beschreibungen ausgeschlossen werden. Auch ein Cluster-Begriff könnte eine konstante Intension haben.

[73] Die angesprochenen Probleme werden vor allem in Kap. 3.8 besprochen.
[74] Etwas derartiges wird auch von Smith (1984, vor allem Sektion III) hervorgehoben. Man sollte hier beachten, dass ich hier nicht diskutiere, ob die Sprecher der modallosen Sprache einen Unterschied zwischen meiner Auffassung und *moderater* Starrheit verstehen könnten.

Es ist erstaunlich, wie nahe Smith den Konklusionen war, die ich hier ziehe. Ich stimme vollkommen mit *seiner* Konklusion überein, nämlich dass Starrheit eine »less than fundamentally useful notion in semantics« (Smith 1984, S. 193) ist. Unsere Gründe unterscheiden sich jedoch. Smith denkt, Starrheit sei kein rein semantisches Konzept, und dass die Eigentümlichkeit von etwa Namen deshalb über ihre *pure Referentialität* erklärt werden müsse (d. h., dass es bei Eigennamen keine Determination der Referenz in möglichen Welten gibt, sondern nur Referenten als Bedeutung. Seine pure Referentialität ist also ähnlich zu meiner Starrheit).[75] Nach meiner Auffassung ist Starrheit in einem gewissen Sinne überflüssig, *weil* Starrheit ein semantisches Konzept ist, das vollständig durch objektinvolvierende Wahrheitsbedingungen erklärbar ist – und deswegen mit direkter Referenz identisch ist. Allerdings ist meine Interpretation nicht darauf festgelegt zu behaupten, dass im Falle von Eigennamen Referenz und Bedeutung *komplett* zusammenfallen.[76]

2.7 Probleme hartnäckiger Starrheit

Ich will die Diskussion um Starrheit mit einem letzten Argument *für* die hartnäckige Konzeption von Starrheit abschließen. Ich werde das Argument aus einer Replik auf ein Problem konstruieren, das manche Autoren hartnäckiger Starrheit vorwerfen. Ich werde in diesem Zusammenhang auch auf andere angebliche Schwächen der hartnäckigen Variante von Starrheit eingehen.

Meiner Meinung nach gibt es in der Literatur nur ein Argument, das hinreichend stark ist, um die hartnäckige Konzeption von Starrheit zu gefährden. Der Einwand ist eher technischer Natur und lautet folgendermaßen:[77] wenn ein Objekt in einer möglichen Welt nicht existiert, dann können ihm in dieser Welt auch keine (positiven) Prädikate zugesprochen werden. Sei also α ein

---

[75] Vgl. ebenda, S. 190. Seine Gründe sind schlicht, dass Starrheit zu sehr metaphysisch aufgeladen ist.

[76] Was gute Nachrichten sind, da es starre Bezeichner gibt, die nicht pur referentiell in Smiths Sinne sind, z. B. indexikalische Ausdrücke. Ich denke, Smith würde dem auch zustimmen. Siehe dazu Smith 1987, S. 87, Fn. 6. Tatsächlich klingt Smiths Position hier noch ähnlicher wie meine, als noch in 1984. Falls der geneigte Leser sie als hinreichend ähnlich betrachtet, dann kann er meine Ausführungen als Fußnote zu Smith lesen.

[77] Der folgende Einwand stammt ursprünglich wohl von Steinman (1985). Steinman präsentiert in diesem Aufsatz noch einige andere Einwände gegen hartnäckige Starrheit. Ich werde nicht jeden dieser Einwände diskutieren, da sie erstens entweder nicht schlüssig sind, oder implizit auf das (im Folgenden) genannte Problem aufbauen. Zweitens erwähne ich die anderen Einwände hier nicht, da Smith (1987) einige von ihnen überzeugend widerlegt. Eine Diskussion des Problems von Starrheit und existentieller Generalisierung findet man auch in Deutsch (1989). Ich werde weiter unten einen neuen Versuch formulieren, dem Einwand zu entgehen.

2.7 Probleme hartnäckiger Starrheit

starrer Bezeichner für ein Objekt a in einer Welt w, in der a nicht existiert. Jeder Satz der Form $P\alpha$ (wobei P ein positives Prädikat (außer Existenz) ist) ist also falsch in w. Seine (schwache) Negation, also $\neg P\alpha$, ist demnach wahr in w. Nehmen wir weiter an, w sei so beschaffen, dass jedes Objekt, das in w existiert, die Eigenschaft P hat. Es gilt also in w: $\forall x Px$. Mit anderen Worten: in w ist der Satz $\exists x \neg Px$ falsch. Fassen wir also Starrheit hartnäckig auf, ist für einen starren Bezeichner das Prinzip der existentiellen Generalisierung (EG) in w verletzt: von $\neg P\alpha$ dürfen wir nicht auf $\exists x \neg Px$ schließen. Interpretieren wir starre Bezeichner also auf die hartnäckige Weise, dann scheinen wir EG aufgeben zu müssen. Das ist ein relativ starker Einwand gegen die hartnäckige Auffassung, denn er bedeutet, dass quantifizierte Modallogik mit (hartnäckig) starren Bezeichnern nicht auf die klassische Quantifikationstheorie bauen kann, sondern eine freie Logik zur Basis haben müsste.

Ich denke, der genannte Einwand ist aus vielerlei Gründen fehlerhaft. Zuallererst setzt er wohl voraus, was eigentlich zu zeigen war. Das Argument startet mit der Annahme, dass es eine mögliche Welt w gibt in welcher das Objekt a nicht existiert. Das Argument bewegt sich also in einem Modell, das eine (modallogische) Semantik voraussetzt, die keinen konstanten Wertebereich hat, sondern welt-relative Bereiche, über die quantifiziert wird. Der Einwand beruft sich dann darauf, dass eine klassische Schlussregel, nämlich EG, in diesem Modell nicht gilt und schiebt die Schuld der hartnäckigen Interpretation von Starrheit zu. Tatsächlich ist aber nur die *Kombination* von (i) welt-relativen Wertebereichen und (ii) klassischer Quantifikationstheorie für das Problem verantwortlich. Das kann man sich folgendermaßen klar machen: In der klassischen Logik ist der Satz $\exists x(x = \alpha)$ ein Theorem, da es keine leeren Namen in der klassischen Logik gibt (d. h.: wenn α ein Term ist, dann hat α einen Referenten). Die schwächste Form einer Modallogik – häufig »K« genannt – besagt, dass wenn etwas ein Theorem von **K** ist, es *notwendigerweise* ein Theorem von **K** ist.[78] In anderen Worten: wenn $\exists x(x = \alpha)$ ein Theorem von **K** ist, dann ist $\Box \exists x(x = \alpha)$ ein Theorem von **K**. Zusammenfassend heißt das also, dass die Kombination von klassischer Quantifikationstheorie und modallogischer Prinzipien von **K** impliziert, dass der Referent eines Terms α in jeder möglichen Welt existiert. Der Wertbereich muss also konstant sein, wenn man die klassischen Schlussregeln nicht verletzen will. Das ist ein wohlbekanntes »Problem« und wird viel diskutiert. Was für uns wichtig ist, ist einfach: wenn wir ein Beispiel konstruieren, in

---

[78] Man erhält **K**, wenn man zu den Schlussregeln der Aussagenlogik folgende beiden Regeln hinzufügt: erstens die *Nezessisierungsregel*, welche besagt, dass jedes Theorem notwendigerweise gilt; zweitens ein *Distributions-Axiom*, welches besagt, dass wenn notwendigerweise gilt, dass *wenn A dann B*, dann gilt: wenn *A* notwendig gilt, dann gilt *B* notwendigerweise (wobei *A* und *B* Formeln sind).

welchem der Bereich, über den quantifiziert wird, nicht konstant, sondern welt-relativ ist, dann bekommen wir automatisch Probleme mit klassischen Schlussregeln wie EG. Das Problem wird nicht durch *hartnäckige* Starrheit verursacht.[79]

Viele Philosophen haben argumentiert, dass wir die quantifizierte Modallogik auf eine *freie Logik* aufbauen sollten, um die intuitive Plausibilität von welt-relativen Wertbereichen aufrechtzuerhalten. Freie Logiken schränken die Schlussregeln der existentiellen Generalisierung und der universellen Instantiierung entsprechend ein.[80] Auf diese Weise kann man auch das Problem lösen, das hartnäckiger Starrheit vorgeworfen wurde, z. B. indem man sagt, dass eine freie Logik die Basis für die Semantik natürlicher Sprachen sein *muss*.[81] Oder man interpretiert Quantoren possibilistisch, d. h., dass eine existentiell quantifizierte Formel auch dann gilt, wenn es ein *mögliches* Objekt gibt, auf welches das entsprechende Prädikat zutrifft.[82] Aber das sind alles technische Feinheiten, die uns hier nicht interessieren müssen. Was uns interessieren *sollte*, ist, dass welt-relative Domains ein viel größeres Problem für *moderate* Starrheit darstellen.

Nach der moderaten Interpretation von Starrheit referiert ein starrer Bezeichner nicht in Welten, in denen sein Referent nicht existiert. Betrachten wir also eine Welt w in der David Kaplan nicht existiert. Ist »David Kaplan« ein moderat starrer Bezeichner, dann referiert er nicht in w. Wenn wir den Satz (S) »David Kaplan existiert nicht« in w auswerten, dann ist der Term »David Kaplan« also leer. (S) ist also entweder falsch oder ohne Wahrheitswert in w. Eine seltsame, aber altbekannte Konsequenz. Wir können dieses Resultat korrigieren, wenn wir die gleichen Werkzeuge wie eben anwenden: klassische Schlussregeln einschränken und eine freie Logik anwenden. Nach einer *negativen* freien Logik sind bspw. alle simplen Sätze, die einen leeren Term enthalten, falsch. Da »David Kaplan existiert« ein simpler Satz ist und einen leeren Term enthält, wenn wir ihn in w auswerten, erhält er den Wahrheitswert *falsch*. Seine Negation (S) ist demnach wahr (in w). Problem gelöst.[83]

Allerdings tritt jetzt ein neues Problem auf. Es ist erstaunlicherweise relativ simpel, wurde aber in dieser Form noch nicht betrachtet. Stellen wir

---

[79] Das löst tatsächlich einige der anderen Probleme, die Steinman (1985) sonst noch aufwirft. Wir könnten das Problem auch für moderate Starrheit formulieren: wenn moderate Starrheit welt-relative Wertbereiche voraussetzt, dann müssen wir EG ebenfalls aufgeben.
[80] Siehe dazu bspw. Garson 2001.
[81] Wie z. B. Sainsbury 2005.
[82] Deutsch (1989) meint, dass Kaplan diese Auffassung vertrat.
[83] Eine umfassende Analyse der Anwendungsmöglichkeiten freier Logik in Bezug auf leere Namen findet man in Sainsbury 2005.

2.7 Probleme hartnäckiger Starrheit

dazu die relativ unschuldige Frage: *warum* referiert »David Kaplan« nicht in *w*? Die moderate Auffassung von Starrheit kann uns hier keine befriedigende Antwort geben. Die Antwort kann nämlich nicht lauten: weil es in *w* nichts gibt, auf das »David Kaplan« referiert. Das wäre *question begging*. Die einzige Möglichkeit, die von mir aufgeworfene Frage zu beantworten, scheint die folgende zu sein: »David Kaplan« referiert nicht in *w*, weil David Kaplan in *w* nicht existiert. Diese Antwort ist aber nicht konsistent mit der moderaten Interpretation von Starrheit, denn die Antwort setzt erstens das Prinzip voraus, dass das Objekt, auf das »David Kaplan« in der aktualen Welt referiert, in *w* nicht existiert – was schlicht bedeutet, dass »David Kaplan« auch in *w* (auf die aktuale Welt zurück) *referiert*; zweitens gibt sie uns einen völlig anderen Grund dafür, warum (S) wahr ist. Die Analyse unter Rückgriff auf eine freie Logik würde dann ausscheiden.

Es scheint, als würde uns die hartnäckige Variante der Starrheit auch hier wieder eine bessere Analyse bieten: (S) ist einfach deswegen wahr, weil David Kaplan in *w* nicht existiert. Punkt. Die einzige Antwort auf die Frage, warum »David Kaplan« in *w* nicht referiert, die jetzt noch mit der moderaten Auffassung von Starrheit konsistent ist, wäre zu sagen, dass es einfach *Konvention* sei, dass »David Kaplan« in *w* nicht referiert. Aber wie genau sollte die Konvention lauten? Sie kann nicht lauten, dass Namen nicht in Welten referieren, in welchen der (aktuale) Referent des Namens nicht existiert, denn die moderate Auffassung von Starrheit besagt ja gerade, dass es überhaupt keinen Referenten in diesen Welten gibt. *Für moderat starre Terme gibt es keinen Weg zurück zum aktualen Referenten.*[84] Das hat folgenden Grund. Nehmen wir an, wir werten den Satz »Kaplan ist ein Philosoph« in *w* (in welcher Kaplan nicht existiert) aus. Nach der moderaten Auffassung von Starrheit müssen wir im ersten Schritt nach einem Referenten von »Kaplan« *suchen* – wie in jeder anderen Welt auch. Wie sollen wir dabei vorgehen? Wenn der Name keine deskriptiven Bedingungen ausdrückt, ist die einzige Möglichkeit, einen Referenten zu bestimmen, der Blick zur aktualen Welt. Die Frage muss dann lauten: gibt es das Objekt, das in der aktualen Welt der Referent von »Kaplan« ist, auch in *w*? Um sich in seiner Analyse von hartnäckiger Starrheit abzugrenzen, muss ein Anhänger moderater Starrheit nun eine sehr unplausible Geschichte erzählen: im ersten Schritt werten wir zwar aus, auf was der Ausdruck »Kaplan« in *w* referieren *könnte*. Dazu schauen wir zur aktualen Welt zurück. Wenn das Objekt, auf das er referieren könnte, nicht existiert, dann ist der Satz »Kaplan ist ein Philosoph« noch nicht falsch. Erst müssen wir schließen, dass »Kaplan« nicht referiert in *w* (obwohl wir im ersten Schritt untersuchen, auf was er referiert, aber eben nur in der aktualen Welt). Wenn »Kaplan« nicht referiert, müssen wir uns nur noch entscheiden,

---

[84] Für mehr Probleme der moderaten Konzeption von Starrheit, siehe Smith 1987.

wie wir mit einem Satz umgehen wollen, der einen leeren Namen enthält. Der Satz ist aber nicht deswegen falsch, weil das Objekt, auf das der Ausdruck *referiert*, in *w* nicht existiert. »Kaplan« ist in *w* ebenfalls der gleiche Name wie in der aktuellen Welt und referiert auch auf den Kaplan in der aktuellen Welt, aber eben nur im ersten Schritt. Danach referiert er nicht mehr. Aber heißt das nicht auch, dass »Kaplan ist Philosoph« in *w* eine ganz andere *Bedeutung* hat als in der aktuellen Welt? Wie kann ein Satz, der einen leeren Namen enthält, bedeutungsgleich mit einem Satz sein, der keine leeren Namen enthält? Wie passt das mit dem Kontrafaktizitätsprinzip zusammen? Ich sehe keine überzeugenden Antworten auf diese Fragen. Ich sehe auch keinen einzigen positiven Grund, warum wir die Geschichte des Anhängers der moderaten Starrheit glauben sollten. Sie scheint sogar inkonsistent, zumindest geht sie von einem kontraintuitiven zwei-Stufen-Modell von Referenz (und Bedeutung) in möglichen Welten aus. Hartnäckige Starrheit ist an diesem Punkt einfach viel plausibler.

Ich will hier noch ein anderes Problem erwähnen, das gelegentlich in Bezug auf hartnäckige Starrheit auftaucht.[85] Hartnäckiger Starrheit wird manchmal vorgeworfen, unplausible Konsequenzen für essentielle Eigenschaften zu haben. Das hat folgenden Grund: wenn gilt $\Box P(a)$, dann ist *a* in jeder Welt *P*. Wenn *a* aber nicht in jeder Welt existiert, dann ist *a* nicht in jeder Welt *P*. $P(a)$ ist also falsch in Welten, in denen *a* nicht existiert. Die hartnäckige Konzeption von Starrheit impliziert also, dass essentielle Eigenschaften nicht so aufgefasst werden können, dass Sätze, die dem jeweiligen Individuum eine seiner essentiellen Eigenschaften zuschreiben, in jeder Welt wahr sind. Steinman (1985) argumentiert bspw., dass das zwar auch für moderate Starrheit gilt, letztere aber eine verständlichere Sicht von essentiellen Eigenschaften zu bieten hat: essentiell ist eine Eigenschaften dann, wenn es in keiner Welt *falsch* ist, dass ein Individuum die entsprechende Eigenschaft hat.[86] Und ein Satz wie $P(a)$ hat (nach Steinman) eben keinen Wahrheitswert in Welten, in denen *a* nicht existiert, wenn wir die moderate Sicht der Starrheit mit einer bestimmten freien Logik verknüpfen, z. B. einer positiven freien Logik, unter welcher nur bestimmte (triviale) Sätze, die einen leeren Namen enthalten, wie etwa $N = N$, wahr sind und alle anderen ohne Wahrheitswert bleiben;[87] oder einer *fregeschen* freien Logik, nach welcher alle Sätze, die einen leeren Namen enthalten, ohne Wahrheitswert sind.[88] Eine negative freie Logik, wie ich sie bereits erwähnt habe, kann der moderaten Auffassung allerdings nicht

---

[85] Auch Steinman (1985) nennt dieses Problem, vgl. vor allem S. 434ff.
[86] Siehe ebenda.
[87] Siehe dazu bspw. Lambert 1991.
[88] Siehe dazu bspw. Lehman 1994. Siehe auch Sainsbury 2005, S. 66.

2.7 Probleme hartnäckiger Starrheit

helfen, denn diese würde implizieren, dass ein Satz wie *P(a)* falsch ist in allen Welten, in denen *a* nicht existiert.

Nach keiner Auffassung von Starrheit können essentielle Eigenschaften also so aufgefasst werden, dass sie notwendigerweise, d. h. in *allen* Welten von einem entsprechendem Individuum wahr sind. Aber die moderate Auffassung kann (angeblich) sagen, dass essentielle Eigenschaften solche sind, die einem Individuum in keiner Welt *abgesprochen* werden können, d. h., dass der entsprechende Satz in keiner Welt falsch ist.

Steinman denkt, es gäbe an dieser Stelle keinen Ausweg für die hartnäckige Auffassung. Dabei gibt es einen relativ simplen: die klassische Auffassung von essentiellen Eigenschaften besagt nämlich *nicht*, dass eine Eigenschaft P genau dann eine essentielle Eigenschaft von *a* ist, wenn der *Satz* P(*a*) in allen Welten wahr ist. Essentielle Eigenschaften sind zunächst solche, die ein Objekt haben muss, *wenn* es existiert. In anderen Worten: essentielle Eigenschaften sind solche, die folgende Bedingung erfüllen: $\Box((\exists x)(x = a) \to Pa)$, bzw. $\Box \forall x (\neg Px \to x \neq a)$.[89] D. h. obwohl es nach der hartnäckigen Auffassung von Starrheit der Fall ist, dass es Welten geben kann, in denen Sätze falsch sind, die einem Objekt eine seiner essentiellen Eigenschaften zuschreiben, ist es dennoch *nicht* der Fall, dass dieses Objekt nicht essentiell diese Eigenschaften aufweist. Wir verlieren nur Steinmans zugegebenermaßen unübliche Auffassung von essentiellen Eigenschaften.[90]

Ein letzter Einwand betrifft Sätze mit leeren Eigennamen.[91] Er lautet folgendermaßen: nach der hartnäckigen Version von Starrheit ist ein Satz wie »Der Weihnachtsmann existiert nicht« notwendigerweise falsch, da »Weihnachtsmann«, wenn er hartnäckig starr ist, in keiner möglichen Welt einen Referenten hat. Dadurch wird der Satz »Der Weihnachtsmann hätte existieren können« falsch, obwohl er intuitiverweise wahr ist. Ich halte dieses Argument nicht für besonders gelungen, da es bereits voraussetzt, dass »Weihnachtsmann« ein echter Eigenname ist und deswegen starr sein muss. Wie dem auch sei, meine Interpretation von Starrheit kann eine überzeugende Antwort auf das Problem geben, selbst wenn wir diese starke Voraussetzung noch mitmachen. Wenn »Weihnachtsmann« einen Referenten in einer

---

[89] Vgl. dazu Kripke 1971, S. 152 und S. 153, Fn. 12.
[90] Siehe dazu auch Smith 1987. Er legt überzeugend dar, dass *moderate* Starrheit keine überzeugende Auffassung von essentiellen Eigenschaften liefern kann.
[91] Brock (2004) gibt eine wunderbare Analyse des seiner Meinung nach *allgegenwärtigen* Problems leerer Namen. Tatsächlich hat so gut wie jede Interpretation von Eigennamen ihre Schwierigkeiten mit leeren Namen wie »Superman« oder »Harry Potter« und das letztlich deswegen, weil unsere Intuitionen in Bezug auf Sätze, in denen leere Namen vorkommen, widersprüchlich sind. Ich sehe das Problem um leere Namen also nicht als zentral an, werde aber in Kap. 4, vor allem 4.1.2 und Kap. 5 noch einmal auf sie zu sprechen kommen.

möglichen Welt hätte, dann hätte »Weihnachtsmann« nach meiner Konzeption eine andere Bedeutung als in unserer Welt. Es *kann* also nicht wahr sein, dass der Weihnachtsmann existieren könnte. Der Referent wäre einfach nicht *der* Weihnachtsmann. Die Intuition, dass *ein* Weihnachtsmann existieren könnte, hat trotzdem (d. h. trotz hartnäckiger Starrheit) noch Bestand.

Ich denke, es ist an der Zeit, die gewonnenen Erkenntnisse zu rekapitulieren: *Moderate* Starrheit ist von der Intuition abhängig, dass ein Ausdruck genau dann ein starrer Bezeichner ist, wenn er in allen möglichen Welten den gleichen Referenten *auswählt*. Die Eigenschaft des querweltlichen Herausgreifens ist konstitutiv für die Frage, ob die mögliche Nicht-Existenz eines Objektes Einfluss auf das referentielle Verhalten des Ausdrucks hat. Die Intuition, dass dort, wo nichts ist, auch nichts ausgewählt werden kann, ist wahrscheinlich auch das einzige Argument, das man *pro* moderate Starrheit anführen kann. Auch wenn man meine Ausführungen über Starrheit nicht als entscheidenden Schlag gegen moderate Starrheit lesen möchte – ich denke, ich habe hinreichend starke Argumente geliefert, warum hartnäckige Starrheit den Vorzug vor moderater erhalten muss. Die Minuspunkte moderater Starrheit waren (mindestens) folgende:

i. Es gibt kein Verfahren, die semantischen (*de jure*) Regeln zu beschreiben, die das Verhalten moderat starrer Ausdrücke lenken.
ii. Die Intuition, dass Starrheit dann besteht, wenn konstantes Herausgreifen vorliegt, führt dazu, dass es Begriffe geben kann, die zwar unter die Definition moderater Starrheit fallen, allerdings nicht den Starrheitstest bestehen.
iii. Unter moderater Starrheit gibt es kein Verfahren (weder über den Skopus noch über den Aktualitätsoperator), nicht-starre definite Beschreibungen zu rigidifizieren, weil es keinen Weg zurück zum aktualen Referenten gibt (in einer möglichen Welt).
iv. Es gibt keine mit moderater Starrheit konsistente Antwort auf die Frage, *warum* ein (moderat starrer) Ausdruck nicht referiert, wenn der Referent nicht existiert.
v. Ein Satz, der einen (schwach) moderat starren Bezeichner enthält, ändert seine Bedeutung, wenn wir ihn (den Satz) in einer Welt auswerten, die den entsprechenden Referenten (des starren Bezeichners) nicht enthält (der Satz enthält dann nämlich einen leeren Namen).
vi. Moderate Starrheit muss essentielle Eigenschaften negativ (als Nicht-Absprechen-Können) beschreiben.

Ich habe beschrieben, dass es einen plausiblen Weg gibt, Starrheit zu erklären, der *nicht* als querweltliches Herausgreifen zu deuten ist. Ich bin davon überzeugt, dass dieser Weg der einzige ist, eine konsistente und eigenständige

2.7 Probleme hartnäckiger Starrheit

semantische Kategorie starrer Bezeichner zu begründen. Dieser Weg bestand letztlich aus der Kombination von (a) der grundlegenden Intuition *hartnäckiger* Starrheit, dass es in Bezug auf manche Ausdrücke keinen Sinn macht zu fragen, auf was sie referieren *würden*, weil ihre Referenz in der aktualen Welt *festgelegt* wird, mit (b) dem Werkzeug der objektinvolvierenden Wahrheitsbedingungen, die geeignet sind, die semantischen Regeln hinter starrer Bezeichnung zu entschlüsseln. Ich finde es erstaunlich, dass diese Möglichkeit noch nicht diskutiert wurde, obwohl sie sich meiner Meinung nach bereits in Kripkes Forderung befindet, dass die starr/nicht-starr Unterscheidung auch in simplen Sätzen anwendbar sein muss. Sie ist nach meinen Ausführungen genau dann anwendbar, wenn man (a) und (b) kombiniert und dadurch die These erhält, dass ein Ausdruck genau dann ein starrer Bezeichner ist, wenn das Objekt, das er bezeichnet, ein Teil der Bedeutung des Ausdrucks ist. Führen wir diese Definition ein, erhalten wir eine genuine Klasse von Ausdrücken, ohne eine konzeptuelle Proliferation zu erzeugen (d. h. wir benötigen nur den Begriff »starr«. Keine *de jure, de facto*, starke oder schwache Starrheit mehr) und ohne auf die Probleme zu stoßen, die moderater Starrheit begegnen.

Das alles hat natürlich Folgen, vor allem für die Tabelle, die ich anfangs gezeichnet habe. Die grundsätzlichen Festlegungen bleiben unberührt, sie muss aber erweitert werden. Tatsächlich gelten die entsprechenden Beispiele immer noch als starr unter den jeweiligen Interpretationen. Allerdings sollte klar geworden sein, dass wir einige von ihnen mit großer Vorsicht genießen sollten. Durch meine Ausführungen können wir der Tabelle aber eine weitere Kategorie hinzufügen. Ich will sie gemäß meiner Argumentation schlicht Starrheit nennen. Die Klassifikation der Beispiele sieht unter ihr folgendermaßen aus:

Starrheit	»3«	»David Kaplan«	»Ich«	»die kleinste Primzahl«	»derjenige, der mit Kaplan identisch ist«	»die Mutter von David Kaplan«	»der aktuale Autor von ›dthat‹«
hartnäckig Starrheit	✓	✓	✓	?	–	–	–

Fangen wir am rechten Ende an. Nach meiner Interpretation sind Beschreibungen der Art »der aktuale Autor von ›dthat‹« nicht starr, weil der Referent des Ausdrucks in jeder Welt neu bestimmt werden muss, d. h. nicht Teil der Bedeutung des Ausdrucks ist. Das ist gut, denn das bedeutet auch, dass

Deskriptivisten sich nicht auf solche Beschreibungen berufen können, um Namen doch deskriptive Bedeutung zu verleihen. Es gibt nur eine Möglichkeit, die Kennzeichnung zu akzeptieren: wenn wir sagen »der aktuale Autor von ›dthat‹« ist analog zu »dthat[der Autor von ›dthat‹]« und wenn wir letzteren als einen Ausdruck deuten, der ähnlich zu einem Demonstrativpronomen funktioniert und die in ihm enthaltene Beschreibung ausschließlich dazu dient, den Referenten (für jede Auswertungssituation) festzulegen (aber nicht Teil der Bedeutung des Ausdrucks ist), dann sind beide Ausdrücke auch nach meiner Interpretation starr.

»Die kleinste Primzahl« ist ein Sonderfall. Persönlich denke ich, dass die Semantik und Kompositionsregeln des Ausdrucks so beschaffen sind, dass die kleinste Primzahl zu sein schlichtweg *bedeutet*, die Zahl 2 zu sein. Es ist meiner Meinung nach nicht der Fall, dass die Beschreibung aus *metaphysischen* Gründen in jeder Welt die 2 *auswählt*. »Primzahl« allein würde schon etwas anderes bedeuten, wenn etwa die 3 (oder nichts) ausgewählt werden würde (ist also selbst ein starrer Bezeichner). Ich denke also, dass der Ausdruck auch nach meiner Konzeption starr ist. Das würde dann dazu führen, dass die Beschreibung letztlich ein Name ist: wir *suchen* nicht in Welten nach der 2, sondern sie steckt bereits in der Bedeutung von »die kleinste Primzahl«. Wer das nicht akzeptieren will, der muss entweder meine Konzeption von Starrheit ablehnen, oder einfach das Beispiel. Deshalb das Fragezeichen.

Alle anderen Kategorien bleiben wie bereits bei hartnäckiger Starrheit erörtert.

2.8 Die Konsequenzen

Ich denke, aus den Analysen dieses Kapitels sollte man mehrere wichtige Konsequenzen ziehen. Insgesamt hatte dieses Kapitel zum Ziel, die begrifflichen und grundlegenden Thesen einer Theorie direkter Referenz zu entwickeln. Dabei sehe ich zwei Konsequenzen meiner Ausführungen als zentral an.

2.8.1 Die Identitätsthese

Eine wichtige Erkenntnis ist, dass man eine *semantische* Definition von direkter Referenz geben kann, die sich nicht auf eine bereits epistemologisch aufgeladene Konzeption von Propositionen stützt, sondern allein auf die grundlegende Intuition aufbaut, dass die Wahrheit oder Falschheit eines Satzes in bestimmten Fällen (nämlich dann, wenn er direkt referierende Ausdrücke enthält) *unter allen Umständen* von einem bestimmten Objekt abhängt, d. h.:

2.8 Die Konsequenzen

Dir. Ref. 4: Ein Term t ist direkt referentiell genau dann, wenn
  (i) es ein Objekt x gibt, so dass
  (ii) t auf x referiert, und
  (iii) alle Sätze ...t... wahr sind genau dann, wenn ...x...

Definieren wir direkte Referenz über Dir. Ref. 4, dann sind wir (noch) nicht gezwungen zu sagen, dass direkte Referenz epistemologische Implikationen in Bezug auf die Rolle von Objekten in Propositionen hat. Diese Fragen ergeben sich erst, wenn wir objektinvolvierende Wahrheitsbedingungen in Propositionen übersetzen wollen. Aber so weit sind wir noch nicht.

Es ist fast schon offensichtlich, dass die semantische Definition mit der Definition von Starrheit, die ich vorgeschlagen habe, zusammenfällt:

Starrheitsprinzip (SP): Ein Term t ist ein starrer Bezeichner, weil (und wenn) es ein x gibt, so dass t auf x referiert und jeder Satz der Form ...t... wahr ist genau dann, wenn ...x...

Aus meinen Ausführungen folgt also, dass direkte Referenz und Starrheit (zumindest auf der semantischen Ebene) *identisch* sind. Wir sind damit dort angekommen, wo wir (bzw. ich) hinwollten: das Implikationsargument sollte nicht akzeptiert werden. Direkte Referenz impliziert Starrheit nicht nur, sondern ist mit ihr identisch.

Ob Kaplan etwas derartiges antizipierte, als er schrieb, dass direkt referierende Ausdrücke starre Bezeichner im modifizierten Sinne sind? Dass sie identisch miteinander sind? Ich weiß es nicht. Fest steht, dass er es so nicht formuliert hat. Im Gegenteil, er entwickelte sein Konzept der direkten Referenz ja gerade als Alternative zu starrer Bezeichnung. Wie dem auch sei, die Identität von Starrheit und direkter Referenz eröffnet einige attraktive theoretische Möglichkeiten. Die erste habe ich schon erwähnt: die Identität ist so etwas wie eine Demarkationslinie, ab welcher das Konzept der direkten Referenz epistemologisch wird. Solange direkte Referenz und Starrheit identisch sind, ist direkte Referenz ein rein semantisches Konzept.

Eine andere Konsequenz der Identität von Starrheit und direkter Referenz betrifft sprachliche Konventionen. Wenn Starrheit eine Sache linguistischer Festsetzung ist, dann ist es direkte Referenz ebenso. Das zeigt auch, dass große Teile der Theorie direkter Referenz Versuche sind zu erklären, was das *direkt* bedeutet: nämlich eine spezielle Form der Starrheit. *Direkte* Referenz sagt uns also nichts über den *Mechanismus* hinter Referenz (dieser bleibt der kausalen Theorie der Referenz vorbehalten). Weder direkte Referenz noch Starrheit sind vollständige Referenztheorien. Aber sie stellen eindeutige Bedingungen an eine Referenztheorie, indem sie die linguistischen Konventionen hinter referentiellen Ausdrücken aufdecken. Die grundlegende Erkenntnis bleibt dabei zweierlei. Erstens: wenn wir Ausdrücke verwenden, die *referieren*, dann wollen wir etwas über ein spezielles Objekt aussagen – und zwar egal unter welchen Umständen wir das Gesagte auswerten. Damit haben wir uns zweitens auf ein Objekt *als* Bedeutung festgelegt. Eine vollständige Referenztheorie muss uns also (mindestens) drei Dinge erklären: (i) die Relation zwischen Wahrheit und Referenz; (ii) die Relation zwischen Bedeutung und Referenz; (iii) die Relation zwischen Wort und Objekt, d. h. den Referenzmechanismus. Die Identität von Starrheit und Referenz erklärt uns (i) und gibt uns einen Hinweis darauf, wie wir zu (ii) und (iii) kommen: man muss aufdecken, wann »t referiert auf x« wahr ist.

2.8.2 *Globale Substitution*

Eine weitere zentrale These des vorangegangenen Kapitels war eine Konsequenz aus Dir. Ref. 4: zwei Ausdrücke, die direkt referieren und koreferentiell sind, können in allen Satzkontexten ausgetauscht werden, ohne dass wir den Wahrheitswert des Satzes verändern. Dadurch erhalten wird zwar eine extrem erklärungskräftige Theorie, verletzen aber auf der anderen Seite auch viele Intuitionen in Bezug auf die *Bedeutung* von Sätzen, die koreferentielle Ausdrücke enthalten. Aus Dir. Ref. 4, d. h. aus der These der objektinvolvierenden Wahrheitsbedingungen, folgt allerdings nur, dass wenn wir koreferentielle Terme ersetzen, der resultierenden Satz von ein und demselben Objekt wahr ist – der Gehalt bleibt gleich. Es folgt aber *nicht*, dass er *vollständig* bedeutungsgleich ist.

Ein Wort zur Terminologie ist an dieser Stelle angebracht. Ich hatte erwähnt, dass ich den Begriff »Bedeutung« relativ intuitiv verwenden möchte. Das wird auch so bleiben. Allerdings sollte klar geworden sein, dass der *Gehalt* eines Ausdrucks ein *Teil* seiner Bedeutung sein muss. Nur muss die Bedeutung eben nicht identisch mit dem Gehalt sein. Ich hatte den *Charakter* ebenfalls als Bedeutungseigenschaft eingestuft – auch das wird so bleiben. Was (mit Absicht) noch nicht vollständig geklärt wurde, ist das Verhältnis von Gehalt, Proposition und objektinvolvierender Wahrheitsbedingung. So viel können wir aber bereits sagen: Propositionen sind Gehalte von Sätzen und sind aus den Gehalten der einzelnen Ausdrücke des Satzes zusammengesetzt. Wie genau, werden wir noch sehen. Wir gewinnen diese Gehalte, indem wir objektinvolvierende Wahrheitsbedingungen auswerten. Alle diese Zusammenhänge werden erst mit Abschluss des nächsten Kapitels im Detail geklärt sein. Die bisherigen Erläuterungen sollten aber ausreichen, einen großen Vorteil von Dir. Ref. 4 zu erkennen, obwohl oder gerade weil die Definition globale Substitution impliziert.

Betrachten wir dazu einige Beispiele:

2.8 Die Konsequenzen

(1) Hesperus leuchtet.
(2) Phosphorus leuchtet.
(3) Hesperus = Hesperus
(4) Hesperus = Phosphorus

In der radikalen Lesart wird direkter Referenz oft vorgeworfen, bereits in extensionalen Kontexten Bedeutungsintuitionen zu verletzen, da beispielsweise aus Dir. Ref. 2 und Dir. Ref. 3 folgt, dass (1) und (2) und auch (3) und (4) *bedeutungsgleich* sind. Anscheinend deuten unsere Intuitionen aber in eine andere Richtung. Ich denke nicht (im Gegensatz zu manch anderem), dass es *eindeutige* Intuitionen in Bezug auf die bedeutungstheoretischen Gemeinsamkeiten und Unterschiede von (1)–(4) gibt. Drücken (1) und (2) das Gleiche aus? Ja und Nein. Bedeuten (3) und (4) das Gleiche? Ja und Nein. Wenn die relevanten Intuitionen in Bezug auf diese Sätze nicht eindeutig sind, müssen wir das erklären. Die Theorie direkter Referenz in der semantischen Formulierung Dir. Ref. 4 hat hier, denke ich, viel zu bieten. Schauen wir uns die Sätze unter meiner Rekonstruktion genauer an. Was sind die objektinvolvierenden Wahrheitsbedingungen von (1)–(4)? Es sind folgende:

WB (1): Es gibt ein x und »Hesperus« referiert auf x, so dass (1) wahr ist genau dann, wenn x leuchtet.

WB (2): Es gibt ein x und »Phosphorus« referiert auf x, so dass (2) wahr ist, genau dann, wenn x leuchtet.

Was ist mit (3)? Die bisher skizzierte Auffassung ist nicht eindeutig. Folgende Möglichkeiten bieten sich an:

WB (3.1) Es gibt ein x und »Hesperus« referiert auf x, so dass (3) wahr ist genau dann, wenn $x = x$.

WB (3.2): Es gibt ein x, y und »Hesperus« referiert auf x und »Hesperus« referiert auf y, so dass (3) wahr ist genau dann, wenn $x = y$.

Für (4) gilt:

WB (4): Es gibt ein x, y und »Hesperus« referiert auf x und »Phosphorus« referiert auf y, so dass (4) wahr ist genau dann, wenn $x = y$.

Wenn wir die gesamte Wahrheitsbedingung der einzelnen Sätze betrachten, dann scheinen unsere nicht-eindeutigen Intuitionen bestätigt zu werden: der linke Teil jeder Bedingung ist verschieden, während die rechte Seite der Wahrheitsbedingungen genau dann identisch sind, wenn den Variablen die gleichen Werte zugewiesen werden. Konkret heißt das: hängen die Wahrheitswerte von (1)–(4) von Objekten ab, dann sind (1)–(4) wahr genau dann, wenn $x = y =$ Venus. Wir können also sagen: wenn der linke Teil der Wahrheitsbedingung eine *Referenzbedingung* enthält, die für alle Sätze (1)–(4) verschieden sind, dann sind die *Sätze* nicht äquivalent. Mit anderen Worten:

sind die entsprechenden Referenzbedingungen in einem bestimmten Sinne bedeutungsrelevant, dann haben (1)–(4) unterschiedliche Bedeutungen. Da die Wahrheit aber in jedem Falle von demselben Objekt abhängt, haben die Sätze die gleichen *Gehalte*. Dadurch werden wir der Intuition gerecht, dass (1) und (2) bzw. (3) und (4) auf andere Art und Weise das Gleiche sagen.[92]

Spätestens hier wird man wohl einwenden können, dass damit ein großes Problem noch überhaupt nicht gelöst wurde: wenn (3) und (4) den gleichen Gehalt haben, wieso kann man dann das eine glauben, das andere aber nicht? Die Frage um propositionale Einstellungen kann ich hier noch nicht vollständig beantworten. Das wird im letzten Kapitel (Kap. 5) ausführlich geschehen. *Um* sie zu beantworten, brauchen wir zunächst eine genaue Definition dessen, was eigentlich der Gehalt eines Satzes ist – auch das wird erst später geschehen (vor allem in Kap. 3.4). Ich will dennoch bereits an dieser Stelle etwas zu dieser Problematik sagen.

Es wurde bereits angedeutet, dass die semantische Charakterisierung von direkter Referenz noch keine *konkrete* Antwort in Bezug auf die *Informativität* von (1)–(4) impliziert. Zum Beispiel ist folgende Interpretation nicht ausgeschlossen: Sagen wir, jemand, nennen wir sie »Petra«, äußert im guten alten Paderewski-Stil:

(5) Hesperus leuchtet, aber Hesperus leuchtet nicht.

Petra äußert (5), weil sie denkt, dass sich die beiden Vorkommnisse von »Hesperus« nicht auf das gleiche Objekt beziehen. Was sind also die Wahrheitsbedingungen von (5)? Das ist nicht ganz eindeutig. Bis hierher ist folgende Angabe (noch) kompatibel:

WB(5): Es gibt ein x, y und »Hesperus« referiert auf x und »Hesperus« referiert auf y, so dass (5) wahr ist genau dann, wenn x leuchtet und y nicht leuchtet.

Tatsächlich gilt: $x = y$. D. h. (5) ist falsch. Es scheint aber so, dass WB(5) *keine* Kontradiktion ausdrückt. Der Grund ist letztlich der, dass WB(5) die beiden unterschiedlichen Vorkommnisse von »Hesperus« respektiert (ggf. durch Indices). Obwohl »Hesperus« in beiden Fällen auf das Gleiche referiert, nämlich den Planeten Venus, macht dieser Umstand den ganzen Unterschied: die rechte Seite der Wahrheitsbedingung besagt nicht: $p \wedge \neg p$. Nur wenn Petra

---

[92] Das mag nun alles nach bereits bekannten Lösungsansätzen klingen. Zum Beispiel scheint Frege eine solchen Lösung zu antizipieren – und zu verwerfen. Ich muss den Leser hier noch um etwas Geduld bitten. Die Lösung, die ich in dieser Arbeit entwickeln werde, hat nur gewisse Ähnlichkeiten zu so genannten *metalinguistisch-deskriptivistischen* Ansätzen (wie dem von Frege), ist aber von grundlegend anderer Natur. Wer bereits vorlesen möchte, sollte vor allem Kap. 3.7 ansehen.

sagte: »Hesperus leuchtet und leuchtet nicht«, würde sie eine Kontradiktion ausdrücken. Aber in diesem Falle hätte wohl niemand die Intuition, dass sie *nicht* irrational ist.

Ich denke, WB(5) ist der erste Schritt, die Glaubensinhalte von Petra zu rekonstruieren: wenn (5) nicht unbedingt eine Kontradiktion ausdrückt, dann sollte jemand, der (5) glaubt, bzw. zu dem Inhalt, den (5) ausdrückt, eine bestimmte Einstellung hat, auch nicht irrational sein. *Nur wenn wir aus WB(5) folgern, dass der Gehalt, bzw. die singuläre Proposition von (5) folgende ist:* ⟨*Venus; leuchten, nicht leuchten; Konjunktion*⟩ *und wir Petra diese Proposition zuschreiben, dann ist sie irrational.* Aber bisher folgt diese Position noch nicht. Wenn Petra (5) glaubt und wir das, was sie glaubt, mit WB(5) angeben, dann haben wir mindestens drei Möglichkeiten anzugeben, welche Einstellung Petra hat.

Die erste Möglichkeit ist die: wenn WB(5) korrekt ist, dann könnte es sein, dass es keine natürlichsprachliche Formulierung aus zwei referentiellen Ausdrücken und dem Identitätszeichen gibt, welche die *logische Form* $a = a$ hat. WB(5) gibt Anlass zu glauben, dass Identitätsaussagen mit zwei Namen immer die logische Form $a = b$ haben (weil notwendigerweise zwei Vorkommnisse eines Namens auftreten). Das könnte ein Vorteil, allerdings auch hochproblematisch sein.[93]

Wir könnten auch einen weniger radikalen Weg gehen. Man könnte versuchen, den Gehalt eines Satzes derart zu formulieren, dass Petra wenigstens nicht glaubt, dass die Venus leuchtet *und* nicht leuchtet, sondern nur, dass die Venus leuchtet und die Venus nicht leuchtet. Dieser Weg scheint auch deshalb

---

[93] Z. B. ist »Venus = Venus« nun nicht mehr notwendigerweise *un*informativ. Zudem hätte es den Vorteil, dass niemand (automatisch) irrational ist, der nicht glaubt, dass Venus = Venus (allerdings könnte man letztere Konsequenz auch als absurd betrachten). Interessanterweise kommt Almog (2014) zu genau diesem Resultat, allerdings nimmt er einen anderen Weg (siehe vor allem S. 88 ff.). Nach ihm sollten wir alle referentiellen Ausdrücke auf die Art und Weise deuten, wie Donnellan referentielle Verwendungen von definiten Kennzeichnungen deutet. Auf diese Weise, schreibt Almog, löst sich Freges Rätsel auf, denn dann hat kein sprachlicher Ausdruck, in dem zwei referentielle Ausdrücke vorkommen, die logische Form $a = a$. Er beschreibt den klassischen Paderweski- und Pierre-Fall (siehe dazu Kripke 1979) folgendermaßen: »There is a certain object – London, Paderewski – Pierre (Peter) referred to it and ascribed to it an attribute P; then Pierre (Peter) *referred to it again* and ascribed the feature not-P. [...] If you want to know how Pierre referred on the two occasions, I may add an appendix of verbatim transcripts for the court and add in my report: ›On the first occasions he used the term A and on the second, the term B (or, A again)‹« (Almog 2014, S. 55, meine Hervorhebung). Für Almog ist ebenfalls entscheidend, dass zweimal referiert wird. Nach meiner Rekonstruktion kann sogar eine Version direkter Referenz, die Almog ablehnen würde (weil er jede semantische Charakterisierung ablehnt) diesem Faktum Rechnung tragen: Namen generieren objektinvolvierende Wahrheitsbedingungen welche die Referenzbedingungen *und* Vorkommnisse der involvierten Ausdrücke respektieren.

interessant, weil er ebenfalls die Möglichkeit eröffnen würde, dass jemand, der glaubt, dass *Hesperus ≠ Phosphorus,* noch nicht glaubt, dass Hesperus nicht mit sich selbst identisch ist.[94] Ich kann hier vorwegnehmen und sagen, dass es genau dieser Weg sein wird, den ich in dieser Arbeit gehen werde. Warum genau, und welche Folgen das für Glaubensberichte im Allgemeinen hat, werde ich in Kap. 5 im Detail erläutern.

Ich möchte hier aber noch einen dritten Weg erwähnen. Wenn aus WB(5) folgt, dass jemand, der glaubt, dass Hesperus = Hesperus, etwas anderes glaubt als jemand, der glaubt, dass Hesperus mit sich selbst identisch ist, dann könnte man versuchen, diesen Unterschied im *Gehalt* von (3) und (4) zu begründen. Diesen Weg geht Kit Fine in *Semantic Relationism*.[95] Die verschiedenen Vorkommnisse des gleichen Namens in z. B. (3) veranlassen Fine, den Gehalt des Satzes in eine *koordinierte Proposition* zu übersetzen. Eine koordinierte Proposition beinhaltet ein essentiell repräsentatives Element: sie enthält nicht nur zwei Objekte, sondern repräsentiert sie auch als ein und dasselbe. Kit Fine erklärt das folgendermaßen:

> The names »Cicero« and »Cicero« in the identity-sentence »Cicero = Cicero« both represent the same object, as do the names »Cicero« and »Tully« in the identity »Cicero = Tully«. But the first pair of names represents the object *as the same* whereas the second pair does not. In the first case, as opposed to the second, it is somehow part of how the names represent their objects that the objects should be the same.   (Fine 2007, S. 39–40, originale Hervorhebung)

Ich will das kurz erläutern. Betrachten wir dazu folgende Sätze:

1a. Hesperus ist ein Planet und Phosphorus ist von der Erde aus sichtbar.
1b. Hesperus ist ein Planet und Hesperus ist von der Erde aus sichtbar.

Die *Propositionen* dieser beiden Sätze werden von Fine wie nachstehend dargestellt:

RP1a: ⟨⟨⟨Venus, Planet sein⟩, ⟨Venus, von der Erde sichtbar sein⟩⟩, Konjunktion⟩
RP1b: ⟨⟨⟨<u>Venus</u>, Planet sein⟩, ⟨<u>Venus</u>, von der Erde sichtbar sein⟩⟩, Konjunktion⟩

Der Relationismus fügt bei 1b ein *Koordinationsmuster* (*coordination scheme*), dargestellt durch die unterstrichenen Ausdrücke, hinzu. Dieses Koordinationsmuster spiegelt die *epistemische Dimension* der Sätze 1a und 1b wieder: zwar sprechen beide Sätze ein und demselben Objekt – der Venus – zwei Prädikate zu, allerdings gibt es (nach Fine) in Bezug auf die Bedingungen,

---

[94] Scott Soames bspw. geht diesen Weg in 1987a.
[95] Siehe Fine 2007.

2.8 Die Konsequenzen

wann man 1a oder 1b *versteht*, einen Unterschied: man versteht 1b nur dann, wenn man realisiert, dass die beiden Vorkommnisse des referentiellen Ausdrucks »Hesperus« Vorkommnisse desselben Namens sind (d. h. das Gleiche bezeichnen). Diese Bedingung gilt (für den semantischen Relationismus) in Bezug auf 1a nicht: weil zwei verschiedene Namen darin vorkommen, muss man, um den Satz zu verstehen, nicht unbedingt wissen, dass sie das Gleiche bezeichnen. Genau diesen Unterschied sollen nun die *Propositionen* (also die Gehalte des Satzes) reflektieren: RP1b erfasst man nur dann, wenn man weiß, dass die Proposition ein und dasselbe Objekt als Planeten und als von der Erde aus sichtbar repräsentiert. Oder anders ausgedrückt: man erfasst RP1b nur dann, wenn man auch deren Koordinaten erfasst. Und weil das Verstehen eines *Satzes* das Erfassen der Proposition voraussetzt, versteht man Satz 1b nur dann, wenn man RP1b erfasst. Bei 1a verhält es sich anders: weil das Verstehen dieses Satzes nicht voraussetzt, dass man erkennt, dass von ein und demselben Individuum gesprochen wird, ist RP1a unkoordiniert: man kann sie erfassen, ohne zu wissen, dass sie ein und dasselbe Individuum repräsentiert.[96] Das Resultat ist, dass man einen Satz wie (3) nur versteht, wenn man erfasst, *dass* die gleichen Namen vorkommen. Petra ist also deswegen nicht irrational, weil sie die Proposition, die (5) ausdrückt, gar nicht erfasst.

Meine Aufgabe in dieser Arbeit ist zu zeigen, ob und wie es in der Theorie direkter Referenz Raum gibt, Namen eine komplexere Bedeutung zuzuweisen (d. h. Namen mehr zuzutrauen als nur für Objekte zu stehen), welche eine entscheidende explanatorische Rolle spielen kann. Der Raum, das sollte jetzt klar sein, besteht in den objektinvolvierenden Wahrheitsbedingungen. Namen tragen zu diesen ihre Referenzbedingung »*t* referiert auf *x*« bei und können somit Unterschiede zumindest von *Sätzen* erklären. Wie wir die Referenzbedingung von Namen auch in epistemischen Kontexten fruchtbar machen können, habe ich zumindest angedeutet: Dir. Ref. 4 erlaubt eine ganze Bandbreite von entsprechenden Ansätzen. Allerdings sind wir noch lange nicht am Ende. Ich denke, dass meine Analyse nur dann fruchtbar gemacht werden kann, wenn man mehr über die Rolle von »»Hesperus« referiert auf *x*« sagt. Zum Beispiel scheint meine Position die Möglichkeit offen zu lassen (oder sogar zu erfordern), dass die Referenzbedingung »Hesperus referiert auf *x*« eine Art *Bedeutungsebene* von »Hesperus« ausmacht (zumindest dann, wenn der Unterschied in den obigen Wahrheitsbedingungen kognitiv relevant ist). Um die entsprechenden Resultate zu generieren, muss sie das sogar. Das Konzept des Charakters gibt uns auch die entsprechenden theoretischen Ressourcen an die Hand, genau diese Auffassung zu vertreten. Ich werde im nächsten Kapitel im Detail auf diese Frage eingehen. Können wir die Referenzbedingung in die Bedeutung von Namen integrieren, dann haben wir

---

[96] Siehe dazu (auch für eine Diskussion) Soames 2012. Siehe auch Pinillos 2015.

zumindest ein Ziel erreicht: dass Namen in der Theorie direkter Referenz eine komplexe Bedeutung haben können.

Meine Ausführungen implizieren ebenfalls, dass wir einen Unterschied in den folgenden Referenzbedingungen brauchen: »Hesperus« referiert auf Hesperus; »Phosphorus« referiert auf Phosphorus; »Venus« referiert auf Hesperus; »Phosphorus« referiert auf Venus; etc. Das kann man sich leicht klar machen: wenn »Hesperus« auf Hesperus referiert und »Phosphorus« auf Phosphorus referiert und Hesperus = Phosphorus, dann referiert »Phosphorus« doch auch auf Hesperus. Wenn also »›Hesperus‹ referiert auf Hesperus« das Gleiche *bedeutet* wie »›Hesperus‹ referiert auf Phosphorus«, dann können wir die Unterschiede in (1)–(4) wieder nicht erklären.

Alles scheint also von der Frage abzuhängen, was »*t* referiert auf *x*« eigentlich bedeutet. Wann ist »*t* referiert auf *x*« wahr? Warum sollte die Klausel mit in die Wahrheitsbedingungen einfließen? Ich denke, wenn wir eine klare Vorstellung von den entsprechenden Antworten haben, dann wird auch klar werden, welche Relation zwischen Referenz und Bedeutung besteht und an welcher Stelle wir den Referenzmechanismus einführen und erläutern müssen.

3.
Komplexe Bedeutung

Was ist direkte Referenz? Die Antwort auf diese Frage haben wir in der Intuition gefunden, dass wenn wir referentielle Ausdrücke verwenden, wir etwas über ein spezielles Objekt aussagen wollen. Die Verwendung referentieller Terme erspart es uns dabei, in kontrafaktischen Auswertungssituationen den Referenten des Ausdrucks neu zu bestimmen. Das ist deswegen möglich, weil referentielle Ausdrücke *objektinvolvierende Wahrheitsbedingungen* erzeugen. Wenn Terme also *direkt* referieren, dann hat das Gesagte diese speziellen Wahrheitsbedingungen. In diesen singulären Wahrheitsbedingungen stecken verschiedene Klauseln. Zum einen haben wir die Existenzpräsupposition, zum anderen die Referenzbedingung, dass der entsprechende Term t auch auf das entsprechende Objekt x referiert. Wenn also direkt referierende Ausdrücke Wahrheitsbedingungen erzeugen, die solche Klauseln beinhalten, dann deuten meine Ausführungen stark darauf hin, dass referentielle Ausdrücke nicht nur singuläre Wahrheitsbedingungen erzeugen, sondern auch darauf *verweisen*, *dass* Sätze, in denen sie vorkommen, bestimmte singuläre Wahrheitsbedingungen haben. Auch wenn man Vorbehalte gegenüber dem Terminus »Bedeutung« haben mag: wenn man berücksichtigt, dass die Rolle eines referentiellen Ausdrucks nicht nur darin besteht, eine bestimmte Relation zur Wahrheit eines Satzes herzustellen, sondern ebenfalls darin anzuzeigen, wie sie diese Rolle erfüllen, dann scheint diese zweite Rolle ein Bestandteil ihrer Bedeutung zu sein (oder zumindest sein zu *können*).

Das klingt alles ganz im Sinne Kaplans: die erste Rolle ist schlicht die Referenz: einzig das Objekt, auf das der Ausdruck referiert, ist für die Wahrheit der Aussage (in allen möglichen Welten) verantwortlich. Das könnte man den *Gehalt* des Ausdrucks nennen. Ist der Gehalt eines Ausdrucks ein Teil seiner Bedeutung, dann sind die Referenten direkt referierender Ausdrücke Teile ihrer Bedeutung. Die zweite Rolle ist der Referenzmechanismus: die Wahrheitsbedingung kann nur unter Berücksichtigung der Art und Weise konstruiert werden, wie der Ausdruck das Objekt auswählt. Das klingt nach *Charakter*. Die große Frage lautet nun: können Namen Charaktere haben? Kann der Charakter eines Namens *nicht* identisch mit seinem Gehalt sein? Muss der Charakter eines Namens so beschaffen sein, dass er (wie im Falle indexikalischer Ausdrücke) eine Beschreibung enthält, die einen Referenten in einem Äußerungskontext determiniert? Oder kann der Charakter auch so beschaffen sein, dass er eine metasemantische Referenzbedingung der Art »t referiert auf x« beinhaltet? Kurzum: können Namen in der Theorie direkter

Referenz eine *komplexe* Bedeutung haben und wenn ja, welche? Das sind die Fragen, denen ich mich in diesem Kapitel ausführlich widmen werde. Dazu stelle ich in 3.1 grundlegend das Konzept des Charakters vor und zeige in 3.2 ein Problem auf, dass sich für meine Konzeption ergeben könnte: das Autonomie Problem. Nachdem ich dieses gelöst habe, werde ich in 3.3 erläutern, dass mein Vorschlag eine Generalisierung einer Theorie ist, die François Recanati in der 1990er Jahren aufstellte. Die Semantik direkt referierender Ausdrücke wird dann in 3.4 zu einem formalen Abschluss kommen, wobei besonders singuläre Propositionen im Vordergrund stehen. In 3.5 werde ich einige Kritikpunkte an Letzteren erwähnen, bevor ich dann in 3.6 auf die Relation zwischen Charakter und kognitiver Relevanz eingehe und erläutere, welche Vorteile meine Interpretation direkter Referenz hier bietet. In 3.7 und 3.8 werde ich versuchen, meine eigene Konzeption von anderen abzugrenzen und auf mögliche Kritik zu antworten. 3.9 gibt einen kurzen Ausblick auf Konsequenzen für definite Beschreibungen.

3.1 Charakter

Die meisten Philosophen in der Tradition Kaplans würden zustimmen, dass Namen einen Charakter haben. Allerdings unterscheidet sich dieser für viele vom Charakter von indexikalischen Ausdrücken: Namen haben einen konstanten, oder fixierten Charakter, während der Charakter von Indexikalia variabel ist. Das heißt nichts anderes, als dass der Charakter von Namen so beschaffen sein muss, dass er immer das gleiche Objekt auswählt. Andere meinen, dass der Charakter eines Namens analog zu den Charakteren von indexikalischen Ausdrücken interpretiert werden muss und argumentieren dabei, dass Namen indexikalischen Ausdrücke *sind*. Kaplan ist sich aber sicher, dass der Charakter von Eigennamen nicht so beschaffen sein kann, wie der von Indexikalia: Eigennamen haben nach ihm *keinerlei* deskriptive Bedeutung:

> I am not claiming, as has been claimed for proper names, that indexicals lack anything that might be called ›descriptive meaning‹. Indexicals, in general, have a rather easily statable descriptive meaning. But it is clear that this meaning is relevant only to determining a referent in a context of use and not to determining a relevant individual in a circumstance of evaluation.
>
> (Kaplan 1989a, p. 498)

Der Grund, warum der Charakter eines Namens keine deskriptiven Elemente beinhalten kann, ist der folgende:

> Although it is true that two utterances of ›Aristotle‹ in different contexts may have different contents, I am inclined to attribute this difference to the fact

> that distinct homonymous words were uttered rather than a context sensitivity in the character of a single word ›Aristotle‹. Unlike indexicals like ›I‹, proper names really are ambiguous. The causal theory of reference tells us, in terms of contextual features (including the speaker's intentions) which word is being used in a given utterance. Each such word is directly referential (thus it has a fixed content), and it also has a fixed character. Therefore, in the case of proper name words, all three kinds of meaning – referent, content, and character – collapse. In this, proper name words are unique. They have the direct reference of indexicals, but they are not context-sensitive. Proper name words are like indexicals that you can carry away from their original context without affecting their content. Because of the collapse of character, content, and referent, it is not unnatural to say of proper names that they have no meaning other than their referent. (Kaplan, 1989a, S. 562)

Kaplan scheint sich hier um zwei Dinge Sorgen zu machen: (i) hätten Namen deskriptive Charaktere, wäre nicht mehr sichergestellt, dass ihre Charaktere nicht kontextsensitiv sind, was dazu führen könnte, dass man (ii) der kausalen Theorie der Referenz ihre Rolle in der Determinierung von Referenten abspricht (denn Namen wären dann wohl auch Indexikalia). Da Namen aber nicht kontextabhängig, sondern höchstens mehrdeutig, und trotzdem direkt referentiell sind, muss der Referent des Ausdrucks auch in jedem Äußerungskontext derselbe sein. Deswegen kollabieren Charakter, Gehalt und Extension.

So sicher sich Kaplan hier auch geben mag, interessanterweise scheint er selbst nicht vollkommen überzeugt zu sein, dass der Charakter eines Namens mit seinem Gehalt kollabieren *muss*. Er schreibt nämlich nur eine Seite später:

> The issues to be resolved by »a general semantical and epistemological scheme comprehending … proper names« are such as these. Is the work of the causal chain theory presemantic, as I have claimed? Do proper names have a kind of meaning other than reference? Does the causal chain theory itself constitute a kind of meaning for proper names that is analogous to character for indexicals (but which, perhaps, gives all proper names the same meaning in this sense)?
> (Kaplan 1989a, S. 563, Fn. 78)

Was Kaplan uns hier anbietet ist nichts anderes als eine Interpretation von Charakteren von Eigennamen, bei der Charakter und Gehalt nicht kollabieren: durch die Integration eines Referenzmechanismus – genauer: eines *kausalen* Referenzmechanismus – in die Bedeutung eines Namens. Warum aber diese Volte? Warum gibt uns Kaplan zuvor den nachdrücklichen Hinweis, dass im Falle von Eigennamen Charakter und Gehalt identisch sind?

Ich sehe vor allem einen Grund, warum man Kaplans Vorschlag ablehnen sollte. Sind Charakter und Gehalt verschieden, und beinhaltet der Charakter eines Namens einen Hinweis wie »derjenige, der am Anfang der kausalen Kette der Verwendung dieses Tokens des Namens NN steht«, dann bedeuten alle Namen, die gleich klingen (und gleich geschrieben werden), zumindest auf der Charakterebene dasselbe. Damit hätten sie wieder eine entscheidende Gemeinsamkeit mit indexikalischen Ausdrücken. Das ist auch das Problem, das Kaplan anspricht: »Those who suggest that proper names are merely one species of indexical depreciate the power and the mystery of the causal chain theory.« (Kaplan 1989a, S. 563) Wir müssen zwar, so Kaplan, um die Verwendungsweise eines Namens zu klären, die Intentionen des Sprechers berücksichtigen. D. h. man muss Kontextinformationen berücksichtigen. Genau diesen Job erledigt die kausale Theorie der Referenz. Diese Informationen benötigen wir aber nur, um zu klären, welches *Wort* verwendet wurde. Haben wir das geklärt, dann hat dieses Wort jedoch immer den gleichen Referenten, egal in welchem Kontext es geäußert wird. Das heißt, ein Ausdruck wie »Aristoteles« ist ambig. Und das ist für Kaplan der Unterschied zu indexikalischen Ausdrücken: letztere sind nicht nur kontextsensitiv, sondern haben (auf der Charakterebene) immer die gleiche Bedeutung, d. h. sind nicht mehrdeutig. Verwischt man diesen Unterschied, indem man Namen Charaktere zuweist, die auf jeden ihrer Referenten zutreffen, dann sind Namen auch nicht mehr mehrdeutig, sondern einfach nur indexikalisch (denn für jede Verwendung eines Namens müssen wir zunächst über Kontextinformationen darüber verfügen, wann und wo der Name geäußert wurde, d. h. wer am Anfang der kausalen Verwendungskette steht).

3.2 Das Autonomie-Problem

Die Sorgen Kaplans sind letztlich intuitiv: haben zwei Menschen, die durch qualitativ identische Laute bezeichnet werden, denselben Namen? Oder sind es streng genommen zwei verschiedene Wörter, wenn unterschiedliche Personen bezeichnet werden? Ich will diesen Fragen an dieser Stelle nicht nachgehen.[97] Ich will mich in Folgendem einem anderen Problem zuwenden. Es ist nämlich nicht so, dass uns bei der Konstruktion eines Charakters nur intuitive Probleme im Weg stehen. Es gibt auch handfeste theoretische Schwierigkeiten. Kaplan meinte, dass wenn man Eigennamen Charaktere mit deskriptivem Gehalt zuweist, folgender Effekt einritt: der Charakter wird dann in unterschiedlichen Äußerungskontexten unterschiedliche Referenten auswählen. Das darf aber nicht der Fall sein, denn dann wären Eigennamen indexikalische Ausdrücke. Die Frage, die man sich meiner Meinung nach hier stellen muss, ist die folgende: können wir Charaktere nicht so konstruieren, dass sie deskriptiven Gehalt haben aber trotzdem in jedem Äußerungskontext den

---

[97] Burge 1973 wäre eine erste Anlaufstelle.

3.2 Das Autonomie-Problem

gleichen Referenten haben? Wäre das möglich, wären Kaplans Sorgen ausgeräumt. Ich werde in diesem Abschnitt versuchen zu zeigen, dass es möglich ist: man kann in die Theorie direkter Referenz eine Art von Charakter integrieren, der weder die Form eines Charakters wie der von indexikalischen Ausdrücken hat, noch mit dem Gehalt des Ausdrucks kollabiert. Allerdings tritt an dieser Stelle ein rein theoretisches Problem zutage. Nach Kaplan müssen Charakter und Gehalt *voneinander unabhängig sein*. Das ist das so genannte *Autonomie-Ideal*.[98] Eine Charakterregel, die in jedem Äußerungskontext den gleichen Referenten *bestimmt* (ohne indexikalisch zu sein), verletzt aber eine Annahme, die für Kaplan mit diesem Ideal einhergeht: Charakter und Gehalt können (angeblich) nur dann unterschiedlich und unabhängig sein, wenn der Charakter *kontextsensitiv* ist. Genau das will ich aber vermeiden. Ich werde dieses Problem das *Autonomie-Problem* nennen und sorgfältig diskutieren.[99]

Wie schon erwähnt, hat Kaplan folgendes Bild im Kopf: die linguistische Bedeutung indexikalischer Ausdrücke ist eine Regel, die uns erlaubt, den Gehalt des Ausdrucks zu bestimmen, wenn wir über die entsprechenden Kontextinformationen verfügen. Haben wir den Gehalt ermittelt, kombinieren wir diesen mit einem Auswertungskontext, um die Extension des Ausdrucks abzuleiten. Eine Charakterregel für den Ausdruck »Ich« stellt sich Kaplan etwa folgendermaßen vor:

(D1) ›I‹ is an indexical, different utterances of which may have different contents

(D3) ›I‹ is, in each of its utterances, directly referential

(D2) In each of its utterances, ›I‹ refers to the person who utters it.

(Kaplan 1989a, S. 520)[100]

Für uns ist an dieser Stelle erstmal (D2) wichtig. Sind wir mit einer Äußerung, die den Ausdruck »Ich« enthält, konfrontiert, sagt uns (D2), wie wir das Individuum bestimmen können, das in diesem Kontext der Gehalt des Ausdrucks ist: »Ich« referiert auf diejenige Person, die »Ich« äußert.[101] Ist dieser Kontext so beschaffen, dass Anders Landig äußert

(1) Ich studiere Philosophie.

dann ist der Gehalt von »Ich« in (1) Anders Landig. Ist der Kontext aber so beschaffen, dass Wolfgang Schaffarzyk (1) äußert, dann ist der Gehalt von

---

[98] Vgl. Dever 2004.
[99] Joshua Dever (ebenda) hat bspw. nachdrücklich auf das Autonomie-Problem hingewiesen. Ich lehne mich hier an seine Darstellung an.
[100] Die Reihenfolge ist Kaplans. Warum (D3) vor (D2) kommt, erschließt sich mir nicht.
[101] An anderer Stelle formuliert Kaplan die Regel folgendermaßen: »›I‹ refers to the speaker or writer«, siehe 1989a, S. 505. Dieser kleine Unterschied muss uns hier nicht stören.

»Ich« Wolfgang Schaffarzyk. Folgt man diesem Bild, dann erfolgt die (semantische) Auswertung einer Äußerung durch eine Abfolge der Auswertung der einzelnen semantischen Werte des Ausdrucks »Ich«: als Erstes werten wir den Charakter aus. Dieser enthält die Beschreibung »der Sprecher«. Jetzt betrachten wir den Kontext und entscheiden, welche Person diese Beschreibung erfüllt. Das Interessante ist nun, dass die Beschreibung selbst Teil des Charakters *bleibt*, und nur die ausgewählte Person an den Gehalt »weitergegeben« wird. In diesem Sinne ist der Charakter autonom: er bestimmt zwar den Gehalt, verändert sich und seine semantische Rolle bzw. seinen semantischen Wert aber nicht durch diese Bestimmung.

Verdanken Ausdrücke ihre *Bedeutung* nun ihrem Charakter oder ihrem Gehalt? Hier macht Kaplan einen klaren Unterschied zwischen indexikalischen Ausdrücken und Eigennamen: die Bedeutung eines Eigennamens schöpft sich aus seinem Gehalt, während indexikalische Ausdrücke ihre Bedeutung auf die Charakterebene auslagern. Für mein Anliegen ist diese Unterteilung zu scharf: es reicht vollkommen aus, Charakter und Gehalt als gleichberechtigte und stets koexistierende Bedeutungsdimensionen aufzufassen (d. h. zum Beispiel, dass auch der Gehalt eines (Tokens eines) indexikalischen Ausdrucks ein Teil seiner Bedeutung ist). Auf jeden Fall muss man aber die Trennung der eben beschriebenen semantischen Auswertungsstufen beibehalten. Ist Letzteres der Fall, hat das einen interessanten Effekt auf die Relation von Charakter und Gehalt: sie scheinen unabhängig zu werden. Siehe die folgenden drei Sätze:

(2) Ich bin notwendigerweise ein Mensch. [Geäußert bzw. geschrieben von Anders Landig]
(3) Anders Landig ist notwendigerweise ein Mensch.
(4) Der Sprecher bzw. Schreiber ist notwendigerweise ein Mensch.

Der Modaloperator »notwendigerweise« sorgt dafür, dass wir, wenn wir die Wahrheit von (2)–(4) bestimmen wollen, nicht nur die aktuale, sondern auch alle anderen möglichen Welten berücksichtigen müssen. Interessanterweise bindet der Modaloperator aber nur die Gehalte der Ausdrücke, die (deskriptiven) Charakterregeln haben keinen Einfluss auf ihn. Mit anderen Worten: der Skopus des Modaloperators erstreckt sich nicht auf den Charakter, sondern nur auf den Gehalt. Aus diesem Grund sind (2) und (3) wahr, (4) aber nicht: der Gehalt von »der Sprecher« in (4) ist schlicht die deskriptive Bedingung, der Sprecher zu sein. Da Telefone auch sprechen können, ist (4) falsch. Der Ausdruck »der Sprecher« ist also so beschaffen, dass er seinen Charakter an den Gehalt »weitergibt« (sie sind identisch). Ganz im Gegensatz zu (2): weil Charakter und Gehalt bei indexikalischen Ausdrücken *unabhängig* voneinander agieren, sind wir bei (2) einzig daran interessiert, wer in der *aktualen* Welt der Sprecher der Äußerung ist. Der Modalopera-

3.2 Das Autonomie-Problem

tor in (2) bindet nur den *Gehalt* des Ausdrucks. Deswegen können indexikalische Ausdrücke trotz deskriptiver Bedeutungsebene starr (und direkt referierend) sein. Da der Charakter die Referenz determiniert, *muss* es eine Trennung zum Gehalt geben. Diese Trennung erlaubt es letztlich erst, dass »Ich« kontextsensitiv *und* starr ist. Die Autonomie von Charakter und Gehalt zeigt einmal mehr die zentrale Verbindung von aktualen Referenten, direkter Referenz und Starrheit. Wir können die Autonomiethese folgendermaßen festhalten:

Autonomiethese: Sind Charakter und Gehalt eines Ausdrucks verschieden, dann sind ihre semantischen Rollen klar voneinander getrennt (d. h., dass sich diejenigen Schritte, die zur semantischen Auswertung eines Satzes vorgenommen werden müssen, entweder auf den Charakter oder auf den Gehalt beziehen).

Das ist zugegebenermaßen etwas vage – um seine Theorie von indexikalischen Ausdrücken aufrechtzuerhalten, braucht Kaplan die Autonomie aber dringend. Allerdings hat die Autonomie-These grundsätzlich Konsequenzen für alle Ausdrücke, denen man einen Charakter zuweisen möchte, der nicht identisch mit seinem Gehalt ist. Zum Beispiel ist es durch die Autonomie nicht möglich, dass im Charakter eines Ausdrucks eine freie Variable vorkommt, welche erst durch Operatoren in einem Satz gebunden werden muss.[102] Denn wie gesagt: der Skopus der Operatoren in einem Satz darf sich *qua* Autonomie nur auf den Gehalt des Ausdrucks erstrecken. Das gilt auch für Quantoren. Wäre dem nicht so, wären wiederum sprachliche Konstruktionen möglich, welche Kaplan »Monsters begat by elegance«[103] nennt, und gegen deren Existenz es nach Meinung Kaplans gute Argumente gibt. Dazu gleich mehr.

Eine erste Konsequenz der Autonomiethese lautet also:

K1: Sind Charakter und Gehalt eines Ausdrucks φ nicht identisch, dann steht der Charakter (oder Terme, die im Charakter vorkommen) von

---

[102] Nehmen wir an, ich verwende den (zugegebenermaßen seltsamen) indexikalischen Ausdruck »schmeer«, um über dasjenige Meer zu sprechen, das zwischen dem Ort der Äußerung und x liegt. Nun sage ich: »Es gibt jemanden, der durch schmeer geschwommen ist.« Die Autonomie von Charakter und Gehalt verhindert in diesem Fall, dass der Charakter semantisch durch den Existenzquantor beeinflusst wird, d. h. dass wir die Kontextinformationen, die uns einen Ersatz für die freie Variable liefern sollen, von dem Existenzquantor abhängig machen können. Kurz: durch die Autonomie bindet der Existenzquantor die freie Variable notwendigerweise nicht. Ein Ausdruck wie »schmeer« wird somit relativ nutzlos. Tatsächlich scheint es solche Ausdrücke wie »schmeer« auch überhaupt nicht zu geben – zumindest im Deutschen. Punkt für Kaplan. Ein ähnliches Beispiel formuliert Dever 2004, S. 34.

[103] Vgl. Kaplan 1989a, S. 510

φ niemals im Skopus von Operatoren, die an anderer Stelle in einem Satz ψ vorkommen, der φ enthält.[104]

Grundsätzlich scheint daraus noch nichts über den Charakter von Eigennamen zu folgen, außer, wie gesagt, dass er keine freie Variable enthalten darf (gegeben Charakter ≠ Gehalt). Aber bei Kaplan steht wohl eine weitere These im Hintergrund, und diese ist jetzt besonders wichtig: Operatoren haben nur dann keinen Einfluss auf den Charakter, wenn der Charakter *kontextsensitiv* ist. Denn kontextsensitive Ausdrücke sind in Kaplans Philosophie die einzigen Ausdrücke, die eine zweidimensionale Bedeutung haben. Alle anderen Ausdrücke sind demnach empfindlich gegenüber Operatoren. Dadurch können wir sagen:

K2: Der Charakter eines Ausdrucks φ kann nur dann durch Operatoren gebunden werden (die an anderer Stelle in einem Satz ψ vorkommen, der φ enthält), wenn der Gehalt von φ identisch mit seinem Charakter ist.

Der Charakter eines Namens bspw. determiniert nicht den Referenten in Kaplans Bild – der Charakter ist identisch mit dem Gehalt, d. h. mit dem Referenten. Dadurch kann sozusagen der Charakter durch Operatoren gebunden werden, siehe (3).

Im Hintergrund von Kaplans Autonomie-Motiv scheint zu stecken, dass nur die Kontextsensitivität der nicht-Autonomie im Weg steht. Mit anderen Worten: ein Ausdruck ist kontextsensitiv genau dann, wenn er einen autonomen Charakter hat. Nur wenn wir zusätzliche Informationen über den Kontext benötigen, um den Gehalt eines Ausdrucks zu bestimmen, kann der Charakter *nicht* im Skopus von anderen Operatoren stehen. Das Problem ist nun folgendes: will man die Bedeutung von Eigennamen auf irgendeine Art und Weise mit deskriptiven Informationen anreichern, dann dürfen diese Informationen nicht auf Operatoren reagieren, d. h. sie müssen autonom sein. Dann sind sie nach Kaplan aber kontextsensitiv, und genau das will ich verhindern.

Es gibt Ausdrücke, die nicht kontextsensitiv sind, z. B. definite Beschreibungen. Für diese Ausdrücke gilt, dass ihr Charakter nicht autonom zum Gehalt ist (denn die Beschreibung *ist* in gewissem Sinne der Gehalt). Eigennamen gehören auch in diese Kategorie: sie sind nicht kontextsensitiv und ihr Charakter ist nicht autonom. Der Unterschied zu definiten Beschreibungen ist der, dass im Fall von Eigennamen der Charakter (nach Kaplan) und damit auch der Gehalt und die Extension, ein bestimmtes Objekt ist (bei definiten Beschreibungen ist der Gehalt eine Funktion, die in unterschiedlichen Auswertungskontexten unterschiedliche Extensionen hat). Indexikalische

---

[104] Vgl. dazu Dever 2004, S. 34.

3.2 Das Autonomie-Problem

Ausrücke teilen diese letzte Eigenschaft, d. h., dass ihr Gehalt ein Objekt ist, haben aber einen deskriptiven Charakter. Damit sind sie kontextsensitiv und autonom (das gilt auch für Demonstrativpronomen und den »dthat« Operator). Es gibt also (mindestens) zwei Arten von Ausdrücken:

NKSNA: nicht kontextsensitiv, nicht autonom
KSA: kontextsensitiv, autonom.

Man kann (und muss) sich jetzt fragen, warum es nicht beispielsweise Ausdrücke geben könnte, die kontextsensitiv, aber nicht autonom sind. Das hätte zur Folge, dass ihre Charakterregeln so beschaffen sind, dass sie im Skopus (bestimmter) Operatoren stehen können (die an anderer Stelle eines Satzes vorkommen). Diese charakterbeeinflussenden Operatoren wären dann echte *Monster*. Gegen die Möglichkeit der Existenz Letzterer wehrt sich Kaplan explizit, denn folgende Konstruktionen wären dann möglich:[105]

(S1): In manchen Kontexten ist es wahr, dass ich jetzt nicht müde bin.

Intuitiverweise ist dieser Satz nur wahr, wenn er von einer bestimmten Person handelt, nämlich dem Sprecher oder Schreiber, in diesem Fall: Anders Landig. Aber: nehmen wir an, die Ausdrücke »Ich« und »jetzt« wären so beschaffen, dass bestimmte Operatoren direkten Einfluss auf ihren Charakter haben, z. B. der Operator »in manchen Kontexten«. Mit anderen Worten: nehmen wir an »in manchen Kontexten« sei ein Monster, das Charakter im Skopus hat. In diesem Fall ist der Satz (S1) wahr auch dann (und zwar in unserem Kontext), wenn irgendein Sprecher in irgendeinem Kontext nicht müde ist zum Zeitpunkt dieses Kontextes. Das verletzt einerseits die Eigenschaft von indexikalischen Ausdrücken, direkt referierend zu sein. Andererseits scheint diese Interpretation schlichtweg absurd. Sie kann also nicht stimmen.

Kaplan zieht zwei Schlüsse aus diesem Beispiel. Erstens verhalten sich direkt referierende Ausdrücke so, dass sich der Skopus keines Operators auf ihren Charakter erstrecken kann und zweitens, dass es (zumindest im Englischen) keine Monster gibt, d. h. Operatoren, die den Charakter von direkt referierenden Ausdrücken binden. Es gibt für ihn also keine Ausdrücke, die kontextsensitiv aber nicht autonom sind, denn sobald sie nicht autonom sind, werden ihre Charaktere von anderen Operatoren gebunden und sie sind somit nicht mehr kontextsensitiv. Nach Kaplan ist unsere Sprache einfach so beschaffen, dass *sobald* der Charakter nicht autonom ist, er identisch mit seinem Gehalt ist.

Die Frage, die sich für mein Vorhaben stellt, ist also folgende: wenn man annimmt, Eigennamen hätten einen Charakter, und dieser Charakter ist nicht identisch mit seinem Gehalt, z. B. weil er die deskriptive Information enthält,

---

[105] Ich bediene mich mit dem folgenden Beispiel direkt bei Kaplan 1989a, S. 510.

dass er direkt referierend ist oder dass er auf ein bestimmtes Objekt referiert, heißt das dann automatisch, dass der Charakter kontextsensitiv sein muss? Ich denke, contra Kaplan, dass dem nicht so ist.

Nehmen wir an, der Charakter von Gottlob Frege hätte die nachstehende Form:

C1: »Gottlob Frege« ist ein Eigenname
C2: »Gottlob Frege« ist direkt referierend
C3: »Gottlob Frege« referiert auf Gottlob Frege (Alternativ: Für alle x gilt: »Gottlob Frege« referiert auf x genau dann, wenn x = Gottlob Frege).[106]

In diesem Charakter kommen keinerlei Kontextparameter vor. Nach dem Bild Kaplans müsste »Gottlob Frege« also NKSNA sein. Ist der Charakter von »Gottlob Frege« aber nicht autonom, könnte Folgendes passieren. Der Skopus eines Modaloperators in einem Satz wie »Gottlob Frege ist notwendigerweise ein Mensch« könnte sich auf einmal auf den Charakter des Ausdrucks erstrecken (d. h. ihn binden), was problematisch ist, weil zumindest C1 keine notwendige Wahrheit ausdrückt. Man muss also, wenn man Namen Charaktere zuweisen, aber gleichzeitig vermeiden will, dass Operatoren den Charakter eines Namens binden können (und dass Namen indexikalisch werden), Namen als Ausdrücke ansehen, die das Profil nicht-kontextsensitiv aber autonom (NKSA) haben. Damit wäre aber die Autonomie-These verletzt, und zwar deswegen, weil die These (nach Kaplan zumindest) impliziert, dass Autonomie und Kontextsensitivität zusammenfallen. Ich sehe allerdings keine besondere Schwierigkeit darin, die Autonomiethese – oder besser: die angesprochene Annahme – im Falle von Eigennamen aufzugeben, und zwar aus folgenden Gründen:

Erstens: mein Vorschlag impliziert an keiner Stelle, dass es eine spezielle Art von Operator gibt, der die Charaktere von Ausdrücken binden kann. Anders ausgedrückt: aus meinem Vorschlag, Namen als NKSA-Ausdrücke zu interpretieren, folgt nicht, dass es auch KSNA-Ausdrücke gibt: kontextsensitiv und nicht autonom.

Zweitens sehe Ich auch nicht, warum aus der Autonomiethese folgen *muss*, dass Kontextsensitivität und Autonomie zusammenfallen. Kaplan selbst hat die These nicht explizit formuliert. In meiner Rekonstruktion lässt sie aber

---

[106] Eine kleine Bemerkung zur Form des Charakters. Man sollte hier bereits erkennen können, dass mein Vorschlag, die Theorie direkter Referenz anzureichern, von Freges Überlegungen und auch allen anderen metasemantischen Deskriptivisten abweicht, denn letztlich befinden sich nur (metasemantische) Tatsachen über den *Namen* im Charakter des Namens, keine Beschreibungen, die ein gegebener Referent *erfüllen* müsste. Dieser Umstand ist sehr wichtig und wird im Detail ausgearbeitet werden (vor allem Kap. 3.3 und Kap. 4).

3.2 Das Autonomie-Problem 103

offensichtlich zu, dass es NKSA-Ausdrücke geben kann. Kaplan scheint nur nicht über die Möglichkeit der Existenz solcher Ausdrücke nachgedacht zu haben. Seine Sorgen beziehen sich nur auf KSNA-Ausdrücke.

Drittens: selbst wenn man der Meinung ist, dass wir durch die Einführung von NKSA-Ausdrücken die Autonomiethese grundsätzlich aufgeben müssen – was dann zur Folge hätte, dass es auch KSNA-Ausdrücke und damit Monster geben kann – ist meine Position (zu behaupten, dass Namen NKSA-Ausdrücke sind) noch nicht in großer Gefahr, denn es gibt gute Gründe dafür anzunehmen, dass Kaplan mit seiner Autonomiethese falsch lag. Kaplan dachte, dass (im Englischen zumindest) Kontextsensitivität und die Immunität vor Operatoren zusammenfallen. Folgt man Dever (2004), scheint die Autonomiethese aber grundsätzlich problematisch zu sein.

Nach Dever gibt Kaplan an einer Stelle in *Demonstratives* selbst ein Beispiel, das die Autonomie-These unterminiert.[107] Betrachten wir dazu ein Beispiel:

(S2) Was hat ein Mann erreicht, wenn ihm die gesamte Welt gehört, seine Seele aber nicht?

In (S2) scheint der Ausdruck »ihm« nicht als Demonstrativpronomen zu agieren, sondern als Variable, die durch den Operator »ein Mann« gebunden wird. Damit wird »ihm« in diesem Fall nicht-kontextsensitiv und ist schlicht ein anaphorisches Pronomen. D. h. »ihm« bezieht sich auf das, auf was sich »ein Mann« bezieht. Man könnte »ihm« aber auch demonstrativ, und damit kontextsensitiv lesen, d. h., dass die Referenz von »ihm« nicht von »ein Mann« oder anderen Operatoren abhängt, sondern durch den Äußerungskontext bestimmt wird. Dever argumentiert nun, dass man die Autonomiethese bereits voraussetzt, wenn man beide Lesarten unterscheidet. Wenn man aber, so Dever, diese Annahme (der zwei Lesarten) aufgibt, dann kann man »ihm« in (S2) auch nur als Demonstrativpronomen interpretieren, das aber eben so beschaffen ist, dass Operatoren auf den Charakter des Ausdrucks Zugriff haben. Dever schlägt folgenden Charakter für »ihm« vor[108]:

Der x (x ist männlich und x ist in Kontext c hervorgehoben)

Auf diese Weise kann man »ihm« in (S2) auch so interpretieren: wenn der Kontextparameter c im Charakter von »ihm« auch im Skopus von Operatoren stehen kann, die sonst in einem Satz vorkommen, dann kann »ein Mann« c binden und »ihm« erhält seine Bedeutung durch den *Satz*kontext, und nicht durch den Äußerungskontext. Dass der Charakter von »ihm« derart

---

[107] Vgl. Dever (2004), S. 56. Die Stelle, auf die sich Dever hier bezieht, findet sich in Kaplan 1989a. S. 490. Mein nachfolgendes Beispiel ist an Kaplans angelehnt.
[108] Vgl. Dever (2004), S. 56.

im Skopus des Operators stehen kann, zeigt für Dever, dass die Autonomiethese von Kaplan falsch ist: man kann einen Ausdruck wie »ihm« generisch als kontextsensitiv interpretieren, ohne dass dessen Charakter autonom ist. Mit anderen Worten: wir brauchen keine zwei Lesarten, bzw. verschiedene Interpretationen von »ihm« in (S2). Eine Korrelation zwischen Kontextsensitivität und Autonomie vor Operatoren muss (und sollte) nach Dever also kein Bestandteil einer Semantik sein.[109]

Das war nun alles recht kompliziert. Letztlich sollte klar geworden sein, dass nichts dagegen spricht, NKSA-Ausdrücke in einer Sprache zu haben. Aber: was haben wir dadurch eigentlich gewonnen? Ich denke, eine Menge. Die Konsequenzen, die aus der Einführung (oder Entdeckung?) von NKSA-Ausdrücken entstehen, sind meiner Meinung nach enorm. Machen wir uns zunächst klar, wie NKSA-Ausdrücke funktionieren. Wenn wir einen Satz auswerten, in dem ein Ausdruck vorkommt, der NKSA ist, d. h. in unserem Fall ein Eigenname, können wir bspw. mit der Auswertung des Eigennamens beginnen. Dazu werten wir zunächst die deskriptive Bedingung aus, die uns der Charakter des Namens bereitstellt und bestimmen dadurch das Objekt, das durch die Bedingung spezifiziert wird. Dieses Objekt ist dann der Beitrag zum Gehalt des Namens. Da der deskriptive Teil des Namens, d. h. sein Charakter, autonom agiert, haben Operatoren in seiner Umgebung keinen Einfluss auf ihn. Starrheit ist also garantiert.

(S3) Gottlob Frege hätte kein Philosoph sein können.

In (S3) weisen wir »Gottlob Frege« also zunächst seinen Charakter zu. Hier is besonders C3 interessant:

C3: »Gottlob Frege« referiert auf Gottlob Frege.

C1–C3 nennen uns erstens deskriptive, metasemantische Teilbedeutungen von »Gottlob Frege«. Zudem stellt C3 den Referenten bzw. den Gehalt des Ausdrucks unmittelbar bereit: Gottlob Frege. Da C1–C3 autonom sind, wissen wir, dass wir, um S3 auszuwerten, nur den Gehalt von »Gottlob Frege« in den Skopus des Modaloperators stellen dürfen. Dadurch erhalten wir das korrekte Ergebnis: S3 ist wahr.

---

[109] Siehe ebenda, S. 57. Der Leser sollte dieses Ergebnis unbedingt im Hinterkopf behalten. Es wird noch sehr wichtig werden, wenn ich die Charaktere von indexikalischen Ausdrücken im Allgemeinen diskutiere. Wer sich hier bereits Sorgen macht, wie eine formale Semantik für Sprachen aussehen sollte, die Ausdrücke enthält, die sowohl NKA und KSNA sind, sei hier auch auf das Paper von Dever (2004) verwiesen. Eine formale Semantik ist durch kleinere Modifizierungen an Kaplans ursprünglicher Semantik möglich. Dever entwickelt hier auch ausführlich die These, dass das Aufbrechen der Autonomie-These den Vorteil hätte, dass man die Funktionsweise von komplexen Demonstrativpronomen, wie etwa *dieser Philosoph*, durch Charaktere erklären kann.

3.2 Das Autonomie-Problem

Man mag nun einwenden, dass C3 etwas kümmerlich erscheint, um den Referenten des Ausdrucks zu bestimmen. Er scheint ja bereits trivialerweise in C3 vorzukommen. Ich halte diesen Einwand für berechtigt, werde mich aber hier noch nicht darum kümmern. Nur so viel kann ich bereits sagen: eine Referenzbedingung wie C3 muss keinesfalls hinreichend sein, um einen Referenten durch eine Erfüllungsbedingung *herauszugreifen*. C3 ist eine Bedingung, die der *Name* »Gottlob Frege« erfüllen muss und formuliert keine Bedingung, welcher der *Referent* entsprechen muss. Der Charakter ist insgesamt auch keinesfalls trivial. C3 ist nicht *a priori* wahr, sondern ist nur dann wahr, wenn es ein x gibt, dass Gottlob Frege ist!

Die entscheidende Frage ist auch hier wieder: wann ist ›»Gottlob Frege« referiert auf Gottlob Frege‹ wahr? Was steckt in dieser Bedingung? Ich werde mich diesen Fragen noch ausführlich widmen. Wichtig ist hier aber erstmal, dass wir durch die Scheidung der Ehe zwischen Kontextsensitivität und Autonomie die Möglichkeit geschaffen haben, den Charakter eines Namens durch deskriptive (Referenz-)Bedingungen anzureichen und ihn dennoch vor den Angriffen lästiger Operatoren zu schützen.

Allerdings sehe ich einen weiteren, berechtigteren Einwand. Man könnte nun einwenden, dass ich mich durch meinen Vorschlag, deskriptive Charaktere einzuführen, weit weg bewegt habe von der ursprünglichen Motivation direkter Referenz. Denn auch der Fregeaner darf an dieser Stelle aufjubeln: durch die Möglichkeit, Charaktere von Eigennamen als autonom einzustufen, habe ich auch die Möglichkeit geschaffen, das Modale Argument Kripkes gegen die Deskriptivität von Eigennamen zu entkräften.[110] Denn was hindert uns jetzt noch daran, den Charakter von »Gottlob Frege« durch unterschiedlichste Beschreibungen anzureichern und diese damit starr zu machen?

Das Modale Argument von Kripke besagt in seiner einfachsten Form, dass Eigennamen nicht synonym mit Beschreibungen sein können, weil Eigennamen starr sind, Beschreibungen aber nicht.[111] Die entscheidende Stelle in *Naming and Necessity* ist wohl diese:

> Suppose the reference of a proper name is given by a description or a cluster of descriptions. If the name means the same as that description or cluster of descriptions, it will not be a rigid designator. It will not necessarily designate the same object in all possible worlds, since other objects might have had the given properties in other possible worlds, unless (of course) we happened to use essential properties in our description. (Kripke 1980, S. 57)

Man muss hier allerdings etwas vorsichtig sein. Wir hatten bereits ausführlich gesehen, dass Kripkes Auffassung von Starrheit nicht eindeutig ist. Nach

---

[110] Das hat auch Dever (2004) schon gesehen.
[111] Ich werde das Modale-Argument in Kap. 3.8.2 noch einmal diskutieren.

Kripke konnten auch Beschreibungen starr sein, nämlich *de facto* starr. Kripke wusste das natürlich selbst, und bezieht sich wohl mit seinem modalen Argument auf das, was er *de jure Starrheit* nannte. Man darf dem Zitat also nicht uneingeschränkt trauen. Auch darf man meinem ersten Versuch, das Argument zu formulieren, mit Skepsis begegnen: Kripke scheint nicht auszuschließen, dass Eigennamen die gleiche Bedeutung wie Beschreibungen haben könnten, wenn die Beschreibungen sich auf essentielle Merkmale des Referenten beziehen. Man muss also sehr vorsichtig sein, wenn man das Argument formuliert. Eine entsprechende Rekonstruktion von Kripkes modalem Argument findet sich bspw. bei Scott Soames:

The Modal Argument
(1) Proper names are rigid designators.
(2) Therefore proper names do not have the same meanings as non-rigid descriptions. So, if N is a proper name, and D is a non-rigid description, then the sentences *N is F* and *D is F* typically do not have the same meaning, or express the same proposition.
(3) Since the descriptions commonly associated with names by speakers are non-rigid, typically the meanings of names are not given by those descriptions. So, if N is a name and D is a description associated with N by speakers, then the sentences *N is F* and *D is F* typically do not have the same meaning, or express the same proposition.
(Soames 1998, S. 2, originale Hervorhebungen)

Die Möglichkeit, die Autonomie von Charakter und Gehalt auch bei Eigennamen einzuführen, erlaubt dem Deskriptivisten nun eine interessante Antwort auf dieses Argument. Während (1) und (2) noch korrekt erscheinen, verliert (3) seine Kraft, denn durch die Autonomie werden die Beschreibungen, die mit einem Namen assoziiert werden, eben doch starr. Das heißt, diese Beschreibungen geben typischerweise eine Teilbedeutung des Namens wieder. Der letzte Schluss in (3), nämlich dass *N ist F* und *D ist F* nicht die gleiche Bedeutung haben, bzw. die gleiche Proposition ausdrücken, steht also in keinerlei Zusammenhang mehr zum ersten Teil von (3). Die Trennung von autonomen Charakteren und Gehalt erlaubt es dem Deskriptivisten also, die sehr überzeugende These in (2) mitzugehen, ohne dass daraus folgt, dass Namen nicht mit starren Beschreibungen assoziiert werden und dass Beschreibungen kein Bedeutungselement von Namen sind. Auch wenn das alles noch lange nicht heißt, dass Kripkes Kritik an der Frege-Russell Theorie der Eigennamen fehlschlägt – ich persönlich denke, sie trifft immer noch zu (dazu später mehr, vor allem Kap. 3.8) –, es zeigt doch, dass es eine viel einfachere und natürlichere Lösung in Bezug auf die modalen Schwierigkeiten gibt, Namen in irgendeiner Form mit Beschreibungen zu identifizieren als beispielsweise Namen durch andere Operatoren zu rigidifizieren oder zu versuchen, den deskriptiven Teil eines Namens durch

3.2 Das Autonomie-Problem

komplizierte Skopusverschiebungen zu bewahren.[112] Eine solche Lösung müsste natürlich auch nicht implizieren, dass Namen indexikalische Ausdrücke sind.

Joshua Dever macht meines Erachtens völlig zurecht darauf aufmerksam, dass eine solche Antwort auf das modale Argument seit Kaplans Arbeiten über den dthat-Operator möglich war – dass nur niemand diese Möglichkeit explizit in Betracht gezogen hat.[113] Dever schreibt:

> Once you acknowledge that indexicals (›I‹, ›now‹) have descriptive meaning and acknowledge that indexicals are rigid referring expressions, you've implicitly abandoned the modal argument.
>
> [...]
>
> Once you've got ›dthat‹, you've got all you need to defeat the modal argument.
>
> Once the autonomy-granting function of ›dthat‹ is isolated from the context-qsensitivizing function of that, rigid, descriptive names are again clearly on the table. (Dever 2004, S. 74)

Man sollte Dever hier nicht so lesen, als würde er behaupten, dass Kaplans Rahmenwerk eine Antwort auf das modale Argument *ist*. Er macht etwas später völlig zurecht darauf aufmerksam, dass man beispielsweise die Beschreibungen, die einem dthat-Ausdruck nachfolgen, nur als eine Art Referenzfixierung lesen könnte. Ich denke sogar, dass man jene Beschreibungen so lesen *muss*. Spezielle Beschreibungen sind keine Teile des Charakters oder sonst einer Bedeutungseigenschaft des dthat-Operators. Genau diese Rolle von Beschreibungen sieht ja auch Kripke in Bezug auf Eigennamen vor.[114] Wie dem auch sei, was an dieser Stelle wichtig ist, ist einzig die Möglichkeit, dass ein Name einen wie von mir vorgeschlagenen Charakter haben *kann*, welcher deskriptive Elemente enthält, ohne dass wir in modale Schwierigkeiten gelangen und ohne dass wir sagen müssen, der Name sei kontextsensitiv.

Es stellt sich natürlich trotzdem die Frage: haben Namen einen Charakter nach Art C1–C3? Wenn ja, kommt man dann mit Kripkes anderen Argumenten gegen deskriptive Bedeutungsebenen bei Eigennamen in Konflikt? Wenn Namen eine Bedeutungseigenschaft haben, welche nicht nur den Gehalt enthält, sondern auch Informationen darüber preisgibt, wie sich ein Ausdruck verhält, welche Auswirkungen hat das auf die kognitive Relevanz dieser Ausdrücke und auf die Propositionen von Sätzen, die diese Ausdrücke enthalten? Das alles sind Fragen, denen ich mich jetzt zuwenden werde.

---

[112] Wie beispielsweise Dummett 1973, oder Sosa 2001.
[113] Vgl. Dever 2004, S. 74 ff.
[114] Siehe ebenda, S. 76 ff. Kaplan selbst scheint eine Lesart zu bevorzugen, bei welcher die Beschreibungen, die einen dthat-Term begleiten, nur pragmatische Kraft haben. Siehe Kaplan 1989b. S. 581.

3.3 Charakter und Referentialität

Beginnen möchte ich mit der letzten Frage und dem Hinweis, dass Teile meiner Herangehensweise interessante Ähnlichkeiten zu einem Vorschlag haben, den François Recanati in den 1990er Jahren machte. Für Recanati (und einige andere Philosophen) besteht folgender Zusammenhang zwischen direkter Referenz und Propositionen: man muss, um die Proposition einer Äußerung zu erfassen, die einen direkt referentiellen Term enthält, die Referenz des Terms *identifizieren* können.[115] Denn das Verstehen einer Äußerung besteht im Erfassen ihrer Proposition. Wenn die Proposition ein Objekt enthält, muss man also, um sie Erfassen zu können, das Objekt kennen bzw. identifizieren können. Wenn ein Term nicht referentiell ist, enthält die Proposition einen Begriff. So zum Beispiel auch bei definiten Beschreibungen: um eine Proposition zu verstehen, die eine solche Kennzeichnung enthält, muss man nicht das Objekt kennen (auf das sie sich bezieht), sondern eben nur den *Begriff* (d. h. die Proposition enthält den Begriff und nicht das Objekt). Ohne (an dieser Stelle) eine genauere Auffassung von Propositionen zu entwickeln, es steht fest, dass für viele Philosophen eine essentielle Verbindung zwischen Propositionen, Verstehen und Referentialität besteht: ist ein Ausdruck referentiell, ist es notwendig, das Objekt zu kennen, auf das er referiert, um ihn zu verstehen. François Recanati hat in *Direct Reference* dieser Debatte einen interessanten Impuls gegeben.[116] Die Identifizierung eines Referenten ist für ihn nur hinreichende Bedingung, um den Ausdruck zu verstehen. Der Clou: für das Verstehen des Ausdrucks ist es notwendig, dass man seine *Referentialität* erfasst. Referentialität ist aber nicht Objektidentifikation, sondern ist einfach eine linguistische Charakterisierung wie »Eigenname«.[117]

Recanati macht dazu eine Unterscheidung zwischen dem Verstehen eines Satzes und dem Verstehen einer Äußerung: einen *Satz* wie »Peter Müller ist ein Sklaventreiber« versteht man einfach dadurch, dass man weiß, dass »Peter

---

[115] Eine sehr strikte Form eines solchen Prinzips hatten wir bereits bei Russell kennengelernt. Russell meinte, dass man eine Proposition nur erfassen, d. h. verstehen, kann, wenn man mit den Bestandteilen der Proposition bekannt ist (Russell 1917). Evans (1982) fand das zu restriktiv und entwickelte eine (neo-Russellianische) Position, die besagt, dass man objektabhängige Propositionen nur dann erfassen kann, wenn man über eine spezielle Art von charakteristischem (*discriminatory*) Wissen über das entsprechende Objekt verfügt. Dieses Wissen erreicht man z. B. durch direkte Wahrnehmung oder die Fähigkeit, das Objekt zu erkennen, wenn man ihm begegnet (siehe bspw. Evans 1982, S. 89). Ich hatte vorher auch angesprochen, wie Kaplan mit diesen Prinzipien brach. Für ihn scheint für das Erfassen einer singulären Proposition das Verstehen der linguistischen Bedeutung der *Ausdrücke eines Satzes* hinreichend zu sein, der diese Proposition ausdrückt.

[116] Siehe Recanati 1993.

[117] Siehe ebenda, S. 15.

3.3 Charakter und Referentialität

Müller« referentiell ist und man deshalb ein gewisses Objekt identifizieren muss, um eine *Äußerung* dieses Satzes zu verstehen. Die Äußerung von »Peter Müller ist ein Sklaventreiber« versteht man aber nur, wenn man das entsprechende Objekt identifizieren kann (im Hintergrund dieser Unterscheidung steht noch eine weitere: die zwischen Type und Token). »Peter Müller« kann also selbst dann referentiell sein, wenn gar kein Objekt existiert, auf das er sich bezieht. Geht er aber fehl in seiner Referenz, wird von Sätzen, in denen er vorkommt, keine Proposition ausgedrückt. In dieser Hinsicht unterscheiden sich die Kategorien »Eigenname« und »referentieller Ausdruck« also nicht. In seinen Worten:

> What I think, however, is that identification of the reference is not a necessary condition of *referentiality*: a term may well be referential, and understood by the hearer as referential, without its reference being identified. To understand the utterance ›Ralph Banilla is a midget‹ involves knowing who Ralph Banilla is, but to understand the *sentence* only involves knowing that the term is referential, that there is an individual that must be identified for an utterance of this sentence to be understood.
> (Recanati 1993, S. 15. Originale Hervorhebung)

Eine adäquate Auffassung von Referentialität, eine, die den Unterschied zwischen Eigennamen und Demonstrativa auf der einen, und definiten Beschreibungen auf der anderen Seite verdeutlicht, muss für Recanati also unabhängig von extra-linguistischen Fragen wie etwa der Existenz oder nicht-Existenz eines Objektes sein. Referentialität ist nach Recanati eine *Bedeutungseigenschaft* des entsprechenden Ausdrucks: ist ein Ausdruck referentiell (genauer: typ-referentiell), dann *verweist er darauf*, dass die Wahrheitsbedingungen von Äußerungen, in denen er vorkommt, singulär sind. Genauer:

> **Referentialität:** Ein Ausdruck ist (typ-)referentiell genau dann, wenn seine linguistische Bedeutung eine Eigenschaft, genannt »REF«, beinhaltet, die dafür sorgt/darauf verweist, dass die Wahrheitsbedingung von Äußerungen, in denen er vorkommt, singulär sind.[118]

Singuläre Wahrheitsbedingungen definiert Recanati wie folgt: die Wahrheitsbedingung einer Äußerung $F(t)$ (wobei F ein Prädikat und t ein Term ist) ist singulär genau dann, wenn es ein Objekt x gibt, so dass die Äußerung genau dann wahr ist, wenn x F ist. Dadurch unterscheidet sich seine Definition von singulären Wahrheitsbedingungen entscheidend von meiner, denn bei Recanati kann eine Wahrheitsbedingung auch dann singulär sein, wenn ihre Identitätsbedingungen nicht von einem bestimmten Objekt abhängen (jedenfalls dann, wenn man das »genau dann, wenn« nicht modal liest. Dann

---

[118] Vgl. ebenda, S. 17

erfüllen auch definite Beschreibungen die Definition). Das liegt daran, dass Recanatis Definition auf einzelne Äußerungen beschränkt ist, und nicht wie meine von allen Sätzen bzw. Äußerungen abhängt, die einen bestimmten Ausdruck enthalten.

Wohlgemerkt gibt REF nicht die vollständige Bedeutung des Ausdrucks an. Recanati erwähnt, dass es referentielle Terme gibt, die ebenfalls deskriptive Bedeutung haben (wie eben bei Kaplan die indexikalischen Ausdrücke). In diesem Fall verweist der Ausdruck (via REF) nicht nur darauf, dass es ein Objekt gibt, so dass die entsprechende Äußerung wahr ist genau dann, wenn dieses Objekt eine bestimmte Eigenschaft aufweist. Zudem verweist er dann darauf, *wie* dieses Objekt identifiziert werden kann: »In other words, a referential term includes as part of its meaning, besides the feature REF, a *mode of presentation* of the reference.«[119] Allerdings ist dieser Präsentationsmodus nach Recanati kein Teil der Proposition, die durch die entsprechende Äußerung ausgedrückt wird, sondern nur ein Teil der *linguistischen Bedeutung* des Ausdrucks bzw. ein Teil der Bedeutung des Satzes. Was also ist die Proposition? »The *proposition* expressed by the utterance, in my framework, is *the satisfaction-condition the utterance presents itself as having.*«[120] (Recanati 1993, S. 18. Meine Hervorhebung) Kommt in einem Satz also ein referentieller Term vor, sorgt die Teilbedeutung REF des referentiellen Ausdrucks dafür, dass dieser Satz – rein linguistisch – eben bedeutet, dass es ein bestimmtes Objekt x gibt, das eine bestimmte Eigenschaft aufweist. Die Äußerung präsentiert sich selbst als wahr genau dann, wenn ein bestimmtes Objekt x eine bestimmte Eigenschaft aufweist. Die Erfüllungsbedingung (›satisfaction-condition‹) einer Äußerung der Art $F(t)$, wobei t auf das Objekt x referiert, lautet also: x ist F. Und genau das ist nach Recanati dann die Proposition. Die Propositionen von Äußerungen, die referentielle Terme enthalten, sind bei Recanati also auch singulär: sie haben als Bestandteile Objekte.[121]

Für Recanati entscheidend sind also folgende Unterscheidungen: zwischen der linguistischen Bedeutung einer Äußerung, ihrer Wahrheitsbedingung, und der Proposition, die sie ausdrückt. Bevor ich diskutiere, welche Gemein-

---

[119] Ebenda. Recanati meint übrigens, REF sei nahezu äquivalent zu Kaplans dthat-Operator (S. 31). Ich teile diese Meinung nicht. Der Operator *dthat* verhindert nach Recanati, dass der Präsentationsmodus eines Ausdrucks mit in die Proposition einfließt, und stellt damit sicher, dass dort nur die Referenz landet. Der einzige Unterschied zu seiner Eigenschaft REF sei nur, dass dthat ein Operator einer künstlichen Sprache ist, REF aber eine semantische Eigenschaft der natürlichen Sprache sein soll. Ich denke, es gibt noch mehr Unterschiede. Ich werde später darlegen, welche.

[120] Ebenda. S. 18

[121] Allerdings sind es bei Recanati keine bloßen Objekte wie etwa bei Russell, sondern »sorted objects«, d. h. Objekte, die unter generellen Termen klassifiziert sind, wie beispielsweise Tische oder Personen. Siehe dazu ebenda, S. 25, Fn. 19.

samkeiten zu der von mir entwickelten Position (über den Charakter von Eigennamen) bestehen und welche Vorteile dieses Vorgehen im Allgemeinen hat, will ich kurz darstellen, welche theorieinternen Gründe Recanati hat, Wahrheitsbedingung und Proposition voneinander zu trennen. Das wird helfen, die Unterschiede zu meiner Position zu begreifen und zu sehen, wo letztere Vorteile haben könnte.

Zuerst muss man feststellen, dass Recanatis Definition von singulären Wahrheitsbedingungen sehr weit ist: liest man das »genau dann, wenn« als materiales Bikonditional, dann erfasst sie alle definiten Beschreibungen. Das ist problematisch, wenn man verhindern will, dass eben auch Beschreibungen referieren. Eine modale Lesart des Bikonditionals würde wenigstens verhindern, dass alle nicht-starren Beschreibungen singuläre Wahrheitsbedingungen erzeugen (meine Lesart von Starrheit würde das auch verhindern, diese würde Recanati aber ablehnen). Letztlich bleibt aber das Problem, dass man (direkt) referierende Ausdrücke dann in die gleiche Kategorie stecken müsste wie (eine bestimmte Art) von Beschreibung – und das kann Recanati nicht gefallen, weil er einen Unterschied zwischen Starrheit und direkter Referenz etablieren will. Durch REF hat Recanati allerdings die Ressourcen, den Unterschied zwischen (direkt) referentiellen Termen und Beschreibungen festzumachen: da letzteren die Eigenschaft REF abgeht, sind die Erfüllungsbedingungen von Äußerungen, in denen diese Ausdrücke vorkommen, von anderer Natur, d. h. sie werden anders präsentiert. Das kann man schön anhand von Beschreibungen sehen, die im Abschnitt über Starrheit als *de facto* starr ausgewiesen wurden: zwar sind die Wahrheitsbedingungen der Sätze »Die Wurzel aus 9 ist *F*« und »3 ist *F*« nach Recanati äquivalent, allerdings werden diese anders präsentiert: nur letzterer Satz verweist durch den Ausdruck »3« darauf, *dass* es ein x gibt, so dass der Satz wahr ist genau dann, wenn x F ist. Es liegt also an der (Teil)Bedeutung von »3«. Dadurch sind auch die Propositionen der beiden Äußerungen »Die Wurzel aus 9 ist *F*« und »3 ist *F*« unterschiedlich: erstere enthält keine Objekte (sondern nur Begriffe), letztere ist singulär.

Recanati selbst charakterisiert direkte Referenz (oder einfach: Referentialität) also als eine Art *Meta-Starrheit*: ein Term ist direkt referentiell bzw. typ-referentiell genau dann, wenn er bedeutet/wenn er darauf verweist, dass Wahrheitsbedingungen von Äußerungen, die ihn enthalten, singulär sind.[122] Davon zu unterscheiden ist die Token-Referentialität: diese bezieht sich auf die Bedeutung von *Äußerungen* und ist analog zu Propositionen. Deshalb kann Recanati sagen, dass Propositionen die Bedeutungen von Äußerungen sind, ohne sagen zu müssen, dass in diese Bedeutung auch REF mit einfließt.

---

[122] Vgl. ebenda, S. 19.

Denn REF ist nur ein Teil der Bedeutung eines entsprechenden Ausdruckstyps (das nennt Recanati auch *linguistische Bedeutung*).

Betrachten wir noch einmal die beiden Sätze

(1) Die Wurzel aus 9 ist ungerade.
(2) 3 ist ungerade.

Der Unterschied zwischen der Wahrheitsbedingung und der Proposition ist nach Recanati folgender: die (einfache oder absolute oder singuläre) Wahrheitsbedingung beider Sätze ist die gleiche: beide sind wahr genau dann, wenn die Zahl 3 ungerade ist. Um die Sätze bzw. Äußerungen dieser Sätze zu verstehen, muss man allerdings nicht diese absolute Wahrheitsbedingung kennen, sondern ihre Wahrheitsbedingung unter einem gewissen Präsentationsmodus. Und genau das ist dann auch die Proposition. *Wie* sich die Wahrheitsbedingung präsentiert, hängt von der Bedeutung der Äußerung ab. Gemäß der linguistischen Bedeutung gibt die Äußerung Verweise auf ihre Wahrheitsbedingung: sie präsentiert ihre Wahrheitsbedingung auf eine bestimmte Weise. Und genau das ist bei (1) und (2) unterschiedlich: (1) präsentiert sich selbst als wahr genau dann, wenn es eine Zahl *x* gibt, für die gilt, dass sie die Wurzel aus 9 ist und ungerade. Und das ist auch die Proposition der Äußerung. (2) dagegen präsentiert sich selbst als wahr, genau dann, wenn 3 ungerade ist., d. h. (2) präsentiert sich selbst – gemäß der Bedeutung, in die aufgrund des Ausdrucks »3« die Eigenschaft REF einfließt – als singuläre Proposition.[123] Obwohl beide Äußerungen (nach Recanati) aufgrund der Starrheit der Ausdrücke die gleichen singulären Wahrheitsbedingungen haben, präsentiert sich nur (2) durch den direkt referierenden Term »3« auch so, *als dass* die Äußerung singuläre Wahrheitsbedingungen hat. Und das ist deshalb der Fall, weil nur (2) auch *bedeutet*, dass sie singuläre Wahrheitsbedingungen hat. Das heißt, dass auch nur (2) eine singuläre Proposition ausdrückt:

> The proposition expressed by an utterance in which a referential term occurs includes the reference of that term as a constituent, in the same way as the truth-condition of an utterance in which a rigid designator occurs includes the reference of that designator as a constituent. (Recanati 1993, S. 27)

Aber linguistische Bedeutung ist von der Proposition zu unterscheiden: Erstere enthält Verweise auf die Wahrheitsbedingung. Die Wahrheitsbedingung aufgrund der Verweise zu identifizieren ist notwendig und hinreichend dafür, die Proposition zu erfassen, die ja eben die Wahrheitsbedingung unter einem Präsentationsmodus ist. Man kann die Verweise auf die Wahrheitsbedin-

---

[123] Vgl. ebenda, S. 26/27.

gung, d. h. die linguistische Bedeutung, aber verstehen, ohne die Proposition zu erfassen. Das heißt Satz (2) kann man verstehen, indem man seine linguistische Bedeutung erfasst. Um die Proposition von (2) zu erfassen, muss man aber – wie im Falle aller direkt referierender Ausdrücke – das Objekt identifizieren, auf das referiert wird. Die Unterscheidung zwischen der Wahrheitsbedingung und der ausgedrückten Proposition ermöglicht es Recanati also, direkte Referenz von Starrheit abzugrenzen.

Und die Unterscheidung zwischen der Bedeutung und der Proposition erlaubt, dass man einen *Satz*, in dem ein referentieller Ausdruck vorkommt, auch verstehen kann, ohne seine Proposition zu erfassen. Allerdings verhindert Recanatis Rekonstruktion, dass selbiges auch für definite Beschreibungen gilt. Letztlich wird direkte Referenz bei Recanati also auch wieder über Propositionen definiert.

Rufen wir uns noch einmal den von mir vorgeschlagenen Charakter eines Eigennamens, z. B. von »Gottlob Frege«, ins Gedächtnis:

C1: »Gottlob Frege« ist ein Eigenname
C2: »Gottlob Frege« ist direkt referierend
C3: »Gottlob Frege« referiert auf Gottlob Frege.

REF ist ziemlich genau das, was ich unter C2 vorschlage: ein metasemantischer Hinweis auf die typische Funktionsweise des Ausdrucks in einer Sprache. Allerdings ist das, was ich vorschlage, nur noch in grober Weise zu dem ähnlich, was Kaplan unter dem dthat-Operator versteht. Es ist mir etwas rätselhaft, wie Recanati denken konnte, REF sei das natürlichsprachliche Äquivalent zum dthat-Operator. Es gibt zwei Lesarten des dthat-Operators, welche Kaplan selbst einräumt.[124] Die nach Kaplan intendierte Interpretation ist die eines *syntaktisch vollständigen Terms*, der nichts anderes ist als ein Stellvertreter für ein »echtes« Demonstrativpronomen, d. h. eines Pronomens, das durch eine *Geste* vervollständigt werden muss. Die Beschreibung, die ihm folgt, dient nur dazu, die Aufmerksamkeit darauf zu lenken, auf was »gezeigt« wird und gehört damit zum Charakter des Ausdrucks. Diese Interpretation kann Recanati nicht vorschweben, denn REF ist sicher kein (syntaktisch vollständiger) *Term*. REF ist eine Eigenschaft eines Terms.

Die zweite Interpretation von *dthat* hilft auch nicht weiter. Wenn man *dthat* als einen Operator (einer künstlichen Sprache) interpretiert, hat das nach Kaplan selbst folgenden Effekt:

If »dthat« is an operator, and if the description, which constitutes the operand and thus syntactically completes the singular term, induces a complex element into content, then the correct way to describe »dthat« is as rigidifier.

---

[124] Siehe bspw. Kaplan 1989b, S. 580 ff.

Complete dthat-terms would be rigid, in fact *obstinately* rigid. In this case, the proposition would not carry the individual itself into a possible world but rather would carry instructions to run back home and get the individual who there satisfies certain specifications. The complete dthat-term would then be a rigid description which induces a complex ›representation‹ of the referent into the content; it would not be directly referential.
(Kaplan 1989b, S. 580. Originale Hervorhebung)

Der Unterschied zur ersten Lesart ist der, dass *dthat* selbst nicht syntaktisch vollständig ist, sondern durch eine Beschreibung erweitert werden muss. Wenn ein so gebildeter vollständiger *dthat*-Ausdruck also nicht direkt referentiell ist, kann REF nicht einmal ähnlich zu *dthat* sein: dadurch, dass manche Ausdrücke die Eigenschaft REF aufweisen, präsentieren sie sich selbst ja gerade als rein objektinvolvierend, d. h. die entsprechenden Propositionen enthalten Objekte und *nicht* deren Präsentationsmodi.

Was Recanati meint, muss also Folgendes sein: der gesamte Ausdruck, der mit dem *dthat*-Operator gebildet wird, d. h. [Operator + Beschreibung], beinhaltet dank des *dthat*-Operators ein direkt referierendes Element: *dthat* sorgt dafür, dass der Ausdruck direkt referiert (zumindest in der Demonstrativ-Lesart). Und REF ist nichts anderes, als eben dieses Element in natürlichsprachlichen Ausdrücken. Nach meiner Rekonstruktion haben Namen und indexikalische Ausdrücke (kurz: referierende Ausdrücke) dieses Element auch. Allerdings befindet es sich bei mir erstens im (autonomen) Charakter des Ausdrucks und sorgt zweitens dafür, dass der Ausdruck starr ist: Starrheit ist bei mir nichts anderes als die Erzeugung singulärer Wahrheitsbedingungen. (Direkte) Referenz ist Starrheit. Ich denke, dadurch ist meine Auffassung eine wünschenswerte Generalisierung zu Eigenschaft REF, denn folgendes Problem tritt nicht auf.

Betrachten wir noch einmal die Sätze

(1) Die Wurzel aus 9 ist ungerade.
(2) 3 ist ungerade.

Nach Recanati haben beide Sätze die gleiche tatsächliche Wahrheitsbedingung: sie sind beide wahr genau dann, wenn 3 ungerade ist. Aber nur Satz (2) präsentiert sich selbst auch so, als hätte er diese Wahrheitsbedingung. Wir können die linguistische Bedeutung des Satzes nach Recanati zwar verstehen, ohne diese Wahrheitsbedingung zu identifizieren – nämlich indem wir schlicht verstehen, dass die Ausdrücke dieses Satzes durch ihre Bedeutung irgendwie darauf hinweisen, dass die Wahrheitsbedingung singulär ist. Um die Proposition zu erfassen, müssen wir aber diese Wahrheitsbedingung auch identifizieren. Bei (2) ist die tatsächliche Wahrheitsbedingung singulär, und sie wird auch als solche präsentiert. Bei (1) allerdings nicht: hier ist die tatsächliche Wahrheitsbedingung singulär, sie wird aber nicht als solche präsentiert. Das heißt auch, dass eine Äußerung von (1) keine singuläre *Proposition* ausdrückt (sondern eine, die keine Objekte enthält). Wieso also überhaupt sagen, dass die tatsächliche Wahrheitsbedingung von (1) singulär ist? Das hat bei Recanati theorieinterne Gründe: weil (1) einen (nach Recanati) starren Bezeichner enthält. Weil es aber nur ein *de facto* starrer Bezeichner ist, muss die Proposition von (1) eine andere sein. Das kann Recanati erklären: Proposition ≠ Wahrheitsbedingung.

Aber man könnte doch auch anders herum argumentieren: wenn die Proposition des Satzes nicht singulär ist, dann kann die Wahrheitsbedingung auch nicht singulär sein. Wieso sollte die Wahrheitsbedingung essentiell objektinvolvierend sein, die Proposition aber nicht? Das scheint doch eine gewisse Schieflage zu bedeuten. Die Schieflage resultiert unmittelbar aus der Unterscheidung von Starrheit und Referenz. Ich hatte weiter oben bereits den Fall diskutiert, dass es durchaus plausibel ist anzunehmen, dass ein Satz wie

(3) Der Präsident von Frankreich ist klein.

hinsichtlich seiner Wahrheitsbedingungen ambig ist. Zumindest würden die meisten Philosophen verneinen, dass Satz (3) *eindeutig* objektinvolvierende Wahrheitsbedingungen hat. Wieso soll Satz (1) in dieser Hinsicht anders sein? Es ist ja hier nicht so wie bei Eigennamen. Es besteht keine Konvention bzw. Festsetzung, »die Wurzel aus 9« essentiell objektinvolvierend zu verwenden (oder in Recanatis Worten: »die Wurzel aus 9« hat nicht die semantische Eigenschaft REF). Der Unterschied zwischen »die Wurzel aus 9« und »der Präsident von Frankreich« ist doch nur der, dass im Falle von »die Wurzel aus 9« die Wahrheits*werte* von (1) konstant bleiben, egal ob wir die Wahrheitsbedingung singulär oder generell deuten. In diesem Sinne sind die Wahrheitsbedingungen von Sätzen mit bestimmten definiten Beschreibungen *äquivalent* zu singulären Wahrheitsbedingungen. Das heißt aber noch nicht, *dass* diese Bedingungen eindeutig singulär *sind*. Der Grund, dass es bei (1) keinen Unterschied macht, wenn wir die Wahrheitsbedingungen generell oder singulär deuten, liegt nach meiner Interpretation nämlich nicht an der Semantik der Ausdrücke, sondern einfach an nicht-trivialen metaphysischen Hypothesen in Bezug auf die Existenz und essentielle Eigenschaften der Zahl 3.[125]

---

[125] Es liegt nach meiner Auffassung nur dann an der Semantik der Ausdrücke, wenn wir begründen können, dass die Zahl 3 ein Teil der Bedeutung von »die Wurzel aus 9« ist. Wie ich schon ausgeführt habe, wird diese Interpretation dadurch ermöglicht, dass »9« bereits ein starrer Bezeichner ist. Tatsächlich finde ich es nicht unplausibel, dass mathematische Beschreibungen derart wohldefiniert sind, dass sie immer auch bedeuten, was sie beschreiben. Ich bleibe hier aber bei der orthodoxen Auffassung, dass mathematische Beschreibungen »normale« Beschreibungen sind.

Für Recanatis Thesen heißt das Folgendes: wenn die Wahrheitsbedingungen von Sätzen, die Beschreibungen enthalten, notwendigerweise nichtsingulär sind (und höchstens zu singulären äquivalent), und nur referierende Ausdrücke singuläre Wahrheitsbedingungen erzeugen können, dann können wir erstens den Unterschied zwischen (1) und (2) einfach anhand der Wahrheitsbedingungen erklären. Mit anderen Worten: wir brauchen den Verweis auf Propositionen hier noch nicht. Dass (1) und (2) andere Propositionen *ausdrücken*, können wir zweitens auch erklären: wenn wir Wahrheitsbedingungen und Propositionen gleichsetzen, resultiert der Unterschied eben aus den unterschiedlichen Wahrheitsbedingungen. Und wenn wir in Recanatis Terminologie bleiben und Propositionen und Wahrheitsbedingungen *nicht* gleichsetzen, z. B. indem wir sagen, dass in die Wahrheitsbedingungen die metalinguistischen Hinweise des Charakters einfließen, dann können wir ebenfalls sagen, dass (1) und (2) ihre Wahrheitsbedingungen unterschiedlich präsentieren, *weil die Ausdrücke verschiedene semantische Eigenschaften verkörpern.* Kurzum: über die Identität von Starrheit und Referenz und die Charaktereigenschaften von referentiellen Termen können wir alles erklären, was Recanati erklären konnte, nur ohne dass wir erstens problematische Behauptungen in Bezug auf die Wahrheitsbedingungen von Sätzen, die definite Beschreibungen enthalten, aufstellen müssen und zweitens ohne dazu gezwungen zu sein, seltsame Thesen über die Relation von Wahrheitsbedingung und Proposition aufzustellen.[126]

Auch in anderer Hinsicht scheint mein Ansatz eine Generalisierung zu sein. REF ist nach Recanati nur Teil des Ausdruckstyps. Dadurch kann man einen Satz verstehen, wenn man die Bedeutungseigenschaften der Ausdruckstypen – unter anderem REF – die in dem Satz vorkommen, versteht. Die Bedeutungen von Sätzen sind Wahrheitsbedingungen. Die Bedeutungen von Äußerungen Propositionen. Bei mir hat allerdings auch ein Token einen Charakter. Dadurch bietet sich die Möglichkeit, dass man auch eine *Äußerung* verstehen kann, wenn man den Referenten nicht identifizieren kann. Z. B. könnte man eine Unterscheidung zwischen der *Form* des Charakters eines referentiellen Ausdrucks und seinem Inhalt einführen. Die Form von »Gottlob Frege« etwa wäre dann:

F1: »Gottlob Frege« ist ein Eigenname.
F2: »Gottlob Frege« referiert direkt.
F3: »Gottlob Frege« referiert auf x.

---

[126] Allerdings könnte man mir hier vorwerfen, dass ich bisher erschreckend wenig über die Relation von meiner Position zu Propositionen gesagt habe. Überhaupt habe ich noch fast nichts über Propositionen gesagt. Ich bitte den Leser an dieser Stelle, sich zu gedulden. Ich werde noch auf Propositionen zurückkommen (vor allem in Kap. 3.4).

3.3 Charakter und Referentialität

Das heißt nichts anderes, als dass man eine Äußerung auch nur teilweise verstehen kann. Das scheint plausibel, denn intuitiverweise versteht man Äußerungen, die einen Namen enthalten, zumindest teilweise, einfach dadurch, dass man erkennt, dass ein Eigenname verwendet wird. Es wäre absurd zu behaupten, kein Deutschsprecher verstünde die Äußerung »Peter Müller ist ein Sklaventreiber«, wenn er nicht weiß, wer gemeint ist (z. B. weil er den Namen zum ersten Mal hört). Und selbst wenn man den Charakter vollständig erfasst, d. h. F3 durch »›Gottlob Frege‹ referiert auf Gottlob Frege« ersetzen kann, legt mich die Klausel in keiner Weise darauf fest, dass die Klausel nur dann wahr ist, wenn man mit dem Referenten bekannt ist, wenn man charakteristisches Wissen über ihn hat, oder wenn man ihn eindeutig identifizieren kann. Zum Beispiel könnte man sagen, dass »›Gottlob Frege‹ referiert auf Gottlob Frege« dann wahr ist, bzw. dass man die Klausel dann erfasst, wenn man in hinreichendem Maße bestimmte soziale Fakten hinsichtlich einer Sprachgemeinschaft determinieren kann. Diese könnten z. B. beinhalten, dass es in einer Gemeinschaft in Bezug auf den Ausdruck »Gottlob Frege« die Regel gibt, dass der Referent des Ausdrucks existiert (oder in diesem Fall existier*te*), und dass es Experten gibt, die diskriminierendes Wissen über den Referenten besitzen; d. h., dass es letztlich rekonstruierbar ist (oder wenigstens als rekonstruierbar gilt), wer an erster Stelle der kausalen Verwendungskette von »Gottlob Frege« steht. Letztlich ist diese Frage dann meta-semantischer Natur.

Es bietet sich uns also folgendes Bild: mein Vorschlag, direkt referierende Ausdrücke mit einem autonomen Charakter zu versehen, der gewisse metasemantische Informationen über den Ausdruck enthält, ist nicht der erste Versuch, die Bedeutung eines Ausdrucks durch metalinguistische Verweise auf seine Funktionsweise in einer Sprache anzureichern. REF und – in Teilen – *dthat* waren gewissermaßen Vorgänger und Wegbereiter für diese Idee. An entscheidenden Punkten scheint mein Vorschlag aber von allgemeinerer Natur zu sein, der mehr Spielraum zur weiteren Ausarbeitung lässt als bspw. REF. Die zu REF parallele Rolle nimmt in meinem Vorschlag die Charakter-Klausel ein, dass ein Ausdruck direkt referiert. Was es heißt, direkt zu referieren, wird bei mir über die Art der Wahrheitsbedingung definiert, die der Ausdruck generiert. Letzteres wiederum ist derart definiert, dass direkte Referenz mit Starrheit identisch ist, was impliziert, dass keine (gewöhnliche) definite Beschreibung starr sein, bzw. referieren kann. Dadurch können wir die Vorteile von REF konservieren und trotzdem einen größeren theoretischen Spielraum bewahren.[127]

---

[127] Der einzige Punkt, an welchem mein Vorschlag keine Generalisierung darstellt, ist meine Existenzpräsupposition bei direkt referierenden Ausdrücken. Ich denke, die Klausel ist nicht essentiell, ich werde aber später noch mehr dazu sagen.

Noch einmal: ich schlage nichts anderes vor, als dass wir die Semantik bestimmter Ausdrücke, nämlich referierender Ausdrücke, am besten dadurch erklären können, indem wir die zentralen metasemantischen Rollen der Ausdrücke als eine Teilbedeutung der Ausdrücke selbst verstehen. Bisher sollte gezeigt worden sein, wie die entsprechende Integration aussehen könnte und welche Vorteile sie bietet. Zweitens sollte klar geworden sein, dass meine Auffassung Vorbilder in Recanati und Kaplan hat, dass sie aber drittens eine Generalisierung der Vorschläge genannter Autoren ist.

3.4 Gehalt und Referenz: eine formale Semantik für singuläre Propositionen

Ich will nun etwas genauer sagen, wie meine Auffassung aussieht. Ich habe argumentiert, dass bestimmte Ausdrücke eine Bedeutungseigenschaft besitzen, die sie von anderen abgrenzt. Diese Bedeutungseigenschaft kann man »direkte Referenz« oder »Starrheit« nennen. Diese Eigenschaft sorgt dafür, dass die entsprechenden Ausdrücke singuläre Wahrheitsbedingungen erzeugen und gehört zum Charakter des Ausdrucks. D. h. Sätze, in denen diese Ausdrücke vorkommen, haben singuläre Wahrheitsbedingungen. Sei t ein solcher Ausdruck und $F(t)$ ein Satz, der t das Prädikat F zuschreibt. Dieser Satz hat etwa folgende singuläre Wahrheitsbedingung:

   B1: <u>Es gibt ein x</u>, so dass $F(t)$ ist wahr genau dann, wenn $F(x)$.

Das besondere Merkmal singulärer Wahrheitsbedingungen ist also, dass sie linguistische (Teil-)Bedeutungen der involvierten Ausdrücke repräsentieren können. Das ist der unterstrichene Teil von B1: er reflektiert, dass t eben bedeutet, dass es ein x gibt, von dem die Wahrheit des Gesagten in allen Umständen abhängt. Tatsächlich bieten singuläre Wahrheitsbedingungen noch größeren Spielraum. Letztlich können wir problemlos mehrere metalinguistische Eigenschaften eines direkt referierenden Terms auf der linken Seite der Wahrheitsbedingung auflisten (falls er welche hat), z. B. für den Satz »Gottlob Frege ist Philosoph«:

   B2: Es gibt ein x, so dass »Gottlob Frege« direkt auf x referiert und der Satz »Gottlob Frege ist ein Philosoph« wahr ist genau dann, wenn x ein Philosoph ist.

Wir können sogar noch expliziter werden und sagen:

   B3: Es gibt ein x, so dass »Gottlob Frege« direkt auf x referiert und $x =$ Gottlob Frege und »Gottlob Frege ist ein Philosoph« wahr ist genau dann, wenn Gottlob Frege ein Philosoph ist.

3.4 Gehalt und Referenz

Wie auch Recanati schlage ich vor, dass diese singulären Wahrheitsbedingungen die Bedeutungen von *Sätzen* repräsentieren. Mein Vorschlag geht allerdings in einem entscheidenden Punkt über Recanatis hinaus: dadurch, dass ich die metalinguistischen Eigenschaften im Charakter des referierenden Ausdrucks verorte und zusätzlich annehme, dass im Charakter eine metalinguistische Referenzbedingung vorkommt, kann ich sogar erklären, warum Sätze, in denen zwei referentielle Terme vorkommen, die auf das Gleiche referieren, unterschiedliche linguistische Bedeutungen haben können. Das kann Recanati nicht mit REF.[128] Das heißt, nach meiner Auffassung lassen sich Unterschiede in den Bedeutungen von Sätzen umfassender erklären. »Hesperus ist ein Planet« und »Phosphorus ist ein Planet« haben unterschiedliche linguistische Bedeutungen, weil in den Wahrheitsbedingungen beider Sätze unterschiedliche metalinguistische Verweise vorkommen: im ersten Fall, dass »Hesperus« auf x referiert, und im zweiten, dass »Phosphorus« auf x referiert. Dadurch lässt sich bei mir, im Gegensatz zu Recanati, schon auf der linguistischen Bedeutungsebene erklären, warum der Satz »Hesperus = Hesperus« etwas anderes bedeutet als »Hesperus = Phosphorus«.[129]

Letztlich können wir mit den singulären Wahrheitsbedingungen sehr schön verschiedene Stufen von Satzverstehen modellieren (in denen bspw. Namen vorkommen). Nehmen wir noch einmal den Satz

S: Gottlob Frege ist ein Philosoph.

Konzentrieren wir uns auf den Ausdruck »Gottlob Frege«. Plausiblerweise versteht jemand S teilweise auch schon dann, wenn er erfasst, dass »Gottlob Frege« ein Eigenname ist. Wenn er weiter weiß, dass Eigennamen direkt referieren, scheint er die linguistische Bedeutung zu kennen. Wenn er dann auch noch zuordnen kann, dass »Gottlob Frege« auf Gottlob Frege referiert, hat er die Bedeutung von S vollständig erfasst und ist zudem in der Lage, Äußerungen von S zu verstehen. Jeden dieser Schritte kann man durch singuläre Wahrheitsbedingungen darstellen.

Auf der anderen Seite bietet sich mit meiner Auffassung eine natürliche Interpretation des Gehalts von Äußerungen von Sätzen, d. h. von Propositionen. B3 reflektiert das wunderbar: hier ist einerseits die vollständige Bedeutung von »Gottlob Frege« angegeben und andererseits auch der Gehalt

---

[128] Obwohl er REF problemlos als Charaktereigenschaft des Namens deuten kann. Tatsächlich scheint er das auch zu tun, siehe Recanati 1993, S. 159. Recanati deutet den Charakter eines Namens allerdings auf andere Weise, nämlich so, dass er dafür sorgt, dass Namen indexikalische Ausdrücke werden. Das ist bei mir nicht der Fall.

[129] Eine terminologische Bemerkung: ich verwende den Ausdruck *linguistische Bedeutung* also so, dass er sich auf die Charakterebene bezieht.

des Satzes, d. h., dass Gottlob Frege ein Philosoph ist. Wir können also ganz natürlich von objektinvolvierenden (singulären) Wahrheitsbedingungen auf objektinvolvierende *Gehalte*, d. h. auf (singuläre) Propositionen schließen und benötigen keinen »Präsentationsmodus einer Proposition«. Die Äußerung »Gottlob Frege ist ein Philosoph« drückt demnach eine singuläre Proposition aus, die Gottlob Frege als Bestandteil hat. Das kann man sich folgendermaßen verdeutlichen:

Die grundlegende Errungenschaft der objektinvolvierenden Wahrheitsbedingungen ist die Reflexion der Erkenntnis, dass bestimmte einzelne Ausdrücke Objekte als Gehalte haben. Der erste Schritt, die Gehalte von *Sätzen* so zu bestimmen, dass sie diese Errungenschaft respektieren, muss dann in der Übertragung der Idee – von Objekten als Gehalte – auf die Satzebene bestehen. Noch eimal: wenn die Gehalte von Sätzen Objekte beinhalten, d. h. selbst nichts anderes als (komplexe) Objekte *sind*, dann können sie nicht mehr *Mengen* von bestimmten Umständen, Szenarios oder *möglichen Welten* sein. Die Umstände, in denen wir die *Wahrheit* eines Satzes auswerten, sind dann nicht mehr die semantischen Gehalte selbst, sondern müssen durch den Gehalt des Satzes *determiniert* werden. Ich hatte weiter oben bereits argumentiert, dass eine der grundsätzlichsten Einsichten der Theorie direkter Referenz darin bestand, zwei Arten von Wahrheitsbedingungen zu identifizieren. Wir sind nun an einem weiteren entscheidenden Schritt angekommen: direkte Referenz zwingt uns, die Bedeutungen von Sätzen nicht mit den Bedingungen, wann ein Satz wahr ist, zu *identifizieren*.[130]

Wollen wir die objektinvolvierenden Grundintuitionen der Theorie direkter Referenz also aufrechterhalten, brauchen wir eine andere Analyse von Propositionen: wir sollten Propositionen als *strukturierte objektenthaltende Komplexe* betrachten (diese werden typischerweise auch *Russellsche Propositionen* genannt. Ich werde mich dieser Konvention hier anschließen). Das folgt ebenfalls auf relativ natürliche Weise. Wichtig sind dabei die beiden Konzepte der *Kompositionalität* und der *Struktur*. Betrachten wir noch einmal den Satz *S*:

S: Gottlob Frege ist ein Philosoph.

---

[130] Das könnte man natürlich als Problem betrachten. Ich sehe meine Aufgabe an dieser Stelle allerdings nicht darin, die Theorie direkter Referenz dadurch plausibel zu machen, dass ich die mögliche-Welt-Semantik *un*plausibel mache. Letztere ist aber in der Tat mit einer Reihe schwerer Probleme behaftet. Das schwierigste ist wohl folgendes: identifiziert man den Gehalt eines Satzes mit einer bestimmten Menge an Umständen (so feinkörnig wie man will) und verbindet diese Sicht mit der plausiblen These, dass man propositionale Einstellungen wie Glauben, Wissen oder Meinen zu genau solchen Gehalten hat, dann sieht man sich dem Problem ausgesetzt, dass man keine logischen Falschheiten glauben kann, ganz einfach, weil es keine Menge an noch so feinkörnigen Umständen gibt, zu der man eine entsprechende Einstellung haben kann. Siehe dazu vor allem Soames 1987a.

3.4 Gehalt und Referenz

Wenn Kompositionalität besagt, dass sich die Bedeutung von S aus den Bedeutungen der Teilausdrücke von S ergibt, dann ist es nur natürlich zu schließen, dass dann auch der Gehalt, d. h. die Proposition von S, eine Funktion der Gehalte der Teilausdrücke von S ist. In S hat »Gottlob Frege« einen bestimmten Gehalt und »ist ein Philosoph« hat einen bestimmten Gehalt. Die Proposition von S wird also durch diese beiden Gehalte (plus eine Relation zwischen ihnen) determiniert. Nur wie? Hier scheint die plausibelste Antwort zu sein, dass die Proposition die *syntaktische Struktur* das Satzes berücksichtigen muss. Bestenfalls besteht ein struktureller Isomorphismus zwischen einer Proposition und dem Satz, der die Proposition ausdrückt.

Nach der Theorie direkter Referenz sind die Gehalte von Eigennamen die Referenten selbst. Wenn also die Proposition von S aus den Gehalten der Teilausdrücke von S besteht (die derart strukturiert sind, dass sie die syntaktische Struktur von S berücksichtigen), dann ist Gottlob Frege ein Bestandteil der Proposition, die S ausdrückt. Damit hat die Theorie direkter Referenz eine zumindest relativ einfache Erklärung dafür, warum Sätze, in denen Namen vorkommen, singuläre Propositionen ausdrücken.

Jetzt muss man theoretisch nur noch bestimmen, was die Gehalte anderer Ausdruckstypen sind, um eine vollständige Theorie strukturierter Propositionen zu entwickeln. Ich halte mich in der folgenden Darstellung an Scott Soames Auffassung:

> On the Russellian account, the semantic content of a (free) variable v relative to an assignment f of individuals to variables is f(v), and the semantic content of a closed (directly referential) term, relative to a context, is its referent relative to the context. The semantic contents of n-place predicates are n-place properties and relations. The contents of ›&‹ and ›-‹ are functions, CONJ and NEG, from truth-values to truth-values. (Soames 1987a, S. 72)

Die Theorie besagt also, dass die Sätze, oder besser: die Äußerungen

a: Hesperus ist ein Stern.
b: Frege sieht Hesperus.

die strukturierten singulären Propositionen

pa: ⟨⟨o⟩, P⟩
pb: ⟨⟨o, u⟩, R⟩

ausdrücken, wobei gilt, dass o = Hesperus, P = die Eigenschaft, ein Stern zu sein, u = Gottlob Frege und R = die Sehen-Relation. Natürlich gilt, dass den Sätzen *a* und *b* immer nur relativ zu einem Äußerungskontext Propositionen zugeschrieben werden.[131] Die *Negation* von bspw. *a* drückt dann die Proposition

$p(\neg a): \langle NEG \langle\langle o \rangle P\rangle$

aus, wobei *NEG* = die Wahrheitsfunktion für Negation. Die Konjunktion von *a* und *b* ist dementsprechend

$p(a \wedge b): \langle CONJ \langle\langle\langle o\rangle, P\rangle, \langle\langle o, u\rangle, R\rangle \rangle$

Diese Theorie kann problemlos auch auf andere wahrheitsfunktionale Operationen angewendet werden, z. B. auf den Existenzquantor. Soames schlägt dazu die Verwendung von propositionalen Funktionen vor, welche die Stelle der propositionalen Bestandteile für zusammengesetzte Ausdrücke einnehmen.[132] Der semantische Gehalt von etwa $\exists x\, Rx,x$ wäre demnach eine Funktion *g* von Individuen *o* auf (wahre) Propositionen. Das heißt nichts anderes, als dass $\exists x\, Rx,x$ besagt, dass *g* mindestens einem Objekt eine wahre Proposition zuschreibt. $\exists x$ drückt also die Eigenschaft aus, eine nicht-leere Menge zu sein. Zum Beispiel ist die Proposition von

c: Etwas sieht Hesperus.

dann folgende:

$p c: \langle ETWAS, g\rangle$

wobei *ETWAS* = die Eigenschaft, eine nicht-leere Menge zu sein und *g* = die Funktion von Individuen *i* auf die Proposition $\langle\langle i, o\rangle R\rangle$ (wobei *o* = Hesperus und *R* = die Sehen-Relation).

Der erste Teil der Semantik strukturierter singulärer Propositionen ist damit abgeschlossen. Er besteht in der Zuteilung von Propositionen an Sätze in einem Äußerungskontext. Aber damit ist die Semantik noch nicht abgeschlossen. Der zweite Teil muss nun eine rekursive Wahrheitstheorie für

---

[131] Das ist etwas vage. In der Literatur wird gerne der Unterschied zwischen einer Äußerungssemantik und einer Satz-in-einem-Kontext-Semantik unterschieden. Nach Kaplan (1989a, S. 522) sollten Gehalte nur Sätzen in einem Kontext zugewiesen werden und nicht Äußerungen, einfach weil sich Äußerungen anders verhalten. Z. B. *dauern* Äußerungen (können gar unendlich lang dauern) und können während dieser Zeit ihren Wahrheitswert ändern. John Perry (2001) scheint hingegen dafür zu argumentieren, Äußerungen Gehalte zuzuschreiben (die bei ihm zugegebenermaßen multiple Gehalte haben). Welche Auswirkungen die Wahl hat, ob wir Äußerungen oder Sätzen in Kontexten Gehalte zuweisen, kann ich hier leider nicht diskutieren. Eine Idee, wie weitreichend diese Unterscheidung sein kann, z. B. auch in Bezug auf die Unterscheidung von Semantik und Pragmatik, vermittelt bspw. Kent Bach (2007). Ich werde ab hier abwechselnd von Äußerungen und Sätzen in Kontexten sprechen und diese Formulierungen als äquivalent betrachten. Inhaltlich werde ich immer Sätze in Kontexten *meinen* (auch wenn ich von Äußerungen rede) und damit auf Kaplans Linie bleiben.

[132] Siehe Soames 1987a.

3.4 Gehalt und Referenz

Propositionen in einer Auswertungssituation definieren. Diese sieht folgendermaßen aus:

- Eine Proposition ⟨⟨o_1, o_2, o_n...⟩, P⟩ ist wahr in Bezug auf eine Auswertungssituation A genau dann, wenn die Extension von P in A die/das Objekt/e ⟨o_1, o_2, o_n...⟩ enthält.
- Eine Proposition ⟨⟨o⟩, g⟩ ist wahr in Bezug auf A genau dann, wenn o in der Extension von g in A liegt (wobei g = eine einstellige propositionale Funktion), d. h. wenn $g(o)$ wahr ist in Bezug auf A.
- Eine Proposition ⟨*NEG*, *Prop S*⟩ ist wahr in Bezug auf A genau dann, wenn *Prop S* nicht wahr ist in A.
- Eine Proposition ⟨*CONJ*, ⟨*Prop S*, *Prop Q*⟩⟩ ist wahr relativ zu A genau dann, wenn *Prop S* und *Prop Q* wahr sind in A.
- Eine Proposition ⟨*ETWAS*, g⟩ ist wahr relativ zu A genau dann, wenn $g(o)$ für mindestens ein o in E wahr ist in E.[133]

Für Satz *a* (in einem Kontext) gilt also beispielsweise, dass *a* wahr ist relativ zu einer Auswertungssituation A genau dann, wenn ⟨o⟩ in der Extension von P ist in A. $p(a \wedge b)$ ist wahr in Bezug auf A genau dann, wenn *CONJ* die Propositionen ⟨⟨o⟩, P⟩ und ⟨⟨o, u⟩, R⟩ auf den Wahrheitswert *wahr* in A abbildet. Satz *c* ist wahr in A genau dann, wenn es ein Individuum i in A gibt, das g auf eine wahre Proposition in A abbildet. Damit ist nun auch der zweite Teil der Semantik von strukturierten singulären Propositionen abgeschlossen.

Man sollte hier unbedingt noch weitere Begrifflichkeiten erwähnen. Durch die Definitionen von Wahrheit in einer Auswertungssituation haben wir den nötigen Raum geschaffen, um grundsätzliche Vorzüge der mögliche-Welt-Semantik auch in der Semantik von singulären Propositionen beizubehalten. Durch die rekursive Wahrheitstheorie haben wir nämlich immer noch eine essentielle Rolle von Wahrheitsbedingungen in unserer Semantik. Durch die singulären Propositionen haben wir den Wahrheitsbedingungen letztlich nur weitere semantische Werte beigefügt. Die gesamte Konzeption lässt sich jetzt folgendermaßen verstehen:

Wir müssen zwischen zwei verschiedenen Bedeutungsebenen unterscheiden. Die erste Ebene betrifft Sätze und einzelne Ausdruckstypen. Diese Ebene können wir die *Kontextebene* nennen. Auf dieser Ebene haben sprachliche Ausdrücke zwei verschiedene semantische Werte: Charakter und Gehalt. Der Charakter eines einzelnen Ausdrucks ist dabei eine Funktion von Äußerungskontexten auf propositionale Bestandteile. Der Gehalt des Ausdrucks ist der propositionale Bestandteil (den der Charakter in einem Kontext bestimmt). Der Charakter eines Satzes ist eine Funktion von Äußerungskon-

---

[133] Das ist schlichtweg die rekursive Wahrheitstheorie von Soames 1987a.

texten auf strukturierte singuläre Propositionen. Der Gehalt des Satzes ist diese strukturierte singuläre Proposition.

Die zweite Bedeutungsebene können wir die *Auswertungsebene* nennen. Auf dieser Ebene betrachten wir nicht mehr sprachliche Ausdrücke, sondern die Gehalte der Ausdrücke, d. h. propositionale Bestandteile und strukturierte singuläre Propositionen. Die Gehalte haben in dieser Ebene wieder *zwei* semantische Eigenschaften: Intension und Extension. Die Intension einer n-stelligen Eigenschaft ist dabei eine Funktion von Auswertungssituationen auf n-Tupel von Individuen, welche die entsprechende Eigenschaft in einer Auswertungssituation aufweisen. Die Extension ist diese Menge. Die Intension eines Individuums ist eine konstante Funktion von Auswertungssituationen auf ein Individuum. Die Extension ist das Individuum. Die Intension einer propositionalen Funktion *g* ist eine Funktion von Auswertungssituationen *A* auf Mengen von Individuen, welche *g* auf wahre Propositionen in *A* abbildet. Die Extension ist diese Menge. Das Wichtigste zum Schluss: die Intension einer *Proposition* ist eine Funktion von Auswertungssituationen auf Wahrheitswerte. Die Extension einer Proposition relativ zu einer Auswertungssituation ist der Wahrheitswert.[134]

Der Unterschied zur mögliche-Welt-Semantik wird in diesem Zwei-Stufen-Modell besonders deutlich. In der mögliche-Welt-Semantik *sind* die Intensionen von Sätzen bzw. Äußerungen Funktionen von Auswertungssituationen auf Wahrheitswerte. Diese Intensionen werden mit Propositionen *identifiziert*, d. h. Propositionen sind Mengen von möglichen Welten. In der Semantik von strukturierten singulären Propositionen *determiniert* der Gehalt einer Äußerung diese Intension, ist dadurch *nicht* identisch mit ihr, sondern der Gehalt *besitzt* diese Intension. Dadurch hat die Semantik von strukturierten singulären Propositionen eine erstaunlich hohe Erklärungskraft, denn sie ist einerseits feinkörnig genug, um Propositionen, die in genau den gleichen Auswertungssituationen wahr sind, unterscheiden zu können. Andererseits ist sie hinreichend grobkörnig um zuzulassen, dass man mit verschiedenen Sätzen die gleichen Propositionen ausdrücken kann. Ich will dazu einige Beispiele diskutieren.

I. Hesperus scheint am Himmel.
II. Phosphorus scheint am Himmel.
III. La vénus brille dans le ciel.

---

[134] Ich sehe es nicht als meine Aufgabe an, eine formale Theorie für diese Konsequenzen zu entwickeln. Es mag kontraintuitiv sein, dass in dieser Semantik nicht sprachliche Ausdrücke, sondern Eigenschaften, Individuen und strukturierte Propositionen (verstanden als semantische Werte!) Intensionen *haben*. Das ist schlichtweg eine Konsequenz der Theorie strukturierter singulärer Propositionen, welcher ich mich hier verschreibe, die ich aber nicht erfunden habe und die ich auch nicht detailliert verteidigen werde. Siehe dazu auch Kap. 3.5.

IV. *Sie* scheint am Himmel. [Indem auf die Venus gezeigt wird]
V. Hesperus = Hesperus
VI. Hesperus = Phosphorus.
VII. Hesperus ist mit sich selbst identisch.
VIII. Hesperus ist nicht mit sich selbst identisch.
IX. Hesperus scheint am Himmel und scheint nicht am Himmel.
X. Hesperus scheint am Himmel und Hesperus scheint nicht am Himmel.
XI. Hesperus scheint am Himmel oder scheint nicht am Himmel.

Wenn wir der Intuition gerecht werden wollen, dass wir mit unterschiedlichen Wörtern das Gleiche sagen können, dann sind die Sätze I–IV die besten Kandidaten dafür. Die Theorie direkter Referenz verbunden mit der Theorie singulärer Propositionen kann das leicht erklären: die Gehalte von I–IV sind alle gleich, nämlich das geordnete Paar $\langle\langle o \rangle, P\rangle$ (wobei o = Venus und P = die Eigenschaft, am Himmel zu scheinen). Allerdings scheint dieses Resultat zweifelhaft, wenn wir V und VI betrachten. Beide Sätze drücken die gleiche singuläre Proposition aus. Viele Philosophen, inspiriert von Frege, finden dieses Ergebnis absurd: VI scheint doch informativ zu sein, V aber nicht. Allerdings ist die Theorie singulärer Propositionen nicht darauf festgelegt, die Informativität einer *sprachlichen Behauptung* oder eines *Satzes* allein auf den Gehalt festzulegen. Insbesondere wenn man meinen Vorschlag annimmt, die Theorie direkter Referenz in Bezug auf Eigennamen durch einen speziellen metasemantischen Referenzmechanismus anzureichern, kann man sogar einen Unterschied in den Sätzen V und VI ausmachen. Die Kritik an der Theorie singulärer Propositionen in Bezug auf die Interpretation der Gehalte von V und VI ist also voreilig. Sie hat sogar eine problematische Implikation: nach ihr können wir die Identität zweier Objekte nur aussagen, wenn wir die gleichen Ausdrücke verwenden. Dass wir aber den Gehalt von V auch durch VI übermitteln können, scheidet damit aus. Das ist ebenfalls eine absurde Konsequenz.

Ich denke, die eben geschilderte Kritik fußt auch auf einem Missverständnis. Die Theorie singulärer Propositionen impliziert nämlich nicht (zumindest mit der Semantik, die ich präsentiert habe), dass V und VI den gleichen Gehalt haben wie VII. Während die Proposition von V und VI das geordnete Tupel $\langle\langle o, o\rangle, P\rangle$ (wobei o = Venus und P = die Eigenschaft, identisch zu sein) ist, hat VII den Gehalt $\langle\langle o\rangle, P\rangle$ (wobei o = Venus und P = Selbstidentität). Es ist also nicht so, dass VI schlichtweg ausdrückt, dass die Venus mit sich selbst identisch ist. Damit ist ebenfalls ein Weg eröffnet, VI (und V) also informativ zu interpretieren.

Das Gleiche lässt sich nun über IX und X sagen: nach der Theorie singulärer Propositionen haben Äußerungen dieser beiden Sätze *nicht* die gleichen

Gehalte. Die Proposition von IX enthält im Gegensatz zu X zwei Vorkommnisse des gleichen Objekts. Dieses Resultat hat vor allem Konsequenzen für die Zuschreibung von Glaubensinhalten. Nach der Theorie singulärer Propositionen sind singuläre Propositionen genau die Dinge, zu denen Agenten propositionale Einstellungen haben. Wer zu dem Gehalt von X eine propositionale Einstellung hat, hat demnach nicht die gleiche Einstellung, wie jemand, der zu dem Gehalt von IX eine Einstellung hat. Ich werde auf diese Punkte noch ausführlicher im letzten Kapitel zu sprechen kommen. Nur so viel sei hier vorweg genommen: dass jemand, der zu dem Gehalt von I eine propositionale Einstellung hat, automatisch diese Einstellung auch zu dem Gehalt von II hat (nach der Theorie singulärer Propositionen), heißt noch nicht, dass wir I und II problemlos wechselseitig verwenden können, um zu *berichten*, was etwa die Glaubensinhalte eines Agenten sind. Auch hier greift dieselbe Argumentation wie im Falle der Sätze V und VI: der Bericht (oder die Behauptung), dass jemand V glaubt, kann eine andere Informationen übermitteln als der Bericht, dass jemand VI glaubt. Die Theorie singulärer Propositionen ist nicht darauf festgelegt, an dieser Stelle schon eine eindeutige Antwort abzugeben. Außerdem gilt auch hier wieder: einen substantiellen Unterschied in I und II zu etablieren, mit dem Ziel, dass jemand, der I glaubt, etwas völlig Unterschiedliches glaubt als jemand, der II glaubt, würde dazu führen, dass es nicht möglich ist, die gleichen Glaubensinhalte mit unterschiedlichen Wörtern zu beschreiben. Das scheint vor allem in Bezug auf IV absurd.

Die Theorie singulärer Propositionen ist also grobkörnig genug, um die Gemeinsamkeiten von Sätzen, die unterschiedliches Vokabular enthalten, aufzuzeigen. Sie ist auch feinkörnig genug, um gewisse (plausible) Unterschiede in Gehalten auszumachen (V vs. Vii und IX vs. X). Die Stärke dieser Feinkörnigkeit zeigt sich vor allem in Bezug auf die Sätze VII–XI. Wir haben hier zwei logische Wahrheiten, VII und XI, und drei Kontradiktionen, VIII, IX und X. Obwohl VII und XI in allen möglichen Situationen wahr sind, kann die Theorie singulärer Propositionen erklären, dass sie dennoch unterschiedlichen Gehalt haben. Das kann man nicht, wenn man Propositionen mit der Menge an Situationen identifiziert, in denen ein Satz wahr ist. Ein noch größerer Vorteil in Bezug auf letztere Theorie sind die Kontradiktionen: modelliert man die Inhalte von Äußerungen durch die Angabe der Menge an Situationen, in denen die Äußerung wahr ist, und interpretiert man diese Menge ebenfalls als das Objekt von propositionalen Einstellungen, dann kann man zu VII, IX und X überhaupt keine Einstellung haben, denn die Menge an Umständen, in denen die Sätze wahr sind, ist die leere Menge. Das scheint aber völlig absurd: obwohl es irrational wäre, den Inhalt von etwa VII zu glauben, scheint es dennoch möglich, *dass* man glaubt, was VII aussagt.

Zusammenfassend können wir also Folgendes festhalten: in der Semantik

3.4 Gehalt und Referenz

singulärer Propositionen gibt es eine Vielzahl semantischer Werte. Diese lassen sich aber konsistent in einer (formalen) Theorie zusammenfügen, so dass eine Theorie entsteht, die eine hohe Erklärungskraft besitzt. Mein Vorschlag, die Theorie anzureichern, sieht einen zusätzlichen semantischen Wert auf der Bedeutungsebene von Sätzen vor, d. h., dass Sätze nicht nur Charakter (als Kontextfunktion) und Gehalt (als strukturierte singuläre Proposition), sondern auch *linguistische Satzbedeutung* haben. Letztere ist in der objektinvolvierenden Wahrheitsbedingung reflektiert. Da ich ebenfalls argumentiert habe, dass die Entdeckung dieser Art von Wahrheitsbedingung den Grundstein der Theorie direkter Referenz legt, scheint diese Erweiterung nur natürlich. Ihr Vorteil besteht darin, dass wenn wir Eigennamen einen Charakter (als linguistische Wortbedeutung) zuweisen, der nicht identisch ist mit seinem Gehalt, sondern (metasemantische) Referenzbedingungen enthält, dann können wir Unterschiede in Sätzen erklären, die sich nur in Bezug auf die referentiellen Terme unterscheiden (obwohl die unterschiedlichen Terme den gleichen Referenten haben). Das eröffnet vor allem Möglichkeiten in Bezug auf die Informativität von Äußerungen und die Berichte von Glaubensinhalten. Wie genau diese Möglichkeiten aussehen, werde ich im Folgenden noch genauer zu zeigen versuchen. Was wir aber an dieser Stelle bereits schließen können ist, dass wir die zusätzliche Eigenschaft von Eigennamen nicht auf die Gehaltsebene verschieben dürfen. Sobald wir den Gehalt von etwa Satz I durch die metasemantische Information, dass »Hesperus« auf Hesperus referiert, anreichern, verlieren wir die besondere Stärke der eben geschilderten Semantik: dann sind die Gehalte von I–IV alle unterschiedlich und wir können der Intuition nicht mehr gerecht werden, dass wir mit I–IV das Gleiche sagen können. Wir müssen also mit einer Anreicherung der Theorie direkter Referenz vorsichtig umgehen und sie nur auf der Kontextebene erweitern (d. h. in den Charakteren der Ausdrücke), um die Erklärungskraft der Semantik von strukturierten Propositionen nicht zu verlieren.[135] Ich denke, jetzt sollte auch klar geworden sein, wie ich die zentralen Begrifflichkeiten verwenden will:

Propositionen: Gehalte von Sätzen; strukturierte Komplexe, die Objekte als Bestandteile haben können; sind aus den Gehalten der einzelnen Ausdrücke des Satzes zusammengesetzt, d. h. aus Individuen, Mengen oder Relationen (Eigenschaften).

---

[135] Nach meiner Auffassung bekommen wir also die stärkste Theorie, wenn wir begründen können, dass Sätze unterschiedliche linguistische Bedeutungen haben können (welche in den Wahrheitsbedingungen reflektiert werden), obwohl sie den gleichen Gehalt haben. Wie wir die Theorie direkter Referenz zu einer solchen Theorie formen können, ist das grundsätzliche Anliegen dieser Arbeit.

Charaktere von Eigennamen: enthalten (metasemantische) Referenzbedingungen der Art »›N‹ referiert auf N«; sind die linguistische Wortbedeutung; sind die Intensionen von Namen in Äußerungskontexten.

Charaktere von Sätzen: sind Funktionen von Äußerungssituationen auf Propositionen; sind die Intensionen von Sätzen in Äußerungskontexten.

Objektinvolvierende Wahrheitsbedingungen: können den Charakter von Eigennamen reflektieren; spezifizieren den Gehalt eines Satzes, in dem ein direkt referierender Ausdruck vorkommt; sind die linguistische Satzbedeutung.

Intensionen in *Auswertungs*kontexten: Propositionen, Individuen oder Eigenschaften haben in Auswertungssituationen Intensionen. Dabei gilt:

- Propositions-Intension = Funktionen von Auswertungssituationen in Wahrheitswerte.
- Intensionen n-stelliger Eigenschaften: Funktionen von Auswertungssituationen auf n-Tupel von Individuen (welche die jeweilige Eigenschaft in der Auswertungssituation instanziieren).
- Individuums-Intension: konstante Funktion von Auswertungssituationen auf Individuen.

Extension: Mengen, Individuen, Wahrheitswerte.

3.5 Kritik an singulären Propositionen

Bevor wir voranschreiten, will ich noch erwähnen, welchen weiteren Problemen das Programm strukturierter singulärer Propositionen ausgesetzt ist. Diese ergeben sich hauptsächlich aus der Annahme, dass singuläre Propositionen selbst Wahrheitsbedingungen haben. Wenn man Propositionen als geordnete n-Tupel von Objekten und Eigenschaften interpretiert, dann stellt sich die Frage, wie eine solche Menge eigentlich eine Intension haben kann. Zumindest scheinen n-Tupel nicht diejenige Art von Dingen zu sein, die Wahrheitsbedingungen haben können. Was unterscheidet Mengen, die Propositionen sind, also von Mengen, die keine Propositionen sind? Wie können solche Mengen die Träger von Wahrheit, Falschheit oder modalen Eigenschaften sein?

In den letzten Jahren haben sich vor allem Jeffrey King und Scott Soames diesen Fragen zugewendet.[136] Sie unterscheiden sich zwar in der Ausarbeitung, warum und wie Propositionen Wahrheitsbedingungen haben. Beide ge-

---

[136] Siehe etwa King, vor allem 2007, aber auch 1996 und 1995, und Soames 2010.

stehen aber zu, dass Propositionen nicht *per se*, d. h. unabhängig von Agenten, Sprachen und Mentalem repräsentativ sind. Leider können die Unterschiede und Implikationen der beiden Auffassungen hier nicht diskutiert werden. In einer umfangreichen Verteidigung der Theorie direkter Referenz müssten diese Ausführungen analysiert werden. Dafür ist in dieser Arbeit leider kein Platz. Mir geht es ausschließlich darum zu zeigen, was die Theorie direkter Referenz besagt und vor allem, wie man sie erweitern kann, damit sie vor allem in Bezug auf Eigennamen eine größere Attraktivität und Erklärungskraft gewinnt. Eine umfassende Argumentation, warum die Theorie direkter Referenz verbunden mit einer Sicht über singuläre Propositionen generell die beste Bedeutungstheorie ist, kann ich hier nicht liefern.

3.6 Charaktere und kognitive Relevanz

Ich habe bisher umfassend dafür argumentiert, dass Namen nicht-indexikalische, metasemantisch informative Charaktere haben können und wie diese aussehen. Ich habe auch erwähnt, welche Vorteile das haben kann. Diese wurden bisher hauptsächlich in Bezug auf die Frage erörtert, wie wir Unterschiede in den Bedeutungen von Sätzen ausmachen können, obwohl Äußerungen dieser Sätze den gleichen Gehalt haben. Ich will an dieser Stelle eine weitere Dimension hinzufügen, nämlich die der kognitiven Relevanz.

In seinem Aufsatz *Demonstratives* hat David Kaplan bereits vorgeschlagen, die kognitive Relevanz eines indexikalischen Ausdrucks durch den Charakter des Ausdrucks zu erklären.[137] Dass wir die kognitive Relevanz nicht auf der Gehaltsebene erklären können, zeigt sich bereits an dem Beispielsatz »Hesperus ist Phosphorus«, welcher den gleichen Gehalt hat wie »Hesperus ist Hesperus«. Es scheint unbestritten, dass jemand, der den Inhalt des letzteren Satzes glaubt, eine Äußerung des ersten Satzes dennoch ablehnen könnte. Um diesen Misstand zu erklären, müssen wir nach Kaplan Folgendes unterscheiden:

> What we must do is disentangle two epistemological notions: *the objects of thought* (what Frege called »Thoughts«) and the *cognitive significance of an object of thought*. As has been noted above, a character may be likened to a manner of presentation of a content. This suggests that we identify objects of thought with contents and the cognitive significance of such objects with characters. (Kaplan 1989a, S. 530. Originale Hervorhebung)

---

[137] Siehe Kaplan 1989a, vor allem Abschnitt XVII.

Das Maneuver, den Gehalt von der kognitiven Relevanz des Gehalts zu unterscheiden und letztere über den Charakter der Ausdrücke zu erklären, erlaubt folgende Situationen:

Situation 1: Zwei Personen haben unterschiedliche Glaubensinhalte, die sich in ihrer kognitiven Relevanz *nicht* unterscheiden.
Situation 2: Zwei Personen haben die gleichen Glaubensinhalte, die sich in ihrer kognitiven Relevanz unterscheiden.

Situation 1 ist keine bloße Möglichkeit. Wenn es möglich ist, dass sich zwei verschiedene Personen in exakt der gleichen kognitiven Situation befinden (damit meine ich nicht nur Science-Fiction-Szenarios, in welcher Menschen an Computer angeschlossen werden etc.), dann sind beispielsweise Gedanken, die die jeweiligen Personen über sich selbst haben, in ihrem Inhalt verschieden (da verschiedene Objekte in den Propositionen auftreten), in ihrer kognitiven Relevanz aber nicht. Das ist dann der Fall, wenn sie sprachliche Ausdrücke wie »Ich« verwenden: in diesem Fall werden den jeweiligen Personen unterschiedliche Objekte durch identische Charaktere präsentiert. Aus diesem Grund sind ihre Gedanken kognitiv äquivalent. Zwei Personen, die in ähnlichen Situationen denken »Ich habe vergessen, meine Hose anzuziehen«, werden ein ähnliches Verhalten an den Tag legen, obwohl andere Propositionen gedacht werden: sie verhalten sich gleich, weil unterschiedliche Überzeugungen auf gleiche Weise präsentiert werden.

Situation 2 tritt ebenfalls häufig auf. Ich hatte oben bereits einige Fälle diskutiert, in welchen durch unterschiedliche Wörter das Gleiche ausgesagt werden kann. Sagt jemand zu mir (und glaubt auch) »Deine Hose brennt« und ich glaube »Meine Hose brennt« und ein Dritter glaubt »Anders Hose brennt«, dann ist das Objekt des Gedankens in allen Fällen die gleiche singuläre Proposition, die Anders als Bestandteil hat. Dass aber alle drei Glaubensinhalte völlig unterschiedliche kognitive Relevanz haben können, sieht man schon allein an dem Verhalten, das sie hervorrufen. Erfasse ich die Proposition ⟨⟨Anders⟩, brennende Hose tragen⟩ unter dem »Ich« Charakter, hat das eine völlig andere Wirkung auf mich und mein Verhalten als wenn ich sie unter dem »Er« Charakter erfasse. Diese Situation ist übrigens nicht darauf beschränkt, dass verschiedene Personen involviert sind: derselbe Gedanke, sagen wir, dass ich am 30. Juni eine Dissertation abgeben muss, kann unter dem Charakter »Ich muss jetzt eine Dissertation abgeben« (gedacht am 30. Juni) eine völlig andere kognitive Relevanz haben als »Ich muss nächste Woche eine Dissertation abgeben« (gedacht am 23. Juni).

Ich denke, die These, dass Namen einen Charakter haben, der nicht identisch ist mit seinem Gehalt und eine Referenzbedingungen der Art »›Hesperus‹ referiert auf Hesperus« enthält, hat analoge Einflüsse auf die kognitive Signifikanz eines Glaubensobjekts. Interessanterweise kann in Bezug auf Ei-

3.6 Charaktere und kognitive Relevanz

gennamen Situation 1 nicht auftreten. Situation 2 allerdings schon. Wenn wir solche Situationen also ebenfalls erklären können, wenn Eigennamen darin vorkommen, scheinen wir eine erheblich erklärungskräftigere Theorie entwickelt zu haben, als wenn wir Situation 2 nur erklären können, wenn indexikalische Ausdrücke vorkommen.

Nach meiner Auffassung sind Namen *nicht* indexikalisch, sie haben einen konstanten Charakter. Die Frage lautet also: wie kann ein konstanter Charakter kognitiv relevant sein? Kaplan war sehr voreingenommen in Bezug auf eine positive Antwort auf diese Frage. Seine Gründe wurden bereits ausführlich dargelegt: nach Kaplan können nur kontextsensitive Ausdrücke einen von ihrem Gehalt unterschiedlichen Charakter haben. Konstanter Charakter bedeutet für Kaplan die Identität von Charakter und Gehalt. Dass dem nicht so sein muss, habe ich bereits ausgeführt. Dieselben Gedanken sind nun auch an dieser Stelle äußerst nützlich: wenn sich Gehalte auf unterschiedliche Weise präsentieren können – nämlich durch den Charakter – dann kann sich der Gehalt von »Hesperus leuchtet am Himmel« und »Phosphorus leuchtet am Himmel« ebenfalls auf unterschiedliche Weise präsentieren. Im ersten Fall präsentiert sich der Gehalt unter dem Referenzaxiom »›Hesperus‹ referiert auf Hesperus« und im zweiten Fall unter dem Charakter »›Phosphorus‹ referiert auf Phosphorus«. Derselbe Gehalt präsentiert sich unter Verwendung unterschiedlicher Namen. Auf diese Weise bekommen wir das äußerst plausible Resultat, dass jemand, der glaubt, Hesperus leuchte am Himmel, das gleiche Glaubensobjekt hat wie jemand, der glaubt, dass Phosphorus am Himmel leuchte. Beide haben zu der gleichen Proposition eine Glaubenseinstellung. Das heißt aber nicht, dass sich beide Subjekte in einer *identischen kognitiven Situation* befinden. Letzteres wird möglich, wenn wir erlauben, dass Namen Charaktere haben (die nicht identisch sind mit ihrem Gehalt).

Noch einmal: dass ein Name eine singuläre Proposition ausdrückt, liegt einzig an seiner Semantik: er generiert singuläre Wahrheitsbedingungen. Dass Namen kognitiv relevant sind, folgt daraus, dass Namen mit Charakteren assoziiert werden, die metasemantische Referenzbedingungen enthalten. Dadurch impliziert meine Position nicht, dass man mit dem Referenten bekannt sein muss, oder eindeutig diskriminierendes Wissen über ihn haben muss, um erfolgreich zu referieren.[138] Am einfachsten kann man sich das folgendermaßen klar machen: die linguistische Bedeutung eines Eigennamens verweist den Sprecher auf eine bestimmte semantische Relation, die (in einem Äußerungskontext) zwischen dem Ausdruck und seiner Referenz besteht: das Referenzobjekt geht in die Wahrheitsbedingung und Proposition mit ein.

Meine Position impliziert nicht, dass das Referenz*axiom*, d. h. der Charakter, eine Referenzbedingung enthält, die das entsprechende Objekt durch

---

[138] Das ist ganz im Sinne Kaplans, siehe 1989a, S. 536 ff.

Erfüllungsbedingungen (eindeutig) herausgreift. Was ich vorschlage, ist kein metalinguistischer Deskriptivismus (mehr dazu im nächsten Abschnitt). Dennoch könnte man hier etwas einwenden, was Frege bereits in Bezug auf metalinguistische Beschreibungen monierte: »Hesperus = Phosphorus« drückt doch eine echte *astronomische* Entdeckung aus.[139] *Daher* rührt seine Informativität. Sie verdankt sich nicht einfach dem Umstand, dass andere Namen verwendet werden.

Betrachten wird dazu noch einmal die folgenden Sätze:

XII. Hesperus = Hesperus
XIII. Hesperus = Phosphorus.

Den ersten Schritt, Freges Einwand auszuräumen, haben wir bereits getan: obwohl XII und XIII die gleiche Proposition ausdrücken, implizieren sie nicht identische kognitive Relevanz. Dass XIII nicht informativ sein kann (nach der Theorie direkter Referenz), haben wir also widerlegt. Freges Einwand scheint aber stärker zu sein. Ich will ihn einmal zitieren:

> Die Entdeckung, daß nicht jeden Morgen eine neue Sonne aufgeht, sondern immer dieselbe, ist wohl eine der folgenreichsten in der Astronomie gewesen. Noch jetzt ist die Wiedererkennung eines kleinen Planeten oder eines Kometen nicht immer etwas Selbstverständliches. Wenn wir nun in der Gleichheit eine Beziehung zwischen dem sehen wollten, was die Namen »*a*« und »*b*« bedeuten, so schiene $a = b$ von $a = a$ nicht verschieden sein zu können, falls nämlich $a = b$ wahr ist. [...] Man kann keinem verbieten, irgendeinen willkürlich hervorzubringenden Vorgang oder Gegenstand zum Zeichen für irgend etwas anzunehmen. Damit würde dann ein Satz $a = b$ nicht mehr die Sache selbst, sondern nur noch unsere Bezeichnungsweise betreffen; wir würden keine eigentliche Erkenntnis darin ausdrücken. Das wollen wir aber doch gerade in vielen Fällen. (Frege 1882, S. 23)

Die Sorge Freges, dass $a = a$ und $a = b$ nicht verschieden sein können (wenn wahr), haben wir beantwortet. Seine größere Sorge ist aber jene, die er im letzten Teil des Zitats ausdrückt. Wir können das so formulieren: selbst wenn uns $a = b$ etwas über unterschiedliche Zeichen sagt, so drücken wir damit doch keine substantielle (»eigentliche«) Erkenntnis aus. Im Hintergrund steht wohl folgende Überlegung:

Information 1: Derjenige Planet, der morgens die Position *PQ* einnimmt, ist identisch mit demjenigen Planeten, der abends die Position *RS* einnimmt.

Information 2: Dasjenige, was den Namen »Hesperus« trägt, ist identisch mit demjenigen, das den Namen »Phosphorus« trägt.

---

[139] Siehe Frege 1882.

Information 1 drückt eine genuin astronomische Entdeckung aus, während Information 2 hauptsächlich semantische Informationen enthält. Warum aber sollte Information 2 keine *substantielle* Erkenntnis ausdrücken, nur weil die *Art* der Erkenntnis vielleicht eine andere ist als bei Information 2? Das dem so ist, scheint Frege stillschweigend vorauszusetzen. Beide Informationen sind *a posteriori*. Beide Informationen verlangen substantielles Welt-relatives Wissen. Warum soll eine Entdeckung über Namen keine »eigentliche« Erkenntnis sein? Nehmen wir an, Peter wird von seiner Freundin Petra betrogen, weiß es aber nicht. Seine Freunde hingegen schon. In Peters Gegenwart reden sie gelegentlich von einer Maria, die ihren Freund betrügt. Irgendwann nimmt sich ein Freund von Peter ein Herz und sagt zu Peter: »Diejenige, die den Namen »Maria« trägt, ist identisch mit derjenigen, die den Namen »Petra« trägt.« Auch wenn das vielleicht eine etwas umständliche Art wäre (was ebenso für »Petra = Maria« gilt) sich auszudrücken, die Information wäre ohne Zweifel von substantiellem Wert für Peter. Wenn die Babylonier entdecken, dass dasjenige, was den Namen »Hesperus« trägt, in ihrer Sprache auch den Namen »Phosphorus« trägt, werden sie in dem gleichen Maße ihr Verhalten ändern, wie wenn wir ihre Entdeckung durch Information 1 beschreiben. Dass wir durch Ersteres die Substanz der Information verlieren, ist haltlos. Außerdem impliziert die hier entwickelte Position nicht, dass man die *Art* der Entdeckung, die Information 1 und 2 beschreiben, nicht unterscheiden kann. Wie wir sie unterscheiden, hängt ganz davon ab, wie man sie formuliert. Alles, was man der Position also vorwerfen kann, ist, dass XIII nicht Information 1 impliziert, einfach, weil »Hesperus« nicht *bedeutet*, derjenige Planet zu sein, der zu einer bestimmten Zeit an einem bestimmten Ort ist. Wie bereits ausführlich besprochen wurde, scheint das aber ein Vorteil der Theorie direkter Referenz zu sein: jemand, der XIII versteht und damit auch Information 2 erfasst, muss noch lange nichts über die Position der Venus wissen.

3.7 Referenzbedingungen vs. metalinguistischer Deskriptivismus

Mein Vorschlag, dass man den Charakter eines Eigennamens wie »Gottlob Frege« als eine spezielle Referenzbedingung der Art »›Gottlob Frege‹ referiert auf Gottlob Frege« interpretieren kann, mag auf den ersten Blick gewisse Ähnlichkeiten mit Theorien von Eigennamen haben, die man unter dem Label *metalinguistischer Deskriptivismus* zusammenfasst. Metalinguistische Deskriptivisten teilen die Auffassung, dass ein Name wie »Gottlob Frege« den semantischen Wert »derjenige, der ›Gottlob Frege‹ genannt wird« hat.[140] Ein

---

[140] Prominenter Verfechter ist bspw. Bach 1981.

Problem dieser Auffassung besteht darin, dass »derjenige, der ›Gottlob Frege‹ genannt wird« keine genuin definite Beschreibung ausdrückt. Der Ausdruck an sich ist nicht hinreichend stark, um genau eine Person auszuwählen, weil nicht klar ist, ob mehrere Personen oder Objekte ›Gottlob Frege‹ *genannt* werden können. Der metalinguistische Deskriptivismus sieht sich also meist gezwungen, die entsprechende Eindeutigkeit durch zusätzliche Kontextinformationen einzuholen und Namen somit zu kontextsensitiven Ausdrücken zu machen. Ein Name wie ›Gottlob Frege‹ wird somit zu einem Prädikat, das nur in speziellen Kontexten einen eindeutigen Referenten hat. Tyler Burge bspw. schlägt vor, Namen als komplexe Demonstrativpronomen zu analysieren, die in Äußerungskontexten so interpretiert werden müssen, dass sie ein implizites Demonstrativpronomen enthalten, etwa »*der* Gottlob Frege«.[141]

Meine Konzeption unterscheidet sich allerdings in einem entscheidenen Punkt vom metalinguistischen Deskriptivismus: der Charakter von Eigennamen ist bei mir nicht so beschaffen, dass er über eine metalinguistische Beschreibung einen Referenten in einem Kontext *auswählt*. Die Referenzbedingung ist *nicht* der Referenz*mechanismus*! Das referentielle Axiom gibt den Referenten einfach an.[142] Dadurch werden Namen nicht kontextsensitiv. Wie ein Ausdruck tatsächlich referiert, wie er seinen Referenten auswählt, ist bei mir klar von der semantischen Ebene getrennt. Das erfolgreiche Referieren ist (unter anderem) Sache der kausalen Theorie der Referenz. Die Frage, wann eine Referenzbedingung der Art »›Gottlob Frege‹ referiert auf Gottlob Frege« wahr ist, kann nicht von der Semantik beantwortet werden, sondern verlangt empirische Untersuchungen über Taufakte, Konventionen, Intentionen und kausale Kontakt- und Kommunikationsketten. Dass wir aber annehmen *müssen*, dass wenn »Gottlob Frege« referiert, er auf Gottlob Frege referiert, ist nach meiner Auffassung Teil der Semantik von »Gottlob Frege«. Diese Information macht den ganzen Unterschied, stellt aber keine Nähe zu klassischen deskriptivistischen Theorien von Eigennamen her. Es gibt keine Verbindung von Charakteren von Eigennamen und definiten Beschreibungen, welche die Arbeit des Referenzmechanismus übernehmen. Es ist nicht so, dass wir mit einem Eigennamen eine Beschreibung verbinden, die den Referenten determiniert. Letzteres wäre empirisch einfach falsch: die meisten Namen, die man verwendet, rufen keine eindeutig diskriminierenden Beschreibungen im Kopf des Sprechers (oder Hörers) hervor. Dass dem tatsächlich so ist, ist vielleicht die schlagendste Kritik von Kripke an Frege gewesen:

---

[141] Siehe dazu vor allem Burge 1973. Eine Modifikation der Theorie entwickelt bspw. Segal 2001. Eine generelle Verteidigung der Theorie findet man in Fara 2015. Für Diskussionen über die Interpretation von Eigennamen als Prädikate siehe auch Napoli 2015 und Jeshion 2015.

[142] Ich werde auf diesen Punkt noch detaillierter eingehen. Siehe Kapitel 4, vor allem 4.1.2.

3.7 Referenzbedingungen vs. metalinguistischer Deskriptivismus 135

But the clearest objection, which shows that the others should be given their proper weight, is this: the view under consideration does not in fact account for the phenomena it seeks to explain. As I have said elsewhere, individuals who ›define‹ ›Cicero‹ as ›The catiline denouncer‹, ›the author of De Fato‹, etc., are relatively rare: their prevalence in the philosophical literature is the product of the excessive classical learning of some philosophers. Common men who clearly use ›Cicero‹ as a name of Cicero may be able to give no better answer to ›Who was Cicero?‹ than ›a famous roman orator‹, and they would probably say the same (if anything!) for ›Tully‹ (actually, most people never heard the name ›Tully‹). Similarly, many people who heard of both Feynman and Gell Mann, would identify each as ›a leading contemporary theoretical physicist‹. Such people do not assign ›senses‹ of the usual type to the names that uniquely identify the referent (even though they use the names with a determinate reference). (Kripke 1979, S. 246)

»The view under consideration« ist hier die Frege-Russell Theorie von Eigennamen, welche die Bedeutung eines Namens durch definite Beschreibungen analysiert. Wenn es stimmt, was Kripke hier sagt, dann brauchen wir ein völlig anderes Modell von Referenz als das der Deskriptivisten. Ein Modell, das nicht darauf beruht, dass wir, wenn wir einen Namen verwenden, die Referenz zunächst durch Beschreibungen (bzw. deren Erfüllung) *determinieren* müssen. Vielmehr ist es doch so: wenn man einen Namen verwendet, ist das Objekt, über das man mit dem Namen sprechen will, bereits *gegeben*.[143] In welcher Form das Objekt dem Sprecher gegeben ist, sei es durch direkte Wahrnehmung, durch indirekten kausalen Kontakt oder durch Expertenwissen (und die entsprechenden Fakten bezüglich einer Sprachgemeinschaft) kann die (direkt referentielle) *Semantik* eines Eigennamens nicht beantworten. *Dass* das Referenz-Objekt aber gegeben ist, wenn man einen Namen verwendet, kann (und muss) die Semantik sehr wohl reflektieren und erfüllen. Mein Ansatz leistet das, indem der Charakter des Eigennamens bereits angibt, *dass und welches* Objekt gegeben sein muss, *wenn er referiert*. Natürlich kann man aus dem Axiom »›Hesperus‹ referiert auf Hesperus« ableiten, dass »Hesperus« ein Name ist. Somit enthält auch mein Vorschlag diese Information. Allerdings besteht ein himmelweiter Unterschied zum metalinguistischen Deskriptivismus (den meiner Meinung nach auch Frege im Sinn hatte): nach meiner Auffassung referiert »Hesperus« nicht deswegen auf Hesperus, weil Hesperus die Beschreibung erfüllt, »Hesperus«

---

[143] Das ist nach Almog sogar letztlich der zentrale Gedanke der großen Gründer der neuen Theorie der Referenz gewesen, also von Saul Kripke, Keith Donnellan und Howard Wettstein. Siehe dazu Almog 2006 und 2014.

genannt zu werden, sondern aufgrund der kausalen Verwendungskette des Namens.[144] Letzteres hat aber nichts mit der Semantik des Namens zu tun.

3.8 Kripkes Argumenten begegnen

Saul Kripke hat in *Naming and Necessity* wohl die berühmtesten Argumente für die These entwickelt, dass Beschreibungen keine Rolle in der Semantik von Eigennamen spielen können. Warum seine Einwände meine Konzeption nicht betreffen, will ich in diesem Kapitel darlegen.

3.8.1 Das Zirkularitätsargument

Obwohl der vorangegangene Abschnitt (3.7) deutlich gemacht haben sollte, dass die von mir vorgeschlagene Erweiterung der Theorie direkter Referenz nicht in einen metalinguistischen Deskriptivismus mündet, will ich dennoch das so genannte »Zirkularitätsargument« von Saul Kripke erwähnen. Indem ich meine Position der (bereits erwähnten) metalinguistischen Variante Recanatis gegenüberstelle und am Beispiel des Zirkularitätsarguments diskutiere, sollte meine Auffassung noch einmal klarer werden.

Kripkes Zirkularitätseinwand gegenüber metalinguistischen Positionen lautet folgendermaßen: eine Referenztheorie muss uns sagen, unter welchen Bedingungen ein Ausdruck auf ein gegebenes Objekt referiert. Das sagt uns die metalinguistische Theorie aber nicht, denn die Bedingungen, die diese Theorie für Referenz angibt, enthalten durch den Zusatz »der, der so-und-so genannt wird« selbst wieder einen nicht eliminierbaren Ausdruck, der auf Referenz rekurriert. Referenz wird damit durch Referenz erklärt. Wir haben also nichts gewonnen, sondern müssen stattdessen erklären, was es heißt, so-und-so genannt zu werden.[145]

Zunächst einmal sind metalinguistische Namensauffassungen indexikalisch.[146] Nach Recanati bspw. hängt die Referenz eines Namenstokens von der Referenz des Namenstyps in einer lokalen Sprachgemeinschaft ab. Der Eigenname kann daher in verschiedenen Kontexten auf verschiedene Träger referieren. Auf wen bei einer Namensverwendung referiert wird, hängt davon ab, auf welche Namenskonvention sich der Verwender beruft; und welche

---

[144] Für neuere Auffassungen über die Festlegung und kausale Verwendung eines Namens siehe Martí 2015 und Devitt 2015.
[145] Sie Kripke 1980, S. 68.
[146] Einen Überblick über indexikalische Interpretationen von Eigennamen bietet bspw. Rami 2014. Eine Übersicht und Kritik von metalinguistischen Varianten findet man bspw. in Wansing 2007.

3.8 Kripkes Argumenten begegnen

das ist, hängt eben vom Kontext ab (die Konventionen sind dabei extralinguistisch). Die linguistische Bedeutung eines Eigennamens verweist auf eine Relation, die in einem Kontext zwischen dem Namen und seiner Referenz besteht. Diese Relation ist die Name/Träger-Relation. Die Referenz eines Eigennamens E ist also das Objekt, das im jeweiligen Kontext E genannt wird.[147]

Der Einwand Kripkes zieht nach Recanati aber nur dann, wenn der metalinguistische Ansatz beansprucht, eine *vollständige* Theorie der Referenz zu sein. Recanatis indexikalische Auffassung beansprucht nur, eine *partielle* Referenztheorie zu sein: sie ist eine Theorie über den Charakter von Eigennamen und der Charakter eines Ausdrucks ist nach Recanati nur eine partielle Determinante der Referenz.[148] Seine Theorie erklärt also nur den ersten Schritt: sie macht die Referenz eines bestimmten Gebrauchs eines Namens abhängig von der Referenz des Namenstyps einer bestimmten (lokalen) Sprachgemeinschaft. Der zweite Schritt muss (nach Recanati) dann darin bestehen zu klären, was die Referenz des Namens in der Gemeinschaft ist, d. h. man muss klären, was es heißt, so-und-so genannt zu werden. Letzteres darf dann natürlich nicht mehr in Begriffen wie Referenz geschehen. Hier kann man dann z. B. sagen, dass die Referenz kausal von der Namenspraxis der Verwender abhängt. Durch diese Einteilung wird man nach Recanati dem gerecht, was Hilary Putnam von einer Referenztheorie für Eigennamen forderte: dass geklärt wird, wie die individuelle Sprachkompetenz einfließt und welche Rolle die sozialen Faktoren bei der Determinierung der Referenz spielen. Beides kann Recanati: was ein kompetenter Sprecher wissen muss, ist nur, dass Eigennamen auf Dinge referieren, die entsprechend *genannt* werden. Diese Bedeutung, die im Kopf ist, reicht aber noch nicht hin, um die Referenz in Recanatis Sinne zu determinieren. Aber sie reicht aus, damit der Sprecher den Namen verwenden kann. Er kann sich nämlich darauf verlassen, dass die entsprechenden kontextuellen Faktoren, d. h. u. a. die Experten für den Namen in einer Gemeinschaft, die Referenz vollständig machen.[149]

Die Frage, die man sich stellen muss, lautet meiner Meinung nach aber folgendermaßen: wenn der Charakter eines Namens keine vollständig(e) determinierende Beschreibung enthält, sondern die Referenz erst durch extralinguistische Faktoren sichergestellt werden muss, welchen Zweck erfüllt dann überhaupt die Beschreibung, so-und-so genannt zu werden? Selbst wenn wir Eigennamen einen solchen unvollständigen Charakter zugestehen, warum sollten Kripkes Sorgen *vollständig* ausgeräumt sein? Die Information, so-und-so genannt zu werden, ist nicht hinreichend dafür, einen Referenten

---

[147] Vgl. Recanati 1993, S. 140–141.
[148] Vgl. ebenda, S. 159.
[149] Vgl. ebenda, S. 160–161.

zu determinieren. Sie ist aber *notwendig*, um überhaupt eine entscheidende Rolle in der Theorie spielen zu können. In einer Sprachgemeinschaft referiert ein Namenstyp (nach Recanati) nämlich nur dann, wenn er ausdrückt, dass er auf denjenigen referiert, der so-und-so genannt wird. Damit haben wir aber immer noch ein Zirkularitätsproblem: wir können Referenz trotzdem nur erklären, wenn wir erklären können, dass jemand (in einer Sprachgemeinschaft) so-und-so genannt wird. So-und-so genannt zu werden, können wir aber nur durch Referenz analysieren. Mit anderen Worten: wir müssen zunächst herausfinden, wie Ausdrücke referieren, bevor wir sagen können was es heißt, so und so genannt zu werden. Das ist wieder (leicht) zirkulär. Mit »Peter« zu referieren und »Peter« genannt zu werden sind zwei Seiten derselben Medaille.

Ich denke, es sollte klar sein, warum meine Rekonstruktion nicht betroffen ist von diesem Argument. Sie ist nicht betroffen, weil ich die Frage, wann es wahr ist, dass ein Name auf etwas referiert, vollständig aus der Semantik auslagere. Das heißt nicht, dass jemand, der einen Namen versteht, nicht auch versteht, dass der Ausdruck ein Name ist (d. h., dass ein Objekt so-und-so genannt wird). Aber diese Information spielt keine Rolle in der *Determination* der Referenz durch den Ausdruck. Sie spielt deswegen keine Rolle, weil Namen nach meiner Auffassungen nicht indexikalisch sind und mit ihnen keine referenzdeterminierenden Beschreibungen assoziiert werden. Damit ist sie auch nicht zirkulär.

3.8.2 *Das modale Argument*

Dasjenige Argument Kripkes, das unter dem Namen »modales Argument« in der Literur bekannt ist, hat eine große Debatte über die »modalen Profile« von Eigennamen und Beschreibungen ausgelöst. Das ist insofern verwunderlich, da das Argument bei Kripke nicht besonders präzise ist. Ich hatte bereits Soames zitiert, der einen entsprechenden Präzisionsvorschlag machte. In *Naming and Necessity* findet sich jedenfalls nichts annähernd so Genaues wie die Rekonstruktion von Soames.[150]

Ich hatte ebenfalls bereits erwähnt, dass durch die Autonomie von Charakter und Gehalt die theoretische Möglichkeit entsteht, dem modalen Argument von Kripke zu begegnen: indem man deskriptive Informationen vor dem Einfluss intensionaler Operatoren »schützt«. Es stellt sich jetzt allerdings heraus, dass dieses Manöver letztlich überhaupt nicht nötig ist, um meine Auffassung vor dem *Argument* zu schützen. Ich will das schnell erläutern.

---

[150] Letztlich stimmt es wohl gar nicht, dass das modale Argument von Kripke selbst stammt. Vielmehr wurde es in seine Schriften hineininterpretiert. Siehe dazu Brock 2004, S. 285, Fn. 14.

3.8 Kripkes Argumenten begegnen

Eine wunderbare Formulierung des modalen Arguments findet sich bei Stuart Brock:

Let ›N‹ be some name and ›the F‹ a description that uniquely picks out N—a purported candidate for the meaning of ›N‹.
(i) ›The F is an F‹ is true in every world containing a unique F.
(ii) If ›N‹ were used to mean ›the F‹, then ›N is an F‹ would also be true in every world containing a unique F.
(iii) But ›N is an F‹ is not true in every world containing a unique F.
(iv) Therefore, ›N‹ is not used to mean ›the F‹.

(Brock 2004, S. 287)

Der Charakter, den ich einem Namen zuweise, ist nicht so beschaffen, dass er eine Beschreibung ausdrückt, die genau einen Referenten *auswählt*. Es ist überhaupt keine Beschreibung. Das modale Argument in der Formulierung Brocks trifft meine Auffassung also nicht. Mein Charakter drückt schlichtweg eine Bedingung an die Referenz aus, nicht eine Bedingung an den Referenten. Wenn »Albert Einstein« referiert, dann referiert er auf Albert Einstein. Wenn er auf Albert Einstein referiert, dann ist »Albert Einstein« ein starrer Bezeichner. Daraus folgt: *»Albert Einstein« referiert auf Albert Einstein* ist wahr in allen möglichen Welten. Und genau das ist der Charakter von Albert Einstein.

Ich erwähne das modale Argument aber nicht nur, um Zweifel an meiner Position auszuräumen. Ich will es hier noch einmal diskutieren, weil ich denke, dass meine These von der Identität zwischen Referenz und Starrheit eine Rekonstruktion des Arguments erlaubt, welche eine Schwierigkeit des Arguments an sich ausräumt und stärker in ihren Konsequenzen ist.

Die Kurzform des modalen Arguments lautete, dass Namen nicht die gleiche Bedeutung wie definite Kennzeichnungen haben können, weil Namen ein anderes *modales Profil* haben: Namen sind starr, Beschreibungen nicht. Schaut man sich die entsprechenden Stellen in *Naming and Necessity* an, dann sollte einem allerdings auffallen, dass Kripke vor allem für die Grundintuition argumentieren wollte, dass die Bedeutung eines *Satzes*, in denen ein Eigenname durch eine definite Beschreibung ausgetauscht wird, nicht stabil bleibt, weil der *Satz* dann ein anderes modales Profil bekommt. So erklärt man den Punkt, den Kripke machen wollte, am besten folgendermaßen:

(1) Albert Einstein wurde möglicherweise nicht in Ulm geboren.
(2) Derjenige Physiker, der am 14. März 1879 in Ulm geboren wurde, wurde möglicherweise nicht in Ulm geboren.

(1) scheint grundsätzlich wahr zu sein, (2) aber auch eine falsche Lesart zu haben. Deswegen können die *Sätze* nicht das Gleiche bedeuten. Die Intuition bezüglich den Bedeutungen bzw. dem Verhalten dieser Sätze wird dann

auf dessen Bestandteile übertragen (das geschieht ja auch bei Brock).[151] Allerdings wird selten (oder niemals?) darauf hingewiesen, dass sich, wenn man von modalen Profilen von Sätzen auf modale Profile von einzelnen Ausdrücken schließt, sich die Bedeutung, bzw. die Art des modalen Profils ebenfalls ändert: versteht man »modales Profil« analog zu »Intension«, dann sind modale Profile von Sätzen etwas anderes als jene von einzelnen *Bestandteilen des Satzes*.[152] Es ist alles andere als klar, wie wir von dem einen auf das andere *schließen* können.[153] Ich komme gleich darauf zurück.

Das modale Argument von Kripke wird gerne so wiedergegeben als sei die Konklusion des Arguments, dass Namen nicht die gleiche Bedeutung haben können wie (definite) Beschreibungen, weil Beschreibungen eben ein anderes modales Profil haben. Weil aber alle wissen, dass Kripke besser als alle anderen wusste, dass manche Beschreibungen eben doch modale Profile haben, die jenen von Eigennamen gleichen (weil sie nach Kripke starre Bezeichner sein können), schwächt man das Argument gerne etwas ab, so wie Soames beispielsweise. Mark Sainsbury folgt dieser Einsicht ebenfalls und gibt die Grundthese des modalen Arguments folgendermaßen an: »The definite descriptions *usually cited as* senses have a different modal profile from names, and so cannot be or express the senses of names.« (Sainsbury 2005, S. 27. Meine Hervorhebung) Sainsbury fährt dann fort und erklärt die Standardvariante des Arguments:

> ›Nixon‹ is a rigid designator, as revealed by the fact that when we come to ask for the transworld truth conditions of ›Nixon lied‹ we find that there is a single object, Nixon, such that whether the sentence is true with respect to a world depends on whether that object lied at that world. By contrast, it struck Kripke, and many others, that the analogue of this would not hold for ›The US President in 1970 lied‹. On this view, a transworld evaluation of this sentence requires us to consider, with respect to each world, who was US President in 1970 at that world, and whether that person lied at that world. The relevant Presidents may differ from world to world. The contrast grounds Kripke's claim that proper names and definite descriptions are *unlike in modal profile*,

---

[151] Allerdings nicht bei Soames (1998, S. 2). Nach meiner Meinung ist die Rekonstruktion des modalen Arguments von Soames schief, weil die Richtung des Arguments falsch dargestellt wird: es wird nicht von den Eigenschaften von Namen auf die Eigenschaften von Sätzen geschlossen, sondern eben anders herum.

[152] Diese Interpretation von modalen Profilen als Intensionen funktioniert nur, wenn man Intensionen als Eigenschaften von Termen deutet. Meine Interpretation von Intensionen lässt diese Analogie also nicht zu. Ich werde diesen Umstand in diesem Abschnitt aber ignorieren.

[153] Ich verwende »Ausdruck« hier natürlich so, dass ganze Sätze keine Ausdrücke sein können. An dieser Stelle sieht man auch wieder, wie die mögliche-Welt-Semantik in die Bredouille gerät: Intensionen von Sätzen sind nach ihr Mengen von Welten. Von diesen Mengen können wir überhaupt nicht auf die Intensionen von einzelnen Ausdrücken eines Satzes zurück schließen.

so that the former cannot be examples of the latter, and cannot have a meaning or sense given by the latter. (Sainsbury 2005, S. 28. Meine Hervorhebung)

Weil also *Sätze*, in denen Eigennamen vorkommen, ein anderes modales Profil haben als Sätze, in denen wir den Namen durch eine *gewöhnlich mit dem Träger des Namens assoziierte Beschreibung* ersetzen, haben die einzelnen Ausdrücke, d. h. der Name und die Beschreibung, auch ein anderes modales Profil. *Deswegen* haben die Ausdrücke eine andere *Bedeutung*.

Ich denke, man kann das auch anders ausdrücken. Hier ist also eine etwas andere Rekonstruktion der Intuition hinter dem Argument:

(i) Kompositionalität: die Bedeutung eines Satzes ergibt sich aus den Bedeutungen der Teilausdrücke des Satzes.
(ii) Haben zwei Sätze nicht die gleiche Bedeutung, haben ihre Teilausdrücke andere Bedeutungen.
(iii) (1) und (2) haben nicht die gleiche Bedeutung, weil sie unterschiedliche modale Profile haben.
(iv) (1) und (2) unterscheiden sich nur durch »Albert Einstein« und »Derjenige Physiker, der am 14. März 1879 in Ulm geboren wurde«
(v) Also: »Albert Einstein« und »Derjenige Physiker, der am 14. März 1879 in Ulm geboren wurde« haben eine andere Bedeutung.

(iii) wird durch kontrafaktische Überlegungen begründet. Wir können also folgendes Prinzip aufstellen:

P1: Wenn zwei Sätze ein unterschiedliches modales Profil haben, dann haben sie nicht die gleiche Bedeutung.

Tatsächlich braucht man eigentlich nur P1, um Kripkes Argument zu untermauern. Aber das Argument will mehr: es will ebenfalls, dass die modalen Profile, also die Intensionen von einzelnen Ausdrücken, bedeutungsrelevant sind. Ich denke, im Hintergrund der Überlegungen steht der Wunsch, ein Prinzip wie P1 auch für einzelne Ausdrücke zu haben, d. h. so etwas wie:

P2: Zwei Terme haben genau dann unterschiedliche modale Profile, wenn sie nicht die gleiche Bedeutung haben.

Wenn man jetzt beispielsweise sagt, dass das modale Profil eines Terms darin besteht, ob er ein starrer Bezeichner ist oder nicht (bzw. ob er eine konstante Intension hat oder nicht), dann hat man die Relevanz von *Starrheit* für die Bedeutung eines Ausdrucks erklärt (P1 erlaubt keinen derartigen Rückschluss). Starre Bezeichner *bedeuten* also nicht das Gleiche wie nicht-starre. Der Deskriptivist kann sich scheinbar nur retten, wenn er zeigen kann, dass die Beschreibungen, die er gerne als Bestandteile der Bedeutung von Eigennamen sehen würde, allesamt starr sind, damit sie P2 nicht widersprechen. Allerdings ist P2 (noch) vollkommen unbegründet. So wie ich das Argument dargestellt habe, stimmt auch die Richtung nicht: aus meinen Ausführungen folgte ja erst der Bedeutungsunterschied zwischen »Albert Einstein« und »Derjenige Physiker, der am 14. März 1879 in Ulm geboren wurde« und mit P2 dann der Unterschied in den modalen Profilen. Aber man will das ja anders herum. Natürlich könnte man sagen, dass beide Ausdrücke schlichtweg eine andere Intension haben und dann P2 anwenden – allerdings würde dieses Vorgehen nur zeigen, dass »Derjenige Physiker, der am 14. März 1879 in Ulm geboren wurde« nicht die gleiche Bedeutung hat wie »Albert Einstein« und nicht, dass *keine* Beschreibung die gleiche Intension hat wie »Albert Einstein«. Dasselbe Problem hat auch mein Ansatz über die Kompositionalität. Ein Anhänger einer mögliche-Welt-Semantik scheidet sowieso aus. Für ihn haben alle notwendigen Wahrheiten die gleichen modalen Profile. Damit ist wohl auch P2 falsch.

Ich denke also, dass es mindestens zwei Probleme mit dem modalen Argument gibt. Erstens schließt es von modalen Satzprofilen auf die Bedeutungsrelevanz von modalen Ausdrucksprofilen, gibt uns aber kein Prinzip, wie wir letztere aus ersteren ableiten können. Zweitens ist es sehr schwach: nur »gewöhnliche« Beschreibungen scheiden aus. Auch wenn es Auswege aus diesen beiden Problemen geben mag, wichtig ist hier vor allem, dass mein Ansatz das Argument verbessern kann.

Interpretieren wir Starrheit als direkte Referenz und fügen wir (direkt) referierenden Ausdrücken die Bedeutungseigenschaften des Charakters hinzu, d. h. fügen hinzu, *dass* die Bedeutung eines referierenden Ausdrucks essentiell von einem bestimmten Objekt abhängt, dann ist Referenz (und Starrheit) eine bedeutungsrelevante Eigenschaft, die definite Beschreibungen im Allgemeinen nicht teilen. Damit können letztere nicht das Gleiche bedeuten wie Eigennamen.[154]

Ich denke, es gibt eine gewisse textbezogene Evidenz, dass Kripke selbst erwog, Referenz sei die entscheidende Eigenschaft, die Namen von definiten Beschreibungen abgrenzt (und nicht ihr »modales Profil«). Man könnte das modale Argument auch ohne meine Interpretation von Starrheit versuchen zu retten, nämlich indem man Folgendes sagt: Starrheit an sich reicht zwar

---

[154] Das heißt natürlich nicht, dass sie keine *Teil*bedeutung des Namens sein können. Wie sie in die Bedeutung integriert werden können, hatte ich ja gezeigt: indem der Charakter autonom vom Gehalt ist. Das modale Argument soll nur zeigen, dass Beschreibungen nicht *Synonyme* von Namen sein können, d. h. ihre Bedeutung vollständig wiedergeben können. Genau das ist das Ergebnis des modalen, bzw. des Referenzarguments: eine Beschreibung kann nicht *genau das Gleiche* bedeuten wie ein Eigenname, weil Eigennamen referieren und damit essentiell Objekte als Bedeutungsbestandteile haben. Beschreibungen haben diesen Bestandteil nicht, können also nicht synonym zu Namen sein. Ob ein Name aber bestimmte Beschreibungen als Teilbedeutung haben kann, bleibt hier noch offen. Wir werden weiter unten sehen, dass für diese These andere Argumente von Kripke greifen.

nicht aus, um einen bedeutungsrelevanten Unterschied zwischen Namen und Beschreibungen herzustellen. Starrheit *de jure* aber schon. Wenn wir sagen, Starrheit sei querweltliches konstantes Herausgreifen *auf Grundlage sprachlicher Konventionen*, dann haben wir eine Eigenschaft des Ausdrucks aufgedeckt, die Beschreibungen nicht teilen. Mark Sainsbury versucht beispielsweise eine solche Rekonstruktion:

> Definite descriptions are not stipulated to be anything: their meaning arises in a compositional way from the meanings of their parts. So we now have the beginning of a valid argument: proper namens, but no definite descriptions, are de jure designators, so no proper name coincides semantically with any definite description. (Sainsbury 2005, S. 29. Originale Hervorhebung)

Interessanterweise sagt Sainsbury dann aber in einer Fußnote zu diesem Absatz, dass das wohl nicht das Argument war, das Kripke im Kopf hatte, da Kripke im Vorwort zu *Naming and Necessity* schreibt, dass er denke, alle Konklusionen des Buches stimmten auch ohne die Unterscheidung von *de jure* und *de facto* Starrheit.[155] Ich will diese Stelle kurz zitieren:

> Concerning rigidity: In many places, both in the preface and in the text of this monograph, I deliberately ignore delicate questions arising from the possible nonexistence of an object. I also ignore the distinction between ›de jure‹ rigidity, where the reference of a designator is *stipulated* to be a single object, whether we are speaking of the actual world or of a counterfactual situation, and mere ›de facto‹ rigidity, where a description ›the x such that Fx‹ happens to use a predicate ›F‹ that in each possible world is true of one and the same unique object (e. g. ›the smallest prime‹ rigidly designates the number two). Clearly my thesis about names is that they are rigid *de jure*, but in the monograph I am content with the weaker assertion of rigidity.
> (Kripke 1980, S. 21, Fn. 21. Originale Hervorhebung)

Ich will hier nicht darüber streiten, was Kripke wohl meinte, wenn er etwas sagte. Die Textpassage gibt aber einen deutlichen Hinweis, dass Kripke wohl dachte, seine Thesen – also auch das modale Argument – funktionieren auch mit der »schwächeren Version« von Starrheit. Damit ist Sainsburys Rekonstruktion wohl nicht die, die Kripke im Kopf hatte. Meine Ausführungen suggerieren deutlich, dass das modale Argument am besten funktioniert, wenn wir Starrheit allgemein als (direkte) Referenz lesen. Damit hätte Kripke zwar recht, dass sein Analyse auch unter einer allgemeinen Auffassung von Starrheit funktioniert, hätte aber unrecht, dass es verschiedene »Starrheiten« geben kann. Ich denke jedenfalls, dass es kein Zufall ist, dass Kripke nur in Bezug auf *de jure* starre Bezeichner von der *Referenz* des Ausdrucks spricht. Ich denke aber nicht, dass er grundsätzlich die These vertreten wollte, dass

---

[155] Vgl. Sainsbury (2005), S. 29, Fn. 15.

Starrheit identisch ist mit Referenz. Wie dem auch sei, meine Rekonstruktion von Starrheit leistet auch hier wieder erstaunlich viel. Durch die Identität von Starrheit und Referenz wird das modale Argument schlicht zum *Referenz-Argument*.

3.8.3 Die semantischen Argumente

Obwohl das modale Argument selbst nie explizit von Kripke formuliert wurde, hat es eine beachtliche Resonanz in der Literatur genossen. Vielleicht liegt das daran, dass es relativ vage ist und zudem beträchtliche Schwächen hat.[156] Somit ist es ein Ziel, das man nicht so leicht verfehlen kann. Die Konklusion lautet jedenfalls, dass Namen nicht synonym mit definiten Beschreibungen sind, dass sie nicht das Gleiche bedeuten. Man mag nun von dem modalen Argument selbst halten, was man will: es ist bei Weitem nicht die stärkste Waffe für die Konklusion, die aus ihm folgen soll. Kripke konstruiert in *Naming and Necessity* eine ganze Batterie von Bedenken gegen die so genannte Frege-Russell Theorie von Eigennamen. Es ist durchaus verwunderlich, dass so viel Energie auf das modale Argument verwendet wurde, wo doch die folgenden Einwände viel stärker (und einfacher zu verstehen) sind. Letztlich kann man die zentralen Thesen in drei Punkten zusammenfassen:

1. Niemand assoziiert die gleiche (definite oder indefinite) Beschreibung mit einem Namen.
2. Man kann jeden Namen verstehen, ohne irgendeine (definite oder indefinite) Beschreibung mit ihm zu verbinden.
3. Man kann mit jedem Namen sogar ausschließlich falsche Informationen (über den Referenten) assoziieren, ohne dass der Name deswegen nicht (oder auf das falsche Objekt) referiert.

Alle drei Thesen sind empirischer Natur: fragt man verschiedene Personen über die Beschreibungen, die sie mit einem bestimmten Objekt verbinden, wird man verschiedene Antworten bekommen, selbst wenn es sich um berühmte Personen oder Objekte handelt. Damit scheint These 1 bereits untermauert. Dieses Argument ist höchst unangenehm selbst für Deskriptivisten, die die Beschreibungen, die angeblich die Bedeutung eines Namens angeben, starr machen (z. B. über Skopusverschiebungen oder den Aktualitätsoperator). »Gottlob Frege« kann nicht »der aktuale Verfasser der Begriffsschrift« *bedeuten*, denn dann müssten alle, die den Namen »Gottlob Frege« *kompetent* verwenden, diese Wahrheit über Frege kennen. Das ist aber nicht der Fall: selbst wenn jemand nur weiß, dass Gottlob Frege ein deutscher Philosoph war, würden wir ihm nicht vorwerfen, den Ausdruck »Gottlob Frege«

---

[156] Sosa (2001) zeigt bspw. noch mehr Probleme auf als ich.

nicht zu verstehen. So kann man auch These 2 untermauern: jemand, der noch nie von Gottlob Frege gehört hat, verbindet keinerlei Beschreibung mit ihm. Hört er in einem Gespräch, dass jemand von einem deutschen Philosophen Gottlob Frege spricht, heißt das noch nicht, dass er diese Beschreibung selbst mit dem Ausdruck »Gottlob Frege« assoziiert. Wenn man diese Person fragt: hast Du schon einmal von Gottlob Frege gehört? und sie antwortet: Gottlob Frege war angeblich Philosoph, dann würden wir der Person ebenfalls *nicht* vorwerfen, den Namen nicht verstanden und nicht korrekt verwendet zu haben. Gleiches gilt sogar dann, wenn sie versehentlich die Information aufschnappt, dass Gottlob Frege der Verfasser der *Kritik der reinen Vernunft* gewesen sei, und genau diese Information mit dem Namensträger von »Gottlob Frege« assoziiert. Ist das der Fall, kann sie den Namen trotzdem verwenden, um auf Gottlob Frege zu referieren. Sagt sie: Gottlob Frege hat wohl im 18. Jahrhundert gelebt, dann wäre, was sie sagt, schlichtweg *falsch*. Somit ist auch These 3 begründet.

Zusammengenommen stellen die Thesen Kripkes ein kaum zu umschiffendes Hindernis für den Deskriptivisten dar. Das ist das Dilemma: der Deskriptivist will den Referenz*mechanismus* eines Eigennamens durch deskriptive Erfüllungsbedingungen erklären, welche dann semantisch relevant sind. Dadurch ist er gezwungen zu behaupten, dass mit linguistischen Entitäten, nämlich Namen, Eigenschaften von weltlichen Entitäten, d. h. Objekten, assoziiert werden. Kripkes Argumente zeigen aber deutlich, dass das, was man mit einem Objekt assoziiert, überhaupt nicht relevant ist für die Frage, wie sich linguistische Entitäten verhalten. Der metalinguistische Deskriptivismus wähnt sich hier in Sicherheit, weil er die Beschreibungen, die man angeblich mit einem Objekt assoziiert (und welche semantisch relevant sind) dermaßen abspeckt, dass nur noch die rudimentäre Information, so-und-so genannt zu werden übrig bleibt. Diese Beschreibung ist aber derart schwach, dass sie keinen hinreichenden starken Referenzmechanismus mehr generiert. Deshalb muss man Namen dann als indexikalische Ausdrücke deuten (bzw. als Prädikate).

Geben wir den Deskriptivismus also auf, scheint man auf der anderen Seite gezwungen, den Referenzmechanismus aus der Semantik auszulagern und die Bedeutung eines Namens einzig als das Objekt selbst, auf das referiert wird, zu interpretieren. Dabei wird aber meines Erachtens nicht berücksichtigt, dass aus Kripkes Argumenten streng genommen nur folgt, dass sprachliche Ausdrücke (semantisch gesehen) nicht mit Informationen über *Objekte* zusammenhängen.[157] Diesen Umstand mache ich mir letztlich zunutze: wenn wir mit dem Ausdruck »Gottlob Frege« die Referenzbedingung assoziieren,

---

[157] Was natürlich nicht ausschließt, dass man tatsächlich mit Namen gewisse Beschreibungen über den Namensträger verbindet.

dass er auf Gottlob Frege referiert, dann ist das keine Bedingung, die Gottlob Frege erfüllen muss, sondern nur der *Name* (wenn er denn referieren soll). Kripkes Argumente zeigen doch gerade, dass Namen nicht einfach auf dasjenige referieren, das irgendeine Beschreibung erfüllt. Das ist nach meiner Analyse deswegen so, weil wir mit *Namen* assoziieren, dass wenn sie referieren, sie auf ein bestimmtes Objekt referieren (und gegebenenfalls auf welches). Und wenn wir diese Information in die linguistische Bedeutung implementieren (und zwar auf die Weise, die ich vorgeschlagen habe), dann sind wir erstens nicht mehr gezwungen zu sagen, die Bedeutung eines Namens werde durch seinen Referenten erschöpft und zweitens untermauern wir damit Kripkes Argumente gegen den Deskriptivismus.[158] Nur weil wir, wenn wir einen Namen verwenden, keine Bedingung an das *Objekt* stellen, auf das sich der Name bezieht, sind wir noch nicht gezwungen zu folgern, dass wir keine Bedingungen an den *Namen* stellen. Dieses Umdenken macht nach meiner Auffassung den ganzen Unterschied aus und die Theorie direkter Referenz um eine entscheidende Dimension reicher.

3.9 Definite Beschreibungen

In dieser Arbeit geht es hauptsächlich um die Frage, welchen Grundintuitionen die Theorie direkter Referenz folgt und wie wir aus ihnen heraus eine befriedigendere Theorie von Eigennamen entwickeln können. *Definite Beschreibungen* spielen in der Debatte um *direkte* Referenz eher eine untergeordnete Rolle, sind aber in der Philosophie der Referenz im Allgemeinen eine entscheidende Variable. Ich denke, dass sich aus einigem, was ich bisher ausgeführt habe, ebenfalls Implikationen für die Debatte um die Frage ergeben, ob und wie definite Beschreibungen referieren. Obwohl diese Implikationen weit davon entfernt sind, ein kohärentes Bild der Semantik von definiten Beschreibungen zu zeichnen, könnten sie, denke ich, dennoch interessante Impulse sein. Ich will sie deshalb wenigstens anreißen. Dazu werde ich zunächst einen kurzen Überblick über die Debatte geben und die Punkte hervorheben, für welche meine Arbeit relevant sein könnte. Zu diesen Punkten zähle ich vor allem die Unterscheidung von *referentiellen* und *attributiven* Verwendungen definiter Kennzeichnungen und Beschreibungen, die man durch den Aktualitätsoperator starr macht.

Die große Frage, über die es in der Debatte um definite Beschreibungen geht, lautet: wenn es referentielle Ausdrücke in unserer Sprache gibt, gehören

---

[158] Wir laufen damit auch nicht in Kripkes so genanntes *epistemisches Argument*. Dass »Gottlob Frege« auf Gottlob Frege referiert, ist nicht *a priori* wahr. Ich werde darauf noch zurückkommen.

3.9 Definite Beschreibungen

Beschreibungen, die sich auf genau ein Objekt beziehen, ebenfalls in diese semantische Kategorie? Die Intuitionen bezüglich dieser Frage sind relativ schwer zu bestimmen. Grundsätzlich davon zu sprechen, dass *alle* definiten Beschreibungen referieren, scheint mir schlichtweg falsch zu sein. Wenn wir die entscheidenden Eigenschaften direkt referentieller Ausdrücke generalisieren und sagen, dass wir mit jedem referentiellen Ausdruck beabsichtigen, etwas über ein bestimmtes Objekt auszusagen (und zwar so, dass die Wahrheit des Gesagten unter allen Umständen von diesem Objekt abhängt), dann gibt es Verwendungen definiter Beschreibungen, die nicht referieren. Folgendes Beispiel sollte das verdeutlichen:

B1: Der (körperlich) größte Mensch auf der Welt ist wahrscheinlich ein Mann.

Die Wahrheit von B1 hängt nicht von einem bestimmten Objekt ab (schon gar nicht von dem gleichen Objekt in allen kontrafaktischen Situationen). Jemand, der B1 äußert, will sicherlich auch nicht von einem bestimmten Objekt aussagen, dass dieses spezielle Objekt wahrscheinlich ein Mann ist. Es geht in B1 schlicht um die Verteilung bestimmter Eigenschaften, obwohl eine definite Beschreibung in B1 vorkommt. B1 kann also selbst dann wahr sein, wenn der größte Mensch der Welt tatsächlich eine Frau ist. Die These, dass definite Beschreibungen generell referieren, ist wohl so verstanden falsch (jedenfalls dann, wenn man Referenz so begreift wie ich). Meine Auffassung hat also bereits eine ernsthafte Folge für die Debatte um definite Beschreibungen: wenn die grundlegenden Eigenschaften von referentiellen Ausdrücken wie Eigennamen und indexikalischen Ausdrücken in der Art der Wahrheitsbedingung von Sätzen, in denen sie vorkommen, bestehen (und somit auch gilt (direkte) Referenz = Starrheit), dann ist die These, definite Beschreibungen seien grundsätzlich referierend, falsch. Zumindest können definite Beschreibungen dann nicht in die gleiche semantische Kategorie wie Eigennamen fallen.

Damit widerspreche ich vor allem Gottlob Frege selbst. Nach Frege sind definite Beschreibungen referentielle Ausdrücke. Sie referieren schlicht auf dasjenige, das (als einziges) die gegebene Beschreibung erfüllt. Natürlich ist diese Sicht nur konsequent: wenn der Referenzmechanismus durch definite Beschreibungen gegeben ist, müssen diese natürlich referieren.[159] Dass definite Beschreibungen *nicht* referieren, ist natürlich alles andere als neu. Bertrand Russell argumentierte einflussreich dafür, dass definite Beschreibungen nicht referieren. Für ihn sind sie zudem auch nur in ganzen Satzkontexten analysierbar. Wenn sie sich in einem Satzkontext befinden, dann verhalten sie

---

[159] John Stuart Mill ist ein weiterer prominenter Verfechter der These gewesen, definite Beschreibungen seien genuin referierende Ausdrücke. Siehe Mill 1973.

sich wie quantifizierende Ausdrücke: sie drücken Relationen zwischen Eigenschaften aus, z. B. wird »Der Autor von *x* wurde in *O* geboren« analysiert als: es gibt genau ein *y*, und dieses *y* hat die Eigenschaft, der Autor von *x* zu sein und in *O* geboren worden zu sein. Nach Russell sind quantifzierende Nominalphrasen keine logischen Konstituenten – sie sind isoliert nicht interpretierbar.[160] Bei Richard Montague war das beispielsweise anders: nach ihm denotieren definite Beschreibungen generalisierte Quantoren, also Mengen von Mengen. Das erlaubt eine Analyse und Interpretation von isolierten definiten Beschreibungen. Obwohl also bei Montague definite Beschreibungen denotieren, bezeichnen sie doch etwas anderes als bei Frege und Mill: hier bezeichnen sie Funktionen und dort bezeichnen sie Entitäten.[161]

Ebenfalls einflussreich in der Debatte ist die Sichtweise von Peter Strawson in »On referring«.[162] Hier vertritt Strawson die Ansicht, dass definite Beschreibungen an sich nicht referieren. Vielmehr *verwenden* Menschen diese, um auf Dinge zu referieren. Auf *was* eine Beschreibung referiert, kann man demnach nur wissen, wenn man den Kontext der Äußerung kennt. Ausdrücke referieren nach Strawson also nicht, sondern man kann sie dazu verwenden, um zu referieren. Sie können zwar eine Bedeutung haben, welche uns wiederum Regeln dafür gibt, wie wir den Ausdruck verwenden können. Einen Referenten determinieren sie aber nur bei einer bestimmten Verwendung.

Für diese Arbeit besonders interessant ist Keith Donnellans Unterscheidung zwischen attributiven und referentiellen Lesarten von definiten Beschreibungen.[163] Eine Beschreibung ist nach Donnellan dann attributiv, wenn man sie *de dicto* liest, d. h. wenn man keinen *bestimmten* Referenten im Sinn hat, sondern die Beschreibung schlicht darauf referieren soll, was die Beschreibung erfüllt. Bei der referentiellen Lesart referiert die Beschreibung auf ein bereits bestimmtes Objekt, d. h. *de re*. Hier referiert die Beschreibung selbst dann, wenn das entsprechende Objekt die Beschreibung überhaupt nicht erfüllt. Dazu ein Beispiel:

Peter und Maria sind auf einer Party der deutschen Frauenfußball Nationalmannschaft. Sie beobachten Paul, den Mann einer der Spielerinnen. Paul hat sich zu schick angezogen, hat aber sichtlich Spaß. Um sich ein bisschen lustig zu machen, sagt Peter zu Maria: »Schau doch: die schönste Spielerfrau heute Abend ist schon wieder betrunken.« Obwohl Peter und Maria sehr wohl wissen, dass die Beschreibung »die schönste Spielerfrau« überhaupt nicht auf Paul zutreffen *kann*, gibt es nach Donnellan eine Lesart der Kennzeichnung, unter welcher sie eben doch referiert – und zwar auf niemand

---

[160] Siehe bspw. Russell 1905.
[161] Siehe Monatgue 1973. Siehe auch Abbott 2010, S. 133–134.
[162] Siehe Strawson 1950.
[163] Siehe Donnellan 1966.

3.9 Definite Beschreibungen

anderen als Paul. Dies wäre die *de re* Lesart (unter der attributiven, d. h. der *de dicto* Lesart, würde die Kennzeichnung nur dann referieren, wenn es mindestens eine Frau gäbe, die die Lebensgefährtin einer der Spielerinnen ist).

Viele Autoren waren der Meinung, dass Donnellan hier einen entscheidenden Punkt gemacht hatte.[164] Allerdings gehen die Meinungen auseinander, was die Natur dieses Unterschiedes ist: ist der Unterschied zwischen referentieller und attributiver Verwendung semantisch kodiert, oder schlicht pragmatisch?

Kaplan war in »Dthat« wohl der Erste, der herausfand, dass Donnellans Unterscheidung von attributiv und referentiell der *de dicto/de re* Unterscheidung entspricht.[165] Nehmen wir den Satz »Der Mörder von Jones ist verrückt«. Hier zeigte Kaplan, dass die attributive Lesart von Donnellan der Standardanalyse von Russell entspricht: es gibt genau ein *x*, das der Mörder von Jones ist und verrückt ist. Diese Proposition entspricht der *de dicto* Lesart der Beschreibung, weil sie in allen Welten wahr ist, in welchen derjenige, der der Mörder von Smith ist, auch verrückt ist. Wenn man die Beschreibung »Der Mörder von Jones ist verrückt« allerdings als singuläre Proposition darstellt, kommt man auf die *de re* Lesart: ⟨Smith's Mörder, verrückt⟩. Diese Proposition ist wahr in allen Welten, in denen die Person, die in der *aktualen* Welt Smith's Mörder ist, verrückt ist (egal ob diese Person in der entsprechenden Welt auch der *Mörder* ist). Das ist die referentielle Lesart von Donnellan.

Falls es tatsächlich referentielle Lesarten von definiten Beschreibungen gibt und diese durch singuläre Propositionen analysiert werden müssen, dann haben wir allen Grund anzunehmen, dass diese speziellen Verwendungen in die gleiche semantische Kategorie fallen wie bspw. Eigennamen. Die Frage muss dann natürlich lauten, welche weiteren Parallelen es etwa zu Eigennamen gibt: kodieren manche definiten Beschreibungen ihre referentielle Lesart durch einen speziellen Charakter, der nicht bis auf die Gehaltsebene weitergegeben wird? Verweisen sie selbst darauf, dass sie singuläre Wahrheitsbedingungen erzeugen? Erschwert werden diese Fragen durch die spezielle Eigentümlichkeit der referentiellen Verwendungen von definiten Beschreibungen: man kann sie selbst dann referentiell verwenden, wenn die Beschreibung überhaupt nicht auf das Objekt zutrifft, auf das referiert wird. Damit scheidet bspw. Kaplans dthat-Operator aus, um die Semantik aller Verwendungen definiter Beschreibungen zu analysieren. Bevor ich ausführe, wie man sie anhand meiner Interpretation von Referenz analysieren könnte, sollte ich

---

[164] Die radikalste weil weitreichendste Interpretation findet sich wohl in Almog 2014. Nach Almog hängt Referenz grundsätzlich davon ab, welches Objekt man »im Kopf« hat und nicht davon, welche Ausdrücke man verwendet.

[165] Vgl. Kaplan 1978.

noch darauf hinweisen, dass nicht alle Autoren Kaplan darin zustimmen, dass man für attributive Lesarten eine andere semantische Analyse benötigt als für referentielle. Barbara Abbott macht bspw. darauf aufmerksam, dass beide Lesarten Donnellans auch einheitlicher dargestellt werden können, und zwar durch die bereits erwähnte Alternative zu singulären Propositionen: den Individualkonzepten.[166]

Die referentielle Lesart einer Beschreibung kann man nach Abbott durch eine Proposition darstellen, die nicht eine aktuale Entität, sondern ein konstantes Individualkonzept enthält – die Funktion, die die entsprechende Entität in jeder Welt und jeder Zeit auswählt. Das ist einfach ein anderer Weg, eine definite Beschreibung zu interpretieren, die starr verwendet wird. Durch folgende Notation kann man das auch formal darstellen: *[A]* steht für eine Denotation, *[A]$_a$* steht für die Denotation von A in der aktuellen Welt und ^*[A]* heißt, dass das Individualkonzept von *[A]*, also seine Intension, durch den Ausdruck denotiert wird. ^*[Smiths Mörder]$_a$* repräsentiert also eine Funktion, die in jeder möglichen Welt diejenige Person auswählt, die in der aktuellen Welt der Mörder von Smith ist. Demnach wird mit »Der Mörder von Jones ist verrückt« nachstehende Proposition ausgedrückt:

⟨^*[Smiths Mörder]$_a$*, die Eigenschaft, verrückt zu sein⟩.

Damit konstruiert Abbott eine Analyse von Donnellans referentieller Lesart, die konstante Individualkonzepte involviert. Genau wie bei Russells singulären Propositionen hat diese Analyse den Effekt, dass die Beschreibung, die verwendet wurde, um eine Entität herauszugreifen, selbst nicht in der Proposition vorkommt.[167] Genauso kann man aber auch die attributive Lesart analysieren, und zwar indem man mit variablen Individualkonzepten operiert und einfach den Index $_a$ weglässt:

⟨^*[Smiths Mörder]*, die Eigenschaft, verrückt zu sein⟩.

Hier ist das Individualkonzept eine Funktion, die in jeder möglichen Welt denjenigen auswählt, der der Mörder von Smith ist. Damit kann man zeigen, dass die attributive Lesart nicht immer in Russellschen Begriffen gelesen werden muss und das heißt, dass attributive Lesarten von definiten Beschreibungen nicht unbedingt quantifizierend gelesen werden müssen.

Allerdings stellt Abbott selbst klar, dass keine der geschilderten Lesarten – weder ihre noch Kaplans – mit der nach Donnellan propagierten Eigenschaft der referentiellen Lesart zurecht kommt, dass nämlich definite Beschrei-

---

[166] Siehe Abbot 2010.
[167] Ein Vorteil dieser Analyse ist übrigens, dass sie auch funktioniert, wenn wir mit leeren Namen operieren. Siehe ebenda, S. 146.

3.9 Definite Beschreibungen

bungen auch dann referieren können, wenn das entsprechende Objekt die Beschreibung gar nicht realisiert.[168]

Saul Kripke bspw. lehnt rundheraus ab, dass es eine semantische Analyse der referentiellen Lesart überhaupt geben kann. In »Speakers Reference and Semantic Reference« plädiert Kripke dafür, die referentielle Lesart als ein rein pragmatisches Phänomen zu analysieren.[169] Er selbst trifft die Unterscheidung so: es gibt Propositionen, die ein Sprecher *wünscht* zu übermitteln (*speakers reference*), und es gibt die Propositionen, die *tatsächlich* semantisch kodiert sind und linguistisch übermittelt werden (*semantic reference*). Durch eine Analogie untermauert Kripke seinen Punkt: streng genommen brauchen wir das (pragmatische) Konzept der Sprecherreferenz auch bei Eigennamen (weil diese auch manchmal falsch verwendet werden und dennoch auf den »Richtigen« referieren). Aber niemand würde wohl ernsthaft eine Donnellan-Analyse von Eigennamen mitmachen. Deswegen sei die angebliche Ambiguität bei definiten Beschreibungen unplausibel, die semantische Analyse schlägt fehl. Zentral bei Kripkes Argumentation ist wieder Donnellans Kriterium, dass unter der referentiellen Lesart definite Beschreibungen auch referieren können, wenn die Beschreibung falsch ist. Deshalb verwirft Kripke auch eine Interpretation der referentiellen Lesart via starr gemachter Beschreibungen (also ähnlich wie bei Abbotts konstanten Individualkonzepten), weil diese das Kriterium der Fehlbeschreibung nicht erfüllen.

Das ist die grundlegende Situation, die man in der Literatur vorfindet. Ich bilde mir keinesfalls ein, eine einheitlich Analyse der referentiellen und nicht-referentiellen Lesarten parat zu haben. Ich denke aber, dass ein Lösungs*weg* auf dem Tisch liegt. Nehmen wir an, Kaplan hat recht, und referierende Ausdrücke haben *de re* Lesarten und generieren damit singuläre Propositionen. Das sollte dann auch für referentielle Lesarten von definiten Beschreibungen gelten. Diese Lösung ist von den hier präsentierten Ansätzen die einzige, die mit der zentralen Anforderung fertig wird, dass Beschreibungen auch dann eine referentielle Lesart haben können, wenn die Beschreibung auf den Referenten nicht zutrifft. Nehmen wir weiter (mit mir) an, dass Referenz *grundsätzlich* darin resultiert, dass das Referenzobjekt Teil der Bedeutung des Ausdrucks ist. Dann muss die Frage lauten: wie kann ein Objekt Teil der Bedeutung einer Beschreibung sein? Die Antwort ist leicht: überhaupt nicht. ABER: das gilt nicht für Ausdrücke, die nur *aussehen* wie Beschreibungen. In manchen Fällen sind Ausdrücke, die aussehen wie Beschreibungen, tatsächlich (oder semantisch gesehen) *Namen*. Wenn sie referieren, werden sie nämlich starr und verlieren ihren deskriptiven Gehalt. *Der mit dem Wolf tanzt* ist beispielsweise ein Ausdruck, der wie eine genuine Beschreibung aussieht.

---

[168] Vgl. ebenda. S. 147.
[169] Siehe Kripke 1977.

Tatsächlich ist der Ausdruck aber ein *Name* für einen Film. Der Ausdruck wäre als Beschreibung vollkommen ungeeignet, den Film zu bezeichnen. Wie sollen Filme mit Wölfen tanzen?

Was wir also schlichtweg brauchen, ist nicht eine Unterscheidung von referentiellen und attributiven Lesarten definiter Beschreibungen, oder eine Unterscheidung von Sprecher-Referenz und semantischer Referenz. Wir brauchen einzig die semantische Referenz plus die Erlaubnis, dass nicht alle Ausdrücke, die aussehen wie Beschreibungen, Beschreibungen *sind*. Dass wir nicht immer einen Namen erkennen, wenn wir ihm begegnen, ist sicherlich keine gewagte Forderung: unsere linguistischen Kompetenzen sind nicht unfehlbar. Was wir also in bestimmten Kontexten tun müssen, ist schlichte Disambiguierung: welcher Ausdruck wurde eben verwendet? Eine Beschreibung oder ein Name? Die Frage lautet natürlich, wie wir die Verwendungen dann auseinanderhalten. Dass wir aber manchmal beschreibungsähnliche Ausdrücke verwenden, um zu referieren, ist nicht verwunderlich: oft erfüllt ein Objekt nicht die Assoziationen, die man über es hat. Zum Glück kann man dem Objekt dann einen *Namen* geben, der diese Assoziation erfüllt (siehe Peter und Maria über Paul). Dass und wie ein solcher Ausdruck referiert, ist dann nach meiner Auffassung nicht mehr Teil der Semantik. Wie die Semantik aber einen Teil des Rätsels um definite Beschreibungen angehen könnte, sollte jetzt klar geworden sein. Da mein Fokus in dieser Arbeit nicht auf definiten Beschreibungen liegt, belasse ich es dabei.

3.10 Zusammenfassung

Zwei wichtige Fragen in Bezug auf direkte Referenz sollten nun beantwortet sein. Die erste habe ich in Kapitel 2 ausgearbeitet: was ist direkte Referenz? Die zweite wichtige Frage lautet: kann man die Theorie direkter Referenz so erweitern, dass man Namen eine komplexe Bedeutung zuweisen kann? Ich denke, wir können diese Frage eindeutig mit ja beantworten. Durch das Aufbrechen der Bindung von Autonomie des Charakters und Kontextsensitivität können Eigennamen einen Charakter haben, der nicht so beschaffen ist wie jener von indexikalischen Ausdrücken. Dadurch entsteht die Möglichkeit, meta-linguistische Informationen in die Charakterregeln eines Namens zu integrieren. Der Clou dabei ist, dass man dadurch nicht gezwungen ist zu behaupten, dass man mit der Verwendung eines Namens automatisch bestimmte Assoziationen über den Namens*träger* verbindet. Im Gegenteil: Namen können sich auf Charakterregeln berufen, die meta-linguistische Hinweise über den *Namen* beinhalten. Durch eine Kombination dieser Einsicht mit einer (formalen) Theorie über die Rolle der Gehalte von Namen, kann man eine Theorie direkter Referenz konstruieren, die erstens die Grundintuitionen der Theorie bewahrt, die zweitens die hohe Erklärungskraft der Theorie konserviert und drittens den nötigen Raum erschafft, Namen eine entscheidende zusätzliche Bedeutungsebene zu geben. Dadurch ist die Plausibilität der These gerettet (die ja auch die eigentliche Stärke hinter direkter Referenz ist), dass wir durch die Ersetzung koreferentieller Ausdrücke das Gleiche aussagen können, ohne die Intuition zu verletzen, dass die Substitution einen Einfluss auf die Bedeutung des Satzes haben kann.

Ich habe bereits einige Vorschläge dazu gemacht, welche Informationen der Charakter eines Namens enthalten könnte. Ich habe beispielsweise vorgeschlagen, dass wir mit einem Namen die Eigenschaft verbinden, dass wenn er referiert, er auf ein bestimmtes Objekt referiert, das wir mit einer metasprachlichen Verwendung des gleichen Ausdrucks spezifizieren. Für »Aristoteles« gilt beispielsweise, dass er auf Aristoteles referiert. Allerdings sind in Bezug auf diese These noch viele Fragen offen geblieben. Warum sollten objektinvolvierende Wahrheitsbedingungen, die bspw. »›Hesperus‹ referiert auf Hesperus« enthalten, nicht die gleichen sein wie Wahrheitsbedingungen, die die Klausel »›Hesperus‹ referiert auf Phosphorus« enthalten? Man könnte sich auch die Frage stellen, ob eine Klausel wie »›Hesperus‹ referiert auf Hesperus« zu trivial ist: versteht dann nicht jeder sofort einen Namen? Ich schlage letztlich vor, dass wir, wenn wir die Wahrheitsbedingungen von Äußerungen repräsentieren, wir in der Metasprache die gleichen Ausdrücke verwenden müssen, wie in der Objektsprache. Zusätzlich postuliere ich mehr oder weniger triviale Referenzklauseln. Ist das letztlich vielleicht alles, was wir brauchen?

Ich bin nicht der Erste, der vorschlägt, dass Sprecher mit Namen mehr oder weniger triviale Referenz*axiome* der Art »›Hesperus‹ referiert auf Hesperus« verbinden. In der semantischen Tradition Donald Davidsons, genauer: in der *wahrheitstheoretischen Semantik*, ist es gang und gäbe, Namen durch Referenzaxiome zu repräsentieren. Allerdings lehnt diese Semantik meinen bisherigen theoretischen Rahmen vollkommen ab: nach der wahrheitstheoretischen Semantik benötigen wir weder eine Unterscheidung von Charakter und Gehalt, noch eine Theorie über Propositionen, um die Semantik von natürlichen Sprachen zu analysieren. Ich denke, aus dem Umstand, dass es eine semantische Tradition gibt, in welcher es umfangreiche Argumentationen über die Integration von metasemantischen Referenzklauseln (von bspw. Eigennamen) in die Semantik gibt und der Erkenntnis, dass auch in der Theorie direkter Referenz der theoretische Raum offen steht, solche Referenzaxiome von Eigennamen zu integrieren, erwächst die unmittelbare Erfordernis einer Analyse der wahrheitstheoretischen Semantik. Ich werde eine solche Untersuchung im nächsten Kapitel liefern. Dazu wird es zunächst einen inhaltlichen Bruch zu meinen bisherigen Ausführungen geben, weil ich eine völlig anders geartete Semantik betrachten werde. Die Ergebnisse werden nichtsdestotrotz von großer Wichtigkeit für meine bisherige Argumentation sein. Denn es wird sich (unter anderem) zeigen, warum referentielle Axiome genau die Form haben müssen, die auch ich vorschlage und warum wir sie in eine *propositionale* Semantik integrieren müssen (d. h. auch, warum wir die wahrheitstheoretische Semantik ablehnen müssen). Letztlich wird das nächste Kapitel also von der nächsten zentralen Frage dieser Dissertation handeln: wie *muss* die komplexe Bedeutung eines Eigennamens aussehen und analysiert werden?

4.
Axiomatische Referenz und propositionale Semantik

Warum in einer Arbeit über direkte Referenz über wahrheitstheoretische Semantik schreiben? Dafür gibt es meiner Meinung nach mehrere Gründe. Der interessante Aspekt für diese Dissertation ist der Umstand, dass auch in dieser Debatte intensiv über Referenz geschrieben wird. Das allein scheint mir schon Grund genug, sich mit ihr auseinanderzusetzen. Der wichtigste Grund ist aber der, den ich bereits beschrieben habe: in der wahrheitstheoretischen Semantik werden Eigennamen durch referentielle Axiome interpretiert, welche meta-semantische Informationen über den Namen kodieren.

Noch gibt es kaum Untersuchungen darüber, wie sich die beiden unterschiedlichen Diskussionen über Referenz beeinflussen bzw. darüber, in welchem Verhältnis sie zueinander stehen. Das ist wohl der Tatsache geschuldet, dass Theorien direkter Referenz (oder der Deskriptivismus) in einer propositionalen Semantik beheimatet sind, die wahrheitstheoretische Semantik diesen theoretischen Rahmen jedoch ablehnt. Allerdings gibt es eindeutige Parallelen in den jeweiligen Referenztheorien. Wie diese aussehen und was man davon lernen kann, sind die zentralen Fragestellungen dieses Kapitels. Ich werde dafür argumentieren, dass man aus einer derartigen Analyse für beide semantischen Programme fruchtbare Schlüsse ziehen kann. Man mag nun einwenden, dass ein derartiges Projekt zum Scheitern verurteilt ist, genau deswegen, weil beide Programme unterschiedliche theoretische Rahmenbedingungen haben. Ich denke aber, dieses Urteil wäre voreilig. Es gibt gute Gründe dafür, dass es grundsätzlich möglich ist, die Ergebnisse der einen Semantik für die andere nutzbar zu machen. Die zentralen sind wohl erstens der Umstand, dass beide Semantiken grundsätzlich mit Referenz operieren, die zweite lautet, dass die einschlägigen Autoren betonen, dass die wahrheitstheoretische Semantik mit bestimmten Ergebnissen der propositionalen Semantik kompatibel ist. Wie genau das auszusehen hat, werde ich im Detail darlegen.

Die Ablehnungshaltung der wahrheitstheoretischen Semantik gegenüber der propositionalen Semantik führt uns aber noch zu einer weiteren wichtigen Frage für diese Dissertation, und zwar, ob sich aus der Perspektive der wahrheitstheoretischen Semantik ein Argument gegen die Theorie direkter Referenz formulieren lässt. Auch diesen Aspekt werde ich hier nicht unberührt lassen.

Wenn man also dafür argumentieren will, dass eine spezielle Referenztheorie den anderen überlegen ist, wenn man sie mit theoretischen Aspekten anreichert, die auch in der wahrheitstheoretischen Semantik Anwendung finden, dann muss man sich mit letzterer auseinandersetzen; vor allem, wenn letztere Argumente enthält, die *gegen* diese Referenztheorie sprechen. Wir müssen uns also zunächst darum kümmern, was die wahrheitstheoretische Semantik eigentlich ist. Wie sieht sie aus, was sind ihre zentralen theoretischen Werkzeuge? Diese Frage wird hauptsächlich in Abschnitt 4.1 beantwortet. In 4.1.1, 4.1.2 und 4.1.3 werde ich auf grundlegende Probleme der wahrheitstheoretischen Semantik eingehen. Zudem werde ich in 4.1.2 detailliert erläutern, was referentielle Axiome leisten sollen. Die Argumente, welche die wahrheitstheoretische Semantik gegen eine Theorie direkter Referenz ins Feld führen kann, werde ich in 4.2 diskutieren und kritisieren. Aus der Kritik heraus werde ich in 4.3 und 4.4 Argumente für die These entwickeln, dass die Theorie direkter Referenz der wahrheitstheoretischen Semantik voraus ist.

Obwohl ich schon vorwegnehmen kann, dass ich die wahrheitstheoretische Semantik ablehne und gegen sie argumentieren werde, werde ich es mir dennoch so schwer wie möglich machen: ich werde versuchen, die wahrheitstheoretische Semantik so stark wie (mir) möglich zu präsentieren. Aus dieser Position heraus werde ich dann versuchen zu zeigen, was man von ihr lernen kann und was man besser *nicht* lernen sollte. Noch ein letztes Wort zur Darstellung: tatsächlich ist es falsch, von *der* wahrheitstheoretischen Semantik zu sprechen. In dieser Tradition gibt es mittlerweile eine ganze Reihe von verschiedenen Schulen. Ich werde hier das schwierige Unterfangen versuchen, das Beste aus allen Welten zu bekommen. Das hat den Vorteil, dass ich unterschiedliche Ansätze beleuchten und somit ein umfassenderes Bild der wahrheitstheoretischen Semantik liefern kann. Allerdings hat das Vorgehen auch den Nachteil, dass nicht jedes meiner Argumente auf jede einzelne Variante der wahrheitstheoretischen Semantik zutreffen wird. Ich werde versuchen, entsprechende Unzulänglichkeiten stets kenntlich zu machen.

4.1 Wahrheitstheoretische Semantik

Betrachten wir folgenden Satz:

(M) *Neunzig nach Marzipan duftende Elefanten krümmen filigran ihre güldenen Schokoladenrüssel.*

Es ist äußerst wahrscheinlich, dass die meisten kompetenten Deutschsprecher diesen Satz noch nie zuvor gehört haben. Dennoch werden sie ihn auf Anhieb verstehen. Einen Schluss, den man aus diesem Umstand ziehen kann, ist, dass

Deutsch eine *kompositionale* Sprache ist. Kompositionalität besagt, dass sich die Bedeutung eines zusammengesetzten Ausdrucks aus den Bedeutungen seiner Teilausdrücke ergibt. Wir verstehen diesen Satz also deshalb, weil wir die Bedeutungen seiner Teilausdrücke kennen und diese richtig zusammensetzen. Daraus kann man den weiteren Schluss ziehen, dass wir, wenn wir eine Sprache wie das Deutsche verstehen, über spezielles Wissen verfügen: wir wissen, was spezielle Einzelausdrücke bedeuten und wir wissen, wir wir diese kombinieren müssen, um Sätze zu bilden und zu verstehen. Die wahrheitstheoretische Semantik untersucht genau diese Frage: über welches Wissen verfügen Sprecher, die eine Sprache verstehen? Der Ausgangspunkt dieser Überlegung bildet die eben skizzierte Überlegung: da wir aus einem endlichen grundlegenden Vokabular und einigen endlichen Kombinationsregeln *un*endlich viele weitere Bedeutungen generieren und verstehen können, liegt der Schluss nahe, dass wir über einen gewissen sprachlichen *Algorithmus* verfügen, der die Bedeutung von Sätzen auf der Grundlage von dem erlernten (elementaren) Vokabular *berechnet*. Könnten wir einen solchen Algorithmus beschreiben, hätten wir einen sehr guten Kandidaten, um die eben gestellte Frage zu beantworten: Wissen um einen solchen Algorithmus scheint hinreichend zu sein, um eine Sprache zu verstehen.

Donald Davidson war der Erste, der eine solche Herangehensweise an die Semantik vorgeschlagen hat. In einer Serie von Aufsätzen aus den 1960er und 70er Jahren, zusammengefasst u. a. in *Inquiries into Truth & Interpretation*, arbeitete er die Grundlagen einer Bedeutungstheorie aus, die uns sagt, wie die Bedeutung eines Satzes von den Bedeutungen der in ihm enthaltenen Teilausdrücke abhängt und dadurch für alle Sätze *S* einer Sprache *L* den Satz ›*S* bedeutet, dass *p*‹ implizieren soll.[170] Die Basis dieser Theorie kann nach Davidson nur eine axiomatisierte Wahrheitstheorie – nach dem Vorbild von Tarskis Definitionen des Wahrheitsprädikats für formale Sprachen – sein. Davidson richtete sich mit dieser Herangehensweise explizit gegen eine Reihe von Semantiken, die auf der Idee fußen, Bedeutung als eine Art Entität zu konstruieren.[171] Auf Davidsons entsprechende Einwände und die jeweiligen (angeblichen) Vorteile der wahrheitstheoretischen Semantik werde ich später noch im Detail eingehen. An dieser Stelle ist es erst einmal wichtig, die Grundidee Davidsons und seiner Anhänger zu verstehen.

Unsere Kompetenz als Deutschsprecher beinhaltet das Rüstzeug, um (M) zu verstehen. (M) bedeutet, dass neunzig nach Marzipan duftende Elefanten filigran ihre güldenen Schokoladenrüssel krümmen. Wieso wissen wir

---

[170] Siehe Davidson 1990.
[171] Vgl. Davidson 1967, S. 17 ff. Inwiefern Davidsons eigener Ansatz einen völlig neuartigen Bedeutungsbegriff darstellte, oder etwa nur eine Reform klassischer Ansätze, will ich nicht diskutieren. Siehe dazu bspw. Ebbs 2012 oder Lepore und Ludwig 2005.

das? Diese Frage, die im Zentrum der wahrheitstheoretischen Semantik steht, scheint uns direkt vor ein kaum lösbares Problem zu stellen: ich kann (M) nämlich verstehen, ohne dass mir bewusst wird, durch welchen Algorithmus ich die Bedeutung von (M) berechne. Mit anderen Worten: ich weiß nicht genau, wieso ich (M) verstehe. Eine Bedeutungstheorie, die Sprechern unterstellt, über ein solches Wissen zu verfügen, ist entweder von vornherein auf verlorenem Posten oder verwendet einen obskuren Wissensbegriff: wie kann ich etwas wissen, auf das ich keinen bewussten Zugriff habe? Die wahrheitstheoretische Semantik muss also eine andere Herangehensweise an Bedeutung wählen. In den Worten Fosters:

> Rather than ask for a statement of the knowledge implicit in linguistic competence, let us ask for a statement of the theory whose knowledge would suffice for such competence. Instead of demanding a statement of those metalinguistic facts which the mastery of a language implicitly recognizes, let us demand a statement of those facts explicit recognition of which gives mastery. What we are then demanding is still a theory of meaning, but without the questionable assumption that one who has mastered the language has, at some deep level, absorbed the information which it supplies. (Foster 1976, S. 2)

Die wahrheitstheoretische Semantik tritt also durchaus bescheiden auf: alles, was sie angeben will, ist hinreichendes Wissen, kein notwendiges oder gar faktisch vorliegendes. Über die tatsächlichen psychologischen Vorgänge will sie keine explizite Auskunft geben, obwohl wir sehen werden, dass an manchen Stellen positiv dafür argumentiert werden kann (und wird), dass Sprecher das Wissen, das eine wahrheitstheoretische Bedeutungstheorie beschreibt, *wirklich* internalisiert haben könnten. Also: wie muss eine solche Theorie aussehen? Grundsätzlich muss die Theorie so beschaffen sein, dass sie uns für jeden Satz S einer Sprache L – vorzugsweise Deutsch – eine korrekte Interpretation liefert und zwar so, dass das Beherrschen der Theorie hinreichend dafür ist, L zu verstehen. Damit die Theorie leisten kann, was sie soll, muss sie einigen Bedingungen genügen. Ich will zunächst vier nennen und diese erläutern.[172] Erstens muss die Theorie *physikalisch angemessen* sein. Das bedeutet, dass die Theorie uns Auskunft darüber geben muss, wie die Sätze von L, die sie interpretiert, in die Theorie selbst eingespeist werden. Mit anderen Worten: die Theorie muss es erlauben, eine eindeutige Korrelation zwischen den Sätzen von L und ihren jeweiligen Bezeichnungen in der Theorie zu erkennen. Das erreicht man dadurch, dass die Ausdrücke der Objektsprache in der Theorie durch strukturelle Beschreibungen ersetzt werden, deren Struktur physikalisch analog zu den objektsprachlichen Ausdrücken von L ist. Einfach gesagt: sie sollen gleich aussehen oder zumindest hinreichend ähnlich.

---

[172] In Anlehnung an Foster 1976.

Zweitens muss die Theorie selbst *metasprachlich* angemessen *formuliert* sein. Gibt uns die Theorie die Interpretation *I* eines Satzes *S*, dann muss *I* in Deutsch (jedenfalls in unserem Fall) formuliert sein. Sie muss uns also sagen, wie wir die Sätze von *L* in deutsche Sätze übersetzen müssen. Will die Theorie beschreiben, welches Wissen hinreicht, um *L* zu verstehen, dann muss die Theorie selbst in einer Sprache formuliert sein, die der Sprecher versteht. D. h. die Kombination daraus, was die Theorie besagt und in welcher Sprache sie es sagt, ist entscheidend.[173] Die Theorie, die das Wissen beschreibt, welches für einen Sprecher des Deutschen hinreicht, um *L* zu verstehen, darf nicht in Japanisch verfasst sein. Denn sonst könnten die Bedeutungen, die die Theorie den Ausdrücken der Objektsprache zuweist, nicht im Deutschen beschrieben werden. Das würde dazu führen, dass man die Bedeutungen der Sätze der Objektsprache nicht hinreichend erfasst, obwohl die Theorie (möglicherweise) die korrekten Bedeutungen (auf Japanisch) zuordnet.

Schließlich muss die Theorie drittens *relational* korrekt vorgehen. Sie darf nicht Sätze mit Sätzen paarweise anordnen, sondern die Sätze von *L* mit ihren *Bedeutungen (die dann deutsche Sätze ausdrücken)*. Einen Satz schlicht mit der Bedeutung eines anderen Satzes gleichzusetzen reicht nicht hin, um ihn zu verstehen (sondern nur dazu, dass ich weiß, dass die Sätze das Gleiche bedeuten). Mit anderen Worten: die Theorie muss eine scharfe Trennung von der Erwähnung und der Übersetzung eines Satzes vornehmen. Das kann man sich zunächst folgendermaßen vorstellen: gibt uns die Theorie die Bedeutung eines Satzes *S* in der Form »*S* bedeutet, dass *p*«, dann muss *S* durch eine strukturelle Beschreibung des Satzes ersetzt werden (die Erwähnung des Satzes) und *p* einfach durch den Satz selbst (den Gebrauch des Satzes). Allerdings ist hier bereits Vorsicht geboten: nicht immer wird die korrekte Übersetzung eines Satzes in die Metasprache einfach durch den Gebrauch des Satzes selbst angegeben werden können.[174]

---

[173] Sind die ersten beiden Bedingungen erfüllt, spricht Foster davon, dass die Theorie »scrutable« ist. Vgl. ebd., S. 2–6.

[174] Die drei Bedingungen sagen in der Summe auch, dass man bereits über gewisse *Begriffe* verfügen muss, um eine Sprache zu verstehen. Sie explizieren damit sehr anschaulich das Ziel, das die wahrheitstheoretische Semantik hat: eine Theorie anzugeben, die, wenn man über sie verfügt, *hinreichend* ist, um eine Sprache zu verstehen. D. h. die Bedingungen setzen voraus, dass jemand, der über das Wissen dieser Bedeutungstheorie *verfügt*, auch die Sprache kennt, in der sie verfasst ist, bzw., dass er überhaupt eine Sprache beherrscht. Das Konzept einer Bedeutungstheorie wird dadurch bereits deutlich eingeschränkt. Zunächst einmal scheint klar zu sein, dass jemand, der über den Inhalt eines entsprechenden Satzes verfügt, also z. B. weiß, *dass* Schnee weiß ist, noch lange nicht den Satz »Schnee ist weiß« verstehen muss. Welches Wissen aber reicht hin? Das anzugeben ist die Schwierigkeit, der sich die wahrheitstheoretische Semantik stellt und in welcher Pflicht sie eine Bedeutungstheorie sieht (denn sie wäre nicht vollständig bzw. gar keine Bedeutungstheorie, wenn sie nicht zum Verstehen der Sprache füh-

Die Theorie, die wir im Auge haben, muss also metasprachlich angemessen und relational korrekt formuliert sein und dabei für jeden Satz S von L das Schema »x bedeutet, dass p« implizieren, wobei x eine physikalisch angemessene strukturelle Beschreibung von S ist und p eine Übersetzung der Bedeutung von S ins Deutsche. Erfüllt die Theorie diese drei Bedingungen, spricht man auch davon, dass die entsprechende Theorie *interpretativ* ist: sie reicht hin, um die Bedeutungen der Sätze von L zu erfassen.

Aber auch hier scheint man wieder von vornherein geneigt zu sagen, dass dieses Vorhaben auf verlorenem Posten steht. Unsere Ausgangssituation war doch diese: wir wollten eine Bedeutungstheorie entwickeln, d. h. eine Theorie, die uns das notorisch undurchsichtige Phänomen *Bedeutung* erklärt. Was also ist Bedeutung? Doch sicherlich keine Theorie, die von dem Konzept der Bedeutung selbst entscheidend Gebrauch macht. Aber oben haben wir genau das getan: wir sagten, eine Bedeutungstheorie sei eine Theorie dann, wenn sie (auf die richtige Art und Weise) Schemata der Art »S bedeutet, dass p« impliziert. D. h. wir machen in unserer Theorie selbst wieder essentiell von dem berüchtigten Konzept der Bedeutung Gebrauch. Wie können wir hoffen, Bedeutung dadurch besser zu verstehen? Ganz zu schweigen davon, dass wir damit intensionales Vokabular einführen. Eine axiomatisierte Bedeutungstheorie, wie wir sie anstreben, scheint sich damit gravierende formale Probleme einzufangen, denn der Wahrheitswert des Schemas »S bedeutet, dass p« ist nicht allein durch die Wahrheitswerte bzw. Extensionen von S und p determiniert.[175] Damit haben wir eine vierte Bedingung an eine Bedeutungstheorie aufgedeckt: sie muss ebenfalls *methodologisch* angemessen sein.[176] Das heißt nichts anderes, als dass das Vokabular der Theorie keine Bestandteile enthalten darf, die essentiell von dem Konzept der Bedeutung Gebrauch machen.

---

ren würde, sondern nur Bedeutungsinhalte angeben würde). Die drei genannten Bedingungen lassen erahnen, wie voraussetzungsreich dieses Unterfangen ist: um das Erfassen der Bedeutungen der Sätze einer Sprache in eine Theorie zu gießen, scheinen wir gewisse begriffliche Kompetenzen voraussetzen zu müssen, damit die Theorie auch hinreichend zuverlässig ihre Arbeit verrichtet. Inwiefern das zu Problemen führen kann, werde ich später noch ansprechen. Wichtig ist aber bereits hier hervorzuheben, dass der Umstand, dass man das Beherrschen einer (Meta-)Sprache voraussetzen muss, damit das wahrheitstheoretische Programm funktioniert, nicht als Problem angesehen wird (siehe z. B. Lepore und Ludwig 2007, S. 9). Schließlich geht es ja »nur« darum, hinreichende Bedingungen für Bedeutungserfassung anzugeben.

[175] Vgl. Foster 1976, S. 6.
[176] Ich borge mir den Terminus »methodologisch« von Foster: »Such restrictions on vocabulary as we think appropriate (the avoidance, for example, of such terms as ›meaning‹ and ›necessity‹) fall only on the methodological sector. For it is from the method of the theory that we hope to gain our insight into the nature of meaning.« Ebd., S. 7.

4.1 Wahrheitstheoretische Semantik

Natürlich sah Davidson diese Anforderung selbst. Vielleicht ist die vierte sogar die wichtigste Bedingung an eine Bedeutungstheorie, denn aus der Überlegung, wie eine Theorie beschaffen sein muss, damit sie methodologisch angemessen ist, entwickelte Davidson die formale Grundlage der wahrheitstheoretischen Semantik. Er schreibt:

> It looks as though we are in trouble on another count, however, for it is reasonable to expect that in wrestling with the logic of the apparently non-extensional ›means that‹ we will encounter problems as hard as, or perhaps identical with, the problems our theory is out to solve. The only way I know to deal with this difficulty is simple, and radical. [...] The theory will have done its work if it provides, for every sentence s in the language under study, a matching sentence (to replace ›p‹) that, in some way yet to be made clear, ›gives the meaning‹ of s. One obvious candidate for matching sentence is just s itself, if the object language is contained in the metalanguage; otherwise a translation of s in the metalanguage. As a final bold step, let us try treating the position occupied by ›p‹ extensionally: to implement this, sweep away the obscure ›means that‹, provide the sentence that replaces ›p‹ with a proper sentential connective, and supply the description that replaces ›s‹ with its own predicate. (Davidson 1967, S. 22–23)

Davidson meint damit, dass wir anstelle des notorisch unklaren ›bedeutet, dass‹ ein Prädikat brauchen, das uns für jeden Satz einer Sprache L folgende Ableitung erlaubt »S ist ... genau dann, wenn p« (wobei S durch eine strukturelle Beschreibung des Satzes und p durch den Satz selbst bzw. durch eine Übersetzung in die Metasprache ersetzt werden muss). Und die Aufgabe einer Bedeutungstheorie ist es, das Prädikat, das für ... eingesetzt wird, derart zu spezifizieren, dass es eben genau die genannte Ableitung erlaubt. Wenn wir die Extension dieses Prädikats auf die Sätze einer bestimmten Sprache L limitieren, dann sieht man schnell, dass es ein Prädikat gibt, das genau die gleiche Extension hat und für welches es eine explizite Definition gibt: das Wahrheitsprädikat. Denn es ist klar, dass das extensionale Prädikat ... nur und auf alle wahren Sätze von L zutreffen wird. Das kann man sich so verdeutlichen: machen wir die – zunächst einmal wohl unkontroverse – Annahme, dass in L alle Sätze, die die gleiche Bedeutung haben, auch den gleichen Wahrheitswert haben.[177] Nun definieren wir ein Prädikat für L, nennen wir es »ist W«, durch die Bedingung, dass es die oben genannte Ableitung erlaubt, d. h. für alle Sätze S von L den entsprechenden Satz p der

---

[177] Wer der Meinung ist, dass manche Sätze mit mehrdeutigen Ausdrücken (oder kontextabhängigen) unterschiedliche Wahrheitswerte haben können und trotzdem die gleiche Bedeutung, soll die weitere Einschränkung machen, dass in L solche Ausdrücke nicht vorkommen. Die wahrheitstheoretische Semantik kann aber auch mit kontextsensitiven Sprachen umgehen. Siehe Lepore und Ludwig 2007, Kap. 1.

Metasprache, der S übersetzt, impliziert. Es soll also gelten: »S ist W genau dann, wenn p«. Trifft »ist W« nun auf alle und nur die wahren Sätze von L zu? Dazu müssen folgende zwei Bedingungen gelten: (i) wenn S wahr ist, dann trifft »ist W« auf S zu und (ii) wenn »ist W« auf S zutrifft, dann ist S wahr. Betrachten wir die erste Bedingung. Die Wahrheitstafel für das Bikonditional »genau dann, wenn«, bzw. den Doppelpfeil »↔«, besagt, dass der aus der Verknüpfung zweier Sätze durch das Bikonditional entstehende komplexe Satz den Wahrheitswert »wahr« hat, wenn die verknüpften Sätze den gleichen Wahrheitswert haben. Setzen wir also, dass S wahr ist (oder besser: eine Einsetzungsinstanz von S). Da wir die Annahmen machen, dass p die gleiche Bedeutung hat wie S, und dass Sätze, die die gleiche Bedeutung haben, auch die gleichen Wahrheitswerte haben, dann folgt daraus, dass S wahr ist, dass auch p wahr ist. Da p also wahr ist, ist das Bikonditional »S ist W ↔ p« nur wahr, wenn »S ist W« ebenfalls wahr ist. Weil S wahr ist, ist »S ist W« nur dann wahr, wenn »ist W« auf S zutrifft. Also: wenn S wahr ist, muss »ist W« auf S zutreffen, ansonsten ist das Bikonditional falsch. Die Konklusion: »ist W« trifft auf alle wahren Sätze von L zu. Aber trifft »ist W« auch nur auf die wahren Sätze zu, d. h. erfüllt das Prädikat auch Bedingung (ii)? Setzen wir, dass »ist W« auf S zutrifft. D. h. der Satz »S ist W« ist wahr. Die Wahrheitstafel für das Bikonditional sagt uns nun, dass dann auch p wahr sein muss (will das Bikonditional wahr sein). Erinnern wir uns unserer Annahmen: wenn p wahr ist und S das Gleiche bedeutet, dann muss S auch wahr sein. »Ist W« kann also nur dann auf S zutreffen, wenn S wahr ist. Bedingung (ii) ist damit ebenfalls erfüllt.[178]

Was aber bringt uns die Erkenntnis, dass »ist W« auf alle wahren Sätze von L zutrifft? Nach Davidson eine Menge, denn wenn wir an eine Bedeutungstheorie die Bedingung stellen, dass sie ein Prädikat nach Art »ist W« spezifiziert und das derart geschieht, dass es nur und auf alle wahren Sätze der entsprechenden Objektsprache zutrifft, dann haben wir nach Davidson genau jene Bedingung an Bedeutungstheorien gestellt, die Tarski an Wahrheitstheorien (bzw. das Wahrheitsprädikat) für formale Sprachen aufstellt.[179]

---

[178] Vgl. dazu auch Hoeltje 2012, S. 38.
[179] Meine Arbeit hat nicht zum Ziel, eine philosophische Analyse von Tarski'schen Wahrheitstheorien zu liefern. Deshalb bleibt es an dieser Stelle bei diesem kurzen Verweis. Der Verweis auf Tarski findet sich aber überall in der Literatur, allen voran bei Davidson, z. B. 1967, 1970 oder 1973. Vgl. dazu Tarski 1983. Künne formuliert die *Konvention W* von Tarski folgendermaßen: »A formally correct definition of ›true‹ for a given object-language L in the metalanguage English is materially adequate if and only if it implies all sentences which can be obtained from the schema *(T) s is true in L if and only if p* by substituting for the place-holder ›s‹ a revealing designator of a declarative sentence of L and for the place-holder ›p‹ the English translation of that sentence.« (Künne 2003, S. 183, originale Hervorhebung). Ich habe also eine Bedingung von Tarski unterschlagen, nämlich die der formalen Korrektheit. Eine Wahrheitstheorie ist

4.1 Wahrheitstheoretische Semantik

Wir können also »ist W« durch »ist wahr« ersetzen und haben damit das gesuchte Prädikat gefunden. Die entscheidende Frage ist nur, wie weit wir damit kommen, d. h. inwieweit uns das Wahrheitsprädikat erlaubt eine Theorie zu formulieren, die uns *Bedeutungen* von Sätzen ausspuckt. Das will ich nun versuchen zu erläutern.

Wenn eine Wahrheitstheorie – oder kurz: T-Theorie (für *truth theory*) – die Aufgabe einer Bedeutungstheorie erledigen soll, dann geht das also nur, wenn sie (mindestens) erlaubt, für jeden Satz S von L eine Äquivalenzbeziehung im Sinne von (W) herzustellen:

(W) S ist wahr genau dann, wenn p.

Eine Wahrheitstheorie ordnet also Sätze der Objektsprache zu Sätzen der Metasprache paarweise zu und beweist damit etwas über deren Beziehung zueinander. Die T-Theorie soll dies deduktiv tun, d. h. die Theoreme in der Form von (W) – welche man *T-Sätze* oder *T-Theoreme* nennt – sollen aus der Theorie selbst ableitbar sein (d. h. nicht als Axiome bereits in ihr enthalten sein). Und natürlich muss sie auch den anderen bereits genannten Bedingungen genügen: die abgeleiteten Theoreme müssen interpretativ sein (d. h. uns die Bedeutung der Sätze von L liefern).[180] Die Idee ist nun folgende: da Wahrheit zwar nicht gleich Bedeutung ist, wir aber wissen, welchen Bedingungen unsere Wahrheitstheorie genügt, befinden wir uns in einer Position, die Theorie so zu verwenden, dass wir die Sätze der Objektsprache verstehen (bzw. ihre Bedeutung zu kennen) und gleichzeitig die Kompositionalität der Sprache entschlüsseln, d. h. zu verstehen, wie die Bedeutung eines komplexen Ausdrucks von den Bedeutungen seiner Teile abhängt. Eine axiomatisierte Wahrheitstheorie, die den genannten Bedingungen genügt, lässt also zu, dass wir »ist wahr genau dann, wenn« durch »bedeutet, dass« ersetzen. Doch wie genau sieht eine solche Theorie aus?

Die Komplexität einer entsprechenden T-Theorie für eine Sprache L hängt unmittelbar mit der Komplexität von L zusammen. Allerdings muss jede T-Theorie gewisse Elemente aufweisen. Sie braucht erstens Axiome, die den

---

formal korrekt, wenn sie konsistent ist. Eine Bedeutungstheorie müsste also auch konsistent sein. Ob sie das tatsächlich sein muss, will ich hier nicht diskutieren. Ich gehe im Folgenden stillschweigend davon aus. Für eine Diskussion, ob Bedeutungstheorien konsistent sein müssen, siehe z. B. Patterson 2007a und 2007b.

[180] Obwohl Sätze nach der wahrheitstheoretischen Semantik gängigerweise die gleichen Wahrheitsbedingungen haben, wenn sie den gleichen Wahrheitswert haben, würde es natürlich nicht ausreichen, wenn die T-Theorie einfach wahre Instanzen der Art »›Schnee ist weiß‹ ist wahr genau dann, wenn der Himmel blau ist« produziert. Denn »Schnee ist weiß« bedeutet nicht »der Himmel ist blau«. Theoreme dieser Art wären also nicht interpretativ (obwohl wahr). Auf diesen Punkt werde ich noch zurückkommen

primitiven Ausdrücken der Sprache *L* ihre Bedeutung geben.[181] Und zweitens braucht sie einen Körper an Regeln, die erlauben, die Bedeutung komplexer Ausdrücke mithilfe der Axiome abzuleiten. Entwickeln wir zunächst *L*. Da es in dieser Arbeit hauptsächlich darum geht zu erläutern, wie in der wahrheitstheoretischen Semantik mit Referenz umgegangen wird, stelle ich nur eine einzige Bedingung an *L*: sie muss referentielle Terme, vorzugsweise Eigennamen, enthalten. Da aber ebenfalls das grundsätzliche Vorgehen einer T-Theorie ausreichend erläutert werden soll, soll *L* auch noch Prädikate und logische Konstanten als primitive Terme enthalten. *L* soll explizit keine Variablen, keine kontextsensitiven oder mehrdeutigen Ausdrücke und keine Quantoren enthalten.[182] Um die Vorzüge der wahrheitstheoretischen Semantik schneller hervorheben zu können, soll *L* zudem einen (sehr) kleinen Teil des Englischen repräsentieren.

Nun also zur Sache: *L* verfügt über die singulären Terme (bzw. über die Namen) »Albert Einstein« und »Isaac Newton«, über das (nicht-zeitliche) Prädikat »is the inventor of the theory of relativity«, über die Junktoren »¬« und »∧«, über die Klammern »(« und »)« und über alle Sätze, die sich durch die Kombination dieser Ausdrücke bilden lassen. Unsere T-Theorie muss uns also sagen, was diese primitiven Ausdrücke bedeuten, wie Sätze aus ihnen gebildet werden und was diese Sätze dann bedeuten. Dabei gilt: *Einfache Sätze* von *L* bestehen aus einem Namen, gefolgt von einem Prädikat.[183] *Komplexe Sätze* von *L* werden aus (mindestens) einem einfachen Satz mithilfe der Junktoren gebildet. Die Regeln, wie das geschehen muss, werde ich gleich erläutern. Ein *Satz* ist also ein Ausdruck der entweder ein einfacher oder ein komplexer Satz ist.

Formulieren wir die Satzregeln (SR) von *L* nun etwas expliziter:

---

[181] Unter »primitiven Ausdrücken« (*semantical primitives*) versteht Davidson solche Ausdrücke, deren Beitrag zu der Bedeutung eines Satzes, in dem sie vorkommen, nicht durch Sätze erklärbar ist, die diesen Ausdruck nicht enthalten. (Vgl. Davidson 1965, S. 9. Des Weiteren argumentiert Davidson an dieser Stelle, dass eine Sprache nur dann erlernbar ist, wenn sie eine endliche Zahl an primitiven Ausdrücken enthält.)

[182] Diese Bedingung hat einen einfachen Grund: enthält *L* Quantoren, Variablen oder kontextsensitive Ausdrücke, wird die entsprechende T-Theorie viel komplizierter. Letztlich ändert das aber nichts an dem Umgang mit referentiellen Axiomen, deswegen ist es hier nicht nötig, *L* unnötig komplex zu machen. Wie T-Theorien für Sprachen aussehen, die diese Ausdrücke enthalten, findet sich in aller Ausführlichkeit z. B. in Larson und Segal 1996 oder Lepore und Ludwig 2007.

[183] Streng genommen müsste man hier sagen: Einfache Sätze bestehen aus einem Namen, gefolgt von einem *Leerzeichen*, gefolgt von einem Prädikat. *L* muss wohl also auch Leerzeichen bzw. irgendeine Möglichkeit beinhalten, primitive Ausdrücke klar voneinander zu trennen. Ich werde auf dieses Detail nicht weiter eingehen.

4.1 Wahrheitstheoretische Semantik

SR1: »Albert Einstein is the inventor of the theory of relativity« ist ein Satz in L.
SR2: »Isaac Newton is the inventor of the theory of relativity« ist ein Satz in L.
SR3: $\forall x$ (x ist ein Satz $\rightarrow \neg x$ ist ein Satz)
SR4: $\forall x \, \forall y$ (x ist ein Satz und y ist ein Satz $\rightarrow x \wedge y$ ist ein Satz)
SR5: Nichts sonst ist ein Satz.

Zunächst noch einige Erläuterungen zur Notation. Da uns die T-Theorie das geforderte Bedeutungswissen auf die richtige Art und Weise bereitstellen muss, d. h. erlauben muss, dass jemand, der über die T-Theorie verfügt, auch in der Lage ist, die Bedeutungen der Ausdrücke von L zu verstehen (siehe die bereits genannten vier Bedingungen dafür), muss die T-Theorie physikalisch angemessen sein. Die einfachste Art, die ich sehe, die physikalische Angemessenheit zu gewährleisten, sind Anführungszeichen.[184] Ist ein Ausdruck also in Anführungszeichen gesetzt, dann bedeutet das schlicht, dass der *gesamte* Ausdruck eine strukturelle Kennzeichnung für den objektsprachlichen Ausdruck in den Anführungszeichen ist (anstelle der Anführungszeichen setze ich den entsprechenden Ausdruck auch manchmal in kursive Schrift. Ich denke, es wird immer offensichtlich sein, was damit gemeint ist).[185] Dadurch wird am anschaulichsten die geforderte Transparenz der strukturellen Kennzeichnung hergestellt, d. h. gewährleistet, dass jemand, der die T-Theorie kennt, ein Vorkommnis des objektsprachlichen Ausdrucks eindeutig einem Axiom zuordnen, bzw. seine Bedeutung ableiten kann.

Kommen wir nun zu den Axiomen. Je nachdem welche Arbeit sie leisten sollen, teilen sie sich einmal in referentielle Axiome (RA) und in Axiome, die einfachen Sätzen Wahrheitsbedingungen zuweisen (EA). Schließlich werden rekursive Axiome dazu verwendet, den komplexen Sätzen Wahrheitsbedingungen zuzuweisen (KA).

Die beiden referentiellen Axiome für L lauten:

RA1: Der Referent von »Albert Einstein« = Albert Einstein.
RA2: Der Referent von »Isaac Newton« = Isaac Newton.[186]

---

[184] Vgl. dazu Hoeltje 2012, S. 42.
[185] Eigentlich bräuchte man in der T-Theorie sogar zweierlei: Kennzeichnungen für die *einfachsten* Symbole von L, also z. B. die einzelnen Buchstaben, und einen *Funktor*, der uns sagt, wie diese Kennzeichnungen etwa zu singulären Termen zusammengefasst werden können, bzw. wie man sie miteinander verknüpft. Diese Modifikation werde ich mir hier ersparen. Ich denke, es wird immer hinreichend klar sein, welche Ausdrücke in der T-Theorie wie zu verstehen sind. Vgl. dazu Foster 1976, S. 3 oder Lepore und Ludwig 2007, S. 29.
[186] Es gibt eine Reihe von Vorschlägen, wie genau referentielle Axiome aussehen müssen. Ich werde auf die verschiedenen Versionen noch eingehen.

Das Axiom für das eingeführte Prädikat erhalten wir durch ein nicht-rekursives Axiom für einfache Sätze:

EA1: Für alle Namen x gilt: »x is the inventor of the theory of relativity« ist wahr in L genau dann, wenn der Referent von »x« der Erfinder der Relativitätstheorie ist.

Nun brauchen wir noch rekursive Axiome für die komplexen Sätze:

KA1: Für alle Sätze φ gilt: $\neg\varphi$ ist wahr genau dann, wenn es nicht der Fall ist, dass φ wahr ist.

KA2: Für alle Sätze φ und ψ gilt: $(\varphi \wedge \psi)$ ist wahr genau dann, wenn (φ ist wahr und ψ ist wahr).

Schließlich benötigen wir noch gewisse Produktionsregeln (PR), die uns die gewünschten Ableitungen erlauben. Diese sind:

PR1: Für alle Sätze φ und ψ gilt: wenn bewiesen wurde, dass $(\varphi \leftrightarrow \psi)$, dann dürfen wir jedes Vorkommnis von φ durch ein Vorkommnis von ψ ersetzen (Austauschbarkeit von äquivalenten Sätzen).

PR2: Wenn etwas für alle Sätze S von L gilt, dann gilt es auch für jeden einzelnen Satz φ von L (Universelle Instanziierung).[187]

PR3: Für alle Terme α und β gilt: in jedem Satz, in dem α vorkommt, darf α durch β ersetzt werden, wenn gilt: $\alpha = \beta$ (Ersetzbarkeit koreferentieller Ausdrücke).

Damit ist unsere T-Theorie für die Sprache L vollständig. Um zu zeigen, wie sie funktioniert, versuchen wir die Bedeutung eines Satzes aus L (informell) abzuleiten. Die einzelnen Schritte der Ableitung werde ich links durch Nummern kennzeichnen, am rechten Rand wird jeweils vermerkt, welche Regel oder Axiom verwendet wurde. Da aus den Regeln SR1 bis SR5 ersichtlich ist, dass sich in L unendlich viele Sätze bilden lassen, müssen wir uns für einen entscheiden. Nehmen wir folgenden Satz:

(S) »(Albert Einstein is the inventor of the theory of relativity) $\wedge \neg$ (Isaac Newton is the inventor of the theory of relativity)«

(S) ist laut den Regeln SR1–SR5 ein Satz von L. Hier nun die Ableitung seiner Bedeutung:[188]

---

[187] Die beiden Ableitungsregeln PR1 und PR2 erlauben uns letztlich ein viel ökonomischeres Vorgehen bei den Ableitungen. Aus diesem Grund werden sie so gut wie immer auch verwendet. Siehe bspw. Larson und Segal 1996, S. 28 oder Ludwig und Lepore 2007, S. 32.

[188] Eine ähnliche Ableitung findet sich in Lepore und Ludwig 2005, Kap. 4 und 2007, Kap. 1. Allerdings habe ich die Sprache und die Axiome meinen Bedürfnissen angepasst.

4.1 Wahrheitstheoretische Semantik   167

(1) »(Albert Einstein is the inventor of the theory of relativity) ∧ ¬ (Isaac Newton is the inventor of the theory of relativity)« ist wahr genau dann, wenn »Albert Einstein is the inventor of the theory of relativity« wahr ist und »¬(Isaacs Newton is the inventor of the theory of relativity)« wahr ist.

    KA2 und 2x PR2

(2) »¬(Isaac Newton is the inventor of the theory of relativity)« ist wahr genau dann, wenn es nicht der Fall ist, dass »Isaac Newton is the inventor of the theory of relativity« wahr ist.

    KA1 und PR2

(3) »(Albert Einstein is the inventor of the theory of relativity) ∧ ¬ (Isaac Newton is the inventor of the theory of relativity)« ist wahr genau dann, wenn »Albert Einstein is the inventor of the theory of relativity« wahr ist und es nicht der Fall ist, dass »Isaac Newton is the inventor of the theory of relativity« wahr ist.

    PR1 (angewendet auf (1) und (2))

(4) »Albert Einstein is the inventor of the theory of relativity« ist wahr genau dann, wenn der Referent von »Albert Einstein« der Erfinder der Relativitätstheorie ist.

    EA1 und PR2

(5) »Isaac Newton is the inventor of the theory of relativity« ist wahr genau dann, wenn der Referent von »Isaac Newton« der Erfinder der Relativitätstheorie ist.

    EA1 und PR2

(6) »(Albert Einstein is the inventor of the theory of relativity) ∧ ¬ (Isaac Newton is the inventor of the theory of relativity)« ist wahr genau dann, wenn der Referent von »Albert Einstein« der Erfinder der Relativitätstheorie ist und es nicht der Fall ist, dass der Referent von »Isaac Newton« der Erfinder der Relativitätstheorie ist.

    2× PR1 ((4) und (5) angewendet auf (3))

---

(7) »(Albert Einstein is the inventor of the theory of relativity) ∧ ¬ (Isaac Newton is the inventor of the theory of relativity)« ist wahr genau dann, wenn Albert Einstein der Erfinder der Relativitätstheorie ist und es nicht der Fall ist, dass Isaac Newton der Erfinder der Relativitätstheorie ist.

    RA1, RA2 und 2x PR3 (angewendet auf (6))

Damit ist die Ableitung abgeschlossen. Die T-Theorie, die ich hier für *L* entwickelt habe, ist zumindest in einer Hinsicht wertvoll. Obwohl *L* eine äußerst limitierte Sprache hinsichtlich ihrer Ausdruckskraft ist, enthält sie dennoch unendlich viele Sätze. Und die T-Theorie gibt einem Sprecher des Deutschen damit die Ressourcen an die Hand, mit einigen festgesetzten Regeln die Bedeutungen von *unendlich vielen* englischen Sätzen abzuleiten. Und nicht nur das: die T-Theorie sagt uns außerdem, wie die Bedeutungen von komplexen Sätzen von den Bedeutungen der primitiven Ausdrücke abhängen. Nicht zuletzt ist die T-Theorie also deshalb interessant, weil sie uns aufschlussreich den kompositionalen Charakter einer Sprache erläutert. Das veranschaulicht die Ableitung. In transparenter Weise kommt man durch die T-Theorie zu dem gewünschten Resultat: die Relation »ist wahr genau dann, wenn« gibt uns schließlich in (7) das korrekte Bedeutungsresultat, d. h. ordnet einen objektsprachlichen Satz einem Satz der Metasprache zu, der intuitiver Weise seine Bedeutung wiedergibt. Wir können somit in (7) »ist wahr genau dann, wenn« durch »bedeutet, dass« ersetzen und bekommen das gewünschte Ergebnis. Das Theorem (7) und die T-Theorie sind also in dem oben genannten Sinne *interpretativ*.

Die wahrheitstheoretische Semantik baut nun genau auf diese Erkenntnis: das Wissen um eine solche interpretative T-Theorie ist hinreichend, um eine Sprache zu verstehen. Eine der entscheidenden Fragen, die die wahrheitstheoretische Semantik natürlich beantworten muss, ist folgende: kann man für eine komplette natürliche Sprache, wie. z. B. dem Englischen oder dem Deutschen, überhaupt eine interpretative T-Theorie angeben? Larson und Segal (1996, S. 34 ff.) unterteilen genau diese Frage in die *Extensionsfrage* und die *Informationsfrage*.[189] Beide Fragen sind empirischer Natur. Die Extensionsfrage lautet, ob man entsprechend komplexe Sprachen überhaupt angemessen axiomatisieren kann, d. h., dass am Ende auch alle und nur interpretative T-Theoreme ableitbar sind. Das wiederum hängt unmittelbar mit der Formulierung der referentiellen Axiome zusammen, welchen ich mich gleich ausführlich widmen werde. Doch zunächst will ich mich der Informationsfrage zuwenden.

4.1.1 Die Informationsfrage

Die Informationsfrage lautet, ob und wie uns die T-Theorie genug Informationen bereitstellt, um die *Bedeutungen* der objektsprachlichen Ausdrücke hinreichend zu erfassen. Betrachten wir dazu noch einmal das Resultat unserer Ableitung:

---

[189] Der Erste, der diese beiden Fragen voneinander getrennt hat, war wohl Foster (1976). Dass es eine positive Antwort auf die Extensionsfrage gibt, schenkt Foster Davidson. Allerdings äußert er sich anschließend sehr skeptisch in Bezug auf eine positive Antwort auf die Informationsfrage. Siehe dazu auch Davidson 1976.

(7) »(Albert Einstein is the inventor of the theory of relativity) ∧ ¬ (Isaac Newton is the inventor of the theory of relativity)« ist wahr genau dann, wenn Albert Einstein der Erfinder der Relativitätstheorie ist und es nicht der Fall ist, dass Isaac Newton der Erfinder der Relativitätstheorie ist.

Ich sagte, dieses Theorem gäbe uns eine intuitiv korrekte Herleitung der Bedeutung des Satzes (S) »(Albert Einstein is the inventor of the theory of relativity) ∧ ¬ (Isaac Newton is the inventor of the theory of relativity)«, nämlich, dass er bedeute, dass Albert Einstein der Erfinder der Relativitätstheorie ist und es nicht der Fall ist, dass Isaac Newton der Erfinder der Relativitätstheorie ist. Man kann und muss hier einwenden, dass mir (7) doch nur dann intuitiv die Bedeutung von (S) gibt, wenn ich ein gewisses Verständnis des Englischen voraussetze. Wäre der erste Teil von (S) etwa auf Japanisch, dann wäre mir wahrscheinlich überhaupt nicht klar, dass eine entsprechende Ableitung mir das korrekte Bedeutungsresultat liefert. Hätte ich eine interpretative T-Theorie des Japanischen, ich könnte ohne Weiteres nicht entscheiden, ob sie mir die korrekten Bedeutungen liefert. Ich müsste zusätzlich etwas Entscheidendes wissen: ich müsste wissen, *dass* sie interpretativ ist. Auf dieses Problem reduziert sich letztlich die Informationsfrage: wie stelle ich es an, dass mir die T-Theorie auch die Information bereitstellt, dass sie interpretativ ist? Zur Beantwortung dieser Frage sehe ich grundsätzlich zwei Strategien, eine *interne* und eine *externe* Lösung.

Unter einer internen Lösung verstehe ich einen Ansatz, der das gewünschte Resultat dadurch liefert, dass er die T-Theorie entsprechend anreichert. Das heißt wir versuchen, dass die T-Theorie selbst das nötige Wissen darüber bereitstellt, dass sie interpretativ ist. Dazu stehen letztlich zwei Mittel zur Verfügung: entsprechende Axiome einzuführen oder Ableitungsregeln zu definieren, die einen *Schluss* von (7) auf (8) zulassen:

(8) »(Albert Einstein is the inventor of the theory of relativity) ∧ ¬ (Isaac Newton is the inventor of the theory of relativity)« *bedeutet, dass* Albert Einstein der Erfinder der Relativitätstheorie ist und es nicht der Fall ist, dass Isaac Newton der Erfinder der Relativitätstheorie ist.

Eine externe Lösung hätte einen anderen Ansatz. Anstatt die T-Theorie aufzublähen, könnte man auch so reagieren, dass man zusätzliches Wissen in Bezug auf die T-Theorie annimmt. Dann würde die Bedeutung zwar nicht mehr unmittelbar aus den Axiomen folgen, das zusätzliche Wissen würde aber sicherstellen, dass man den Schluss auf (8) leisten kann. Die T-Theorie wird dann von außen vervollständigt. Ich denke, Davidson selbst verfolgte eine solche Strategie. Er gibt folgende Analogie:

> We get a precise parallel if we ask what someone must know to be a physicist. A quick answer might be: the laws of physics. But [...] this is not enough.

> The physicist must also know [...] that those laws *are* laws – i.e. that they are confirmed by their instances, and support counterfactual and subjunctive claims. (Davidson 1976, S. 36. Originale Hervorhebung)[190]

Wenn die Analogie funktioniert, dann muss ein Sprecher, um eine Sprache zu verstehen, nicht nur das Wissen um eine T-Theorie (die den bereits genannten Bedingungen genügt) haben, sondern er muss zusätzlich auch noch wissen, dass die T-Theorie gesetzartige Aussagen trifft (welche wiederum durch verschiedene Instanzen bestätigt werden und zudem kontrafaktische Aussagen stützen). Wie genau das zu interpretieren ist, hängt unmittelbar mit dem größeren theoretischen Rahmen zusammen, in dem Davidson die Semantik sieht: den Instrumentalismus in Bezug auf Referenz und die Anforderungen der radikalen Interpretation. Obwohl ich auf den Instrumentalismus noch zurückkommen werden, will ich hier nicht zu tief in die Philosophie Davidsons eintauchen. Alles, was man an dieser Stelle wissen muss, ist, dass für Davidson gewisse Fakten eine Theorie bestätigen. Hier ist er relativ eindeutig: Ereignisse oder Situationen, die einen Sprecher dazu veranlassen würden, einem Satz (in seinem Repertoire) zuzustimmen oder nicht, sind die Evidenzen bzw. Fakten, die man benötigt, um eine Theorie zu bewerten.[191]

Der Vorschlag Davidsons ist also tatsächlich als eine externe Lösung des Informationsproblems zu sehen. Wenn eine T-Theorie ein T-Theorem nach Art (7) impliziert, dann gibt es einem Sprecher genug Informationen, die Bedeutungsaussage (8) abzuleiten, wenn er zudem weiß, dass die T-Theorie gesetzartig ist. Diese Formulierung ist wichtig. Es reicht nicht, wenn die Theorie einfach nur gesetzartig *ist*. Man muss auch wissen, *dass sie gesetzartig ist*. Ob sie gesetzartig ist, hängt von sozialen Phänomenen wie der Zustimmung oder Ablehnung eines Satzes ab. Man kann nach Davidson also nicht entscheiden, wann eine T-Theorie eine hinreichende Bedeutungstheorie ist, wenn die entsprechenden Fakten nicht sozial zugänglich sind. Deshalb ist Davidsons Strategie eine klare externe Lösung auf das Informationsproblem.

Nehmen wir an, ich beherrsche kein Englisch, also auch nicht die Sprache *L*. Nun erlerne ich die oben explizierte T-Theorie für *L* und leite (7) ab. Damit ich den Schluss auf (8) machen kann, muss ich zusätzlich noch wissen, dass die T-Theorie gesetzartig ist. Zu diesem Wissen kann ich auf (mindestens) zwei verschiedene Arten gelangen. Erstens kann ich anfangen, die Theorie zu testen: stimmen Andere, die *L* sprechen, den Sätzen zu, die die Theorie

---

[190] Vgl. dazu auch die Fußnote, die Davidson 1982 zu *Truth and Meaning* hinzugefügt hat: »What I should say is that sentences of the theory are empirical generalizations about speakers, and so must not only be true but also lawlike.« (Davidson 1967, S. 26, Fn. 11)

[191] Vgl. Davidson 1979, S. 230–231. Davidson spricht hier auch davon, dass er einige Ansichten in Bezug auf diese semantischen Fakten von Quine (1960) übernommen hat, erwähnt aber auch die Unterschiede zu seiner eigenen Auffassung. Siehe dazu auch Segal 2006, S. 203.

als wahr ausweist? Kann ich durch die Theorie (und durch die zusätzliche Annahme, dass alle ähnliche Überzeugungen haben wie ich) das Sprachverhalten der Anderen rational rekonstruieren? Erhalte ich genug entsprechende Evidenzen, dass meine Theorie tatsächlich gesetzartigen Charakter hat, scheine ich in der Lage zu sein, (8) abzuleiten und folglich hinreichendes Wissen erworben zu haben, um die Bedeutungen der Ausdrücke von *L* zu erfassen. Ob dieser Weg in der Praxis aber tatsächlich funktioniert, ist äußerst zweifelhaft. Die Dispositionen eines Sprechers (einer komplexen Sprache), der Verwendungsweise verschiedener Ausdrücke zuzustimmen oder sie abzulehnen, sind derart vielfältig, dass man zusätzlich das Wissen um Bedingungen bräuchte, wann hinreichend viele Evidenzen vorliegen, eine Theorie als gesetzartig (und wahr) einzustufen.[192] Letztlich müsste man also eine Art induktiver Logik anwenden, um den externen Vorschlag weiter zu vervollständigen.[193]

Der zweite Weg, den externen Vorschlag von Davidson zu vervollständigen, ist weniger umständlich: eine entsprechende Autorität sagt mir einfach, dass die T-Theorie gesetzartig ist. Dann weiß ich, dass sie interpretativ ist, d. h., dass sie mir nicht nur etwas über Wahrheit sagt, sondern auch über Bedeutung. Diese Lösung scheint aber aus einem einfachen Grund sehr unattraktiv: was ist von einer Bedeutungstheorie zu halten, von der ich nur weiß, dass sie eine Bedeutungstheorie ist, wenn mir jemand sagt, *dass sie eine Bedeutungstheorie ist*? Wie auch immer eine Antwort auf diese Frage ausfällt (obwohl ich nicht glaube, dass jemand viel davon halten würde), beide Vorschläge scheitern letztlich an ihrem eigenen Anspruch: formuliert man eine externe Lösung auf das Informationsproblem unter Rekurs auf das Wissen um öffentlich zugängliche (soziale) Fakten, dann ist von vornherein ausgeschlossen, dass eine T-Theorie an sich hinreichend dafür ist, eine Sprache zu verstehen. Wir brauchen zusätzliches Wissen, das nicht allein durch die Bedeutungstheorie ableitbar ist, sondern sie extern vervollständigen muss. Geht man diesen Weg, büßt man eine Menge von der ursprünglichen Attraktivität des wahrheitstheoretischen Vorschlags ein. Denn wieso sollte dann nicht dieses externe Wissen das entscheidende für eine Bedeutungstheorie sein? Dass eine T-Theorie nicht notwendig ist, um eine Sprache zu verstehen, gestehen die meisten Theoretiker zu. Wenn sie aber nicht einmal mehr

---

[192] Segal (2006, S. 208) spitzt dieses Problem noch weiter zu: selbst eine einzige Disposition, sagt er, hat logisch gesehen eine unendliche Anzahl an möglichen Manifestationen.

[193] Der Punkt ist nicht, dass man durch Beobachtung von Sprechverhalten niemals die entsprechenden dispositionalen Fakten erfahren könnte. Es ist sicherlich vernünftig anzunehmen, dass man dieses Problem durch eine entsprechende Bestätigungslogik bzw. Induktionstheorie lösen kann (siehe z. B. Spohn 2012). Der Punkt ist vielmehr, dass man nicht wissen kann, wann eine T-Theorie gesetzartig ist, ohne anderes, äußerst differenziertes Wissen (über gesetzartige Aussagen im Allgemeinen) vorauszusetzen, z. B. darüber, was ich in gegebenen Fällen glauben und wie ich meine Überzeugungen anpassen *sollte*.

hinreichend ist, läuft man große Gefahr, sie im besten Sinne des Wortes in die Bedeutungslosigkeit zu verbannen.

Ich denke, der Lösungsvorschlag für das Informationsproblem von Larson und Segal (1996) hängt unmittelbar mit der von mir skizzierten Problematik zusammen. Larson und Segal schlagen zwar auch eine externe Lösung für das Informationsproblem vor, bedienen sich aber einer völlig anderen Herangehensweise. Nach ihnen hängt der Erfolg eines semantischen Projektes in viel stärkerem Maße von den kognitiven Zuständen eines Sprechers ab als bei Davidson. Man kann das kurzerhand so zusammenfassen: ohne Psycholinguistik keine Bedeutungstheorie. Während bei Davidson die Bedeutung eines Ausdrucks noch essentiell von sozialen Fakten abhängt, determinieren im Bild von Larson und Segal die eigenen kognitiven Zustände eines Sprechers die Bedeutung eines Ausdrucks: er bedeutet das, was der Sprecher mit ihm assoziiert.[194] Dieses Vorgehen ist durchaus interessant, denn wenn die eigenen mentalen Zustände in entscheidendem Maße bedeutungsrelevant sind, greift mein obiges Argument nicht mehr ohne Weiteres: das Wissen, das notwendig ist, um eine T-Theorie zu vervollständigen, käme zwar nicht aus der T-Theorie selbst, hinge aber auch nicht direkt von externen Faktoren ab.

Der entscheidende Punkt bei Segal ist der Vorschlag, dass die kognitiven Zustände, die ein Sprecher mit einem Ausdruck assoziiert, nicht von seinen Sprecher-Dispositionen abhängen, sondern Teil eines Mechanismus sind, der diese Dispositionen *erklärt*.[195] Segal schreibt:

> With that picture in place, we can offer a different account of semantic theory from Davidson's. Logical forms are not abstracted from speech behavior but rather are the structures that our language faculties represent complex expressions as possessing. Semantic rules are a subset of the rules represented by our language faculties. And if we suppose that the rules we represent constitute a compositional semantic theory, then we can explain our remarkable capacity to understand new sentences. (Segal 2006, S. 205)

Ich will hier nicht diskutieren, ob dieses Bild angemessen ist. Klar ist nur, dass wir noch keine direkte Antwort auf das Informationsproblem erhalten haben. Dazu benötigen wir nach Segal nämlich noch eine weitere Unterscheidung: Chomskys Trennung zwischen der Kompetenz, über ein gewisses Maß an Wissen zu verfügen und der Fähigkeit, dieses Wissen auch an der richtigen Stelle einzusetzen.[196] Zwischen diesen beiden Kompetenzen vermitteln sogenannte »performance systems«: spezielle kognitive Systeme, die das Wissen der T-Theorie auf einzelne linguistische Aufgabenstellungen anwenden. Und

---

[194] Vgl. Segal 2001, S. 548.
[195] Vgl. Segal 2006, S. 203.
[196] Vgl. Chomsky 1986.

das stellt sich Segal folgendermaßen vor: das *performance system* hat Zugriff auf die T-Theorie und generiert mit ihren Inhalten Repräsentationen der Bedeutungen von Ausdrücken einer Sprache. Das heißt nichts anderes, als dass das *performance system* die T-Theorie einfach so behandelt, als *wäre* sie interpretativ.[197] Wir müssen also gar kein zusätzliches Wissen postulieren, um von (7) auf (8) zu schließen. Damit hat Segal eine relativ elegante Lösung auf das Informationsproblem gefunden: der Schluss geschieht einfach deshalb, weil spezielle kognitive Systeme ihn uns vorschreiben. Wir können gar nicht anders, als ein Theorem der Art (7) als (8) zu interpretieren, weil das *performance system* die T-Theorie schlichtweg als interpretativ behandelt. Es ist kein Wissen vonnöten, das über die T-Theorie hinausgeht.

Segal gesteht selbst, dass man noch relativ wenig über diese *performance systems* weiß.[198] Ich will hier nicht diskutieren, inwiefern es empirische Belege dafür gibt oder ob es metaphysisch und semantisch gesehen sinnvoll ist, Bedeutung auf einzelne Idiolekte zu reduzieren (und damit nicht von dem Sprachverhalten anderer abhängig zu machen). Jedenfalls scheint mir auf der Hand zu liegen, dass auch diese *performance systems* irgendwelchen Regeln und damit einer Theorie folgen müssen. Damit verschiebt man das Informationsproblem auf eine andere Ebene: wie sieht die Theorie aus, nach der das *performance system* die T-Theorie verwertet? Wüsste ich sie, würden diese Regeln mir genug Informationen geben, um eine Sprache zu verstehen? Die T-Theorie alleine ist jedenfalls auch bei diesem Vorschlag nicht mehr hinreichend, um die Bedeutungen der Ausdrücke einer Sprache zu erfassen: ohne *performance system* keine Bedeutung. Warum also noch Wahrheitstheorie betreiben? Die Attraktivität des wahrheitstheoretischen Programms rettet Segal mit einer durchweg empirischen, psycholinguistischen These: das Verstehen einer Sprache setzt das Vorhandensein einer T-Theorie *tatsächlich* voraus. T-Theorien werden faktisch von Sprechern (implizit) gewusst. Deshalb lohnt sich auch ihr Studium.

Ein Problem sehe ich aber auch hier. Die Position Segals scheint nur dann philosophisch attraktiv, wenn man sie unnötig verschärft. Im Grunde genommen muss man nun auch noch behaupten, dass T-Theorien *notwendig* sind, um eine Sprache zu verstehen (und nicht nur, dass wir sie faktisch internalisiert haben). Ansonsten hat man gar keine stichhaltige Rechtfertigung mehr, warum sie derart relevant sein sollen und nicht die *performance systems* die eigentliche Arbeit (einer Bedeutungstheorie) leisten. Ob das so ist, d. h., ob eine Theorie notwendigerweise zu einem *performance system* hinzukommen muss, kann ich aber leider nicht diskutieren. Klar scheint zu sein, dass man den externen Vorschlag von Segal letztlich nur mit empirischen Unter-

---

[197] Vgl. Segal 2006, S. 205 ff. für eine Diskussion.
[198] Vgl. ebd., S. 206.

suchungen retten kann, was ich in dieser Arbeit nicht zu leisten im Stande bin.

Als einen letzten Lösungsvorschlag will ich einen eigenen Vorschlag erwähnen, der stark an der Variante von Lepore und Ludwig (2007) angelehnt ist. Letztere schlagen vor, dass man eine T-Theorie dann zu einer echten Bedeutungstheorie machen kann, wenn man die T-Theorie in einen größeren theoretischen Rahmen steckt. Das heißt nichts anderes, als dass man eine Metatheorie für die T-Theorie braucht. Sie schreiben, dass man eine kompositionale Bedeutungstheorie für eine Sprache mit folgender Metatheorie erhält:

[1] Every Instance of the following schema is true: For all speakers S, times t, s for S at t in L means that p iff it is canonically provable on the basis of the axioms of an interpretive truth theory T for L that for all speakers S, times t, s for S at t is true in L iff p.

[2] T is an interpretive truth theory for L whose axioms are ...

[3] Axiom ... of T means that ...

Axiom ... of T means that ...

...

[4] A canonical proof in T is ...

(Lepore und Ludwig 2007, S. 47)

Weil Lepore und Ludwig stets die Kontextsensitivität von Sprachen im Auge haben, werden Bedeutungen auf Sprecher und Zeitpunkte relativiert. Das muss uns an dieser Stelle nicht interessieren. Ihr genereller Vorschlag scheint mir aus philosophischer Perspektive unmittelbar am vielversprechendsten zu sein, weil er eine *interne* Lösung auf das Informationsproblem darstellt. Die Bedingungen, die eine T-Theorie erfüllen muss, um interpretativ zu sein, werden schlichtweg als Metatheorie formuliert. Dazu braucht man drei Zusätze: (i) dass jede Instanz des Schemas *s ist wahr, genau dann wenn p ↔ s bedeutet, dass p* wahr ist, wenn die linke Seite dieses Bikonditionals aus einem kanonischen Beweis folgt, (ii) die explizite Angabe der Bedeutungen der Axiome, und (iii) die Erläuterung, was ein kanonischer Beweis ist.[199] Mit anderen Worten: eine T-Theorie, die den besagten Bedingungen genügt, stellt genügend Informationen bereit, um eine Sprache zu verstehen. Es müssen keine externen Informationen hinzugelangen.[200]

---

[199] Ein *kanonischer Beweis* ist letztlich die Ableitung eines interpretativen Theorems einzig und allein aus den Axiomen und Regeln der Theorie selbst (wie (7)) und zwar so, dass die rechte Seite des Bikonditionals, welches am Ende des Beweises steht, eine korrekte Übersetzung des objektsprachlichen Ausdrucks darstellt.

[200] Ich schreibe hier mit Absicht nicht, dass das *Wissen* um eine solche T-Theorie hinreichend wäre, um eine Sprache zu verstehen, denn Lepore und Ludwig verstehen ihr Programm nicht

Ich denke, man kann diese Herangehensweise sogar noch vereinfachen. Oben habe ich T-Theorien so dargestellt, dass sie bestimmten Bedingungen genügen müssen, um interpretativ zu sein. Schließlich habe ich erläutert, dass das Wissen um eine solche T-Theorie hinreichend ist bzw. sein muss, um eine Sprache zu verstehen. Fairerweise muss man sagen, dass sich Lepore und Ludwig von einer solchen Herangehensweise distanzieren, d. h. nicht die Formulierung von Sprecher*wissen* im Sinn haben. Übernehmen wir aber meine Darstellung, könnten wir den Vorschlag folgendermaßen übernehmen: das Wissen um eine T-Theorie in Kombination mit einer Metatheorie ist hinreichend, um eine Sprache zu verstehen.

Das vereinfacht Lepore und Ludwigs Vorschlag aber keineswegs, weil das Wissen um die Metatheorie das Sprecherwissen jetzt zu stark aufbläht: die Bedingungen, die eine T-Theorie erfüllen muss, müssen selbst gar nicht gewusst werden. Alles, was man zusätzlich zu der T-Theorie wissen muss, ist, dass sie interpretativ ist. Um das zu gewährleisten, reicht meines Erachtens eine einzige weitere Ableitungsregel, welche man aus Lepore und Ludwigs Vorschlag gewinnen kann:

PR4: Für alle Theoreme T gilt: folgt T einzig aus den Axiomen und Ableitungsregeln der T-Theorie und gibt T ein Schema der Art »s ist wahr genau dann, wenn p«, dann ist die Ersetzung von »ist wahr genau dann, wenn« durch »bedeutet, dass« wahrheitserhaltend.

Implementieren wir diese Ableitungsregel in die T-Theorie von *L*, dann können wir von einem Theorem wie (7) auf das Theorem (8) schließen und haben damit die Bedeutung des Satzes »(Albert Einstein is the inventor of the theory of relativity) ∧ ¬ (Isaac Newton is the inventor of the theory of

---

als eine Formulierung einer Theorie über Sprecherwissen (sagen also nicht, dass man eine T-Theorie weiß, obwohl man (seltsamerweise) wissen muss, dass eine T-Theorie einer Metatheorie genügt), sondern als die explizite Angabe einer praktischen Fähigkeit (Vgl. ebd. S. 20). Das Informationsproblem stellt sich aber trotzdem, deswegen entwickeln sie den hier präsentierten Lösungsvorschlag. Ich sollte auch darauf hinweisen, dass Lepore und Ludwig Davidson ebenfalls so interpretieren, als wollte er eine praktische Fähigkeit von Sprechern erläutern. Davidson hätte demnach nicht erklären wollen, was Sprecher (wirklich) wissen, wenn sie eine Sprache verstehen (vgl. Lepore und Ludwig 2011, S. 270). Ich hatte der wahrheitstheoretischen Semantik weder das eine noch das andere unterstellt. Ich konstruierte sie als eine Theorie darüber, welches Wissen hinreichen *würde*, um eine Sprache zu verstehen (und argumentierte, dass alleiniges Wissen um eine T-Theorie *nicht* hinreicht). Deswegen vernachlässige ich diesen Unterschied. Letztlich beruht die Unterscheidung von Lepore und Ludwig auf einer Unterscheidung zwischen *Wissen, wie* und *Wissen, dass*. Ob diese Unterscheidung (in Falle von T-Theorien) angemessen ist, will ich hier offen lassen. Ich halte Lepore und Ludwigs Interpretation Davidsons auch nicht für grundsätzlich verschieden von meiner: nach Ihnen wollte Davidson durch die T-Theorien nur die Struktur dessen beschreiben, was jemand weiß, der eine Sprache versteht. Das passt gut mit meiner Interpretation zusammen.

relativity)« durch die T-Theorie hergeleitet. Damit haben wir eine etwas einfachere Theorie als die von Lepore und Ludwig. Dieses Vorgehen hätte sogar einen weiteren Vorteil: die T-Theorie erfüllt damit immer noch die Bedingung der methodologischen Angemessenheit, während die Metatheorie von Lepore und Ludwig wieder das intensionale Konzept »Bedeutung« essentiell verwendet.[201]

Inwiefern meine informelle Beschreibung formal fruchtbar gemacht werden kann, lasse ich hier offen. Auch will ich nicht diskutieren, welchen Schwierigkeiten sie begegnet.[202] Ich will keinesfalls behaupten, eine Lösung auf das Informationsproblem gefunden zu haben. Alles was ich hier zeigen wollte, ist, dass es durchaus Möglichkeiten geben *könnte*, ihm zu begegnen. Wenn das wahrheitstheoretische Programm also nicht direkt an seinem eigenen Anspruch scheitert, dann lohnt sich ein weiterer Blick. Wir können also endlich den entscheidenden Schritt machen: was genau sagt uns eine T-Theorie über Referenz?

4.1.2 Die Extensionsfrage und referentielle Axiome

Eine Antwort auf diese Frage hängt unmittelbar mit einer Antwort auf die oben formulierte Extensionsfrage zusammen. Inwiefern uns die T-Theorie erlaubt, alle und nur interpretative T-Theoreme abzuleiten, hängt entscheidend davon ab, in welcher Form die Axiome und wie die Produktionsregeln formuliert werden. Hier muss man gewissermaßen höllisch aufpassen: einige Schlussregeln der klassischen Logik dürfen nicht in T-Theorien eingespeist werden, da sie zu nicht-interpretativen T-Theoremen führen würden.[203] Z.B sind nicht alle Sätze, die logisch äquivalent sind, auch bedeutungsgleich. D. h.

---

[201] Es gibt noch weitere Überlegungen, das Informationsproblem zu behandeln, welche ich hier unterschlagen habe. Ein wohl relativ einflussreicher Vorschlag stammt bspw. von James Higginbotham (1992). Dieser beruht letztlich auf der Idee, dass man nicht nur eine T-Theorie wissen muss, sondern (mindestens) ebenfalls über iteriertes Wissen darüber verfügen muss, was *andere* Sprecher über die Sprache und über *den Sprecher selbst* wissen. Ich diskutiere diesen Vorschlag nicht, weil er meiner Meinung nach von Soames (2008) erfolgreich zurückgewiesen wurde.

[202] Hoeltje würde sicherlich einwenden, dass mein Vorschlag voraussetzt, dass man bereits die Sprache der T-Theorie beherrscht (das wirft er zumindest Lepore und Ludwig vor. Vgl. Hoeltje 2012, Kap. 2.3 und 2.4. Hoeltje erläutert hier auch einen eigenen Weg, das Informationsproblem zu lösen. Auch er verwendet eine neue Ableitungsregel, definiert diese aber formal viel schöner als ich). Ich habe damit allerdings kein Problem, denn ich habe den Anspruch der T-Theorie sehr bescheiden formuliert. Alles, was sie angeben soll, ist hinreichendes Wissen für das Verstehen einer Sprache. Tatsächlich wird sich aber in Abschnitt 4 zeigen, dass PR4 *nicht* hinreichend ist. Ich werde dort zeigen warum und eine entsprechende Modifikation vorschlagen.

[203] Vgl. Larson und Segal 1996, S. 36.

vor allem bei der Formulierung von Regeln wie PR1 ist Vorsicht geboten: nur wenn *innerhalb einer Ableitung* bewiesen wurde, dass eine Äquivalenz gilt, dürfen die entsprechenden Sätze ausgetauscht werden. Man darf sie nicht mit beliebigen äquivalenten Sätzen ersetzen. Obwohl Theorien über die formalen Feinheiten einer Wahrheitstheorie, die als Bedeutungstheorie gelten kann, immer ausgefeilter werden, ist mir nicht bekannt, dass es einen Versuch gibt, eine vollständige T-Theorie für eine natürliche Sprache zu liefern.[204] Larson und Segal machen das an folgendem Umstand fest:

> [...] there is no general theory at present of what formal procedures are best suited to the job of building interpretive T theories. This is an area of research that may ultimately draw on the resources of logic (proof theory) and psychology (reasoning and cognition). (Larson und Segal 1996, S. 37)

Ich werde mich hier nur um einen Teil der Extensionsfrage kümmern können, nämlich, welchen Einfluss unterschiedliche referentielle Axiome auf die Ableitung von T-Theoremen haben. Was also sind referentielle Axiome genau und was sagen sie uns über Referenz?

Die Bedeutungsaxiome der primitiven Ausdrücke, also z. B. der referentiellen Terme, zielen nicht darauf ab zu erklären, wie wir dazu kommen, diese Ausdrücke zu verstehen. Dennoch sagt uns die wahrheitstheoretische Semantik angeblich alles, was man über die Bedeutung etwa eines Namens wissen muss: seine Bedeutung wird vollständig durch seinen potentiellen Beitrag zu der Bedeutung eines Satzes, in dem er vorkommt, angegeben. Und wie das funktioniert, d. h. wie die Bedeutung eines Satzes von seinen Teilausdrücken abhängt, sagt uns eine kompositionale Bedeutungstheorie wie die wahrheitstheoretische Semantik. Dadurch wissen wir alles, was es über die Bedeutung eines primitiven Ausdrucks zu wissen gibt.[205] Aber welchen Beitrag leisten sie genau? Liefern sie ein Objekt oder eher eine Bedingung, oder beides?

Die Namen in *L* wurden als einfache Identitätssätze in die T-Theorie eingespeist:

RA1: Der Referent von »Albert Einstein« = Albert Einstein.
RA2: Der Referent von »Isaac Newton« = Isaac Newton.

Sie bedeuteten nichts anderes, als dass der Ausdruck auf der Linken Seite, z. B. »der Referent von ›Albert Einstein‹«, eine Funktion von »Albert Einstein« auf seinen Referenten ist. Diese Funktionen wurden so behandelt, als ob ihre semantischen Werte schlicht Personen sind, d. h., dass sie auch nur ein Objekt zu der Bedeutung von Sätzen beitragen, in denen sie vorkommen. Diesen Beitrag leisten sie nicht isoliert. Was sie aussagen, ist letztlich

---

[204] Lepore und Ludwig 2007 klammern beispielsweise modale Konstruktionen völlig aus.
[205] Vgl. Lepore und Ludwig 2007, S. 9.

durch ihre Rolle in der gesamten Theorie bestimmt. Das konnte man auch an den metasprachlichen Übersetzungen der Sätze von *L* ablesen. Indem wir ein bestimmtes Theorem als interpretativ ausgezeichnet haben, haben wir auch bestimmt, welche Rolle dem Namen in dem Satz zukommt: ein Objekt beizusteuern. Diese Forderung wird auf die Axiome umgewälzt und sie werden entsprechend formuliert: die Objekte, auf die sie referieren, werden schlichtweg aufgelistet. Ihre Form und die Regeln der Theorie stellen dann sicher, dass sie die interpretativen Theoreme implizieren. Würden wir andere Ableitungen fordern, könnten wir die Axiome einfach anpassen, denn in ihnen selbst stecken bzw. sollen keine substantiellen Informationen darüber stecken, *wie* Namen (betrachtet als isolierte Ausdrücke) tatsächlich referieren.

Aber wie, oder besser: als was könnte man die Axiome dann interpretieren? Lässt sich vielleicht doch etwas mehr über sie aussagen? Ich denke, ja. Betrachtet man RA1 und RA2, dann haben wir mit ihnen in etwa das formuliert, was McDowell unter einem *de re* Sinn versteht: einen speziellen Sinn, dessen Identitätsbedingungen von einem bestimmten Objekt abhängen.[206] Damit liegt der Schluss nahe, dass auch referentielle Axiome spezielle Referenzbedingungen (wie Sinne) ausdrücken, welche sich essentiell auf Objekte beziehen (müssen). Des Weiteren können wir sagen, dass das Wissen um die Wahrheit eines *referentiellen Axioms* hinreichend ist, um Sätze, in denen der Ausdruck vorkommt, zu verstehen. Das ist interessant, denn es bedeutet, dass Albert Einstein zu kennen nicht hinreicht, um den Ausdruck »Albert Einstein« zu verstehen. Dazu muss man (auch noch) den Sinn des Ausdrucks kennen, was nichts anderes heißt, als das entsprechende Axiom RA1 zu wissen, bzw. zu wissen, dass es wahr ist.

Für die Interpretation von Axiomen als (*de re*) Sinne spricht auch, dass man das Wissen von Axiomen nicht als Wissen von Sätzen interpretieren kann. Denn einen (axiomatischen) *Satz* (bzw. dessen Wahrheitswert) wie RA1 zu wissen reicht nicht hin, um den entsprechenden Satz der Objektsprache, in dem der Ausdruck vorkommt, auch zu verstehen. Ich kann wissen, dass »›Julia‹ steht für Julia« wahr ist, einfach weil es mir jemand gesagt hat. Das heißt aber nicht, dass ich über das Wissen verfüge, *dass* ›Julia‹ für Julia steht. Das wird besonders evident, wenn man das Axiom in einer anderen Sprache formuliert. Wenn ich weiß, dass »La référence de ›Julia‹ = Julia«, dann weiß ich nicht automatisch, dass der Ausdruck »Julia« für Julia steht (weil ich nicht automatisch weiß, was »le référence« bedeutet). Außerdem wäre es viel zu einfach, das entsprechende Wissen zu generieren, wenn es einfach Wissen von

---

[206] Vgl. McDowell 1977. Am Ausdruck *de re Sinn* hängt hier nicht viel. Ich erwähne ihn nur, weil er meine Idee veranschaulicht, dass Namen Charaktere haben, die essentiell von Objekten abhängen (und diese spezifizieren). Scheinbar dachte McDowell bereits über etwas Ähnliches nach.

4.1 Wahrheitstheoretische Semantik

Sätzen wäre. Man müsste dann nur wissen, dass ein Ausdruck ein Name ist, und schon könnte man den entsprechenden Satz, der das Axiom ausdrückt, generieren und damit verstehen.[207]

Den Inhalt des Axioms zu kennen, reicht allerdings auch nicht hin, jedenfalls wenn wir ihn als rein propositionales Wissen konstruieren. Man muss zusätzlich eine Sprache – die Metasprache – beherrschen, um das Axiom zu kennen. D. h. es ist entscheidend, in welcher *Form* man das Axiom weiß. Man darf sie also nicht so verstehen, als ob sie angeben, welches propositionale Wissen ein Sprecher, der eine Sprache versteht, internalisiert hat.[208] Er muss es auch in der Sprache wissen, in der das Axiom formuliert ist (bzw. die Metasprache wissen). Auch das spricht für eine (spezielle) Interpretation von Axiomen als (nicht-fregesche) Sinne.

Es gibt noch weitere Gründe für die Auffassung, dass Axiome bestimmte Sinne repräsentieren. Da ein Axiom durch seine Rolle in der T-Theorie spezifiziert ist, muss man Sinne – im Gegensatz zu Frege – nicht als eine Art Entität konstruieren. Referentielle Axiome sind *Referenzbedingungen*, deren Ziel es ist, das Wissen zu formulieren, das zum Verstehen des Ausdrucks führt. Geschieht das in Form von speziellen Sinnen, bzw. Axiomen nach Art RA1 und RA2, dann spezifiziert man Sinne ohne die Angabe deskriptiver Bedingungen oder Konnotationen des Ausdrucks: Referenzbedingungen ohne Präsentationsmodi.[209] Diese Interpretation ist ganz im Sinne der wahrheitstheoretischen Semantik, denn sie befreit Axiome von psychologischem Ballast. Aber welche Bedingung formulieren die Axiome genau?

Erinnern wir uns noch einmal: die Rolle der referentiellen Axiome ist ultimativ durch ihren Beitrag zu einer T-Theorie bestimmt. D. h. nichts anderes, als dass sie der Bedingung genügen müssen, keine nicht-interpretativen Theoreme zu implizieren. Sie müssen also einerseits so schwach formuliert sein, dass sie nicht überproduktiv sind, andererseits müssen sie eine Referenzbedingung angeben, die so stark ist, dass das Wissen um ihre Wahrheit hinreicht, den Ausdruck zu verstehen (d. h. interpretative Sätze zu implizieren). Die Formulierung von RA1 und RA2 ist also kein Zufall. Nehmen wir an, Albert

---

[207] Vgl. Sainsbury 2005, S. 37.
[208] Vgl. Fischer 2008, S. 27. Fischer schreibt hier auch, dass sich Davidson selbst dagegen aussprach, dass für die Axiome propositionales Wissen vorhanden sein muss. Siehe dazu auch Leopore und Ludwig 2012. Noch einmal: es geht hier nur darum, hinreichendes Wissen für das Verstehen einer Sprache anzugeben. Sainsbury (2005, S. 37) gibt beispielsweise unumwunden zu, dass die wahrheitstheoretische Semantik seiner Meinung nach davon *ausgeht*, dass man schon eine Sprache können muss, nämlich jene, in der die T-Theorie formuliert ist, um eine andere zu verstehen. Das überträgt sich natürlich auch auf die Axiome.
[209] Das wäre dann nicht mehr im Sinne McDowells, denn dieser verstand *de re* Sinne explizit als Präsentationsmodi. Vgl. McDowell 1984.

Einstein wurde als Kind »Father Bore« genannt.[210] Behandeln wir »Father Bore« um der Argumentation Willen wie einen Eigennamen und implementieren wir ein referentielles Axiom für »Father Bore« in L:

RA3: Der Referent von »Father Bore« = Albert Einstein.

Mithilfe dieses Axioms können wir beispielsweise die Bedeutung des Satzes »Father Bore is the inventor of the theory of relativity« ableiten.[211] Durch Anwendung von EA1, PR2 und PR3 erhalten wir:

(S1) »Father Bore is the inventor of the theory of relativity« ist wahr genau dann, wenn Albert Einstein der Erfinder der Relativitätstheorie ist.

Das sieht zunächst richtig aus. Aber ist (S1) auch interpretativ? Damit (S1) interpretativ ist, muss »Father Bore is the inventor of the theory of relativity« *bedeuten*, dass Albert Einstein der Erfinder der Relativitätstheorie ist. Das wiederum ist nur dann der Fall, wenn uns diese Interpretation eine rationale Rekonstruktion von Sprachverhalten erlaubt. Nehmen wir an, die Haushälterin von Albert Einstein äußert »Father Bore is the inventor of the theory of relativity«, etwas später aber auch »Who is Albert Einstein?«. Wäre das der Fall und kann sie sich so äußern, ohne irrational zu sein, dann haben wir ihre vorherige Äußerung wahrscheinlich missinterpretiert. »Father Bore is the inventor of the theory of relativity« bedeutet dann nicht (zumindest nicht aus dem Mund der Haushälterin), dass Albert Einstein der Erfinder der Relativitätstheorie ist, sondern, dass *Father Bore der Erfinder ist*. Ein solches Faktum nehmen Anhänger der wahrheitstheoretischen Semantik sehr ernst: interpretative Theoreme sind nur solche, die man rationalerweise nicht bezweifeln kann. Damit ist (S1) nicht interpretativ und RA3 kein angemessenes Axiom (obwohl es wahr ist). Was wir anstelle von RA3 brauchen, ist

RA3*: Der Referent von »Father Bore« = Father Bore.

Daraus lernen wir drei Dinge: erstens müssen referentielle Axiome dem so genannten *Homophonie-Ideal* entsprechen. Das heißt nichts anderes, als dass sie den Referenten eines objektsprachlichen Ausdrucks unter Verwendung des gleichen Ausdrucks in der Metasprache angeben müssen.[212] Ansonsten können wir nicht-interpretative Theoreme ableiten und die Extensionsfrage

---

[210] Wie er angeblich von einer Haushälterin tatsächlich genannt wurde. Siehe Cwiklik 1987, S. 7.
[211] Vorausgesetzt natürlich, wir haben die syntaktische Regel formuliert, dass »Father Bore is the inventor of the theory of relativity« ein Satz ist in L.
[212] Dadurch ergibt sich ein Problem, das meiner Meinung nach zu wenig Aufmerksamkeit in der Literatur bekommt. Vermischen (oder übersetzen) wir bspw. zwei Sprachen und sagen »Londres ist hübsch«, dann bietet uns die wahrheitstheoretische Semantik kein Mittel, wie wir die Bedeutung dieser Aussage ableiten können. Zumindest können wir ›»Londres ist hübsch« bedeutet, dass London hübsch ist‹ nicht ableiten, wenn wir nur homophone referentielle

4.1 Wahrheitstheoretische Semantik

nicht befriedigend beantworten. Zweitens spricht auch dieses Vorgehen für eine Interpretation von referentiellen Axiomen als bestimmte Sinne. Freges vorrangiges Ziel bei der Einführung von Sinnen bestand darin, die Informativität von bestimmten Identitätsaussagen zu erklären. Das erreichte er dadurch, dass verschiedene Eigennamen verschiedene Sinne haben können. Die Homophonie der referentiellen Axiome erlaubt uns eine ähnliche Rekonstruktion: haben wir es mit unterschiedlichen Eigennamen zu tun, dann haben wir auch unterschiedliche referentielle Axiome, also unterschiedliche Sinne. Das heißt, dass man einen Identitätssatz verstehen kann, ohne direkt seine Wahrheit zu erkennen. Denn aus

RA1: Der Referent von »Albert Einstein« = Albert Einstein.

und

RA3*: Der Referent von »Father Bore« = Father Bore.

folgt nicht: Father Bore = Albert Einstein. Das wäre nur dann der Fall, wenn wir auch RA3 zuließen. Allerdings darf man die explanatorische Reichweite der Axiome auch nicht überschätzen. Indem wir ihre Form durch ihre Rolle in der T-Theorie einschränken, erhalten wir zwar das Ergebnis, dass unterschiedliche Namen auch unterschiedliche Sinne haben. Allerdings haben wir allein dadurch noch keinerlei Mittel zu *erklären*, warum man koreferentielle Namen in bestimmten Kontexten nicht ersetzen kann. Wenn man (wie Frege) auf Sinne zurückgreifen will, um aufzudecken, *warum* Identitätsinformationen informativ sein können, und *warum* in intensionalen Kontexten die Ersetzung koreferentieller Ausdrücke nicht zwingend wahrheitserhaltend ist, wird man wohl nicht auf referentielle Axiome dieser Art zurückgreifen können.[213] Dazu müsste man mindestens sagen, dass Eigennamen (auch isoliert) eine *Bedeutung* haben, die durch die referentiellen Axiome angegeben wird und welche für die Wahrheit einer Äußerung relevant ist. Wir wir später sehen werden (und bereits gesehen haben), werde ich dieser Ansicht vehement widersprechen: die Ersetzung koreferentieller Ausdrücke ist immer wahrheitserhaltend.

Drittens können wir also aus dem Gesagten schließen, dass wenn referentielle Axiome spezielle Sinne sind, diese Sinne sehr wenig Informationen

---

Axiome verwenden. Sogar »»Londres est jolie« bedeutet, dass London hübsch ist« ist problematisch. Ich muss dieses Problem hier leider ignorieren, denn eine vollständige Diskussion würde eine Analyse darüber erfordern, wie wir Eigennamen angemessen in andere Sprachen übersetzen müssen. Das würde den Rahmen dieser Arbeit sprengen. Ich bitte den Leser aber, das Problem im Hinterkopf zu behalten. Wenn ich also von Charakteren von Eigennamen rede, dann dürfen diese nur so aufgefasst werden, dass sie innerhalb einer Sprache die Form haben, die ich ihnen zuschreibe. Sie sind keine Übersetzungswerkzeuge.

[213] Vgl. dazu auch McDowell 1977, S. 178.

in sich tragen. Sie sind also alles andere als das, was sich Frege unter einem Sinn vorstellte. Vor allem sind sie keine Präsentationsmodi: sie repräsentieren weder die Art und Weise, wie ein Objekt einem Sprecher gegeben ist (oder er es identifiziert), noch enthalten sie irgendeine definite nicht-metasprachliche Kennzeichnung, die nur auf ein einziges Objekt zutrifft. Das heißt, man kann sie nicht durch andere Beschreibungen ersetzen. Aber welche Informationen enthalten sie dann?

Welche Informationen sie enthalten, hängt davon ab, wie man sie formuliert. In der bisherigen Formulierung als einfache Identitätssätze stecken zwei Arten von Informationen. Auf der einen Seite haben wir die Information, dass etwa der Ausdruck »Albert Einstein« die semantische Eigenschaft hat, das Objekt zu bezeichnen, das Albert Einstein ist.[214] Außerdem stellen uns die syntaktischen Regeln der T-Theorie das Wissen bereit, dass »Albert Einstein« ein Name ist. Mit anderen Worten kann man also sagen, dass wir durch das referentielle Axiom erfahren, dass ein Objekt, nämlich Albert Einstein, den Namen »Albert Einstein« trägt und durch genau diesen bezeichnet wird. Dieser Punkt ist, wie wir später sehen werden, entscheidend. Dass diese Art der Information in den Axiomen steckt, wird nämlich so gut wie immer übersehen, hat aber gewichtige Konsequenzen. Ich werde darauf zurückkommen.

Die Axiome verraten aber noch eine weitere semantische Eigenschaft, und zwar, dass die Rolle des Namens »Albert Einstein« darin besteht, zu den Wahrheitsbedingungen von Sätzen, in denen er vorkommt, genau das Objekt beizutragen, das er bezeichnet (d. h. er legt fest, dass die Wahrheit oder Falschheit des Satzes oder der Äußerung essentiell von einem bestimmten Objekt mit einer bestimmten semantischen Eigenschaft abhängt). Schließlich steckt in ihnen aber noch die extra-linguistische Information, welches Objekt er bezeichnet. Zusammengefasst kann man also sagen, dass ein referentielles Axiom für ein Objekt *A* die folgende Referenz*bedingung* formuliert: den Namen »*A*« zu tragen und identisch mit *A* zu sein. Aber das ist nicht alles.

Da sich der Beitrag eines referentiellen Axioms über die Rolle in der T-Theorie definiert, sollte man einen Namen auch vorrangig mit dieser Bedingung assoziieren (und nicht einfach nur mit einem Objekt). Das heißt nichts anderes, als dass die *öffentliche Bedeutung* eines Namens nicht das Objekt ist, das er bezeichnet, sondern die Referenzbedingung, die mit ihm assoziiert wird (und seine entsprechende Rolle in Ableitungen von Theoremen). Es steckt also doch ein Funken deskriptiver Information in ihnen: die Bedeutung des Namens »Albert Einstein« ist letztlich: das Objekt, das den Namen »Albert Einstein« trägt und identisch mit Albert Einstein ist. Diese

---

[214] Auch hier sieht man wieder, dass man bereits eine Sprache beherrschen (und sogar ein Objekt kennen) muss, um ein referentielles Axiom zu wissen. Sie sind nicht dafür gedacht, jemandem, der einen Namen nicht kennt, seine Bedeutung zu erläutern.

4.1 Wahrheitstheoretische Semantik

Bedingung gibt uns letztlich den vielleicht entscheidenden guten Grund, Axiome als (spezielle) Sinne zu interpretieren. Sie repräsentieren die Art von Information, die jemand weiß, der einen Namen versteht. Und diese Information ist die Bedeutung des Namens.

Wir sind also dort angekommen, wo wir sein wollten: referentielle Axiome können als spezielle Sinne interpretiert werden. »Speziell« heißt, nicht im Sinne Freges. Es ist von hier also nur ein sehr kleiner Schritt, spezielle Sinne als Charaktere zu interpretieren: die Analyse referentieller Axiome in der wahrheitstheoretischen Semantik offenbart, dass referentielle Axiome genau die Art von Informationen übermitteln, die Charaktere von Namen in der Theorie direkter Referenz übermitteln können. Das ist eine absolut entscheidende Erkenntnis, denn die Argumentation, warum referentielle Axiome in der wahrheitstheoretischen Semantik genau die Form haben müssen, die ich erläutert habe, lässt sich problemlos auch auf die Form der Charaktere in einer Theorie direkter Referenz übertragen. Der vielleicht wichtigste Punkt ist das Homophonie-Ideal: wenn »Hesperus« mit dem referentiellen Axiom »›Hesperus‹ referiert auf Phosphorus« assoziiert würde, dann würden wir Aussagen unserer Mitmenschen (bzw. Sätze der Sprache) unter Umständen *falsch interpretieren*.[215] Wir müssen (in unserer Sprache) homophon übersetzen. Wenn direkt referierende Ausdrücke ihre Eigenschaften durch Konventionen erhalten (dass sie sie durch Konventionen erhalten zeigte bspw. meine Argumentation, dass sie identisch mit starren Bezeichnern sind), dann müssen ihre Axiome homophon sein: keine Konvention kann so beschaffen sein, dass sie dazu führt, Sätze falsch zu interpretieren.

Wir haben also nicht nur in der Theorie direkter Referenz, sondern auch in der wahrheitstheoretischen Semantik die Möglichkeit, Sinn und Referenz voneinander zu unterscheiden. Daraus wird auch ersichtlich, wie in einer wahrheitstheoretischen Semantik überhaupt mit Referenz umgegangen wird. Referenz ist hier nur ein Mittel zum Zweck, eine abgeleitete Relation, deren Funktion nur darin besteht, die Ableitung von interpretativen T-Theoremen zu ermöglichen und die an Bedingungen geknüpft ist, die in den Axiomen formuliert werden. Dieser Instrumentalismus in Bezug auf Referenz ist durchaus beabsichtigt. Ein referentielles Axiom soll uns nicht sagen, wie die Relation Referenz tatsächlich beschaffen ist oder wie man die Referenz eines Namens determiniert. Der Wert eines referentiellen Axioms bemisst sich allein durch

---

[215] Hier ist eine kleine Erläuterung angebracht. Nach meiner Definition direkter Referenz sind Sätze, in denen wir koreferentielle Ausdrücke ersetzen, in einem bestimmten Sinne bedeutungsgleich: ihr Gehalt ist identisch. In einem anderen Sinne sind sie es aber nicht: ihre objektinvolvierenden Wahrheitsbedingungen können unterschiedliche Informationen enthalten. Wenn wir letztere Ebene ebenfalls berücksichtigen wollen, brauchen wir das Homophonie-Ideal.

seine Fähigkeit, entsprechende Theoreme ableitbar zu machen. Referentielle Axiome enthalten keinerlei unabhängige Information darüber, warum sie genau die Form haben, in der sie in der Theorie auftreten. Sie sollen nicht erklären, *warum* zwei unterschiedliche Namen wie »Albert Einstein« und »Father Bore« unterschiedliche Axiome haben. Ich denke, das ist auch letztlich der Grund, warum die Axiome in der präsentierten Form keine befriedigende Antwort auf das Problem der Informativität von Identitätsaussagen liefern können (innerhalb der wahrheitstheoretischen Semantik). Allerdings hat es auch einen Vorteil, referentielle Axiome allein als Instrument zu interpretieren. Dadurch ist man nicht auf eine bestimmte Formulierung festgelegt.[216]

Tatsächlich tauchen in der Literatur diesbezüglich unterschiedliche Versionen auf. Die beliebteste Variante scheint zu sein, referentielle Axiome als Bikonditionale zu formulieren. Das hat einen einfachen Grund: formulieren wir sie wie oben als einfache Identitätssätze, sind ihre Referenzbedingungen sehr streng: gibt es kein Objekt, das bezeichnet wird, ist der Identitätssatz falsch. Und falsche Axiome haben keinen Wert in einer T-Theorie. Wenn wir also erreichen wollen, dass uns die T-Theorie auch die Bedeutungen von Sätzen ausspuckt, in denen leere Namen vorkommen, müssen wir (unter anderem) die referentiellen Axiome anpassen. Zum Beispiel folgendermaßen:

RA4: »Albert Einstein« referiert auf x gdw. x = Albert Einstein

bzw.

$\forall x$ (»Albert Einstein« referiert auf x gdw. x = Albert Einstein)

Für einen leeren Namen wäre das Axiom analog, also beispielsweise

RA5: »Zeus« referiert auf x gdw. x = Zeus.

Bevor ich zu der Analyse komme, welche semantischen Informationen in einem solchen Bikonditional stecken, will ich erläutern, welchen Effekt diese spezielle Formulierung auf die T-Theorie als Ganzes hat. Implementieren wir dazu (wir wir es oben mit »Father Bore« getan haben) das referentielle Axiom RA5 in unsere T-Theorie und legen fest, dass der Satz »Zeus is the inventor of the theory of relativity« ein Satz ist in *L*. Was wir erreichen wollen, ist, dass wir ableiten können, dass dieser Satz bedeutet, dass Zeus der Erfinder der Relativitätstheorie ist. Mit den Regeln und Axiomen, die wir bisher definiert hatten, wird das augenscheinlich nicht funktionieren. Die Ableitung wird schon allein an dem Axiom für einfache Sätze bzw. das Prädikat scheitern. Zur Erinnerung:

---

[216] Das ist dann auch der Unterschied zu direkter Referenz. Hier ist Referenz ein fester Teil der Bedeutung des Ausdrucks. Sie bemisst sich nicht allein an der Fähigkeit, Theoreme abzuleiten.

EA1: Für alle Namen x gilt: »x is the inventor of the theory of relativity« ist wahr in L genau dann, wenn der Referent von x der Erfinder der Relativitätstheorie ist.

Dieses Axiom würde uns (höchstens) erlauben, folgendes Theorem abzuleiten:

»Zeus is the inventor of the theory of relativity« ist wahr genau dann, wenn der Referent von »Zeus« der Erfinder der Relativitätstheorie ist.

Jetzt kommen wir aber nicht mehr weiter, denn wir haben keine Regel oder Axiom, das uns erlauben würde, den Ausdruck »der Referent von Zeus« zu ersetzen (würden wir ihn durch »x = Zeus« ersetzen, erhielten wir keinen wohlgeformten Satz). Wir brauchen also völlig neue Regeln.[217]

Als erstes benötigen wir ein nicht-rekursives Axiom für das Prädikat:

EA1*: Für alle Namen α gilt: »α is the inventor of the theory of relativity« ist wahr genau dann, wenn α auf x referiert und x der Erfinder der Relativitätstheorie ist.

Nun benötigen wir zwei neue Produktionsregeln. Erstens eine, die uns erlaubt, RA5 zu verwerten:

PR1*: Für alle Sätze φ, p und q:

$$\frac{\varphi(p) \\ p \leftrightarrow q}{\varphi(q)}[218]$$

PR1* besagt, dass wenn wir einen Satz haben (auch einen der Metasprache), in dem p vorkommt und wir gezeigt haben, dass $p \leftrightarrow q$, dann dürfen wir p durch q ersetzen.

Zweitens brauchen wir noch eine neue Substitutionsregel für Identitäten:

PR3*: $\dfrac{p \text{ genau dann, wenn } x \text{ der Erfinder der Relativitätstheorie ist und } x = \alpha}{p \text{ genau dann, wenn } \alpha \text{ der Erfinder der Relativitätstheorie ist.}}$

---

[217] Die Regeln, die ich hier entwickle, sind an jene von Larson und Segal (1996, vor allem Kap. 4.) angelehnt.

[218] Das ist die entscheidende Regel für Bikonditionale und gleichzeitig die problematische. Vor allem die zweite Zeile, nämlich $p \leftrightarrow q$ ist schwierig, denn man muss aufpassen, dass p und q nicht für Namen stehen. Ansonsten ist die Regel falsch definiert (ich denke sogar, dass Larson und Segal (ebenda) diesen Fehler begehen, indem sie ihre Produktionsregeln für »terminal nodes« definieren). Ein weiterer Hinweis: PR1* funktioniert nur, wenn wir ebenfalls definieren, dass »Zeus referiert auf x« und »x = Zeus« Sätze sind.

Jetzt können wir die Bedeutung von »Zeus is the inventor of the theory of relativity« ableiten:

(1*) »Zeus is the inventor of the theory of relativity« ist wahr genau dann, wenn »Zeus« auf x referiert und x der Erfinder der Relativitätstheorie ist.

EA1*

(2*) »Zeus is the inventor of the theory of relativity« ist wahr genau dann, wenn x = Zeus und x der Erfinder der Relativitätstheorie ist.

PR1* und RA5

(3*) »Zeus is the inventor of the theory of relativity« ist wahr genau dann, wenn Zeus der Erfinder der Relativitätstheorie ist.

PR3*

Mit PR4 erhalten wir das gewünschte Resultat:

(4*) »Zeus is the inventor of the theory of relativity« bedeutet, dass Zeus der Erfinder der Relativitätstheorie ist.

Man mag nun einwenden, dass wenn wir in die Schlussregeln der T-Theorie ebenfalls Regeln der klassischen Logik implementieren (was wir spätestens dann tun müssen, wenn L komplexer wird), dann macht es keinen Unterschied, ob wir RA5 als Bikonditional oder als einfachen Identitätssatz ausdrücken: beide sind falsch, weil sie implizieren, dass es etwas gibt, dass Zeus ist.[219] Die Lösung, die auf diesen Einwand gerne präsentiert wird, ist die Annahme, dass Axiome wie RA5 und damit auch die T-Theorie in einer freien Logik operieren, welche starke Restriktionen in Bezug auf existentielle Generalisierungen einführt.[220] Dieser Schritt hängt allerdings weniger mit der Form von RA5 zusammen, sondern vielmehr davon, ob wir referentielle Axiome für leere Namen überhaupt akzeptieren. Ich will diesen Punkt hier nicht diskutieren. Was mir wichtig war, und was gezeigt wurde, ist, dass die Form der referentiellen Axiome starken Einfluss auf die T-Theorie hat. Obwohl Axiome wie

---

[219] Vgl. Sainsbury 2005, S. 73. Ich denke, der Grund, warum Beide falsch sind, ist letztlich folgender: in einer klassischen Logik macht es keinen Sinn, ein Axiom mit einem leeren Namen zu formulieren, denn leere Namen kommen in ihr nicht vor. D. h. der Satz $\exists x(x = \text{Zeus})$ ist eine logische Wahrheit (wenn wir »Zeus« als einen Namen akzeptieren und wenn wir Identität haben). Dass es Zeus gibt, ist zwar nicht aus dem Axiom RA5 ableitbar. Da eine Formel aber alle logischen Wahrheiten impliziert, folgt aus dem Axiom, dass es Zeus gibt.

[220] Vgl. ebd., vor allem Kap. 2.3. Für eine Diskussion über die Rolle von freier Logik in der Semantik siehe Lambert 1991.

RA4: »Albert Einstein« referiert auf x gdw. x = Albert Einstein

und

RA1: Der Referent von »Albert Einstein« = Albert Einstein.

sich kaum in ihren semantischen Informationen unterscheiden, hat ihre jeweilige Form einen großen Einfluss auf die Struktur der T-Theorie. Der Vorteil der Form von RA4 liegt darin, dass wenn wir es mit einer freien Logik kombinieren, wir auch referentielle Axiome für leere Namen akzeptieren können. Mit RA1 geht das nicht: es ist immer falsch – auch in einer freien Logik – wenn es kein x gibt, das mit Einstein identisch ist. Das Bikonditional in RA4 ist jedoch auch in diesem Fall wahr, denn wenn die rechte Seite falsch ist, dann ist es auch die linke (weil »Albert« Einstein dann nicht auf x referieren kann). Damit ist das gesamte Bikonditional wahr.[221]

Die Form RA4 hat aber noch andere Konsequenzen. RA4 lässt sich, im Gegensatz zu RA1, nämlich nicht mehr ohne Weiteres als ein Sinn interpretieren, der essentiell von einem Objekt abhängt (also auch nicht so, wie ich mir Charaktere vorstelle). In RA4 kommt der Referent selbst, also Albert Einstein, nicht mehr essentiell vor, denn RA4 kann auch dann wahr sein, wenn es diesen Referenten gar nicht gibt. Die Referenzbedingung, die RA4 formuliert, ist also etwas aufgeweicht. Letztlich sagt sie uns, dass der Name »Albert Einstein« mit der Bedingung assoziiert wird, dass x dann und nur dann den Namen »Albert Einstein trägt«, wenn x die Bedingung erfüllt, identisch mit Albert Einstein zu sein.[222] Diese semantische Information ist aber dennoch hinreichend, um auch RA4 als einen speziellen Sinn zu interpretieren. Allerdings wird es nun schwieriger, die Nicht-Trivialität der Axiome zu begründen.

Je nachdem also, welche explanatorischen Anforderungen wir an die Axiome stellen, müssen wir uns für eine Form entscheiden. Sollen sie eine unmittelbare Abhängigkeit zwischen Referenz und einem Objekt repräsentieren, oder nur eine schwächere, konditionale Abhängigkeit? Diese Entscheidung beeinflusst wiederum die Form der anderen Axiome und Ableitungsregeln der T-Theorie. Nicht aber ihren Output: Egal ob wir RA1 oder RA4 verwenden, wir werden durch Anpassung der Ableitungsregeln die gleichen Bedeutungsresultate erlangen.

---

[221] Siehe Sainsbury 2005 für eine lange Argumentation, warum es dennoch Sinn macht, ein Axiom mit einem leeren Namen als *referentielles* Axiom zu betrachten (vor allem Kap. 2.5).

[222] Während RA1 sagte, die Bedingung, dass »Albert Einstein« auf x referiert, ist, dass x den Namen »Albert Einstein« trägt *und* identisch ist mit Albert Einstein.

4.1.3 Eine Schwachstelle?

Ich denke, der Umstand, dass zwei verschiedene Formen von referentiellen Axiomen die gleichen (interpretativen) T-Theoreme implizieren, zeigt unweigerlich, dass der Output einer T-Theorie durch die Axiome überbestimmt ist. Je nachdem wie stark wir die Referenzrelation repräsentieren wollen, müssen wir Anpassungen an der T-Theorie vornehmen. Die wahrheitstheoretische Semantik gibt uns keinen Hinweis darauf, wie genau wir die Axiome in die Theorie einspeisen müssen. D. h., dass die Bedeutung eines Satzes durch die Form der referentiellen Axiome (und schließlich die Form der T-Theorie) überdeterminiert ist. Allerdings ist das auch kein großes Problem: da Referenz in der T-Theorie nur eine abgeleitete Funktion hat, kann man mit der Überdetermination leben. Ich habe auch gezeigt wie: unterschiedliche Axiome ließen mit leichten Anpassungen der Regeln die gleichen T-Theoreme zu. Hauptsache also, das Ergebnis stimmt. Denn alles, was man angeben wollte, ist hinreichendes Wissen, um ein entsprechendes Bedeutungstheorem abzuleiten. Viel schlimmer wäre es, wenn Bedeutung durch die Axiome *unterbestimmt* wäre, d. h. wenn die gleichen Axiome unterschiedliche T-Theoreme zuließen.

Man mag hier einwenden, dass ich einen etwas unnatürlichen Begriff der Über- und Unterdetermination verwende. Axiome sind streng genommen keine Daten, sondern die interpretativen T-Theoreme sind es (wenn überhaupt). Außerdem spricht man von der Unterdetermination von *Theorien* durch die Daten und nicht von der Unterbestimmtheit des *Outputs* einer Theorie. Eine Theorie ist dann durch die Daten unterbestimmt, wenn mehrere (sich widersprechende) Theorien durch ein und dasselbe Datum gestützt werden. Ich verwende Unterbestimmtheit also nicht so, dass der Begriff nur auf Theorien anwendbar ist, sondern auch auf Axiome und den Output einer Theorie. Der Output einer Theorie ist dann durch die Axiome unterbestimmt, wenn das gleiche Axiom unterschiedliche (und sich widersprechende) Outputs zuließe. Man hätte für diese Verwendung von »unterbestimmt« womöglich auch ein anderes Konzept aus der Wissenschaftstheorie verwenden können: die Theorieabhängigkeit der Daten.

Meine doppelte Verwendung des Begriffs der Unterdetermination ist absichtlich. Denn was ich im Folgenden verdeutlichen will, ist genau das: eine T-Theorie hat auf *zwei verschiedenen* Ebenen mit einem erheblichen Unterbestimmtheitsproblem zu kämpfen. Und in beiden Fällen spielen die referentiellen Axiome eine entscheidende Rolle.

Das erste Problem läuft analog zu gängigen Unterbestimmtheitsproblemen in der Wissenschaftsphilosophie (und entspricht demnach der gängigen Verwendung von »unterbestimmt«). Es gibt letztlich nur eine einzige Art von Daten, welche eine T-Theorie stützen können: die T-Theoreme. Allerdings haben wir gesehen, dass ein und dasselbe Datum, bspw.

»(Albert Einstein is the inventor of the theory of relativity) ∧ ¬ (Isaac Newton is the inventor of the theory of relativity)« bedeutet, dass Albert Einstein der Erfinder der Relativitätstheorie ist und es nicht der Fall ist, dass Isaac Newton der Erfinder der Relativitätstheorie ist.

unterschiedliche T-Theorien stützt. Einmal stützt das Datum eine T-Theorie (T1), welche mit den referentiellen Axiomen

RA1: Der Referent von »Albert Einstein« = Albert Einstein.

und

RA2: Der Referent von »Isaac Newton« = Isaac Newton.

operiert (plus die entsprechenden Ableitungsregeln). Auf der anderen Seite stützt sie aber auch die T-Theorie (T2), welche mit den Axiomen

RA4: »Albert Einstein« referiert auf x gdw. x = Albert Einstein

und

RA5: »Isaac Newton« referiert auf x gdw. x = Isaac Newton

arbeitet. Je nachdem, welche Axiome wir wählen, brauchen wir – wie gezeigt wurde – unterschiedliche Ableitungsregeln (das war besonders deutlich bei PR1*). Deswegen sind T1 und T2 nicht äquivalent. Nur welche ist wahr?

Letztlich ist diese Frage innerhalb des von mir dargestellten wahrheitstheoretischen Programms nicht entscheidbar. Aber vielleicht ist das auch gar nicht so schlimm. Vielleicht zeigt meine Argumentation letztlich nur, dass man in Bezug auf T-Theorien einen starken Instrumentalismus vertreten *sollte*.[223] D. h. man betrachtet die Frage der Wahrheit einer T-Theorie als unangebracht und bewertet sie nur anhand ihrer Fähigkeit, die richtigen Daten zu implizieren. T-Theorien beschreiben dann eine mögliche Sprachpraxis, erklären sie aber nicht. Solange das Wissen um eine T-Theorie hinreichend ist, um die Bedeutung eines Ausdrucks zu erfassen, ist man zufrieden. Allerdings kratzt die andere Ebene der Unterbestimmtheit, welche ich erwähnte – nämlich jene Unterbestimmtheit der T-Theoreme durch die Axiome – erheblich an diesem Lack. Denn wenn ein und dieselbe Theorie sich widersprechende T-Theoreme implizieren würde, dann wäre das Wissen um sie tatsächlich nicht mehr hinreichend.

Dieses Problem der Unterbestimmtheit wird besonders akut, wenn man die referentiellen Axiome als Sinne repräsentiert. Ich habe bereits dafür argumentiert, dass in den referentiellen Axiomen deskriptive Informationen über

---

[223] Für eine Diskussion entsprechender Positionen, vor allem jener Davidsons, siehe Williams 2013.

den Referenten stecken: dass er mit einem Objekt identisch sein muss, vor allem aber, dass er mit einem bestimmten Namen bezeichnet wird. Die wahrheitstheoretische Semantik interpretiert diese Bedingung als die öffentliche Bedeutung des Namens, sie wird eben in den Axiomen ausgedrückt. Wenn aber das Axiom die Bedeutung reflektiert, wieso sollte man dann schließen, dass ein Satz wie »Albert Einstein is the inventor of the theory of relativity« bedeutet, dass Albert Einstein der Erfinder der Relativitätstheorie ist? Wenn »Albert Einstein« *bedeutet*, derjenige zu sein, der identisch mit Albert Einstein ist und den Namen »Albert Einstein« trägt, dann läge es doch auf der Hand, den Satz »Albert Einstein is the inventor of the theory of relativity« so zu interpretieren, als bedeute er, dass derjenige, der identisch mit Albert Einstein ist und den Namen »Albert Einstein« trägt, der Erfinder der Relativitätstheorie ist. Das Problem ist nur, dass

(S2) »Albert Einstein is the inventor of the theory of relativity« bedeutet, dass Albert Einstein der Erfinder der Relativitätstheorie ist.

und

(S3) »Albert Einstein is the inventor of the theory of relativity« bedeutet, dass derjenige, der identisch mit Albert Einstein ist und den Namen »Albert Einstein« trägt, der Erfinder der Relativitätstheorie ist.

nicht die gleiche Bedeutung angeben. Die Wahrheitsbedingungen von (S3) sind restriktiver als die von (S2): erstere fordern, dass ein bestimmtes Objekt auch einen bestimmten Namen trägt, damit der entsprechende Satz wahr ist. Welches Theorem ist also interpretativ?

Man könnte nun meinen, dass (S3) schon allein deswegen nicht interpretativ ist, weil (S3) nicht allein aus den Axiomen und Ableitungsregeln der T-Theorie folgt. Damit verhindert PR4, dass (S3) als Bedeutungstheorem durchgeht. Aber das ist kein angemessener Einwand, denn dann müsste man nur die Formulierung von (S3) etwas ändern, z. B. in

(S3)* »Albert Einstein is the inventor of the theory of relativity« bedeutet, dass derjenige, der identisch mit Albert Einstein ist und auf den »Albert Einstein« referiert, der Erfinder der Relativitätstheorie ist.

Somit lässt ein und dasselbe Axiom, nämlich RA1 (bzw. RA4), die Ableitung beider Theoreme ((S2) und (S3)*) zu. Die Frage ist schlicht: wieso sollten die Bedeutungsinformationen eines Namens nicht in den T-Theoremen vorkommen, die die Bedeutung eines Satzes angeben, in denen der Name vorkommt? Ich sollte hier klarstellen, dass dieses Problem nicht das gängige Problem der Unbestimmtheit von Referenz ist, so wie es beispielsweise in der radikalen Interpretation gegeben ist. Das Problem ist nicht, wie wir zu den Axiomen gelangen, ob sie jemals wahr sind oder ob wir jemals von einer Sprechergemeinschaft genügend Informationen absorbieren können, um die Bedeutungen ihrer Sätze tatsächlich bestimmen zu können.[224] Das hier skizzierte Problem setzt erst eine Ebene später an: wenn wir einmal Axiome bestimmt haben (und diese nur als Instrument ansehen), dann lassen sich unterschiedliche Bedeutungen aus ihnen ableiten. Das ist eine Form der Unterbestimmtheit des Outputs der Theorie durch die Axiome, die sehr unbefriedigend ist, denn sie verschlimmert das Problem anzugeben, was eigentlich wirklich die Bedeutung eines Satzes ist (anstatt es zu lösen). Wenn z. B. (S3) interpretativ ist, ist es (S2) nicht, einfach weil sie nicht äquivalent sind. Dann impliziert die T-Theorie aber ein nicht-interpretatives Theorem und ist damit nicht mehr hinreichend, um einen Satz bzw. eine Sprache tatsächlich zu verstehen.

Man kann das ganze Problem auch so zusammenfassen: je nachdem, wie wir die Axiome und damit die Theorie formulieren, ändern sich auch die entsprechenden Daten. Unabhängig von RA4 bzw. T2 wäre (S2) nicht als Datum in Frage gekommen. Dadurch aber, dass wir sie so formuliert haben, können wir plötzlich sagen, dass (S3)* *und* (S2) unsere Theorie stützen. Damit sind die Theoreme nicht nur durch die Axiome unterbestimmt, sondern auch von ihnen abhängig. Eine T-Theorie fügt dem allgemeinen Problem der Unbestimmtheit von Referenz und Bedeutung also noch ein weiteres hinzu: durch die Axiome generiert sie selbst Daten, welche die Bestimmung der Bedeutung eines Satzes letztlich verhindern.

Man könnte hier einwenden, dass es auf dieses Problem – analog zum Fall des Informationsproblems – wieder externe und interne Lösungen geben könnte. Aber wieso sollten solche Vorschläge nicht mit den gleichen Problemen behaftet sein? Nehmen wir z. B. einen aus meiner Sicht aussichtsreichen Kandidaten. Ein direkter Versuch, meinem Einwand zu begegnen, könnte in einer leichten Modifikation der Ableitungsregel PR4 bestehen. Zur Erinnerung:

> PR4: Für alle Theoreme T gilt: folgt T einzig aus den Axiomen und Ableitungsregeln der T-Theorie und gibt T ein Schema der Art »*s* ist wahr genau dann, wenn *p*« (wobei *s* eine strukturelle Kennzeichnung eines Satzes der Objektsprache und *p* ein Satz der Metasprache ist), dann ist die Ersetzung von »ist wahr genau dann, wenn« durch »bedeutet, dass« wahrheitserhaltend.

Man könnte beispielsweise den Teil, der hier noch in Klammern steht, etwas expliziter machen und sagen:

> PR4*: Für alle Theoreme T gilt: folgt T einzig aus den Axiomen und Ableitungsregeln der T-Theorie und gibt T ein Schema der Art »*s* ist

---

[224] Für eine ausführliche Diskussion dieser Problematik siehe Lepore und Ludwig 2005, Part II. Siehe auch Williams 2007 und den Sammelband von Lepore 1986.

wahr genau dann, wenn *p*« – wobei *s* eine strukturelle Kennzeichnung eines Satzes der Objektsprache und *p* ein Satz der Metasprache ist, *der kein semantisches Vokabular mehr enthält* – dann ist die Ersetzung von »ist wahr genau dann, wenn« durch »bedeutet, dass« wahrheitserhaltend.

Das würde zunächst ausreichen, um (S3) und (S3)* nicht den Status eines interpretativen T-Theorems zuzugestehen. Allerdings birgt diese Methode ihre eigenen Schwierigkeiten. Z. B. ist nicht wirklich klar, welche Ausdrücke zum semantischen Vokabular gehören und welche nicht. Welches ist beispielsweise das semantische Vokabular in ›»Albert Einstein is the inventor of the theory of relativity« ist wahr genau dann, wenn es ein *x* gibt, *x* = Albert Einstein und *x* der Erfinder der Relativitätstheorie ist‹?

Fest steht nur, dass wir nun auch noch eine Regel in die T-Theorie packen müssen, welche uns sagt, welches das semantische Vokabular der Theorie ist. Das Problem ist nur, dass wir selbst dann nicht *ausschließen* können, dass das von mir beschriebene Problem der Unterbestimmtheit der Theoreme durch die Axiome aufgehoben ist. Denn je nachdem wie wir die referentiellen Axiome formulieren, können sie Informationen implizieren, die nicht in der Theorie spezifiziert werden und somit nicht zum semantischen Vokabular gehören können. Beispielsweise impliziert RA4 (»Albert Einstein« referiert auf *x* gdw. *x* = Albert Einstein), dass ein Objekt einen bestimmten Namen trägt. Diese Information haben wir aber nicht in die Theorie geschrieben. Wenn wir das Axiom aber dazu benötigen, die richtigen Bedeutungen abzuleiten, dann sind wir allein durch seine Formulierung gewissermaßen gezwungen, auch das Theorem (S3) zu akzeptieren.

Ich denke, das Problem, dass ich eben skizziert habe, hängt sehr eng mit einer Schwierigkeit von T-Theorien zusammen, für die schon Scott Soames (2008) argumentierte. Zunächst einmal haben wir das gravierende Problem, dass selbst wenn ich weiß, dass eine T-Theorie interpretativ ist, ich noch lange nicht weiß, welches der Theoreme, das sie ausspuckt, interpretativ ist (das ist letztlich auch mein Unterbestimmtheitsproblem). Ich brauche also unbedingt eine Regel der Art PR4*! Alle Versuche, ohne eine solche auszukommen, scheinen scheitern zu müssen. Nun tritt nach Soames aber folgendes neues Problem auf: ein Theorem der Art PR4* scheint mit einer Reihe von »Bedeutungstheorien« kompatibel, z. B. mit einer »T-Theorie«, welche nicht das Prädikat »ist wahr genau dann, wenn« verwendet, sondern ein völlig obskures.[225] Ob diese obskure Theorie wahr ist, spielt keine Rolle, denn um einen beliebigen Satz zu verstehen, muss ich nur wissen, dass mir das kanonische Theorem PR4* den Satz *s* mit seiner Übersetzung verbindet. D. h.: wie auch immer eine T-Theorie aussieht, wenn sie ein kanonisches Theorem enthält,

---

[225] Siehe Soames 2008, vor allem S. 7.

welches mir für jeden Satz eine Übersetzung auswählt, dann zählt sie als Bedeutungstheorie. Das findet Soames absurd. Ich füge hinzu: letztlich ist es noch schlimmer: die Arbeit, die wir am Anfang einer T-Theorie abverlangten, wird letztlich hauptsächlich durch ein Theorem wie PR4* geleistet. PR4* ist also unsere Bedeutungstheorie und nicht die T-Theorie. Denn letztere würde, wie Soames schon sagt, wahrscheinlich auch ohne das Wahrheitsprädikat auskommen (wenn sie mit einem kanonischen Theorem vervollständigt wird). Also brauchen wir gar keine Wahrheitstheorie.

Zur Erinnerung: meine bisherige Argumentation spielte sich im Rahmen der Extensionsfrage ab. Ich habe dafür argumentiert, dass die genaue Formulierung der referentiellen Axiome einen entscheidenden Einfluss auf die Frage hat, ob eine T-Theorie alle und nur interpretative T-Theoreme zulässt. Das Problem der Unterbestimmtheit der T-Theoreme durch die Axiome streift die Extensionsfrage tatsächlich nur am Rande. Mein Ziel war nicht dafür zu argumentieren, dass die Ableitung eines interpretativen T-Theorems durch die Unterbestimmtheit unmöglich wird. Vielleicht kann man durch eine völlig neue Ableitungsregel dafür sorgen, dass eindeutig entweder (S2) oder (S3) bzw. (S3)* abgeleitet wird. Vielmehr war es mein Anliegen, auf ein grundsätzliches Problem in der Herangehensweise der wahrheitstheoretischen Semantik aufmerksam zu machen. Ihr Umgang mit Referenz als eine abgeleitete, nicht-substantielle Relation, deren Wert sich allein durch ihre Rolle in der T-Theorie bemisst, führt unweigerlich zu einer Unterbestimmtheit der Bedeutung von Sätzen, in denen referentielle Ausdrücke vorkommen. Dieses Problem kann man so zusammenfassen: in den referentiellen Axiomen stecken unweigerlich deskriptive (semantische) Informationen über den Träger eines Namens. Aber nicht alle Informationen, die in ihnen stecken, werden auch explizit angegeben. Machen wir diese nicht explizit, dann laufen wir aber Gefahr, dass die T-Theorie kein hinreichendes Wissen produziert, um eine Sprache zu verstehen, weil sie nicht alle semantischen Informationen zugänglich macht. Machen wir sie aber explizit, dann können wir mehrere Theoreme ableiten und nicht bestimmen, welches interpretativ ist (weil sich die Daten dann der Theorie anpassen).

Mir ist kein Verfahren bewusst, wie wir innerhalb der wahrheitstheoretischen Semantik – aber außerhalb einer T-Theorie – entscheiden könnten, ob (S2), (S3) oder (S3)* die korrekte Bedeutung von »Albert Einstein is the inventor of the theory of relativity« wiedergibt. Alle Interpretationen geben intuitiv die Bedeutung des Satzes wieder und lassen eine rationale Rekonstruktion von Sprecherverhalten zu.[226] Noch einmal: das Problem ist nicht,

---

[226] Wer sich Sorgen macht, dass (S3) ein Problem in modalen Kontexten bekommen könnte, und somit keine rationale Rekonstruktion von Sprecherverhalten erlaubt, sei auf den Abschnitt *Axiome und Starrheit* verwiesen.

dass wir nicht sagen können, was die Bedeutung des Satzes wirklich ist. Das Problem ist, dass die T-Theorie *verschiedene* Bedeutungen impliziert. Einfach eine Regel dazwischenzuschalten, welche entweder (S2), (S3) oder (S3)* als Bedeutungstheorem ausschließt, wäre ein künstlicher Eingriff in die Bedeutungstheorie, und würde dem ursprünglichen Ziel der wahrheitstheoretischen Semantik widersprechen. Ohne eine entsprechende Regelung gibt uns die T-Theorie aber keine befriedigenden Bedeutungsresultate.

4.2 Zwei Argumente gegen direkte Referenz

Die bisherige Argumentation macht hoffentlich deutlich, dass man innerhalb der wahrheitstheoretischen Semantik durchaus auf ernste Probleme trifft, wenn man Referenz als reines Ableitungsinstrument betrachtet und ihre Funktion allein in referentiellen Axiomen ausbuchstabiert. Allerdings könnte man den Spieß auch umdrehen und dafür argumentieren, dass diese Interpretation der Relation Referenz eine Herangehensweise wie jene der Theorien direkter Referenz obsolet macht. Dieser Möglichkeit will ich hier nachgehen.

Die klassischen Thesen der Theorie direkter Referenz beinhalten charakteristische Bezüge zur propositionalen Semantik. Letztere geht davon aus, dass alle Ausdrücke, simpel oder komplex, zusätzlich zu ihrer Referenz einen *Gehalt* haben. Wie genau dieser Gehalt beschrieben wird, ist unterschiedlich. Die gängigste Variante ist wohl ihre Interpretation als Intensionen in einer möglichen Welt Semantik. Ich habe Gehalte im Falle von Sätzen als strukturierte Propositionen konstruiert. Wichtig zunächst ist nur, dass innerhalb der propositionalen Semantik Referenz eine weitaus substantiellere Rolle zugeschrieben wird als in der wahrheitstheoretischen. In Ersterer spielt der Gehalt nämlich eine entscheidende Rolle: er *determiniert* Referenz oder ist *identisch* mit ihr. Und auf die Frage, wie und warum das so ist, muss es eine eindeutige Antwort geben. Das heißt: eine These über den Gehalt eines referierenden Ausdrucks ist – im Unterschied zu referentiellen Axiomen – entscheidbar wahr oder falsch. In der propositionalen Semantik besteht die vorrangige theoretische Aufgabe einer semantischen Theorie darin, den Ausdrücken einer Sprache Gehalte zuzuweisen. Die zentrale Frage der Semantik muss für *Propositionstheoretiker* also lauten: was sind diese Dinge, die Gehalte sind?

Im Falle eines Eigennamens ist die Theorie direkter Referenz sehr konkret: der Gehalt eines Eigennamens ist *identisch* mit seiner Referenz. Der Referenz kommt damit eine außerordentlich wichtige Rolle zu: die Bedeutung des Namens wird zumindest teilweise durch die Referenz konstituiert. Argumente, warum das so sein soll, hatten wir bereits kennengelernt. Laut der wahrheitstheoretischen Semantik begeht man hier aber einen entscheidenden

Fehler: es sei für die Semantik überhaupt nicht von Interesse, die Frage zu klären, was die wirkliche Bedeutung eines Namens ist. Wir sollten uns erst recht nicht darauf festlegen zu sagen, dass die Referenz in einem Fall gar *erklärt*, was die semantische Funktion eines Ausdrucks ist. Vielmehr reicht es aus, wenn wir Referenz als eine abgeleitete Relation interpretieren und Namen mit Axiomen assoziieren. Das liefert uns – je nachdem welche Ziele wir verfolgen – ein elastisches Konzept der Bezugnahme. Die einzige Aufgabe von referentiellen Axiomen ist die Vervollständigung einer T-Theorie. Wenn wir erklären wollen, was man weiß, wenn man eine Sprache versteht, müssen wir uns deshalb überhaupt nicht genau auf die Gehalte eines speziellen Ausdrucks festlegen. Wir müssen nichts Substantielles über die Beziehung des Wortes zu einem Gegenstand aussagen, weil wir diese so anpassen können, bis sie uns das gewünschte Resultat liefert: ein interpretatives T-Theorem. Die Anstrengungen der Philosophie direkter Referenz sind also vergebens.

Ein ähnlicher Einwand zieht sich durch die gesamte Literatur über wahrheitstheoretische Semantik. Er spricht nicht explizit von Referenz, sondern ist ganz allgemein gegen eine propositionale Semantik gerichtet. Der Einwand beruht auf folgendem Unterschied: die propositionale Semantik konstruiert Bedeutungen (grob gesprochen) als eine Art Entität, während sie in der wahrheitstheoretischen Semantik explizit keine Entitäten, sondern im Falle von Sätzen Wahrheitsbedingungen und im Falle von Eigennamen Referenzbedingungen sind.[227] Das sei ein entscheidender Vorteil der wahrheitstheoretischen Semantik. Man findet das entsprechende Argument bereits bei Davidson:

> Consider the expression ›the father of Annette‹; how does the meaning of the whole depend on the meaning of the parts? The answer would seem to be that the meaning of ›the father of‹ is such that when this expression is prefixed to a singular term the result refers to the father of the person to whom the singular term refers. What part is played, in this account, by the unsaturated or incomplete entity for which ›the father of‹ stands? […] It is easy to supply a theory that tells, for an arbitrary one of these singular terms, what it refers to: if the term is ›Annette‹ it refers to Annette, while if the term is complex, consisting of ›the father of‹ prefixed to a singular term *t*, then it refers to the father of the person to whom *t* refers. It is obvious that no entity corresponding to ›the father of‹ is, or needs to be, mentioned in stating his theory.   (Davidson 1967, S. 18)

Dieses Argument richtet sich direkt gegen eine propositionale Semantik wie sie schon Frege im Sinn hatte: einer Semantik, die jedem Ausdruck – einfach oder komplex – einen Referenten bzw. einen Gehalt zuweist. Davidson stört, dass man auf diese Weise keine befriedigende Antwort auf die Frage erhält,

---

[227] Vgl. dazu Sainsbury 2005, S. 53. Ob Bedingungen aber nicht auch Entitäten einer bestimmten Art sind, wird nie diskutiert.

wie die Bedeutung eines zusammengesetzten Ausdrucks durch die Bedeutungen seiner Teilausdrücke generiert wird. Vor allem aber moniert er, dass es keinen explanatorischen Nutzen hat, so etwas wie Gehalte von Ausdrücken anzunehmen (vor allem, wenn man diese als Entitäten konstruiert). Ich will dieses Argument etwas genauer betrachten.

Ich teile dazu die Art von Semantik, die hier kritisiert wird, in drei unterschiedliche Auffassungen: die mögliche-Welt-Semantik, Russell'sche Versionen und Frege'sche Versionen. Ich sagte bereits, dass all diese Positionen die grundsätzliche Herangehensweise an die Semantik eint: alle versuchen, Ausdrücken einer Sprache Gehalte zuzuweisen. Die mögliche-Welt-Semantik gibt hier die Antwort, dass Gehalte Funktionen sind: Funktionen von Auswertungskontexten auf Referenten. Die Intension (Proposition) eines Satzes bspw. ist dann eine Funktion von möglichen Welten in Wahrheitswerte. Wir haben also folgendes Bild: wir bestimmen die Bedeutung von Teilausdrücken eines Satzes, welche dann wiederum eine komplexe Bedeutung eines Satzes ergeben.

Das geschieht auch in einer propositionalen Semantik, die Gehalte von Sätzen als strukturierte Propositionen interpretiert und nicht als Intensionen. Die Idee bei Russell'schen Propositionstheorien war zu sagen, dass die Gehalte der Teilausdrücke eines Satzes auch die Bestandteile der Proposition des Satzes sein müssen. D. h. eine Proposition ist selbst keine Intension, sondern eine strukturierte Entität, deren Bestandteile die Bedeutungen der Ausdrücke enthalten, die den Satz bilden.

Die letzte Variante ist an Frege angelehnt. Fregeaner denken von Propositionen auch, dass sie strukturierte Entitäten sind, allerdings enthalten sie nach ihnen keine Objekte, Relationen und Funktionen, sondern *Sinne*, d. h. Präsentationsmodi. Somit kann man sagen, zwei verschiedene Namen hätten unterschiedliche Gehalte und Sätze, in denen die verschiedenen Namen vorkommen (die den gleichen Referenten haben), drücken somit andere Propositionen aus.

Wichtig ist hier zu beachten, dass alle drei Varianten dem Satz »Albert Einstein is the inventor of the theory of relativity« einen anderen Gehalt, d. h. eine andere komplexe Bedeutung zuweisen würden. Der Fregeaner würde sagen, die Bedeutung des Satzes ist eine strukturierte Proposition, die Sinne beinhaltet, d. h. so etwas wie

⟨Der Sinn von »Albert Einstein«; der Sinn von »is the inventor of the theory of relativity«⟩.

Ein Russellianer würde die Bedeutung anders analysieren:

⟨Albert Einstein; die Eigenschaft, der Erfinder der Relativitätstheorie zu sein⟩.

Schließlich würde ein mögliche-Welt-Semantiker sagen, dass die Bedeutung des Satzes eine bestimmte Intension ist. Die Extension des Satzes ist sein Wahrheitswert. Die Intension ist eine Funktion von möglichen Welten in Wahrheitswerte, also eine Funktion, die besagt, in welcher Welt der Satz wahr und in welcher falsch ist. Eine Funktion mit nur zwei möglichen Werten ist äquivalent zu einer Menge. D. h. eine Funktion von möglichen Welten in Wahrheitswerte ist äquivalent mit einer Menge an möglichen Welten – der Menge an Welten in welcher der Satz den Wahrheitswert »wahr« hat.

Wenn man also sagt, dass der Satz »Albert Einstein is the inventor of the theory of relativity« bedeutet, dass *Albert Einstein der Erfinder der Relativitätstheorie ist*, dann würden alle hier präsentierten Versionen einer propositionalen Semantik eine jeweils andere Antwort darauf geben, wie wir den kursiven Teil zu interpretieren haben: entweder als strukturierte Proposition oder als eine Menge von möglichen Welten. Die Bedeutung des Satzes analysieren also alle drei Varianten als durchaus komplexer als die wahrheitstheoretische Semantik. Was genau besagt nun die Kritik Davidsons?

Es gibt hier letztlich zwei Argumente. Nehmen wir um der Argumentation Willen an, dass die Bedeutung eines Satzes eine strukturierte Russell'sche Proposition ist. Das erste Argument besagt nun, dass es für das Verständnis eines Satzes weder hinreichend noch notwendig sei, ihm eine solche Proposition zuzuweisen. Schauen wir uns die Proposition noch einmal an:

⟨Albert Einstein; die Eigenschaft, der Erfinder der Relativitätstheorie zu sein⟩

Dass uns diese Proposition ein Verständnis des Satzes »Albert Einstein ist the inventor of the theory of relativity« erlaubt, ist nach wahrheitstheoretischer Sicht nur eine Illusion. Was uns nämlich wirklich das Verständnis des Satzes erlaubt, ist der Umstand, dass wir die metasprachlichen Ausdrücke bereits verstehen. Das geordnete Paar der Gegenstände in der Proposition wird durch Ausdrücke spezifiziert, welche die gleiche Bedeutung wie die Ausdrücke der Objektsprache haben. *Deswegen* verstehen wir den Satz, und nicht, weil wir ihm ein bestimmtes Objekt zuweisen.[228] Aus diesem Grund sind Propositionen nicht notwendig, um die Bedeutung eines Satzes anzugeben. Alles, was wir brauchen, ist eine Abbildung auf einen Satz der Metasprache, dessen Ausdrücke die gleiche Bedeutung haben wie jene der Objektsprache. Würden wir uns nämlich auf die Proposition auf andere Weise beziehen, z. B. durch einen Eigennamen wie »Hans« und sagen, »Albert Einstein is the inventor of the theory of relativity« bedeutet Hans, dann hätten wir überhaupt nichts gewonnen. Die Angabe einer Proposition ist also auch nicht hinreichend, um den Satz zu verstehen.

---

[228] Vgl. Lepore und Ludwig 2007, S. 25.

Gleiches gilt auch für die explizite Zuweisung von Sinnen oder dergleichen Entitäten für Teilausdrücke von Sätzen. Auf diese Praktik der propositionalen Semantik (besonders von Frege) bezieht sich auch das oben angeführte Zitat von Davidson. So hat es nach ihm ebenfalls keinen Nutzen zu sagen, Prädikate würden auf Funktionen referieren. Hätten wir einen Ausdruck wie »the father of Albert Einstein« und wüssten, dass »the father of« auf eine spezielle Funktion referiert, die Väter von Personen abbildet, und wüssten zusätzlich auch noch, auf was »Albert Einstein« referiert, so würden wir immer noch nicht wissen, dass die Verknüpfung von »the father of« und »Albert Einstein« auf den Vater von Albert Einstein referiert. Zusätzlich müssten wir nämlich eine Regel kennen, welche besagt, wie wir die beiden Ausdrücke miteinander verbinden müssen oder besser: wir brauchen eine Regel, die uns gegeben eines beliebigen Arguments sagt, wie wir den Wert der Funktion bestimmen, auf die »the father of« referiert. Und wenn wir eine solche Regel ausbuchstabieren, so lautet das Argument, dann haben wir schon alles, was wir brauchen, um den Ausdruck »the father of Albert Einstein« zu verstehen.[229] Es ist nicht nötig, auch noch einen Referenten des Ausdrucks »the father of« einzuführen.

Das zweite Argument besagt, dass uns das Vorgehen, jedem Ausdruck einen Referenten zuzuweisen, nicht ermöglichen wird, den kompositionalen Charakter einer Sprache (vollständig) zu entschlüsseln.[230] Es baut auf dem eben genannten Argument auf: zusätzlich zu den Informationen darüber, worauf einzelne Ausdrücke referieren, brauchen wir Regeln, die uns sagen, wie wir diese Referenten zu einem komplexen Ausdruck formen können. Das heißt, die Angabe einer strukturierten Russell'schen Proposition reicht weder hin, um einen Satz zu verstehen, noch ist sie geeignet darzulegen, wie die Bedeutung eines Satzes von den Bedeutungen der in ihm enthaltenen Teilausdrücke abhängt. Aber da in den besagten Regeln, die wir zusätzlich benötigen, bereits alle Informationen stecken werden, um erstens den Satz zu verstehen (und zwar indem sie, wie beschrieben, Ausdrücke der Objektsprache durch metasprachliche Ausdrücke mit der gleichen Bedeutung spezifizieren) und um zweitens die Kompositionalität zu entschlüsseln, sind Propositionen für die Aufgabe der Semantik auch nicht notwendig.[231]

Letztlich besagen die Argumente also, dass die propositionale Semantik völlig überflüssige Dinge tut, die keinerlei explanatorischen Nutzen haben. Eine substantielle Interpretation der Relation Referenz, eine explizite Zuwei-

---

[229] Vgl. Lepore und Ludwig 2005, S. 46–47.
[230] Vgl. Lepore und Ludwig 2007, S. 26.
[231] Vgl. Lepore und Ludwig 2005, S. 45. Es gibt noch ein weiteres bekanntes Argument Davidsons, in welchem er sich gegen die Auffassung wendet, Sätze auf Wahrheitswerte referieren zu lassen. Ich werde dieses Argument nicht diskutieren. Siehe dazu ebd., S. 49–55 und Davidson 1967.

sung von Referenten für einfache Ausdrücke und die Angabe einer komplexen Bedeutung eines Satzes in Form einer Proposition, sind weder notwendig noch hinreichend, um die Bedeutung eines Satzes tatsächlich zu verstehen.

Ich hatte oben bereits argumentiert, dass die wahrheitstheoretische Semantik Gefahr läuft, keine hinreichenden Bedingungen für das Verstehen eines Satzes anzugeben (dass sie auch nicht notwendig sind, wird allgemein eingestanden). Nun scheint auch die propositionale Semantik in die gleiche Falle zu laufen. Ich denke, es liegt auf der Hand, warum es für eine Theorie direkter Referenz von großer Wichtigkeit ist, diesen Einwänden zu begegnen. Wenn sie überhaupt keinen Nutzen für die Semantik hat, warum noch für sie argumentieren?

Aus der Perspektive eines Verfechters einer Theorie direkter Referenz (und damit einer propositionalen Semantik) ist vor allem der Einwand, dass es nicht notwendig sei, Propositionen als komplexe Bedeutungen zu konstruieren, von besonderer Wichtigkeit. Könnte man ihn aus dem Weg räumen, hätte man wahrscheinlich auch ein Argument an der Hand, Referenz doch als substantielle Relation und nicht nur als ein Instrument zu betrachten. Erinnern wir uns noch einmal: für Davidson spielte es keine Rolle, ob uns die referentiellen Axiome etwas darüber sagen, wie Ausdrücke tatsächlich mit Objekten zusammenhängen, wie Bezugnahme wirklich funktioniert. Er betrachtete sie nur als ein Werkzeug: die Güte von referentiellen Axiomen bemisst sich allein an ihrer Fähigkeit, die richtigen Ergebnisse in Form eines T-Theorems zu liefern.

Was einem als Erstes an den Argumenten der wahrheitstheoretischen Semantik gegen eine propositionale Semantik auffallen sollte, ist, dass sie sehr voreingenommen in Bezug auf die Auffassung sind, was eine semantische Theorie eigentlich leisten sollte. Und hier liegt auch tatsächlich ihre Schwäche. Wenn man sie neutral betrachtet, dann ist das primäre Ziel einer propositionalen Semantik erst einmal nicht die Frage, welches Wissen hinreichend ist, um eine Sprache zu verstehen. Was wir von Theoretikern wie Mill, Frege, Russell, Carnap oder Kripke (nur um einige zu nennen) gelernt haben, sind zunächst (unter anderem natürlich) Antworten auf ganz andere Fragen. Mill versuchte beispielsweise zu klären, welche Rolle Konnotationen (also Beschreibungen) in der Zuweisung von Bedeutungen spielen. Frege wiederum fragte, wie die Bedeutung von sprachlichen Ausdrücken mit Gedanken zusammenhängt, warum Ausdrücke mit scheinbar gleicher Bedeutung einen ganz anderen kognitiven Einfluss ausüben können. Russell interessierte, ob man Sätze wie »Zeus is the inventor of the theory of relativity« nicht einfach als eine Existenzaussage über eine Relation von zwei Eigenschaften analysieren könnte und dadurch das Problem negativer Existenzsätze zu lösen. Carnap und Kripke klärten, wie Bedeutung mit Modalität und dem Konzept der Apriorität zusammenhängt. Das ist zwar nur ein kleiner Ausschnitt dessen, worüber diese Philosophen gearbeitet haben. Aber die Richtung ist klar: es ging ihnen weniger darum zu klären, welche Informationen man benötigt, um einen Satz zu verstehen, sondern es geht vorrangig darum zu klären, was Bedeutung eigentlich *ist* und in welcher Beziehung sie zu anderen theoretischen Konzepten steht. Es geht also um die Frage: was ist die *wirkliche* Bedeutung eines Satzes? Aus dieser Perspektive scheint es also erst einmal unfair einzuwenden, dass man gar kein hochtrabendes Konzept von Bedeutung braucht, weil man auch ohne dieses Wissen eine Sprache verstehen kann. Es ist unangebracht, weil die propositionale Semantik zunächst ein ganz anderes Projekt ist als das der wahrheitstheoretischen Semantik. Im nächsten Kapitel werde ich aber argumentieren, dass diese Kritik nicht nur unfair ist, sondern auch ihr Ziel verfehlt: um eine interpretative T-Theorie zu entwickeln ist es unumgänglich, die Ergebnisse einer propositionalen Semantik zu berücksichtigen.

4.3 Zwei Argumente für direkte Referenz

In Abschnitt 4.1.3 hatte ich dafür argumentiert, dass eine T-Theorie einer Reihe von Unterbestimmtheitsproblemen ausgesetzt ist. Meine entscheidende Argumentation lief grob gesprochen folgendermaßen ab: bevor wir eine T-Theorie ausformulieren, setzt die wahrheitstheoretische Semantik fest, welche Daten eine T-Theorie stützen würden. Mit anderen Worten: wir bestimmen, welche Theoreme interpretativ sind und welche die T-Theorie damit implizieren muss. Allerdings wird die Frage, welche Theoreme interpretativ sind, (spätestens) durch die Formulierung der referentiellen Axiome unterbestimmt. In ihnen stecken Informationen, die andere Bedeutungsresultate mindestens zulassen und streng genommen sogar diktieren.

Die Ursachen der von mir beschriebenen Probleme der wahrheitstheoretischen Semantik liegen letztlich an zwei Stellen. Die erste ist die Voraussetzung, dass eine bestimmte Form von Theoremen interpretativ ist.[232] Damit setzen wir bereits voraus, was ein Satz bedeutet. Die zweite Ursache ist die rein instrumentelle Rolle der referentiellen Axiome. Wenn diese nur dazu dienen, die Bedeutung, die wir festgelegt haben, abzuleiten, dann können wir die semantischen Informationen, die in ihnen stecken, auch nicht mehr als substantielle Informationen über die Bedeutung des Ausdrucks und über die Referenzrelation deuten. Damit wird der Weg zur Lösung des Unterbestimmtheitsproblems verstellt. Dieser Umstand wird letztlich auch zum

---

[232] Hier hilft auch der Verweis auf die Situation der radikalen Interpretation nicht weiter: es ist keinesfalls plausibel, dass nur eine einzige Interpretation das Sprachverhalten anderer rational rekonstruiert, vgl. (S2) und (S3).

4.3 Zwei Argumente für direkte Referenz

Problem der Argumente gegen eine propositionale Semantik, denn letztere hat sich zur Aufgabe gemacht, genau die Probleme zu lösen, denen sich die wahrheitstheoretische Semantik gegenübersieht.

Man muss hier der Fairness wegen erwähnen, dass Anhänger der wahrheitstheoretischen Semantik durchaus Raum dafür sehen, beide Projekte – die wahrheitstheoretische und die propositionale Semantik – miteinander zu verbinden. Lepore und Ludwig beispielsweise schreiben:

> We need not here take any stand on whether a sense or direct reference theory of proper names is correct. Our view is that, no matter which theory is correct, it can be incorporated into a truth-theoretic semantics, and the success of the program does not depend on the outcome of this debate. The relation between the outcome of this debate about proper names and the success of the truth-theoretic approach to semantics for natural language illustrates, we believe, a relation that holds in general between debates about how particular expressions function in natural languages and possible success for the truth-theoretic approach. The success of the truth-theoretic approach does not depend upon the outcome of debates about the semantics of particular expressions.
> (Lepore und Ludwig 2007, S. 102–103)

Wie genau eine T-Theorie mit einer Theorie direkter Referenz kompatibel gemacht werden kann, stellen sich Lepore und Ludwig wie folgt vor:

> [...] object language expressions are assigned truth conditions using terms which translate them. Thus, for proper names in the object language, we use proper names in the metalanguage to translate them. If proper names are simply directly referring terms, then we use a proper name in the metalanguage which is a directly referring term that has the same referent. If there is more to the meaning of proper names, we use a proper name in the metalanguage alike in meaning to the proper name in the object language [...].
> (Lepore und Ludwig 2007, S. 34)

Etwas genauer:

> A direct reference theory of proper names presents no difficulty for a truth-theoretic semantics. In a truth theory for a language, the only semantic property assigned to a proper name is a referent. If assigning a referent to the proper name exhausts its semantic content, then a correct truth theory says all that needs to be said about the contribution of proper names to both truth conditions and meaning of sentences in which they occur.
> ((Lepore und Ludwig 2007, S. 101)

Betrachten wir zur Erläuterung der Zitate (S4):

> (S4) »Albert Einstein is the inventor of the theory of relativity« ist wahr genau dann, wenn Albert Einstein der Erfinder der Relativitätstheorie ist.

Was Lepore und Ludwig meinen ist Folgendes: sollte sich herausstellen, dass die Theorie direkter Referenz für Eigennamen zutrifft, dann kann man dieses Ergebnis leicht in den rechten Teil des Bikonditionals von (S4) integrieren. Tatsächlich scheint (S4) bereits die korrekte Form zu haben. So wie man die Bedeutung von »Albert Einstein is the inventor of the theory of relativity« in (S4) präsentiert, lässt sie eindeutig auf eine Theorie direkter Referenz schließen. Schließlich besagt (S4), dass der Satz »Albert Einstein is the inventor of the theory of relativity« genau dann wahr ist, wenn ein bestimmtes Objekt der Erfinder der Relativitätstheorie ist. Und genau so hatte ich ja direkte Referenz charakterisiert: als eine These über die Rolle von Objekten in Wahrheitsbedingungen.

Tatsächlich stecken in den drei Zitaten eine Menge Informationen über den Umgang mit dem Konzept der Bedeutung in der wahrheitstheoretischen Semantik. Vor dem Hintergrund meiner Argumentation sollten zumindest einige von ihnen aufhorchen lassen. Die zentralen Thesen sind hier:

a) Der Erfolg des wahrheitstheoretischen Programms hängt nicht von den Debatten über die Semantik von Eigennamen ab.
b) Falls eine dieser Debatten tatsächlich zeigen sollte, welche Bedeutung Eigennamen wirklich haben, kann die wahrheitstheoretische Semantik sich entsprechend anpassen.
c) In Wahrheitstheorien für Sprachen ist die einzige semantische Eigenschaft eines Namens sein Referent.
d) Sollte sich zeigen, dass der semantische Gehalt eines Eigennamens vollständig von seinem Referenten erschöpft wird, dann sagt eine Wahrheitstheorie alles, was man über die Bedeutung eines Namens wissen muss.

Ich denke, nur b) ist korrekt. Alle anderen Thesen sind zumindest zweifelhaft. c) scheint schlichtweg falsch zu sein: zwar wird der semantische Wert eines Ausdrucks in T-Theorien allein durch seinen Beitrag zu den Wahrheitsbedingungen von Sätzen bemessen, in denen er vorkommt. Aber dadurch, dass Namen durch referentielle Axiome repräsentiert werden, werden ihnen gewisse linguistische Eigenschaften zugesprochen. Auch diese sind semantische Eigenschaften des Ausdrucks! Wir haben sogar gesehen, dass es gute Gründe gibt, die Axiome als *Sinne* zu charakterisieren. Man könnte nun einwenden, dass man dieses Problem dadurch lösen kann, dass Namen zwei Arten von Bedeutung haben, nämlich einerseits einen Gehalt und andererseits eine Art linguistische Bedeutung. Mit anderen Worten: einen Charakter. Damit wäre auch These d) gerettet. Dieser Ausweg besteht aber deswegen nicht, weil dann allein aus der wahrheitstheoretischen Semantik eine substantielle These über die Bedeutung eines Eigennamens folgen würde, was erstens gegen die ursprüngliche Motivation des Programms spricht und zweitens mit These a) in Konflikt gerät.

4.3 Zwei Argumente für direkte Referenz

Unabhängig davon scheint c) allein schon deshalb zweifelhaft, weil c) mit These b) inkompatibel ist. Wenn die einzige semantische Eigenschaft eines Namens sein Referent ist, dann ist die wahrheitstheoretische Semantik nicht kompatibel mit Auffassungen, die Eigennamen mehrere semantische Eigenschaften zuweisen.

Am problematischsten ist aber eigentlich These a). Lepore und Ludwig meinen, dass wenn wir herausfinden, was ein Eigenname bedeutet, wir dieses Ergebnis derart in die wahrheitstheoretische Semantik integrieren können, dass man einen Namen mit gleicher Bedeutung in der Metasprache verwendet (siehe das zweite Zitat). Nehmen wir also an, eine Theorie direkter Referenz sei korrekt. In diesem Fall gibt uns (S4) das korrekte (interpretative) Theorem. Finden wir aber (zum Entsetzen der Befürworter direkter Referenz) heraus, dass in »Albert Einstein« tatsächlich noch mehr semantische Informationen stecken, z. B. dass er ein theoretischer Physiker war und 1879 in Ulm geboren wurde (und nehmen wir der Einfachheit wegen an, er sei der einzige theoretische Physiker, der 1879 in Ulm geboren wurde), dann brauchen wir ein Theorem der Art (S5):

(S5) »Albert Einstein is the inventor of the theory of relativity« ist wahr genau dann, wenn derjenige theoretische Physiker, der 1879 in Ulm geboren wurde und identisch mit Albert Einstein ist, der Erfinder der Relativitätstheorie ist.

Um dieses Theorem aus einer T-Theorie ableiten zu können, müssten wir – im Gegensatz zu (S4) – natürlich noch gewisse Modifikationen an den Axiomen und Regeln vornehmen. Ich denke, es ist klar, wie diese aussehen müssten.[233] Technisch ist es also kein großes Problem, zusätzliche semantische Informationen, die in Eigennamen stecken, in die T-Theorie einzubauen. b) scheint zu stimmen. Aber was ist dann mit a)? (S4) und (S5) unterscheiden sich substantiell. Welches Bikonditional gibt uns aber die Bedeutung von »Albert Einstein is the inventor of the theory of relativity«? Mit anderen Worten: ist (S4) oder (S5) interpretativ? Mir ist schleierhaft, wie man behaupten kann, dass der Erfolg des wahrheitstheoretischen Programms nicht davon abhängt, ob (S4) oder (S5) die korrekte Bedeutung gibt. Wenn das Ziel einer T-Theorie darin besteht, *interpretative* T-Theoreme abzuleiten, dann muss doch von vorn hinein geklärt werden, welche Theoreme überhaupt interpretativ sind. Solange das nicht geschehen ist, können wir überhaupt nicht sagen, welche T-Theorie hinreicht, um die Bedeutung der Sätze einer Sprache anzugeben. a) ist nur dann richtig, wenn die These nichts Weiteres bedeuten soll als b). Aber eigentlich meint a) noch mehr: dass die wahrheitstheoretische Semantik auch ohne propositionale Semantik hinreicht, um die Bedeutung von Sätzen einer Sprache anzugeben. Erinnern wir uns noch einmal an den

---

[233] Siehe bspw. Larson und Segal 1996, vor allem Kap. 5.2.2, für entsprechende Vorschläge.

Hintergrund: es wurde viel Mühe darauf verwendet zu zeigen, dass die propositionale Semantik überflüssig ist. Und das ist wohl falsch. Nur sie kann letztlich bestimmen, ob (S4) oder (S5) (oder vielleicht ein dritter Kandidat) die korrekte Bedeutung von »Albert Einstein is the inventor of the theory of relativity« angibt.

Aus dem Gesagten sollte man nicht den Schluss ziehen, dass die wahrheitstheoretische Semantik falsche Bedeutungen angibt. Tatsächlich ist ihre Form so biegsam, dass man so gut wie jede Bedeutung ableiten kann. Aber: ohne die Arbeit einer propositionalen Semantik kann nicht entschieden werden, welche T-Theorie uns wirklich interpretative Theoreme angibt, d. h. Theoreme, die ein »bedeutet, dass« enthalten. Ob bspw. (S4) oder (S5) wahr ist (und wie wir das herausfinden können), ist ja eine der Grunddebatten in der propositionalen Semantik. Aus dem Gesagten folgt also, dass die wahrheitstheoretische Semantik durch eine propositionale Semantik ergänzt werden sollte.[234] Und das heißt auch: wir haben ein gutes Argument, die Arbeit, die über direkte Referenz begonnen wurde, fortzusetzen.

Die vorangegangene Argumentation zeigte, dass direkte Referenz und propositionale Semantik einen berechtigten Platz in der Bedeutungsdebatte innehaben: ohne sie können wir letztlich nicht entscheiden, welche T-Theoreme interpretativ sind. Tatsächlich hätte die Integration einer Theorie direkter Referenz noch einen entscheidenden Vorteil für eine T-Theorie: sie löst die von mir beschriebene Unterbestimmtheitsproblematik. Wenn wir Referenz eine substantielle Rolle zugestehen, dann sind nur jene Theoreme interpretativ, die diese Rolle berücksichtigen, d. h. Theoreme wie (S4).[235]

Völlig unabhängig von den genannten Vorteilen gibt es noch ein weiteres Argument für eine substantiellere Rolle für Referenz. Ich hatte bereits dafür argumentiert, dass man nicht nur Eigennamen als direkt referierende Ausdrücke ansehen sollte, sondern auch indexikalische. Indexikalische Ausdrücke erfahren in der wahrheitstheoretischen Semantik eine ähnliche Behandlung wie Eigennamen: sie werden durch referentielle Axiome repräsentiert. Ich denke, dass man auch hier zeigen kann, dass dieser Umgang nicht ausreicht, um eine befriedigende Erklärung von der Bedeutung von Sätzen zu erhalten, in welchen diese Ausdrücke vorkommen. Ich will dazu exempla-

---

[234] Richard Schantz (1996) kommt auf anderem Weg zu demselben Ergebnis. Er schreibt, dass man die wahrheitstheoretische Semantik mindestens mit einer möglichen Welt Semantik anreichern muss und gibt an, wie man dabei vorgehen müsste (siehe S. 90). Allerdings reicht auch das für ihn noch nicht aus, um eine vollständig befriedigende Bedeutungstheorie zu erhalten (siehe vor allem Kap. 3).

[235] Es bleibt die Möglichkeit zu sagen, dass ich der wahrheitstheoretischen Semantik zu viel abverlange. Vielleicht muss sie vervollständigt werden, wie bspw. bei der Informationsfrage. Aber: warum sollte man sie nicht durch eine propositionale Semantik vervollständigen?

4.3 Zwei Argumente für direkte Referenz

risch die Art und Weise erläutern, wie Mark Sainsbury in *Reference without Referents* mit indexikalischen Ausdrücken umgeht.[236]

Der Ausgangspunkt meiner Diskussion ist das Homophonie-Ideal der wahrheitstheoretischen Semantik: in der Metasprache (der Axiome und Theoreme) sollten wir die gleichen Ausdrücke wie in der Objektsprache verwenden. Das Problem ist, dass dieses Vorgehen nicht bei indexikalischen Ausdrücken funktioniert, d. h. bei Ausdrücken, deren Bezug erst durch den Äußerungskontext festgelegt wird. Betrachten wir beispielsweise den Ausdruck »dieses« und das Theorem

(Ta) »Dieses Buch wurde gestohlen« ist wahr genau dann, wenn dieses Buch gestohlen wurde.[237]

Unabhängig davon, ob (Ta) überhaupt wahr ist, das Theorem ist auf jeden Fall nicht interpretativ. Es reicht nicht hin, um den Satz »Dieses Buch wurde gestohlen« zu verstehen. Der Grund ist einfach: indexikalische Ausdrücke versteht man nur, wenn man den Äußerungskontext kennt. Diesen Defekt versucht Axiom (Ab) zu beheben, indem es die Kontextinformationen explizit macht:

(Ab) »Dieses Buch wurde gestohlen« geäußert von p zum Zeitpunkt t ist wahr genau dann, wenn das Buch, auf das von p zu t gezeigt wird, vor t gestohlen wurde.

Sainsbury präsentiert nun einen Einwand: (Ab) erlaubt uns keine angemessene Ableitung darüber, was jemand sagt, wenn er »Dieses Buch wurde gestohlen« äußert, weil (Ab) die Konzepte des ostensiven Bezugs und den konzeptionellen Apparat, Zeitpunkte zu spezifizieren, voraussetzt. Und was »Dieses Buch wurde gestohlen« *tatsächlich* ausdrückt, setzen diese Konzepte eben gerade nicht voraus.[238]

Ich denke, was Sainsbury hier vorschlägt, ist etwas unbefriedigend. Ein Verfechter von (Ab) könnte beispielsweise einwenden, dass man indexikalische Ausdrücke eben nur dann versteht, wenn man über genau diese Konzepte verfügt. Zweitens könnte man derart reagieren zu sagen, dass wenn unser Ziel von Beginn an nur darin besteht, hinreichendes Wissen für das Verstehen eines Satzes wie »Dieses Buch wurde gestohlen« anzugeben, wir die begrifflichen Voraussetzungen beibehalten können, denn (Ab) scheint dann hinreichendes Wissen zu liefern.

Sainsbury hätte aber durchaus etwas Stichhaltigeres einwenden können. (Ab) wäre nämlich wirklich problematisch, wenn man daraus nicht-interpretative Theoreme ableiten könnte. Wie würde das aussehen? Sainsbury

---

[236] Siehe Sainsbury 2005, vor allem S. 54–59.
[237] Dieses Beispiel stammt von Sainsbury, siehe ebd.
[238] Vgl. ebd, S. 54.

selbst schwebt ebenfalls Davidsons Vorstellung des radikalen Interpreten vor. D. h. unsere Wahrheitstheorie sollte so beschaffen sein, als wäre sie nicht nur dadurch entstanden, Bedeutung zu entschlüsseln, sondern auch mit dem Ziel, das Verhalten von Sprechern zu rationalisieren. Stellen wir uns vor, (Ab) erlaubt folgende Ableitung:

(Tb) »Dieses Buch wurde gestohlen« geäußert von Hans am Mittag des 12.12.12 ist wahr genau dann, wenn das Buch, auf das von Hans am Mittag des 12.12.12 gezeigt wird, vor dem Mittag des 12.12.12 gestohlen wurde.

(Tb) würde uns keinen angemessene Bericht dessen geben, was Hans gesagt hat (bzw. dessen, was »Dieses Buch wurde gestohlen« in diesem Fall *bedeutet*), wenn Hans beispielsweise danach sagt: »Ich habe keine Ahnung, was für ein Datum heute ist«. Da man sich eine solche Situation durchaus vorstellen kann, scheint (Tb) nicht interpretativ zu sein, denn dann bedeutete Hansens Äußerung (aus seinem Mund zumindest) nicht, dass das Buch, auf das von Hans am Mittag des 12.12.12 gezeigt wird, vor dem Mittag des 12.12.12 gestohlen wurde. Somit kommt (Ab) als Kandidat für ein interpretatives Theorem nicht in Frage.

Sainsburys eigene Auffassung über indexikalische Ausdrücke löst dieses Problem. Er schreibt, dass im Falle von indexikalischen Ausdrücken die Theoreme nicht (nur) über Sätze quantifizieren dürfen, sondern die einzelnen Äußerungen berücksichtigen müssen. Dies kann man erreichen, indem man Axiome einführt, die zunächst den allgemeinen Hintergrund beschreiben, in welchem der Sprecher die indexikalischen Ausdrücke verwendet. Auf diese Beschreibung muss sich dann das Theorem an der *p*-Stelle (›*s* ist wahr genau dann, wenn *p*‹) durch anaphorische Ausdrücke zurück beziehen.[239] Das würde dann so aussehen:

(Ab*) Für alle *x*, falls der Sprecher der Äußerung »Das ist *F*« das »das« verwendete, um auf *x* (zum Zeitpunkt *t*) zu referieren, dann ist seine Äußerung wahr genau dann, wenn *x F* erfüllt.

Um die Äußerungssituation zu beschreiben, kann der *Reporter* für das *x* einsetzen, was er will. Z. B. können wir folgendes Theorem bilden:

(Tb*) Falls Hans am Mittag des 12.12.12 in der Äußerung »Dieses Buch wurde gestohlen« den Ausdruck »dieses« verwendete, um auf ein Exemplar von *Word and Object* zu referieren, dann ist seine Äußerung wahr genau dann, wenn *es* »wurde gestohlen« erfüllt.

Der Vorteil dieses Theorems ist, dass der Reporter Hilfsmittel und Konzepte in seiner Beschreibung verwenden kann, die dem Sprecher nicht bekannt sein

---

[239] Vgl. ebd., S, 55–56.

4.3 Zwei Argumente für direkte Referenz

müssen. Durch die anaphorische Rückbindung garantiert das Axiom bzw. Theorem, dass die Ausdrücke der *p*-Stelle die richtigen Referenten haben. Dadurch haben wir nicht über Sätze quantifiziert: an die *p*-Stelle tritt kein spezieller Satz, der den Gehalt der Äußerung wiedergibt. Damit würde Hansens Äußerung selbst dann noch Sinn machen, wenn er danach äußert »Ich habe keine Ahnung, welches Datum heute ist.«

Nach Sainsbury sind es vor allem zwei Dinge, die wir von der Indexikalität lernen: erstens, dass das Homophonie-Ideal der wahrheitstheoretischen Semantik nur ein Ideal bleiben wird. Zweitens lernen wir etwas über die Determination von Referenz, denn im Gegensatz zu Axiomen von singulären Termen sagt uns ein kontextabhängiges Axiom wie (Ab*) nichts darüber, welchen Referenten das *x* hat.[240] Woher kommt diese Information dann?

Hier gibt es nach Sainsbury zwei Möglichkeiten:[241] entweder wir schaffen es, die generellen *Fähigkeiten* von Sprechern, Referenten von Ausdrücken zu determinieren, in Axiomen zu beschreiben. Diese Axiome würden uns dann in jedem Kontext den Referenten eines Ausdrucks liefern. Kombiniert man dann diese Axiome mit konditionalen Axiomen wie (Ab*), haben wir eine semantische Theorie, die vollständig die Ausdrücke einer (indexikalischen) Sprache interpretiert.

Oder aber, eine vollständige Axiomatisierung ist nicht möglich (diese Variante hält Sainsbury für wahrscheinlicher). D. h., dass eine entsprechende Referenztheorie von außerhalb der semantischen Theorie kommen muss. Hier hat man nach Sainsbury wieder zwei Möglichkeiten, wie das aussehen könnte. Erstens könnte man sagen, dass die semantische Theorie erfordert, dass zuerst die Referenten determiniert werden, dass das aber nicht die Aufgabe einer semantischen Theorie sei. Zweites könnte man versuchen, schlichtweg jeden einzelnen Gebrauch eines indexikalischen Ausdrucks entsprechend zu axiomatisieren, so wie in (Tb*). Dann wäre Semantik zwar eine *unendliche* Geschichte, gäbe uns aber wenigstens Anweisungen, wie wir in jedem weiteren Schritt, bei jeder weiteren Axiomatisierung, vorgehen müssten.

Sainsbury sieht durchaus Probleme mit dieser letzten Herangehensweise. Z. B. scheint es für bestimmte indexikalische Ausdrücke durchaus hinreichende generelle Axiome zu geben, beispielsweise für »Ich«. Ein entsprechendes (häufig verwendetes) Axiom wäre etwa:

(Ai) Für alle x, u, wenn x u äußert und u »Ich« enthält, dann referiert dieses Vorkommen von »Ich« auf x.[242]

---

[240] Vgl. ebd., S. 56.
[241] Vgl. ebd., S. 57.
[242] Siehe ebd., S. 58.

(Ai) scheint genügend Informationen bereitzustellen, um den Referenten von »Ich« zu determinieren. Aber auch (Ai) stößt an Grenzen, etwa wenn zusätzliche Kontextinformationen benötigt werden, z. B. wenn Dolmetscher wortwörtlich übersetzen. In so einem Fall referiert »Ich« nicht auf ihn, also denjenigen, der *u* äußert, sondern auf denjenigen, dessen Äußerung übersetzt wurde. Sainsbury scheint also recht zu haben: indexikalische Ausdrücke sind durchaus problematisch in ihrer Axiomatisierung. Das größte Problem aber, das Sainsbury an seinem Vorschlag der schrittweisen Axiomatisierung sieht, ist folgendes: Semantik wird so zu einer unendlichen Geschichte. Wenn wir für jede einzelne Verwendung eines indexikalischen Ausdrucks schrittweise Axiome einführen müssen, ist die Aufgabe der Semantik niemals abgeschlossen.[243]

Ich denke, dieser Vorschlag birgt zusätzlich eine weitaus größere Schwierigkeit für die grundlegende Zielsetzung der wahrheitstheoretischen Semantik. Sie resultiert aus dem, was Sainsbury selbst andeutet: dass wir auf diese Weise potentiell unendlich viele Axiome erhalten. Das führt nämlich letztlich dazu, dass man zugeben müsste, dass man im Falle indexikalischer Ausdrücke jedes Mal dann, wenn man eine neue Verwendungsweise durch eine entsprechende Axiomatisierung in die Theorie eingebettet hat, ein neues Wort gelernt hat. Denn (Ab*) gibt uns nicht die Bedeutung des Ausdrucks »dieses«, sondern gibt uns nur eine Regel an die Hand, wie wir entsprechende Verwendungsweisen von »dieses« axiomatisieren können. Jedes Mal also, wenn »dieses« geäußert wird, müssen wir ein neues Axiom bilden, d. h. erst lernen, den Ausdruck zu verstehen. Das scheint auf der einen Seite schlichtweg absurd. Auf der anderen Seite widerspricht dieses Vorgehen der These und dem Ausgangspunkt der wahrheitstheoretischen Semantik: dass wir aufgrund eines endlichen Vokabulars unendlich viele Ausdrücke bilden können. Die indexikalischen Ausdrücke scheinen sich diesem Ideal zu entziehen: brauchen wir für jede Verwendung ein eigenes Axiom, gibt es unendlich viele von ihnen.

Ich denke, Sainsbury antizipiert diese Probleme, betrachtet sie aber nicht als gravierend. Interessant ist nämlich der Schluss, den Sainsbury aus alldem zieht:

> Even so, the theory at any given stage illustrates how we are to proceed in applying it to new cases, and in this way it mirrors our semantic competence. *The fact remains that reference determination has eluded theory.* This should raise wider anxieties: for referring expressions, reference is contribution to truth conditions; if, for a given class of expressions, that contribution eludes theory, why not for expressions in general? Might not the contribution which general terms or quantifiers make to truth conditions also be dependent upon

---

[243] Siehe ebd., S. 58–59.

context in a way which brings into play the wide range of cognitive skills which resists axiomatization? While this anxiety deserves to be explored, this is not the place. Truth-theoretic approaches, even if they involve a large dose of idealization, can still show why there is no need to think of meanings as entities, and, by their focus on compositional features, help deter *ad hoc* ›analyses‹. (Sainsbury 2005, S. 59. Meine Hervorhebung))

Zwei Dinge sind es, die Sainsbury hier schließt. Erstens, dass die Kontextabhängigkeit von natürlichen Sprachen bzw. indexikalischen Ausdrücken ein Grund ist, Referenz eine weitaus wichtigere Rolle einzuräumen, als bspw. Davidson das tat. Für Sainsbury muss eine Referenztheorie entweder in die semantische Theorie eingebettet werden, oder sie extern vervollständigen, um den Vorgang der Interpretation abzuschließen. Referenz ist damit wohl eine grundlegendere Relation, die erläutert werden muss und keine bloß abgeleitete, rein instrumentelle. Die zweite Folgerung ist negativ: wir brauchen dennoch keine derart substantielle Interpretation von Referenz, dass sie zu einer propositionalen Semantik führt. Letztere bleibt überflüssig. Ich denke, der Hintergrund dieser negativen Implikation ist die Angst, dass Sainsbury nicht in die gleiche »Falle« wie propositionale Semantiker tappen will. Denn diese schlossen aus der Indexikalität der Sprache, dass man Bedeutung nur dann vollständig erfasst, wenn man Gehalte einführt (die dann eben auch als bestimmte Arten von Entitäten verstanden werden) und erklärt, wie diese Gehalte zugewiesen werden. Das geschieht durch eine Referenztheorie bzw. Relation, ohne welche Semantik nicht denkbar ist. Sainsburys Vorschläge zur Vervollständigung einer semantischen Theorie scheinen das zu vermeiden, denn er führt keine Gehalte ein.

Für meine Zwecke ist vor allem entscheidend, dass indexikalische Ausdrücke deutlich darauf hinweisen, dass eine T-Theorie nicht ohne eine Referenztheorie für einzelne Ausdrücke auskommen kann. Wir haben also – neben der wichtigen Rolle der propositionalen Semantik – einen weiteren Grund anzunehmen, dass eine Theorie direkter Referenz einen Platz in der Semantik braucht. Denn direkte Referenztheorien können genau die Probleme vermeiden, die auf Sainsbury lauern. Direkte Referenztheorien erläutern die Funktionsweise eines indexikalischen Ausdrucks durch *Regeln*, die den Ausdrücken Gehalte zuweisen. Diese Regeln sind die *Charaktere* von Ausdrücken, Funktionen von *Äußerungs*kontexten auf Gehalte. Gehalte sind dann die Dinge, die uns für jeden *Auswertungs*kontext eine Referenz liefern. Klassischerweise heißt das: Charakter plus Kontext determiniert den Gehalt, d.h die Referenz. Indexikalische Ausdrücke haben also einen variablen Charakter, der uns in Verbindung mit Kontextinformationen über den Äußerungsrahmen einen Referenten (für einen Auswertungskontext) liefert.[244]

---

[244] Das heißt nicht, dass der Charakter vollständig deskriptiv sein muss. Er kann auch so beschaf-

Natürlich muss man dann die schwierige Frage beantworten, wie genau der Charakter aussehen muss (dazu gleich mehr). Man kann aber ohne Probleme sagen, dass man zwar Kontextinformationen benötigt, um den Referenten eines indexikalischen Ausdrucks zu bestimmen, dass man durch den Charakter aber nur *einmal* das Wort lernen muss. Das Verhältnis zwischen Semantik und Referenztheorie ist auch geklärt: die Referenztheorie gibt uns Gehalte, die Gehalte die semantischen Werte. Ein Satz, in welchem ein indexikalischer Ausdruck vorkommt, drückt nach der Theorie direkter Referenz eine Proposition aus, die ein Objekt enthält, aber nicht den Charakter des Ausdrucks. D. h. auch hier wird berücksichtigt, dass man die Bedeutung eines indexikalischen Ausdrucks nicht einfach durch Gehalte bzw. Referenten erschöpfend erklären kann. Nur befinden sich alle Informationen, die in einem Äußerungskontext benötigt werden, um den Referenten zu bestimmen, in den Charakteren.[245] Das wäre eine dritte Möglichkeit, mit dem von Sainsbury aufgeworfenen Problem umzugehen. Leider schenkt er dieser Variante keine Beachtung. Ich denke, die Theorie direkter Referenz hat auf die Frage des Verhältnisses von Referenz- und Bedeutungstheorie die viel natürlichere Antwort zu bieten. In Kombination mit dem ersten Argument, welches besagte, dass die wahrheitstheoretische Semantik nicht ohne die Ergebnisse der propositionalen auskommt, hat man mehr als genug Rechtfertigung für eine Theorie direkter Referenz.[246] In Bezug auf die Charakterregeln eines Namens muss man, wie ich bereits erläutert habe, Sainsbury natürlich darin zustimmen, dass die Bestimmung eines *Referenten* über die Semantik hinausgeht. Aber welche Rolle die Referenz in der Semantik spielt und wie beide miteinander zusammenhängen, kann die Theorie direkter Referenz meines Erachtens besser erklären.

Ich denke also, dass auch in Bezug auf indexikalische Ausdrücke die Theorie direkter Referenz der wahrheitstheoretischen Semantik voraus ist, bzw., dass sie fundamentalere Arbeit leistet (genau wie im Falle der propositionalen Semantik). Ich hatte bereits erörtert, dass die entsprechenden Autoren zugeben, eine Theorie direkter Referenz in Bezug auf *Namen* sei mit der wahrheitstheoretischen Semantik vereinbar. Aber ist auch die Interpretation indexikalischer Ausdrücke über Charaktere mit der wahrheitstheoretischen Semantik kompatibel? Und wenn ja, wie?

---

fen sein, dass er durch eine Geste angereichert werden muss. Vgl. dazu Balaguer 2011 für eine Diskussion.

[245] Jedenfalls jene Informationen, die man linguistisch fruchtbar machen kann. Natürlich müssen Sprecher zusätzlich eine ganze Reihe kognitiver Fähigkeiten mitbringen, um in einem Kontext tatsächlich einen Referenten bestimmen zu können. Siehe dazu Campbell 2006.

[246] Aus dem, was ich hier sage, folgt nicht, dass man eine Theorie direkter Referenz wählen *muss*. Auch andere Vorschläge erfüllen meine Bedingungen, z. B. neo-Frege'sche Theorien.

4.3 Zwei Argumente für direkte Referenz

Um diese Fragen zu beantworten, müssen wir uns erst einmal im Klaren sein, wie Charaktere von indexikalischen Termen aussehen können. Grundsätzlich gibt es hier zwei Herangehensweisen: entweder man unterscheidet zwischen verschiedenen Arten von indexikalischen Ausdrücken – oder eben nicht. Im ersten Fall braucht man für jeweils andere Typen von Ausdrücken andere Arten von Charakteren. Im zweiten Fall muss man sich entscheiden, welche Art von Charakter man den indexikalischen Termen zuweist. Ich werde mich nur um den zweiten Fall kümmern, weil er platzsparender zu erörtern ist. Es lässt sich aber dann jeweils leicht ableiten, wie man die Charaktere gemäß dem ersten Vorschlag aufdröseln kann.

Einer gängigen Unterteilung entsprechend, die auf Kaplan zurückgeht,[247] kann man indexikalische Ausdrücke in *reine* indexikalische Ausdrücke und *demonstrative* indexikalische Ausdrücke unterteilen. Da ich hier keine Unterteilung vornehmen will, muss ich mich also entscheiden: entweder man deutet alle als rein, oder alle als demonstrativ. Wenn alle indexikalischen Ausdrücke rein indexikalisch sind, dann heißt das nichts anderes, als dass alle einen vollständig deskriptiven Charakter haben, welcher die linguistische Bedeutung des Ausdrucks repräsentiert. Sind sie hingegen demonstrativ indexikalisch, dann heißt das, ihr Charakter ist nicht vollständig, sondern muss durch eine Geste, d. h. einen ostensiven Bezug komplettiert werden (welcher dann durch eine Beschreibung, etwa wie das entsprechende Objekt aussieht, in den Charakter integriert werden muss).

Beginnen wir mit der reinen Interpretation. Nach ihr sehen die Charaktere der Ausdrücke »Ich« und »dieses« etwa folgendermaßen aus:

Charakter von »Ich«: dthat[die Person, die das Token von »Ich« äußert]
Charakter von »Dieses«: dthat[das kontextuell hervorgehobene Objekt][248]

Für die demonstrative Interpretation kann man nicht ohne Weiteres allgemeine Charaktere angeben: wie gesagt, sie müssen erst durch eine Geste bzw. Beschreibung vervollständigt werden. Diese kann ganz davon abhängen, wie dem jeweiligen Verwender eines Ausdrucks das Objekt gegeben ist, auf das er referieren will. Zum Beispiel:

Charakter von »Ich«: dthat[derjenige, dessen Worte übersetzt werden;...]
Charakter von »Dieses«: dthat[die Kopie von *Word and Object*, die auf dem Tisch liegt ...]

Diese Interpretation der Charaktere bedeutet natürlich, dass die vollständigen Charaktere nicht die linguistische Bedeutung des Ausdrucks sein dürfen.[249]

---

[247] Siehe Kaplan 1989a und 1989b.
[248] Der Operator »dthat« stellt sicher, dass der jeweilige Ausdruck ausschließlich den Referenten zu den Wahrheitsbedingungen eines Satzes beiträgt, in dem er vorkommt.
[249] Für eine Diskussion dieser beiden Charakter-Varianten siehe Balaguer 2011.

Man kann hier schön sehen, wie die letzte Variante mit dem Vorschlag Sainsburys zusammenhängt. Die demonstrative Interpretation impliziert, dass jede Verwendung eines indexikalischen Ausdrucks durch etwas vervollständigt werden muss, d. h. jede Verwendung axiomatisiert werden muss. Im Falle von »Dieses« verkörpert bzw. axiomatisiert (Ab*) genau diese Einsicht. Für das x können wir ja einsetzen, was wir wollen, d. h. auch die Beschreibung, wie sie im Charakter gegeben ist. Doch wie bekommt man die reine Interpretation integriert? Letztlich bietet uns auch (Ab*) diese Möglichkeit: wir müssen für das x einfach nur die reinen Charaktere einsetzen.

Ich will hier nicht zeigen, wie eine Einbettung von Charakteren in eine T-Theorie formal aussehen müsste. Man bräuchte – in meiner Formulierung – mindestens noch syntaktische und semantische Regeln für den dthat-Operator. Ich denke jedoch, dass meine Überlegungen zeigen, dass zumindest Sainsburys Vorschläge Raum für eine Integration direkter Referenz in die wahrheitstheoretische Semantik auch in Bezug auf indexikalische Ausdrücke erlauben.

4.4 Referentielle Axiome und Starrheit

Nachdem meine bisherigen Überlegungen stark darauf hindeuten, dass die wahrheitstheoretische Semantik nicht ohne eine substantiellere Interpretation von Referenz (und auch Bedeutung) auskommt, hole ich in diesem Abschnitt zu einem letzten Schlag aus: auch die Behandlung von Starrheit macht es für die Anhänger Davidsons unumgänglich, ihre ursprüngliche Aversion gegen eine entscheidende Rolle einer Referenztheorie abzulegen.

Rufen wir uns ein referentielles Axiom ins Gedächtnis:

RA5: »Isaac Newton« referiert auf x gdw. x = Isaac Newton

In diesem Axiom ist weder die Rede von aktualen, noch von kontrafaktischen Situationen. Im Prinzip sollte das Axiom also mit einer Reihe von modalen Thesen kompatibel sein, auch solchen, die den Starrheitsintuitionen in Bezug auf Eigennamen widersprechen. Aber das ist nicht weiter tragisch. Der Ansatz, Eigennamen durch referentielle Axiome zu repräsentieren, wäre nur dann in ernsthafter Gefahr, wenn er nicht mit Starrheit kompatibel wäre. Nicht kompatibel wären die Axiome vor allem dann, wenn man sie deskriptiv formulieren würde, also beispielsweise.:

RA5*: »Isaac Newton« referiert auf x gdw. x der Verfasser der *Philosophiae Naturalis Principia Mathematica* ist.

Argumente, warum ein solches Axiom Starrheit keine Rechnung tragen kann, hatten wir bereits kennengelernt. Zur Wiederholung: ich halte eine Kombina-

4.4 Referentielle Axiome und Starrheit

tion aus zwei verschiedenen Argumenten Kripkes für den stärksten Einwand gegen Axiome nach Art RA5*. Kripke argumentierte, dass man einen Namen doch verstehen kann, ohne eine definite Beschreibung des Namensträgers zu kennen. Wer weiß schon, welches Buch Newton genau geschrieben hat? Während man hier noch einwenden könnte, dass man nur tief genug graben müsste, um eine solche eindeutig identifizierende Information zu finden, z. B. durch explizite Kontextinformationen über die Verwendung eines bestimmten Namens, entzieht ein weiteres Argument Kripkes selbst diesem Ansatz den Grund: wir können Namen selbst dann verstehen, wenn wir völlig falsche Informationen über den Träger mit dem Namen assoziieren. Wir können uns vorstellen, dass Isaac Newton gar nicht der echte Verfasser der *Philosophiae Naturalis Principia Mathematica* war, sondern etwa Robert Hooke. Wenn wir nun aber sagen »Isaac Newton war ein Zeitgenosse Robert Hookes« und das Axiom RA5* anwenden, dann hätten wir eigentlich gesagt, dass Robert Hooke ein Zeitgenosse Robert Hookes war. Und das scheint absurd.

Die beiden eben genannten Argumente geben uns genug Spielraum, um gängige deskriptivistische Versuche, Axiome wie RA5* zu retten, abzulehnen. Denn ein Axiom wie

> RA5**:»Isaac Newton« referiert auf x gdw. x der **aktuale** Verfasser der *Philosophiae Naturalis Principia Mathematica* ist.

ist genau dann falsch, wenn wir uns über die Information, die in dem Axiom steckt, irren. Der Aktualitätsoperator hilft uns also auch nicht weiter.[250]

RA5* und RA5** kommen also nicht für eine semantische Theorie in Frage, weil sie nicht mit Starrheit kompatibel sind.[251] Die bisher suggerierte Form der referentiellen Axiome – wie RA5 – hat dieses Problem auf den ersten Blick nicht. Durch die Bedingung, die RA5 auf der rechten Seite des Bikonditionals formuliert, nämlich identisch mit Isaac Newton zu sein, ist

---

[250] Soames (1998) hat die Diskussion um den Aktualitätsoperator auf eine weitere Ebene gehoben. Scheinbar verletzt die Einführung des Aktualitätsoperators unseren Gebrauch von Namen in propositionalen Einstellungskontexten. Nehmen wir an, Peter glaubt, dass Isaac Newton Physiker war. Betrachten wir diesen Glauben in zwei unterschiedlichen epistemischen Möglichkeiten, M1 und M2. M1 ist die aktuale Welt. M2 ist eine Welt, die sich nur marginal von M1 unterscheidet. Der einzige Unterschied ist der, dass in M1 eine gerade Anzahl von Fischen im Bodensee schwimmt, während in M2 eine ungerade Zahl an Fischen vorherrscht. Rigidifizieren wir aber einen Namen wie »Isaac Newton« unter Mithilfe des Aktualitätsoperators, dann glaubt Peter, je nachdem welche Welt wir als aktual betrachten, unterschiedliche Dinge. Das scheint unbefriedigend.

[251] Das ist den entsprechenden Autoren durchaus bewusst, siehe bspw. Larson und Segal 1996, Kap. 5. Dass man Starrheit *braucht*, ist an sich aber schon eine substantielle These über Referenz: Namen referieren nicht über gewöhnliche Beschreibungen. Hier ist überhaupt nicht klar, wie sich die entsprechenden Autoren erklären, wie man eine solch starke These mit der instrumentellen Rolle der Referenz- und T-Theorie verbinden kann.

sichergestellt, dass das Axiom, sofern wir es unter kontrafaktischen Bedingungen testen, in jeder möglichen Welt Isaac Newton als Referenten hat. Denn nur Isaac Newton kann die Bedingung erfüllen, identisch mit Isaac Newton zu sein. Allerdings taucht hier ein unangenehmes Problem auf. Vergegenwärtigen wir uns dazu noch einmal den ersten Schritt in der Ableitung des T-Theorems eines Satzes, in welchem »Isaac Newton« vorkommt. Nehmen wir wieder unseren Kandidaten »Isaac Newton is the inventor of the theory of relativity«. Hierfür benötigen wir die Regeln

EA1*: Für alle Ausdrücke α gilt: »α is the inventor of the theory of relativity« ist wahr genau dann, wenn α auf x referiert und x der Erfinder der Relativitätstheorie ist.

und

PR1*: $\dfrac{\varphi(p) \quad p \leftrightarrow q}{\varphi(q)}$

Damit können wir nun ableiten:

Schritt 1: »Isaac Newton is the inventor of the theory of relativity« ist wahr genau dann, wenn »Isaac Newton« auf x referiert und x der Erfinder der Relativitätstheorie ist.

EA1*

Schritt 2: »Isaac Newton is the inventor of the theory of relativity« ist wahr genau dann, wenn x = Isaac Newton und x der Erfinder der Relativitätstheorie ist.

PR1* und RA5

Hier sehen wir noch einmal sehr plastisch, wie ein referentielles Axiom agiert: die beiden Bedingungen, nämlich den Namen »Isaac Newton« zu tragen und die Bedingung, identisch mit Isaac Newton zu sein, erlauben Schritt 1 auf Schritt 2. Was passiert aber, wenn wir den Satz bzw. das Axiom in einer Welt auswerten, in welcher Isaac Newton nicht existiert? Hier bekommen wir ein Problem, denn RA5 ist falsch in dieser Welt: aus dem Umstand, dass nichts identisch mit Isaac Newton ist, folgt nicht, dass »Isaac Newton« nicht referiert. Daraus folgt auch, dass Schritt 2 sehr problematisch ist: werten wir Sätze aus, in denen Modaloperatoren vorkommen, dürfen wir »N referiert auf x« nicht einfach mit »$x = N$« ersetzen, da sich beide Ausdrücke völlig anders verhalten.

Meiner Meinung nach gibt es zumindest einen Ausweg aus diesem Dilemma. Man könnte mein Argument blockieren, indem man eine seiner Voraussetzungen attackiert. Ich setze nämlich voraus, dass die Reichweite der metasemantischen Beschreibung (auf der linken Seite des Referenzaxioms) die Welt ist, in der der Satz *ausgewertet* wird. Man könnte also versuchen, die linke Seite des Bikonditionals ausdrücklich auf die aktuale Welt zurückzubinden und damit die Frage aufzulösen, ob und wie ein Name in kontrafaktischen Situationen referiert. Dafür gibt es mehrere Möglichkeiten. Die erste, die ich vorstellen möchte, stammt von Larson und Segal (1995 und Segal 2001). Hier wird eine spezielle Sicht über Individualkonzepte mit einer kausal-deskriptivistischen Variante verknüpft (welche man wohl auch noch rigidifizieren muss). Das heißt dann ungefähr Folgendes: der metasemantische Name auf der rechten Seite des Bikonditionals steht für einen Individualbegriff. Letzterer wählt in jeder Welt den gleichen Referenten aus. Ein Individualbegriff ist eine Intension – eine Funktion von möglichen Welten und Zeiten in Extensionen. In RA5 steht der Ausdruck *Isaac Newton* auf der rechten Seite des Bikonditionals also für einen Individualbegriff, d. h. für eine Funktion, die Isaac Newton zu jedem Welt-Zeit-Punkt herausgreift. Das stellt die Starrheit (der rechten Seite des Bikonditionals) sicher. Und diese Idee ist auch kompatibel mit der Auffassung, dass Eigennamen nicht deskriptiv sind. Da jede kontingente identifizierende Eigenschaft einer Entität nicht in jeder möglichen Welt auf die Entität zutrifft, wäre ein konstantes Individualkonzept eines Eigennamens nicht äquivalent zu dem Individualkonzept, das eine definite Beschreibung ausdrücken würde (weil dieses einfach eine oder mehrere Eigenschaften ausdrückt).[252]

Kommen wir zur linken Seite. Diese ist nach Segal eine Art Abkürzung für eine namensgebende Zeremonie.[253] Obwohl dieser Punkt von Segal nicht ausgearbeitet wird, scheint mir die plausibelste Interpretation zu sein, dass der Name *Isaac Newton* – auf der linken Seite des Bikonditionals – seine Referenz durch folgenden Zusatz erhält: das Individuum, das während der Zeremonie getauft wurde, welche (im Kontext K) der Ursprung von »Isaac Newton« ist.[254] Wir können also, wenn das Individualkonzept einen Referenten in einer Welt herausgreift, schließen, dass in der aktualen Welt Isaac Newton das Individuum ist, das am Anfang der Verwendungskette von »Isaac Newton« steht. Das scheint erstmal befriedigend, die oben genannten Problem treten nun nicht mehr auf.

---

[252] Die entsprechenden Beschreibungen, die ein Sprecher mit einem Ausdruck und damit mit einem Individualbegriff verbindet, werden nach Larson und Segal auch nicht in dem Begriff gesammelt, sondern in einem von ihm verschiedenen *Dossier*. Diese Beschreibungen determinieren die Referenz nicht. Siehe dazu Larson und Segal 1996, vor allem Kap. 5.4. Siehe auch Abbott (2010) für eine umfangreiche Ausarbeitung der semantischen Funktionsweise von Individualbegriffen.

[253] Vgl. Segal 2001, S. 553.

[254] Dieser Vorschlag ist angelehnt an Haas-Spohn (1995). Die Ursprünge dieser kausal-historischen Theorie der Referenz liegen wohl bei Kripke (1980) und Donnellan (1972).

Aufgrund meiner vorigen Ausführung sollte klar sein, was ich nun einwenden werde: mit der genannten Interpretation der Bestandteile eines referentiellen Axioms sagen wir nun eigentlich alles über Referenz, was man sich nur wünschen kann. Referenz ist somit alles andere als eine abgeleitete Relation oder ein reines Instrument. Wir haben letztlich, um die referentiellen Axiome kompatibel mit Starrheit zu machen, genau die Dinge analysiert und getan, die in der propositionalen Semantik gang und gäbe sind. Fast noch schlimmer: interpretieren wir die rechte Seite eines referentiellen Axioms als Individualbegriff, kann man nicht mehr von direkter Referenz sprechen. Wenn die rechte Seite einen Individualbegriff »markiert«[255], dann ist man darauf festgelegt, dass der Beitrag eines Namens zur Bedeutung eines Satzes ein Individualbegriff ist.[256] Denn der metasemantische Ausdruck kommt ja auch in dem T-Theorem vor, das mithilfe des Axioms abgeleitet werden soll. Bedeutung wird somit wieder zur Entität, Individualkonzepte zu propositionalen Komponenten, die wahrheitstheoretische Semantik wird auf die propositionale Semantik gebaut.

Die zweite Möglichkeit, das oben genannte Problem zu lösen, ist in dieser Hinsicht auch nicht besser: das Axiom durch einen metalinguistischen Deskriptivismus anreichern, d. h. die linke Seite des Bikonditionals mit »derjenige, der in der aktualen Welt ›Isaac Newton‹ genannt wird«, zu interpretieren. Aber natürlich findet auch bei dieser Möglichkeit meine Kritik Anklang.

Funktionieren beide Varianten auch, wenn man die rechte Seite nicht als Begriff interpretiert? Wenn ja, dann braucht man andere Lösungen für propositionale Einstellungskontexte, oder leere Namen. Man könnte jetzt natürlich auch versuchen zu sagen, dass aus meinen Überlegungen nur folgt, dass wir referentielle Axiome nicht als Bikonditionale formulieren dürfen, sondern dass sie wohl einfach eine andere Form brauchen, z. B. »›N‹ referiert auf N«. Wenn wir aber bereit sind, so weit zu gehen, dann sind wir vollends in der propositionalen Semantik gelandet, denn dann müssen wir *zuerst* klären, was Starrheit ist, bevor wir anfangen können, die Bedeutungen von Namen zu repräsentieren.

---

[255] Vgl. Larson und Segal 1996, S. 184: »[…] different metatheoretic names are used for marking different concepts in the mind of the object-language speaker.«
[256] Genau so eine Theorie entwickelt bspw. Abbott (2010)

4.5 Konklusion oder: die Lehren der referentiellen Axiome

Was kann man von meiner Analyse der wahrheitstheoretischen Semantik lernen? Die erste Lehre lautet, dass man wohl doch eine substantielle Referenztheorie braucht, um die Semantik zu vervollständigen. Die Auflösung der Unterbestimmtheit der Theoreme durch die Axiome, die Einbettung indexikalischer Ausdrücke in eine Bedeutungstheorie und der erfolgreiche Umgang mit Starrheit gelingt selbst in der wahrheitstheoretischen Semantik nur über eine substantielle Interpretation der Referenzrelation. Die einzige ernstzunehmende Alternative zur propositionalen Semantik braucht also auch einen elaborierten Begriff von Referenz. Wir haben dadurch mehr als genug Rechtfertigung, die Ausarbeitung einer grundlegenden Referenztheorie voranzutreiben.

Eine weitere wichtige Erkenntnis war, dass man referentielle Axiome nicht in eine Wahrheitstheorie einbetten kann, ohne dadurch metasemantische Informationen über den entsprechenden Ausdruck und seinen Referenten zu generieren. Man darf meine Ausführungen hier nicht falsch verstehen: ich halte das Projekt, nach dem Wissen zu suchen, dass hinreichend für das Sprechen und vor allem Verstehen einer Sprache ist, für sehr wertvoll. Die Suche nach einem Algorithmus, der Bedeutungen entschlüsselt, halte ich für einen interessanten Ansatz. Die wahrheitstheoretische Semantik leistet hier sicher viel. Ich meine aber auch, dass sie als allgemeine Bedeutungstheorie keinesfalls unabhängig von einer propositionalen Semantik funktioniert. Wie dem auch sei: wenn es nicht möglich ist, referentielle Axiome in eine T-Theorie zu integrieren, ohne metasemantische Informationen preiszugeben – etwa, der aktuelle Träger eines bestimmten Namens zu sein –, d. h. wenn es nicht möglich ist, das Wissen, dass ein Verwender eines Namens internalisiert hat, ohne eine direkte Verbindung zu den genannten Informationen anzugeben, dann sollte man diesen Umstand als starkes Indiz dafür ansehen, dass Eigennamen *tatsächlich* solche Informationen transportieren. Das spricht meiner Meinung nach ungemein *für* eine der Varianten, die in dieser Arbeit zur Sprache kamen: den metalinguistischen Deskriptivismus oder eben mein Ansatz. Die Analyse der wahrheitstheoretischen Semantik deutet also darauf hin, dass die entsprechenden Namenstheorien tatsächlich einen zentralen Aspekt von Sprache einfangen. Wie wir die Ergebnisse meiner Erläuterungen mit *direkter* Referenz kompatibel machen können, habe ich versucht zu zeigen. Dazu muss man die semantische Information, die in den Axiomen steckt, als linguistische Bedeutung rekonstruieren.[257] D. h. zwar, dass Kaplan falsch lag, wenn er dachte, der Charakter eines Eigennamens sei identisch mit seinem

---

[257] Das könnte man auch als eigenständige Lehre meiner Analyse auszeichnen. Wie ich bereits erwähnte, meinen einschlägige Autoren aus dem Bereich der wahrheitstheoretischen Semantik,

Gehalt. Auf der anderen Seite gibt uns diese Einsicht aber eine Möglichkeit, das von mir im ersten Teil der Dissertation aufgeworfene Problem zu lösen: interpretiert man die semantischen Informationen in referentiellen Axiomen als Charakter, dann kann man auch die gängigen Probleme der Theorie direkter Referenz lösen, ohne dass Namen indexikalisch werden.

---

dass man die Theorie direkter Referenz einfach in ihr Programm integrieren kann. Hier zeigt sich, dass das nur geht, wenn substantielle Änderungen an Kaplans ursprünglichem Vorschlag vorgenommen werden: man muss Eigennamen eine linguistische Bedeutung in Form eines Charakters zusprechen (welcher nicht identisch ist mit seinem Gehalt).

5.
Propositionale Einstellungen

Was haben wir bis hierhin erreicht? Ich habe eine Theorie direkter Referenz entwickelt, die eine subtile Interpretation von (nicht-leeren) Eigennamen erlaubt, ohne dabei die Grundintuitionen der Theorie zu verletzen. Die ausschlaggebende Intuition hinter direkter Referenz habe ich in den objektinvolvierenden Wahrheitsbedingungen gefunden. Schon diese Feststellung brachte wichtige Erkenntnisse mit sich: semantisch gesehen ist direkte Referenz mit Starrheit äquivalent und somit kein epistemologisches Konzept. Aber es gab noch mehr grundsätzliche Thesen. Vor allem ist hier die Erkenntnis zu nennen, dass man speziell im Falle von Eigennamen keinerlei deskriptivistische Elemente in die Theorie einführen darf. Denn die Theorie direkter Referenz ist auch auf die Einsicht gebaut, dass der Referenzmechanismus, der hinter *Eigennamen* steht, nicht semantisch relevant sein darf. Dieser Umstand verhindert letztlich auch die Interpretation von Eigennamen als indexikalische Ausdrücke: hätten sie einen kontextsensitiven Charakter, wäre der Referenzmechanismus erstens semantisch relevant und zweitens gäbe es dann kaum noch Raum für die metasemantische Rolle der kausalen Theorie der Referenz. Auch ein kausaler Deskriptivismus scheidet aus, denn auch er würde der Intuition zuwiderlaufen, dass der Referenzmechanismus nicht semantisch verwertbar ist. Eine weitere elementare These der Theorie direkter Referenz ist die Interpretation von semantischen Gehalten: der Gehalt eines Satzes ist eine strukturierte (singuläre) Proposition, welche aus den Gehalten der einzelnen Ausrücke des Satzes zusammengesetzt ist. Der Gehalt eines direkt referierenden Ausdrucks ist dabei genau das Objekt, auf das er referiert. Es hat sich gezeigt, dass die Theorie in dieser Hinsicht relativ unflexibel agiert: um die Erklärungskraft der Theorie beizubehalten, müssen koreferentielle Ausdrücke die gleichen Gehalte haben.

Diese Grundthesen zusammengenommen scheinen insbesondere in Bezug auf die Interpretation von Eigennamen in eine äußerst starre Theorie zu münden. Viele Philosophen ziehen aus ihnen den Schluss, dass der Theorie direkter Referenz unter diesen Umständen nichts anderes übrig bleibt als Namen schlichtweg als Platzhalter für Objekte zu analysieren, die eben keinerlei andere *Bedeutung* haben als das Objekt, für das sie stehen. Meine Untersuchung hat gezeigt, dass dieser Schluss zu voreilig ist. Wir können Namen Charaktere zuschreiben, die Informationen über die Funktionsweise des *Namens* enthalten, die aber keinerlei deskriptive Informationen über den *Referenten* beinhalten. Diese Art von Information habe ich *Referenzbedin-*

gung oder auch *Referenzaxiom* genannt. Sie sind in hinreichendem Maße substantiell, um den kognitiven Unterschied zweier unterschiedlicher aber koreferentieller Ausdrücke zu begründen, aber auch hinreichend rudimentär, dass jeder, der einen Namen versteht, diese Information mit dem Namen verbindet. Weisen wir Eigennamen einen Charakter in Form eines referentiellen Axioms zu, dann haben Eigennamen eine komplexe Bedeutung, ohne dass auch nur eine der grundlegenden Thesen der Theorie direkter Referenz verletzt wird. Ihr Charakter besagt schlicht, *dass* sie (direkt) auf ein bestimmtes Objekt referieren – und auf welches. Es wurde ebenfalls gezeigt, dass dieser Charakter zwar von anderer Natur als der Charakter von etwa indexikalischen Ausdrücken ist, dass man ihn aber dennoch in die Theorie direkter Referenz integrieren kann. Der Schlüssel hierbei war das Aufbrechen der Beziehung von Autonomie und Kontextsensitivität: es ist nicht so, dass der Charakter eines Ausdrucks autonom in Bezug auf Operatoren agieren muss, *weil* er kontextsensitiv ist. Vielmehr sind Autonomie vor Operatoren und Kontextsensitivität voneinander verschieden. Dadurch konnte ich (ein gewisses Maß an) Informationen in den Charakter eines Namens einbinden, ohne dass der Ausdruck kontextsensitiv wird, und ohne dass diese Informationen semantisch relevant werden (in dem Sinne, dass sie etwa bei der Auswertung modaler Sätze eine Rolle spielen). Es werden mit diesem Ansatz also alle Vorteile der Interpretation von Eigennamen als indexikalische Ausdrücke bewahrt (indem die metasemantischen Informationen eine erklärende Rolle spielen), aber ohne deren Nachteile einzukaufen.

Obwohl ich in den vorangegangenen Kapiteln immer wieder erwähnt habe, dass diese Anreicherung der Theorie direkter Referenz eine umfassende Verbesserung der Theorie ist, will ich die entsprechenden Möglichkeiten in diesem Kapitel noch einmal vertiefen und am Beispiel von propositionalen Einstellungen diskutieren. Das ist wichtig, denn propositionale Einstellungen wie Wissen, Wünschen, Hoffen oder Glauben stellen in gewisser Weise ein Sonderproblem auch für meinen Ansatz dar. Denn es gibt eine weitere grundlegende und bestimmende These von Theorien direkter Referenz: dass propositionale Einstellungen immer Einstellungen eines Agenten in Bezug auf eine Proposition sind. Wir befinden uns hier also gewissermaßen im Herrschaftsbereich der *Gehalte*. Und ich habe oben angesprochen, dass man die Theorie eben nicht auf der Gehaltsebene anreichern darf, weil man ansonsten große Teile ihrer Erklärungskraft verliert. Allerdings kommt es im Bereich propositionaler Einstellungen zu folgendem Problem für eine (auch meine) Theorie direkter Referenz: nach der Theorie direkter Referenz bestehen die Propositionen von Äußerungen, in denen direkt referierende Terme vorkommen, zum Teil aus eben jenem Objekt, das dieser Term bezeichnet. In diese singulären Propositionen fließen nicht die Präsentationsmodi dieser Objekte mit ein. Das heißt, dass z. B. durch Eigennamen oder indexikalische Ausdrücke wie »Ich«, »jetzt« oder »dieser« Objekte in Propositionen geladen werden. Der Beitrag dieser Ausdrücke zu Propositionen, ihr propositionaler Bestandteil, *ist identisch mit ihrem Referenten*. Aus diesem Grund sind die Präsentationsmodi nach der Theorie direkter Referenz kein Bestandteil der Propositionen. Nun ist es aber so, dass nach der Theorie direkter Referenz die Propositionen dasjenige sind, was die Objekte bzw. Gehalte unserer *Überzeugungen* sind. Kognitiv relevant (und signifikant) sind also Propositionen (und nicht Sätze). Daraus ergibt sich ein Problem. Nehmen wir an, Peter hat unter anderem die folgenden beiden Überzeugungen: ›Charlie Sheen ist ein Schauspieler‹ und ›Carlos Irwin Estévez ist kein Schauspieler‹. Nehmen wir dazu noch an, Peter sei ein rationaler Agent, d. h. er hat keine offensichtlich widersprüchlichen Überzeugungen und er hat gute Gründe für beide Überzeugungen. Was Peter aber nicht weiß: Charlie Sheen *ist* Carlos Irwin Estévez. Nun würden wir sagen, dass Peter die beiden eben genannten Überzeugungen haben kann, ohne dass seine Rationalität darunter leidet. Das scheint deshalb möglich zu sein, weil unsere kognitiven Einstellungen die Art und Weise berücksichtigen, *wie* uns ein Objekt gegeben ist: im Fall von Peter dasselbe Objekt einmal *als* Charlie Sheen und einmal *als* Carlos Irwin Estévez. Nun sagt uns die Theorie direkter Referenz aber etwas anderes: da die Präsentationsmodi nicht in den Gehalt einfließen, sind die Propositionen, dass Charlie Sheen Schauspieler ist, und dass Carlos Irwin Estévez Schauspieler ist, in jeder Hinsicht identisch. Mit anderen Worten: Peter hat Überzeugungen, die sich ganz offensichtlich widersprechen. Nach den neu-Fregeanern bspw. ist dieses Resultat absolut inakzeptabel. In einem bestimmten Sinn hat Peter nach ihnen keine sich widersprechenden Glaubensinhalte. Der Grund ist (nach ihnen) klar: in Propositionen fließen Präsentationsmodi mit ein. Sie fordern daher die Aufgabe der neu-Russellianischen Propositionstheorie (bzw. der Theorie direkter Referenz).

Propositionale Einstellungen sind auch deshalb wichtig, weil sie Anomalien für die Theorie direkter Referenz enthalten, die nicht allein dadurch zurückgewiesen werden können, dass man verneint, dass ein Satz wie »Hesperus ist Phosphorus« informativ ist.[258] Denn der Streit um die *Informativität* einer Aussage ist nicht unmittelbar auf scheinbar divergierende *Wahrheitswerte* von Aussagen übertragbar (weshalb mein Lösungsansatz für erstere (noch) nicht weiterhilft). Außerdem scheint das Problem propositionaler Einstellungen das zentrale Problem für die Theorie direkter Referenz zu sein, im Gegensatz etwa zu leeren Namen. Mit letzteren hat jede Semantik ihre Probleme, nicht nur die Theorie direkter Referenz.[259]

---

[258] Vgl. Salmon 1990.
[259] Siehe z. B. Brock 2004 oder Santambrogio 2015.

Dass die Theorie direkter Referenz im Falle des eben genannten Peter impliziert, dass die Aussage »Peter glaubt, dass Carlos Irwin Estévez Schauspieler ist« wahr ist, ist ein Resultat der Definition direkter Referenz selbst. Schauen wir sie uns noch einmal an:

Dir. Ref. 4: Ein Term t ist direkt referentiell genau dann, wenn
(i) es ein Objekt x gibt, so dass
(ii) t auf x referiert, und
(iii) alle (objektsprachlichen!) Sätze ...t... wahr sind genau dann, wenn ...x...

Diese Definition gilt ausdrücklich für alle Sätze. Warum das plausibel ist, hatte ich bereits erörtert. Zum Beispiel impliziert diese Definition ein Substitutionsprinzip für modale Satzkontexte. Manche nennen es auch das *Schema modaler Transparenz*:

Schema modaler Transparenz: Für alle x, wenn $x = N$, dann gilt notwendigerweise/möglicherweise, dass $\varphi(x)$ genau dann, wenn es notwendig/möglich ist, dass $\varphi(N)$.[260]

Alles, was notwendigerweise oder möglicherweise über Charlie Sheen wahr ist, muss auch notwendigerweise bzw. möglicherweise über Carlos Irwin Estévez wahr sein (sofern Charlie Sheen = Carlos Irwin Estévez). Allerdings folgt aus der Definition Dir. Ref. 4 nicht nur die Transparenz modaler Satzkontexte, sondern eben auch die Transparenz von *propositionalen* Einstellungskontexten:

Schema der Transparenz von Einstellungen: Für alle x und y, wenn $x = N$, dann glaubt y, dass $\varphi(x)$ genau dann, wenn y glaubt, dass $\varphi(N)$.[261]

Eine Konsequenz der Transparenz von Einstellungen ist, dass Peter glaubt, dass Charlie Sheen Schauspieler ist *genau dann, wenn* er glaubt, dass Carlos Irwin Estévez Schauspieler ist. Für viele Philosophen ist dieses Ergebnis inakzeptabel, weil man (intuitiverweise) eine Wahrheit ausdrückt, wenn man (dem genannten Beispiel folgend) sagt »Peter glaubt *nicht*, dass Carlos Irwin Estévez Schauspieler ist«. Zumindest erfordert es eine Erklärung, warum dem angeblich nicht so sein soll.

Ich will in diesem Kapitel einige Lösungsansätze für dieses Problem diskutieren. Dabei stellt sich die Schwierigkeit, dass die Literatur und die entsprechenden Theorien über die Semantik von Berichten über propositionale Einstellungen überaus reichhaltig sind. Eine umfassende Analyse der Vor-

---

[260] Vgl. Dorr 2014, S. 25.
[261] Vgl. ebenda, S. 26. Für »glaubt« kann man auch jedes andere intensionale Verb einsetzen, das eine propositionale Einstellung zum Ausdruck bringt, z. B. »weiß«, »wünscht« oder »hofft«.

und Nachteile aller Ansätze kann hier nicht geleistet werden. Ich werde mich daher auf Ansätze konzentrieren, die zumindest die Grundintuitionen der Theorie direkter Referenz in Bezug auf simple Sätze (d. h. Sätze, die kein intensionales Vokabular enthalten) teilen. Ich sehe hier vor allem zwei Kategorien von Analysen, die relevant sind: die kontextabhängigen und die pragmatischen Lösungsansätze. In Abschnitt 5.1 werde ich drei Varianten kontextabhängiger Analysen von Glaubensberichten erläutern. Ich werde dafür argumentieren, dass die kontextabhängigen Analysen erstens nicht mit meiner Version direkter Referenz zu verbinden sind. Zweitens präsentiere ich in 5.2 einige Probleme, die sie prinzipiell nicht lösen können. Im Anschluss werde ich in Kapitel 5.3 einen pragmatischen Ansatz präsentieren und dafür argumentieren, dass dieser durch meine Ausführungen über den Charakter von Eigennamen verbessert werden und damit eine befriedigende Lösung auf das Problem propositionaler Einstellungen liefern kann.

5.1 Kontextsensitivität

Wenn Sätze über propositionale Einstellungen *kontextsensitiv* sind, dann ist es generell falsch zu behaupten, dass es genau eine Proposition gibt, die ihren Gehalt angibt. Sie gleichen demnach Sätzen, in denen indexikalische Ausdrücke vorkommen. Ein Satz, der ein Verb über eine propositionale Einstellung beinhaltet, kann also eine ganze Reihe von zulässigen Propositionen ausdrücken. Cian Dorr (2014) etwa schlägt vor, diese Menge an verschiedenen Interpretationen wiederum in einheitliche (*uniform*) und uneinheitliche (*non-uniform*) Interpretationen aufzuteilen. Einheitliche Interpretationen zeichnen sich dadurch aus, dass alle relevanten Ausdrücke (insbesondere jene, die sich wiederholen) des entsprechenden Satzes auf die gleiche Weise interpretiert werden. Somit kann man nach Dorr sagen, dass

> (G) »Obwohl Pascal Mercier = Peter Bieri, glauben dennoch viele Leute, dass Pascal Mercier ein Schriftsteller ist, ohne zu glauben, dass Peter Bieri ein Schriftsteller ist«

eine wahre, uneinheitliche zulässige Interpretation besitzt, nämlich eine, welche bspw. »Pascal Mercier« so interpretiert, dass sich der Ausdruck auf eine Kombination aus deskriptiven Tatsachen bezieht, dass »Peter Bieri« aber »nur« auf ein Objekt referiert. Die Gültigkeit des Schemas der Transparenz von Einstellungen kann man dann so begründen, dass sich logische Gültigkeit nur auf einheitliche Interpretationen beruft. Dass das Schema ungültige Instanzen hat, kann man auch zulassen, allerdings beziehen diese sich immer auf uneinheitliche Interpretationen.

Beruft man sich auf die Kontextsensitivität von Sätzen über propositionale Einstellungen, muss man die Frage beantworten, welche Ausdrücke der entsprechenden Sätze Kontextabhängigkeiten *erzeugen*. Die Antwort Dorrs besteht darin, die *Komplementklauseln* von Einstellungsverben als kontextsensitiv zu deklarieren. Demnach wären also

(1) Pascal Mercier ist Schriftsteller.
(2) Peter Bieri ist Schriftsteller.

in (nicht-einheitlichen) Interpretationen von Sätzen, in denen Einstellungsverben vorkommen, kontextsensitiv, d. h. drücken unterschiedliche Propositionen aus. Diese Variante ist nicht mit der von mir beschriebenen Semantik singulärer Propositionen kompatibel, nach welcher (1) und (2) notwendigerweise die gleichen Propositionen ausdrücken (sofern Pascal Mercier = Peter Bieri). Man müsste also davon ausgehen, dass (1) und (2) sehr feinkörnige Propositionen ausdrücken, die mehr Elemente enthalten als singuläre strukturierte Propositionen, beispielsweise entsprechende Präsentationsmodi. Nur was ist dann mit dem Schema der Transparenz von propositionalen Einstellungen? Wenn man dieses Schema ebenfalls beibehalten will, muss man (wie Dorr) argumentieren, dass *jede* Interpretation eines Satzes, der (1) und (2) enthält (wie (G)) und ihnen kontextbedingt unterschiedliche Propositionen zuweist, eine nicht-einheitliche Interpretation ist. Dadurch wäre die Gültigkeit des Schemas garantiert, da die Gültigkeit nur von einheitlichen Interpretationen abhängt. Schließlich muss man noch dafür argumentieren, dass einheitliche Interpretationen unter Umständen verlangen, dass unterschiedliche Wörter die gleichen semantischen Werte erhalten. Das könnte man im Falle von (1) und (2) dadurch begründen, dass obwohl sie unterschiedliche Propositionen ausdrücken (können), dennoch beide Propositionen in dem Sinne äquivalent sind, dass sie (zumindest in der aktualen Welt) der gleichen Person die gleiche Eigenschaft zuweisen. Letztlich besagt die Position also, dass das Schema

(S) »Für alle *x*, wenn Peter Bieri = Pascal Mercier, dann glaubt *x*, dass Peter Bieri ein Schriftsteller ist genau dann, wenn *x* glaubt, dass Pascal Mercier ein Schriftsteller ist«

gültig ist genau dann, wenn die Interpretation von (S) einheitlich ist, d. h. wenn »Pascal Mercier ist ein Schriftsteller« und »Peter Bieri ist ein Schriftsteller« die gleichen Propositionen ausdrücken.

Ich will hier nicht im Detail diskutieren, inwiefern diese Variante plausibel ist, weil sie ohnehin nicht mit der von mir entworfenen Theorie kompatibel ist, da sie Dir. Ref. 4 direkt widerspricht. Ich sehe aber einige Probleme mit diesem Ansatz. Die Substitution koreferentieller Ausdrücke in propositionalen Einstellungskontexten wird immer auch zu einer Änderung der ausgedrückten Proposition führen (da die benötigten fregeanischen Propositionen derart feinkörnig sein müssen, dass sie auch kleinste Unterschiede in den Präsentationsmodi berücksichtigen können). Das hat zur Folge, dass ein Satz wie »Peter glaubt, dass Fotograf ein Beruf ist genau dann, wenn Peter glaubt, dass Photograph ein Beruf ist« falsche (zulässige) uneinheitliche Lesarten hat. Das scheint eine zu starke Konsequenz zu sein.

Ein grundsätzlicheres Problem liegt in der Begründung der Gültigkeit des Schemas der Transparenz von Einstellungen. Wenn man dessen Gültigkeit über einheitliche Interpretationen definiert, dann verschiebt man die Diskussion einfach auf eine andere Ebene: anstatt darüber zu streiten, ob das Schema der Transparenz von Einstellungen gültig ist, kann (und muss) man sich nun streiten, ob folgendes Schema gültig ist:

Schema der Einheitlichkeit in Einstellungen: Für alle x und alle y, wenn $x = N$ und y glaubt, dass $\varphi(x)$, dann gibt es für alle Kontexte c eine zulässige Interpretation unter welcher y glaubt, dass $\varphi(N)$.

Die Theorie von Dorr setzt letztlich voraus, dass es für jeden Kontext, in dem ein Glaubensbericht geäußert wird, eine zulässige einheitliche Interpretation des Gesagten gibt – ansonsten wäre das Schema der Transparenz von Einstellungen nicht gültig. Seine Theorie impliziert daher das Schema der Einheitlichkeit. Da man Letzteres also verteidigen muss, wenn man das Schema der Transparenz beibehalten will, sehe ich den Vorteil der geschilderten Theorie verschwinden: das Schema der Einheitlichkeit scheint mir ebenso kontrovers wie das Schema der Transparenz.

Crimmins und Perry (1989)[262] gehen einen ganz anderen Weg in der Analyse von Einstellungsberichten. Grundsätzlich befürworten Crimmins und Perry eine russellianische Analyse von Propositionen als singuläre (abstrakte) Entitäten. (1) und (2) drücken nach ihnen also die gleiche Proposition aus. Sie bewegen sich außerdem noch insoweit in der russellianischen Tradition, als dass sie Propositionen als dasjenige interpretieren, was die Glaubensinhalte sind. Allerdings bestreiten Crimmins und Perry, dass aus dem Umstand, dass (1) und (2) die gleichen Propositionen ausdrücken, folgt, dass die Sätze

(3) Paul glaubt, dass Pascal Mercier ein Schriftsteller ist.
(4) Paul glaubt, dass Peter Bieri ein Schriftsteller ist.

unter genau den gleichen Umständen wahr sind. Vielmehr gibt es nach Crimmins und Perry Kontexte, in denen (3) wahr ist, während (4) eindeutig falsch ist – obwohl sowohl (3) als auch (4) über Paul aussagen, dass er *von* Peter Bieri glaubt, dass *er* Schriftsteller ist. Die entsprechende Begründung beruft sich unmittelbar auf die von Crimmins und Perry vertretene Metaphysik von

---

[262] Siehe auch Crimmins 1992.

Überzeugungen, d. h. aus der Auffassung, was Überzeugungen sind und aus welchen Bestandteilen sie zusammengesetzt sind.

Überzeugungen sind nach Crimmins und Perry konkrete Strukturen in den Gehirnen von Agenten. Sie sind also selbst nicht die Glaubensobjekte. *Was* jemand glaubt, ist eine Proposition, d. h. Agenten haben Überzeugungen, deren Gehalte (oder Inhalte) Propositionen sind. Allerdings wehren sich Crimmins und Perry gegen die Auffassung, dass man Überzeugungen bereits *vollständig* dadurch analysieren kann, indem man diese Gehalte durch abstrakte Bedeutungskonstruktionen wie singuläre Propositionen klassifiziert. Vielmehr sind Überzeugungen konkrete Entitäten, die komplexe Relationen zu Wahrnehmungen, Handlungen und anderen konkreten kognitiven Strukturen beinhalten. Wichtig ist hier vor allem, dass Überzeugungen *Begriffe (notions)* und *Ideen* beinhalten (Begriffe und Ideen sind selbst wieder konkrete Einzeldinge). Begriffe haben einzelne Individuen als Gehalte, Ideen haben Eigenschaften als Gehalte. Der springende Punkt ist nun der, dass ein Agent mehrere (kausal voneinander unabhängige) Begriffe von ein und demselben Objekt haben kann. Dazu sagen Crimmins und Perry:

> Our view is that, in reporting beliefs, we quite often are talking about such notions, although our belief reports do not explicitly mention them. The general solution to the puzzles is to allow a condition on particular beliefs, over and above a content condition, to be part of the claim made. The version of this strategy we shall pursue here is to take this further condition always to be a specification of the notions that are supposed to be involved in the ascribed belief.
>
> We shall say that a notion that a belief report is about is an *unarticulated constituent* of the content of the report – it is a propositional constituent that is not explicitly mentioned.
>
> (Crimmins und Perry 1989, S. 697. Originale Hervorhebung)

Wenn wir also davon berichten, was jemand glaubt, dann drücken wir eine weitere Bedingung aus, die der Glaube erfüllen muss. Eine Bedingung, die darüber hinausgeht, dass der Glaubensinhalt in dem Bericht korrekt wiedergegeben wird. Der Bericht ist wahr nämlich nur dann, wenn er den richtigen Gehalt angibt und zusätzlich die Begriffe enthält, unter welchen der entsprechende Agent den Inhalt glaubt. Diese Begriffe fließen nach Crimmins und Perry in die Propositionen ein, die wir durch Glaubensberichte ausdrücken – obwohl ihnen kein syntaktisches Element des Satzes entspricht. Deswegen sind sie *unartikulierte Konstituenten*. (4) kann also falsch sein, während (3) wahr ist, nämlich genau dann, wenn der Kontext so beschaffen ist, dass Paul nicht über den entsprechenden Pascal-Mercier-Begriff von Peter Bieri verfügt. Dass er über ihn verfügt, wird aber in diesem Fall (implizit) durch (4) ausgesagt. (3) und (4) drücken also schlichtweg andere Propositionen aus (Propositionen sind immer noch strukturierte Entitäten, können aber Be-

5.1 Kontextsensitivität

griffe von Objekten enthalten). Deswegen können sie auch unterschiedliche Wahrheitswerte haben. Es kommt dann auf den Kontext an, welche Wahrheitswerte sie haben. Genauer gesagt legt der (extra-linguistische) Kontext erst fest, auf welche unartikulierten Konstituenten sich der Glaubensbericht bezieht. Allerdings muss man hier vorsichtig sein:

> It would be misleading, however, to say that, in the case of unarticulated constituents, the context alone does the job. The whole utterance – the context and the words uttered – is relevant to identifying the unarticulated constituent. Thus, a change in wording can affect the unarticulated constituent, even though it is not a change in an expression that designates that constituent. Suppose I am in Palo Alto talking on the phone to someone in London; we both know that it is morning in Palo Alto and evening in London. If I say, »It's exactly 11 A.M.,« I will be taken to be talking about the time in Palo Alto; if I had said, in the same context, »It's exactly 8 P.M.,« I would be taken to be talking about the time in London. (Crimmins und Perry 1989, S. 700)

Die Theorie von Crimmins und Perry befriedigt also auf der einen Seite die Grundintuition von direkter Referenz, dass die Substitution koreferentieller Ausdrücke nicht die Proposition beeinflusst, die semantisch (und syntaktisch kodiert) ausgedrückt wird. Allerdings kann es vorkommen, dass die Substitution beeinflusst, auf welchen Begriff in einem *Glaubensbericht* implizit referiert wird.[263] Dabei legen die geäußerten Worte in Kombination mit extra-linguistischen Fakten fest, auf welchen unartikulierten Bestandteil sich der Bericht bezieht. Dadurch wird die Theorie einerseits der fregeanischen Intuition gerecht, dass das Schema der Transparenz von Einstellungen nicht korrekt ist; andererseits impliziert die Theorie nicht, dass Namen selbst einen Sinn oder eine andere deskriptive Bedeutung haben.

Letztlich könnte der Ansatz, den ich in dieser Arbeit entwickelt habe, nur einen kleinen Teil zu Crimmins und Perrys Auffassung beitragen. Zum Beispiel ließe sich durch referentielle Axiome begründen, auf welche zusätzlichen (meta-semantischen) Informationen sich Glaubensberichte beziehen. Allerdings müsste man dazu die Auffassung vertreten, dass Namen eben doch eine (rudimentäre) deskriptive Bedeutung haben, die in den Gehalt einfließen kann. Letztlich entsteht dadurch das Problem, dass der Ansatz von Crimmins und Perry nicht mit der Version direkter Referenz kompatibel ist, die ich hier entworfen habe. Nach meinen Ausführungen folgt direkte Referenz aus dem Verhalten eines Ausdrucks in *allen* Sätzen, was unmittelbar das Schema der Transparenz von Einstellungen impliziert. Ich kann also nicht zulassen, dass in Glaubensberichten die Substitution eines koreferentiellen Ausdrucks dazu

---

[263] Es könnte also auch so sein, dass der Kontext derart beschaffen ist, dass sich (3) und (4) auf die gleichen unartikulierten Konstituenten beziehen und damit exakt die gleiche Proposition ausdrücken.

führen kann, dass eine andere Proposition ausgedrückt wird. Das würde die globale Substitution untergraben. Crimmins und Perry sind also nur auf den ersten Blick mit direkter Referenz kompatibel, nicht auf den zweiten.

Der Ansatz von Crimmins und Perry sieht sich außerdem einer Reihe von unmittelbaren Einwänden ausgesetzt.[264] Einer der problematischsten Aspekte ihrer Theorie ist die Kombination der Kontextabhängigkeit von Glaubensberichten mit unartikulierten Konstituenten. Es gibt kein syntaktisches Element in Glaubensberichten, das anzeigt, dass der Bericht kontextabhängig ist.[265] Daraus folgt, dass »glaubt« kein kontextsensitiver Ausdruck sein kann. »Glaubt« drückt stets eine Relation eines Agenten zu einer Proposition aus – dabei verlangt der Ansatz eigentlich, dass man »glaubt« als eine dreistellige Relation von Agenten, Propositionen und unartikulierten Konstituenten, also Begriffen (oder Präsentationsmodi) interpretiert.[266]

Eine weitere einflussreiche kontextabhängige Analyse von Glaubensberichten entgeht genau diesem Problem. Mark Richard (1990) schlägt vor, dass »glauben« selbst kontextabhängig ist, und je nach Kontext eine zweistellige oder dreistellige (oder andere) Relation ausdrückt.[267] Vor allem ist bei Richard eines dieser Relata entscheidend: nach ihm sind die Glaubensobjekte spezielle Paare aus Repräsentationen und Gehalten, so genannte *RAMs* (*Russellian annotated matrix*). Die Repräsentationen sind satzähnlich – und Glaubensberichte enthalten somit eine Art Übersetzung der satzähnlichen Strukturen im kognitiven Apparat eines Agenten.

> Among the ways in which representations are sentence-like is that their parts have the sort of content that Russellians are wont to ascribe to natural language terms, predicates, and the like. If we take a (token) belief-making mental representation and pair off (the types of) its parts with their contents, the result is something along the lines of a Russellian proposition, each constituent of which is paired up with something that (in the proper context) represents it. Such interpreted representations seem good candidates for objects of belief.
> (Richard 1993, S. 124)

Nach Richard drücken Sätze also auch singuläre Propositionen aus – allerdings sind diese durch die Worte (oder wortähnliche Repräsentationen) des entsprechenden Satzes versehen.[268] Schreiben wir jedoch Glaubensinhalte zu, erzeugt das intensionale Verb einen Kontext, in dem linguistische

---

[264] Siehe bspw. Schiffer 1992, Richard 1993 und 1997 oder Dorr 2014.

[265] Aus diesem Grund wird diese Theorie auch als »hidden indexical theory« bezeichnet, z. B. bei Schiffer 1992, oder von Abbott 2010, S. 124.

[266] Schiffer (1992) argumentiert zusätzlich, dass es unplausibel ist, »glauben« als dreistellige Relation zu interpretieren. Siehe auch Schiffer 1994.

[267] Siehe auch Richard 1993 und 1997.

[268] Formal könnte man das folgendermaßen beschreiben: Der Satz »Peter Bieri ist Pascal Mercier« drückt die Proposition ⟨⟨*ist*, Identität⟩, ⟨⟨*Peter Bieri*, Peter Bieri⟩, ⟨*Pascal Mercier*, Peter Bieri⟩⟩⟩

(oder linguistisch-artige) Repräsentationen derart relevant sein können, dass man koreferentielle Ausdrücke nicht ersetzen darf. Das liegt erstens daran, dass durch den Satz »S glaubt, dass p« eine Relation eines Agenten zu einer (RAM-)Proposition ausgedrückt wird und zweitens daran, dass »glaubt« je nach Kontext eine andere Relation ausdrücken kann, z. B. derart, dass die Glaubenszuschreibung wahr ist genau dann, wenn S einen Satz akzeptiert, der in dem entsprechenden Kontext eine RAM-Proposition ausdrückt. Im Gegensatz zu Crimmins und Perry gibt es keine unartikulierten Bestandteile in Glaubensberichten, welche wiederum auf mentale Repräsentationen verweisen. (3) ist nach Richard also genau dann wahr, wenn es einen Kontext c gibt, so dass in Bezug auf eine Auswertungswelt w gilt: Paul hat (in w) einen Gedanken, der in c angemessen durch den Satz »Pascal Mercier ist ein Schriftsteller« wiedergegeben wird. Der konversationale Kontext bestimmt dabei, welche Sätze genau angemessene Repräsentationen (oder besser: Übersetzungen) von Pauls eigenen mentalen Repräsentationen sind. Wie genau diese Restriktionen aussehen, muss uns hier nicht interessieren.[269] Wichtig ist, dass (3) wahr sein kann, während (4) tatsächlich falsch ist, nämlich dann, wenn der konversationale Rahmen verbietet, Pauls Glaubensinhalte durch den Satz »Peter Bieri ist ein Schriftsteller« zu übersetzen.

Richards Ansatz sieht sich vor allem in Bezug auf die Restriktionen von Äußerungskontexten einigen Problemen ausgesetzt.[270] Zum Beispiel kann er nicht erklären, dass auch in einem einzelnen konversationalen Rahmen der gleiche Satz verwendet werden kann, um (seiner Meinung nach) verschiedenen Subjekten verschiedene Glaubensinhalte zuzuschreiben. Um dieses Problem genauer zu verstehen, müssten wir uns aber zunächst Richards Semantik und die entsprechenden Übersetzungswerkzeuge besser ansehen. Ich denke, das ist nicht nötig, da bereits klar geworden sein sollte, dass auch Richards Ansatz zu stark von meiner eigenen Herangehensweise abweicht. Es ist überhaupt schwer zu beurteilen, ob durch die Miteinbeziehung von satzähnlichen Präsentationsmodi in Propositionen noch eine Theorie in der Tradition Russells vorliegt. Wie dem auch sei: nach Richard kann es keine globale Substitution koreferentieller Ausdrücke geben, da (3) und (4) je nach Kontext andere Propositionen ausdrücken können. Deswegen kann er sich auch keiner Theorie direkter Referenz verschreiben, die von Dir. Ref. 4 ausgeht.

---

aus, wohingegen der Satz »Peter Bieri ist Peter Bieri« die Proposition ⟨⟨*ist*, Identität⟩, ⟨⟨*Peter Bieri*, Peter Bieri⟩, ⟨*Peter Bieri*, Peter Bieri⟩⟩ ausdrückt. Die Paare aus Wort und Gehalt nennt Richard *annotations*. Das entsprechende Wort habe ich hier kursiv gesetzt.

[269] Siehe dazu bspw. Richard 1993, S. 125 ff, oder Richard 1990. Für eine kritische Diskussion siehe Soames 1995.

[270] Siehe dazu bspw. Soames 1995 oder Nelson 2002 und 2005.

5.2 Probleme der kontextabhängigen Analysen

Ich habe es mit Absicht vermieden, mich in Detaildiskussionen über die kontextabhängigen Ansätze zu verstricken. Ich denke, meine Andeutungen, an welchen speziellen Punkten Probleme für die jeweiligen Ansätze entstehen können, reichen zunächst aus. Sie reichen deswegen aus, weil es meiner Meinung nach einige Schwierigkeiten von ganz allgemeiner Natur gibt, denen jede der präsentierten Analysen begegnet.

Die erste Schwäche, die ich sehe, ist die ausschließliche Fokussierung auf intensionale Kontexte. In Bezug auf rein extensionale Konstruktionen bevorzugen auch die kontextabhängigen Ansätze eine klassische Theorie direkter Referenz (d. h. Eigennamen haben keine andere Bedeutung als ihren Bezug und erzeugen singuläre Propositionen. Mit Ausnahme vielleicht von Richards Auffassung). Damit entgeht ihnen ein ganzer Bereich von sprachlichen Konstruktionen, welche kein intensionales Vokabular enthalten und dennoch eher sensibel auf die Substitution koreferentieller Ausdrücke reagieren.[271] Betrachten wir ein paar Beispiele:

(5) Pascal Mercier hat mehr Romane veröffentlicht als Peter Bieri.
(6) Immer, wenn Pascal Mercier eine Lesung gibt, ist Peter Bieri nicht im philosophischen Institut.
(7) Charlie Sheen ist erfolgreicher bei Frauen als Carlos Irwin Estévez.

Auf den ersten Blick scheinen uns die drei Sätze als plausibel und vor allem als wahr. Auf den zweiten Blick müssen wir uns wundern: es kommt überhaupt kein psychologisches Vokabular in ihnen vor, dennoch sind zumindest folgende Sätze falsch:

(5*) Peter Bieri hat mehr Romane veröffentlicht als Peter Bieri.
(7*) Charlie Sheen ist erfolgreicher bei Frauen als Charlie Sheen.

(6*) klingt nun seltsam, schlichtweg trivial:

(6*) Immer, wenn Peter Bieri eine Lesung gibt, ist Peter Bieri nicht im philosophischen Institut.

---

[271] Jennifer Saul (1997 und 2007) hat besonders prägnant die Schwierigkeiten von Substitution in simplen Sätzen herausgearbeitet. Allerdings bedient sie sich hauptsächlich bei Beispielen aus fiktionalen Kontexten, d. h. sie arbeitet mit leeren Namen. Eines ihrer Beispiele lautet »Clark Kent ging in die Telefonzelle, und Superman kam wieder heraus« (siehe bspw. Saul 1997, S. 104. Meine Übersetzung). Ich halte dieses Vorgehen für problematisch, da erstens nicht hinreichend klar ist, ob ein Satz, der einen leeren Namen enthält, wirklich ein *simpler* Satz ist. Ähnlich könnte man zweitens argumentieren, dass fiktionale Kontexte immer intensionale Kontexte sind, weshalb es kein Wunder ist, dass die Substitution koreferentieller Ausdrücke nicht wahrheitserhaltend ist. Aus diesen Gründen will ich mich von diesen Beispielen distanzieren und habe eigene entwickelt, die keinen Bezug zu fiktionalen Kontexten herstellen.

5.2 Probleme der kontextabhängigen Analysen

Wir können (6) sogar so modifizieren, dass die Substitution nicht wahrheitserhaltend zu sein scheint:

(6**) Immer, wenn Pascal Mercier eine Lesung gibt, ist Peter Bieri nicht im philosophischen Institut, aber das ist noch niemandem aufgefallen.[272]

Während (6**) eine wahre Behauptung sein kann, scheint folgender Bericht zumindest sehr unplausibel:

(6***) Immer, wenn Peter Bieri eine Lesung gibt, ist Peter Bieri nicht im philosophischen Institut, aber das ist noch niemandem aufgefallen.

Betrachten wir noch ein allerletztes Beispiel. Es ist von etwas anderer Natur und sprachphilosophisch etwas komplizierter. Dennoch halte ich es in vorliegendem Kontext für hochinteressant. Es betrifft den berühmten Schriftsteller Stephen King. Nur wenige wissen, dass King einige Romane unter dem Pseudonym »Richard Bachman« veröffentlicht hat.[273] Seine Motive dazu sind ihm selbst nicht ganz klar gewesen, er hat versucht, sie in einem Text mit dem Namen »Why I was Bachman« zusammenzufassen.[274] Das Resultat jedoch ist bekannt: als die Identität von Bachman und King aufgedeckt wurde, explodierten einerseits die Verkaufszahlen der Bachman-Bücher, andererseits hörte King auf, unter dem Pseudonym zu veröffentlichen. Sprachphilosophisch bemerkenswert ist seine Erklärung, warum er keine Bachman-Bücher mehr veröffentlichte:

> I think that all novelists are inveterate role-players and it was fun to be someone else for a while – in this case, Richard Bachman. [...] [Bachman] died suddenly in February of 1985 when the Bangor *Daily News*, my hometown paper, published the story that I was Bachman – a story which I confirmed. Sometimes it was fun to be Bachman [...].
> (Stephen King, »Why I was Bachman« in Stephen King 1986, S. viii)

An dieser Rekonstruktion von King ist einiges bemerkenswert. Vor allem, dass er nicht den Anschein der Irrationalität erweckt, obwohl er (scheinbar) über seinen eigenen Tod spricht. Betrachten wir also nachstehenden Satz:

(8) Richard Bachman starb im Februar 1985.

---

[272] Man könnte hier einwenden, dass »auffallen« einen intensionalen Kontext erzeugt. Ich halte diesen Einwand für berechtigt, allerdings auch für problematisch, weil (6**) nur eine *de re* Lesart zu haben scheint. Ich werde diese Problematik hier ignorieren.
[273] Diese Novellen sind (bspw.) in Stephen King »The Bachman Books«, 1986, New York: Signet, zusammengefasst.
[274] Siehe ebenda, S. v–xiii.

Ich denke, es steht außer Frage, dass Kings Aussagen in obigem Zitat nicht wörtlich genommen werden dürfen (denn dann müsste man ihm wohl Irrationalität unterstellen). Was allerdings interessant bleibt, ist, dass (8) kein intensionales Vokabular enthält, wir aber dennoch nicht substituieren dürfen, denn

(8*) Stephen King starb im Februar 1985.

ist eindeutig falsch. Ich will mich hier nicht in komplizierte Analysen dieses Beispiels verirren. Zum Beispiel könnte man einwenden, dass King hier Wirklichkeit mit Fiktion vermischt, denn King hat für Bachman eine komplett eigene Biographie erfunden und ließ ihn schließlich an so genanntem »Pseudonym-Krebs« sterben. Was aber ist dann mit (9)?

(9) Stephen King erfand eine eigene Lebensgeschichte für Bachman.

Ist dieser Satz wahr oder falsch? Was, wenn wir »Bachman« durch »Stephen King« ersetzen? Bezieht sich »Bachman« in diesem Satz auf eine fiktionale Gestalt, obwohl King nachweislich sagt, er selbst sei Bachman? Ich muss gestehen, ich weiß es nicht. Das Bachman-Beispiel soll letztlich auch nur dazu dienen zu zeigen, dass es durchaus Kontexte geben kann, in welchen die Substitution koreferentieller Ausdrücke selbst in Sätzen problematisch ist, die kein intensionales Vokabular enthalten. In diesem Sinne halte ich das Bachman-Beispiel für noch überzeugender als die vorangegangenen. Allerdings scheinen alle Sätze von (5)–(9) zu zeigen, dass sich sprachliche Intuitionen in Bezug auf die Fehlbarkeit von Substitutionen koreferentieller Ausdrücke nicht auf intensionale Kontexte beschränken (müssen). Da sich die bisher erläuterten kontextabhängigen Analysen aber nur auf intensionale Konstruktionen konzentrieren, bieten sie keinerlei Erklärung für die Problematik der Sätze (5)–(9). Natürlich könnte man schlichtweg bestreiten, dass die obigen Beispiele überzeugend sind (was ich zumindest im Bachman-Fall für falsch halte). Gleiches könnte man auch in Bezug auf die Intuitionen bei Glaubensberichten behaupten. Warum aber sollen Letztere stärker ins Gewicht fallen? Warum sollte die eine Intuition wichtiger sein als die andere?

Die Problematik spitzt sich für die kontextabhängigen Analysen auch deshalb zu, weil die gegebenen Analysen nicht einfach auf extensionale Kontexte erweitert werden können. Natürlich könnte man versuchen, Namen ganz allgemein als kontextabhängig zu interpretieren. Das Problem hierbei: Namen können nicht einfach indexikalisch sein, denn durch den Verweis, dass ein und derselbe Name in unterschiedlichen Kontexten unterschiedliche Referenten haben kann, ist nichts gewonnen, denn die Namen in den Sätzen (5)–(9) haben ja eben genau dieselben Referenten (in den jeweiligen einzelnen Sätzen). Eine Kombination einer kontextabhängigen Analyse von Eigenna-

5.2 Probleme der kontextabhängigen Analysen

men mit einer rein fregeanischen Position ist ebenfalls ausgeschlossen. Frege argumentierte, dass in speziellen Kontexten, z. B. in Glaubensberichten, der Referent eines Namens der Sinn des Namens ist. Zu argumentieren, dass obige Fälle ebenfalls solche Kontexte sind, hilft aber nicht weiter. Der *Sinn* von »Richard Bachman« beispielsweise kann nicht sterben.[275] Es bleibt die Möglichkeit zu argumentieren, dass obige Sätze in Kontexten stehen, in denen ein Name nicht *nur* auf ein Objekt referiert, sondern semantisch einen umfangreicheren Beitrag leistet, z. B. Objekt *und* Präsentationsmodus. Dieses Vorgehen ist deshalb problematisch, weil es einerseits die oben genannten kontextabhängigen Analysen obsolet macht, denn eine solche Lösung ließe sich auch auf intensionale Kontexte übertragen. Andererseits scheint es in den genannten Beispielen kaum Anhaltspunkte dafür zu geben, warum sich die *Semantik* der Ausdrücke in den Beispielsätzen ändern sollte. Drittens wäre eine solche Lösung schlichtweg nicht mehr mit direkter Referenz kompatibel.

Teilt man die Intuition, dass eben genannte Sätze Probleme für die Theorie direkter Referenz darstellen, kann man sich nicht auf die kontextabhängigen Analysen von Glaubensberichten berufen. Letztere haben aber noch ein anderes Problem, und das ist Kripkes berühmtes Rätsel über den Pianisten und Politiker Paderewski.[276] Werden wir uns noch einmal kurz über die Grundproblematik klar: die (von mir vertretene) Theorie direkter Referenz impliziert das Schema der Transparenz von Einstellungen. Allerdings scheint es die starke Intuition zu geben, dass jemand glauben kann, dass Charlie Sheen Schauspieler ist, ohne dabei zu glauben, dass Carlos Irwin Estévez Schauspieler ist. Kripke beginnt seine außerordentliche Analyse darüber, dass propositionale Einstellungen (und nicht Glaubensberichte!) an sich rätselhaft sind, mit einer direkt auf das Substitutionsproblem abzielender Frage:

> *Why* do we think that anyone can believe that Cicero was bald, but fail to believe that Tully was? Or believe, without any logical inconsistency, that Yale is a fine university, but that Old Eli is an inferior one? Well, a normal English speaker, Jones, can sincerely assent to ›Cicero was bald‹ but not to ›Tully was bald‹. (Kripke 1979, S. 248. Meine Hervorhebung)

Die Zustimmung zu bestimmten Sätzen scheint also für Kripke die Inuition hervorzurufen, warum das Schema der Transparenz von Einstellungen falsch ist. Kripke fährt anschließend fort, das so genannte *Disquotationsprinzip*, das hier am Werke ist, genau zu definieren:

---

[275] Ein ähnliches Argument findet sich bei Saul (1997, S. 103).
[276] Siehe Kripke 1979.

Disquotationsprinzip: Wenn ein normaler Sprecher S einer Sprache L (in einem Kontext c) nach angemessener Überlegung dem Satz ›p‹ ernsthaft zustimmt, dann glaubt S, dass p.[277]

Damit das Fehlen jeglicher Zustimmung auf das Fehlen einer Überzeugung hindeuten kann, gibt er ebenfalls eine verschärfte Form des Prinzips an:

Starke Disquotation: Ein normaler Sprecher einer Sprache L glaubt, dass p genau dann, wenn er nach angemessener Überlegung disponiert ist, ›p‹ ernsthaft zuzustimmen.

Damit das Prinzip nicht auf einzelne Sprachen beschränkt ist, gibt uns Kripke ein Übersetzungswerkzeug an die Hand:

Übersetzungsprinzip: Wenn ein Satz einer Sprache L eine Wahrheit ausdrückt (in L), dann drückt jede Übersetzung des Satzes in eine Sprache L^* ebenfalls eine Wahrheit aus (in L^*).

Jedes dieser Prinzipien ist für sich genommen plausibel. Kripke zeigt uns allerdings (und das ist das wirklich Geniale an seinem Aufsatz), dass wenn wir annehmen, es sei möglich zu glauben, dass Cicero glatzköpfig ist, ohne zu glauben, dass Tully glatzköpfig ist, wir uns auf die genannten Prinzipien berufen. Wenn wir aber diese Prinzipien annehmen, dann können wir in gleichem Maße kontraintuitive Konsequenzen über Glaubensberichte ableiten wie jene, die der Theorie direkter Referenz vorgeworfen werden. Betrachten wir dazu ein Beispiel.[278]

Pierre ist ein kompetenter Sprecher des Französischen. Durch detaillierte Erzählungen seiner Freunde erwirbt er eine Überzeugung, die er mit »Londres est jolie« ausdrückt. Da die korrekte Übersetzung ins Deutsche »London ist hübsch« lautet, können wir Pierre durch die obigen Prinzipien zuschreiben zu glauben, dass London hübsch ist. Nun fährt Pierre nach England und kommt in eine ihm unbekannt Stadt. Er findet dort Arbeit und lernt Englisch (über eine direkte Methode, d. h. wie ein Kind und nicht durch ein Wörterbuch). Tatsächlich gefällt ihm diese Stadt, die alle anwesenden Engländer »London« nennen, aber überhaupt nicht. Energisch stimmt er jedes mal zu, wenn einer seiner englischen Freunde äußert »London is not pretty«. Wieder können wir die oben genannten Prinzipien anwenden und schließen, dass Pierre glaubt, dass London nicht hübsch ist. Pierre scheint aber nicht irrational zu sein: er hat einfach die Stadt, in der er lebt, nicht als die Stadt erkannt, von der seine Freunde (in Frankreich) erzählten. Das ist das Rätsel,

---

[277] Vgl. die folgenden drei Prinzipien mit Kripke 1979, S. 248–250. Kripke macht hier noch einige Einschränkungen, wann die Prinzipien nicht gelten, z. B., wenn p indexikalische Ausdrücke enthält. Das können wir hier vernachlässigen.
[278] Siehe ebenda, S. 254 ff.

vor das uns Kripke stellt: glaubt Pierre in diesem Fall, dass London hübsch ist oder nicht?

Die Prinzipien, aus denen ein Problem für die Theorie direkter Referenz in Einstellungskontexten abgeleitet wurde, führen nun selbst in ein Paradoxon: wir können aus ihnen ableiten, dass Pierre offensichtlich widersprüchliche Überzeugungen hat. Dabei ist er epistemisch gesehen in keiner anderen Situation als jemand, der Peter Bieri nicht als Pascal Mercier (wieder er)kennt. Aus diesem Grund ist es auch nicht allein das Übersetzungsprinzip, das die Probleme bereitet. Kripke erläutert das wunderbar mit seinem Paderewski-Beispiel:[279] Peter kennt einen Musiker Paderewski. Später lernt er einen Politiker Paderewski kennen, glaubt aber zugleich, dass kein Musiker Politiker sein kann. Auch erkennt er natürlich nicht, dass der Musiker Paderewski der Gleiche ist wie der Politiker Paderewski. Peter stimmt dem Satz »Paderewski ist Musiker« also zu und lehnt ihn ab! Dabei ist auch er nicht irrational: er erkennt Paderewski einfach nicht wieder. Allein aus dem Disquotationsprinzip folgt aber, dass Peter sich widersprechende Überzeugungen hat, völlig ohne dass wir es hier mit einem Substitutionsprinzip zu tun haben.

Ich möchte hier hervorheben, dass Kripke das vorrangige Problem ausdrücklich darin sieht, die folgende Frage zu beantworten: glaubt Peter oder glaubt er nicht, dass Paderewski Musiker ist? Kripke wollte zeigen, dass seine Beispiele echte Rätsel darüber sind, was Überzeugungen eigentlich sind. Er wollte nicht zeigen, dass die Kritik an der Theorie direkter Referenz unberechtigt ist. Vielmehr war es sein Anliegen hervorzuheben, dass man in paradoxe Fälle gerät, ohne überhaupt eine spezifische Referenztheorie über Eigennamen anzunehmen.[280]

Was ich mit der Erwähnung Kripkes bezwecke, ist hervorzuheben, dass wenn wir eine kontextabhängige Analyse von Glaubensberichten wählen, dann gestehen wir unmittelbar ein, dass es keine Antwort auf Kripkes zentrale Frage geben kann. Ob Peter glaubt, dass Paderewski Musiker ist, kann man dann einfach nicht pauschal sagen. Es hängt ja eben vom Kontext ab. Dass die kontextabhängigen Analysen dieses Zugeständnis machen müssen, sehe ich als echten Nachteil der Theorie an. Die Theorie sagt voraus, dass wir in manchen Kontexten richtig liegen, wenn wir sagen, »Peter glaubt, dass Paderewski Musiker ist«, in manchen jedoch nicht. Es gibt also Fälle, in denen wir grundsätzlich nicht sagen können, was jemand glaubt. Dass dem der Fall sein kann, ist keine Beobachtung, sondern eine *Konsequenz* der Theorie. Es *muss* sogar eine Konsequenz der Theorie sein, dass man in bestimmten Fällen nicht ausmachen kann, was jemand glaubt. Denn würde man die kontextabhängigen Analysen abschwächen indem man sagt, dass in

---

[279] Siehe ebenda, S. 265 ff.
[280] Siehe dazu auch Donnellan 1990.

manchen Fällen nur die Glaubens*berichte* keinen eindeutigen Wahrheitswert haben, dann würde die Theorie einem anderen plausiblen Prinzip widersprechen: *Subjekt S glaubt zum Zeitpunkt t, dass p genau dann, wenn der Bericht, dass S p glaubt, zu t wahr ist*. Wenn man dieses Prinzip beibehalten will, dann folgt aus den kontextabhängigen Analysen, dass es unbestimmt ist, was Peter glaubt. Ich halte dieses Resultat für extrem unbefriedigend. Es scheint sich in Peters Fall doch höchstens kontextbedingt zu ändern, *wie* er über Paderewski nachdenkt. Seine Glaubensinhalte sind weder unbestimmt, noch verändern sie sich. Rede ich mit Peter über Paderewski den Musiker und sage dann: »Lass uns über den Politiker Paderewski sprechen«, dann ändert sich in dieser Situation nicht, *was* Peter glaubt. Die kontextabhängigen Analysen sagen aber genau das.

Ich denke, die Analyse der Theorie direkter Referenz ist hier viel natürlicher. Nach ihr ist die Antwort auf Kripkes Frage unumwunden: ja, Peter glaubt, dass Paderewski Musiker ist. Und ja: er glaubt, dass Paderewski kein Musiker ist. Warum er dennoch nicht irrational ist, werde ich noch erläutern. Dass wir aber überhaupt eine Antwort darauf haben, was Peter glaubt, werte ich hier erstmal als Vorteil.

5.3 Pragmatische Lösungen

Es sollte klar geworden sein, dass meine bisherigen Ausführungen über direkte Referenz nicht mit den kontextabhängigen Analysen von Glaubensberichten kompatibel sind. Selbst wenn man bei Glaubensberichten eine Ausnahme für direkte Referenz macht, würde mein Ansatz keine entscheidenden Vorteile für Glaubensberichte implizieren. Ganz im Gegenteil zu dem *pragmatischen Ansatz*, den ich jetzt präsentieren möchte.[281]

Die grundlegende Idee ist zunächst folgende: wenn man so etwas sagt wie

(G) »Obwohl Pascal Mercier = Peter Bieri, glauben dennoch viele Leute, dass Pascal Mercier ein Schriftsteller ist, ohne zu glauben, dass Peter Bieri ein Schriftsteller ist«

dann darf man das Gesagte nicht *wörtlich* nehmen. Wörtlich genommen ist das Gesagte falsch, bzw. drückt aus, dass eben jene Leute irrationale Glaubenseinstellungen haben. Das Schema der Transparenz von Einstellungen ist demnach wahr. Allerdings *verwenden* Sprecher Aussagen wie (G) oft, um wahre Einstellungen zu beschreiben. Deshalb *erscheint* uns (G) als wahr. Diese wahre Einstellungen ist aber nicht jene, die semantisch durch (G) aus-

---

[281] Die entscheidenden Grundlagen für den pragmatischen Ansatz findet man in Salmon 1986, 1989 und 1990 und in Soames 1987a, 1987b und 1995.

5.3 Pragmatische Lösungen

gedrückt wird. D. h. durch (G) bekennt man sich typischerweise nicht zu der Proposition, die durch (G) ausgedrückt wird, sondern zu einer anderen, wahren Proposition. Gleiches gilt in diesem Sinne für das Schema der Transparenz von Einstellungen. Das Schema ist wörtlich genommen wahr, d. h. drückt eine wahre Proposition aus. Allerdings werden entsprechende Äußerungen oftmals verwendet, um etwas anderes auszudrücken. Daraus folgt, dass ungeschulte Sprachverwender nicht immer richtig darin liegen zu erkennen, ob eine Äußerung, die *standardmäßig verwendet wird*, um eine bestimmte wahre Proposition auszudrücken, auch semantisch diese wahre Proposition ausdrückt.[282]

Der pragmatische Ansatz verpflichtet sich also zu folgender These: Substitutionen koreferentieller Ausdrücke in propositionalen Einstellungskontexten schlagen nur in bestimmten *konversationalen* Kontexten fehl. In vielen anderen Fällen gibt uns die Analyse über singuläre Propositionen zusammen mit der These globaler Substitution die absolut richtigen Ergebnisse. Der konversationale Hintergrund ist aber unter Umständen so beschaffen, dass Glaubens*berichte* auf ihn reagieren. In anderen Worten: Glaubensberichte erzeugen je nach Kontext verschiedene (konversationale) *Implikaturen*.[283] Das liegt vor allem daran (oder besser: erfordert), dass *Glauben* keine direkte Relation zwischen einem Agenten und einer Proposition ist. Vielmehr sind Agenten dank einer mentalen Repräsentation, welche wiederum einen Gehalt *hat*, den wir durch singuläre Propositionen beschreiben können und zu welcher eine psychologische Verbindung seitens des Agenten besteht, in einem Glaubens*zustand*.[284] Wie wir diesen Glaubenszustand genau beschreiben müssen, will und kann ich hier nicht diskutieren. Zum Beispiel könnte man diese Zustände durch funktionale Rollen identifizieren, durch dispositionale Strukturen der Akzeptanz von Sätzen, oder schlichtweg als Charaktere. Wichtig ist hier vor allem, dass der pragmatische Ansatz an dieser Stelle erfor-

---

[282] Ein ganz anderer Ansatz ist der von Braun (2002). Braun meint, wer (G) sagt, meint (G) wörtlich und glaubt somit etwas Falsches. Gewöhnliche Sprecher täuschen sich eben oft in den Fakten. Glaubensberichte sind also systematischen Fehlern unterworfen. Ich werde diesen Ansatz hier nicht besprechen.

[283] Der Ausdruck »Implikatur« stammt von Paul Grice und ist ein technischer Ausdruck, der sich von dem Begriff der Implikation abheben soll und zwar in dem Sinne, dass ein Satz zusätzlich zu den rein semantischen Implikationen auch pragmatische Schlussfolgerungen erlaubt (die weit über einfache Implikation hinausgehen können). Diese pragmatischen Schlüsse werden »Implikaturen« genannt. Das entsprechende Verb lautet »implikieren«. Siehe dazu bspw. Grice 1989. Siehe auch Soames 1995, S. 522.

[284] Diese Unterscheidung ist auf John Perry zurückzuführen. Siehe vor allem Perry 1977, 1979 und 1980. Siehe auch die Sammlung in Perry 2000. Nach meinen obigen Ausführungen sollte klar sein, dass Perry diesen Unterschied nicht verwendet, um für einen pragmatischen Ansatz einzutreten. Dennoch ist seine Unterscheidung zwischen Glaubensinhalt und Glaubenszustand auch hier wichtig.

dert, einen Unterschied zwischen dem zu machen, *was* jemand glaubt, d. h. dem Gehalt einer Überzeugung, und *wie* er es glaubt, d. h. dem Zustand. Dabei gilt: zwei Subjekte können in dem gleichen Glaubenszustand sein, ohne die gleichen Glaubensinhalte zu haben, z. B. wenn sie beide glauben »Ich bin Philosoph«. Es kann aber auch sein, dass zwei Subjekte in unterschiedlichen Glaubenszuständen sind, aber dennoch die gleichen Inhalte glauben, z. B. wenn der eine glaubt »Peter Bieri ist Schriftsteller« und der andere glaubt »Pascal Mercier ist Schriftsteller«. Dazu gleich mehr.

Die kontextabhängigen Analysen, die wir oben kennengelernt haben, versuchten zu begründen, dass Glaubensberichte so beschaffen sind, dass die Repräsentationen, die ein Agent selbst verwendet, um sich einen Gehalt zu vergegenwärtigen – d. h. auch der *Zustand*, in dem er sich befindet – semantisch übermittelt werden. Der pragmatische Ansatz verneint das. Nach dem pragmatischen Ansatz geben Berichte wie »*S* glaubt, dass *p*« nicht explizit, d. h. semantisch kodiert, an, welche Repräsentationen ein Agent verwendet, um eine Proposition zu erfassen. Der Bericht gibt eben nur an, welche Proposition der Agent glaubt. Er bezieht sich also (semantisch gesehen) ausschließlich auf den Inhalt eines Glaubenszustands. Allerdings, und das ist der springende Punkt, gibt es Kontexte, in denen es den Sprechern relevant erscheint, ebenfalls etwas über die Art und Weise auszusagen, wie ein Agent eine Proposition glaubt, also über den *Zustand* zu sprechen, in dem sich jemand befindet. Wenn Sprecher in einem solchen Kontext einen Bericht der Art »*S* glaubt, dass *p*« verwenden, dann wird zwar semantisch ausschließlich der Inhalt der Überzeugung von *S* wiedergegeben. Jedoch hat der Bericht in diesem Kontext ebenfalls die *pragmatische Funktion*, den Glaubens*zustand* von *S* zu repräsentieren.

Nehmen wir beispielsweise an, der konversationale Hintergrund eines Gespräches über Paul (ohne, dass Paul anwesend ist) ist so beschaffen, dass sich die Sprecher über die Identität von Peter Bieri und Pascal Mercier bewusst sind, dass sie sich aber ebenfalls über die epistemische Situation von Paul im Klaren sind, dass Paul nämlich zwei verschiedene Repräsentationen von Peter Bieri (einmal als Philosoph und einem als Pascal Mercier, der Schriftsteller) verinnerlicht hat und sich nicht bewusst ist, dass beide Repräsentationen den gleichen Inhalt haben. In einem solchen Kontext kann der Bericht

(10) Paul glaubt nicht, dass Peter Bieri Schriftsteller ist.

dazu verwendet werden, Pauls Glaubenszustand (pragmatisch korrekt) zu charakterisieren, obwohl der Bericht wörtlich genommen falsch ist. Man darf ihn nur eben nicht wörtlich lesen, deswegen *scheint* er uns als richtig.

Warum aber scheint er uns als richtig, und warum erscheint uns bspw. (4) entsprechend als falsch? Wenn wir zusätzlich dazu, was jemand glaubt, auch darauf Bezug nehmen wollen, wie er etwas glaubt, dann scheint es eine

5.3 Pragmatische Lösungen

Maxime der folgenden Art zu geben: *verwende in deinem Bericht Ausdrücke, die derjenige, dem der Glauben zugeschrieben wird, selbst verwenden würde.* Es scheint plausibel anzunehmen, dass Paul (4) ablehnen, den Bericht (10) aber akzeptieren würde, eben weil er selbst seine Glaubensinhalte über Peter Bieri als Schriftsteller nicht mit dem Ausdruck »Peter Bieri« beschreiben würde. Letzteres veranlasst uns dazu, (10) als wahr einzustufen, weil wir (10) mit dem wörtlich wahren

(10*) Paul glaubt, dass »Peter Bieri ist Schriftsteller« nicht wahr ist (im Deutschen).

verwechseln.[285] Aus der Wahrheit von (10*) folgt aber nicht, dass auch (10) wahr oder (4) falsch ist. Tatsächlich ist nach der pragmatischen Analyse die Wahrheit von (10) aus genannten Gründen nur eine Illusion, die auf der Verwechslung von Pragmatik und Semantik beruht. Semantisch gesehen können in Glaubensberichten (der angegebenen Form) keine Informationen darüber enthalten sein, wie sich ein Agent einen Inhalt vergegenwärtigt oder welchen Sätzen er zustimmen würde. D. h., wenn (3) wahr ist, dann ist auch (4) wahr und (10) falsch.

Substitution koreferentieller Ausdrücke ist also in Glaubensberichten gewährleistet. Dafür gibt es auch gute Gründe. Dass die Repräsentationen oder Perspektiven, die ein Agent verwendet, um sich Glaubensinhalte zu vergegenwärtigen, nicht semantisch (in Glaubensberichten) kodiert sind, wird besonders plausibel, wenn wir indexikalische Ausdrücke betrachten. Zum Beispiel scheint der Bericht von Peter Bieri »Paul glaubt, dass ich Philosoph bin« absolut richtig zu sein, obwohl es völlig absurd wäre anzunehmen, dass Paul selbst das Wort »Ich« oder eine entsprechende Repräsentation verinnerlicht hat, unter welcher er den Inhalt, dass Peter Bieri Philosoph ist, repräsentiert. Es gibt viele Kontexte in denen die Substitution koreferentieller Ausdrücke in Glaubenskontexten völlig unproblematisch ist. Zum Beispiel scheint der folgende Bericht korrekt: »Wenn Paul Peter Bieri in einem Vorlesungssaal sieht, dann glaubt Paul, dass Peter Bieri ein Philosoph ist und wenn er Peter Bieri in einem Buchladen eine Lesung geben sieht, dann glaubt Paul, Peter Bieri sei Schriftsteller«. Es scheint in diesem Fall unproblematisch zu sein, diesen Bericht zu geben. Ebenfalls scheint es unproblematisch, den Namen »Peter Bieri« durch »Pascal Mercier« zu ersetzen. Der pragmatische Ansatz kommt wunderbar mit diesen Fällen zurecht und gibt eine flächendeckende

---

[285] Siehe dazu vor allem Salmon (1986, 1989 u. 1990). Man könnte hier noch einwenden, dass damit noch nichts darüber gesagt wird, dass Peter doch auch tatsächlich die *Proposition*, dass Peter Bieri Schriftsteller ist, ablehnt, und dass (10) doch deswegen wahr sein könnte. Ich werde auf diesen Punkt noch zurückkommen, wenn ich die Semantik von Glaubensberichten beschreibe.

Antwort, warum Substitution von Namen, indexikalischen Ausdrücken und Demonstrativa auch in Glaubensberichten erlaubt ist.

Der pragmatische Ansatz besagt also letztlich, dass Glaubensberichte Implikaturen haben, die uns zusätzlich zu der semantisch kodierten Information darüber, was jemand glaubt, ebenfalls etwas darüber sagen *können*, wie eine bestimmte Überzeugung geglaubt wird, d. h., welcher Glaubenszustand vorliegt. Eine solche These erfordert zumindest eine Aufklärung darüber, was genau eigentlich impliziert wird, und wie man eine solche Implikatur erkennen kann. Diese Erklärung wiederum muss (mindestens) einer Bedingung genügen: die Implikaturen, die mit einen Glaubensbericht einhergehen, müssen selbst genau solche Wahrheitsbedingungen haben, dass sie in der Lage sind, die Intuitionen über die Wahrheitsbedingungen der entsprechenden Glaubensberichte abzudecken.[286] Die Implikaturen müssen ebenfalls erklären können, warum uns ein und derselbe Glaubensbericht in manchen Kontexten als wahr, in anderen jedoch als falsch erscheint. Die Stärke der oben beschriebenen *kontextabhängigen* Analysen von Glaubensberichten war, dass sie mit genau solchen Fällen umgehen können. Eine Analyse, die sich auf pragmatische Aspekte von Glaubensberichten und damit auf Implikaturen beruft, muss diese Stärke ebenfalls aufweisen.

Die Ausgangslage ist also, dass die Berichte

(3) Paul glaubt, dass Pascal Mercier ein Schriftsteller ist.
(4) Paul glaubt, dass Peter Bieri ein Schriftsteller ist.

wahr sind. Warum wir geneigt sind, (4) (in manchen Kontexten zumindest) als falsch auszuweisen, muss dann daran liegen, dass es in Konversationssituationen noch andere Maximen gibt als einfach zu vermeiden, etwas (semantisch) falsches zu sagen. Solche Maximen existieren durchaus, sind auch nicht auf Glaubensberichte beschränkt. Nehmen wir beispielsweise folgende Situation: eine Frau ist Mutter eines kleinen Jungen und eines älteren Mädchens. In einer solchen Situation scheint es unpassend (oder gar falsch) über die Geschichte der Frau zu sagen »Sie wurde erneut schwanger und bekam ein Mädchen«, obwohl der Bericht semantisch korrekt ist. Allerdings übermitteln wir pragmatisch die Information, dass beiden Zustände, d. h. die erneute Schwangerschaft und das Bekommen eines Mädchens, in kausalem Zusammenhang stehen. Weil wir vermeiden wollen, dass ein Bericht in diesem Sinne falsch ist, distanzieren wir uns von ihm (obwohl er wahr ist). Befürworter einer pragmatischen Analyse von Glaubensberichten sind der Meinung, dass unsere Intuitionen über das Schwangerschaftsbeispiel auch auf Glaubensberichte übertragen werden können. Wenn wir also Glaubensberichte

---

[286] Vgl. Saul 1997.

äußern, dann gibt es zusätzliche Anforderungen an das Gesagte, die eingehalten werden müssen – und diese gehen über die einfache Semantik der Berichte, also die Wahrheitsbedingungen der Berichte, hinaus. Warum uns (4) als falsch erscheint, muss also daran liegen, dass (in manchen Kontexten!) zusätzliche Informationen übermittelt werden, wenn (4) geäußert wird. Diese zusätzlichen Informationen können nicht in der Semantik enthalten sein. Wir müssen an dieser Stelle also zwei Fragen beantworten: was ist die Semantik von Glaubensberichten? Und: welche Informationen werden zusätzlich übermittelt?

Tatsächlich ist die Literatur relativ arm an ausgearbeiteten Antworten auf die Frage, welche Informationen pragmatisch in Glaubensberichten enthalten sind.[287] Die Semantik ist da schon eindeutiger. Allerdings steht sie vor einer Schwierigkeit. Glauben ist (nach der Theorie direkter Referenz) eine Relation zwischen Agenten und Propositionen. Propositionen sind strukturierte Komplexe, die Objekte, Relationen und Eigenschaften als Bestandteile haben. Allerdings haben wir gerade ein Bild entworfen, das diese Glaubensinhalte von Glaubenszuständen unterscheidet. Etwas zu glauben heißt nach diesem Bild also, einen Inhalt (als Proposition) auf eine bestimmte Art und Weise vergegenwärtigt zu haben. Wenn wir also beantworten wollen, was Glauben im Allgemeinen für eine Relation ist, dann müssen wir diese Relation so beschreiben, dass ihre Semantik einerseits so beschaffen ist, dass sie Substitution durchgängig erlaubt (d. h. dem Schema modaler Transparenz gerecht wird) und damit manchen sprachlichen Intuitionen widerspricht; andererseits darf sie nicht so eng beschrieben werden, dass sie die Ebene der Glaubenszustände nicht berücksichtigt. Soames beschreibt diese Situation so:

> [...] a widespread picture of our relationship to what we assert and believe is faulty. We are apt to think of this relationship as direct, unmediated, and fully transparent to introspection and observation. It is not. Propositions are contents of various intermediaries with which we are intimately related – sentences, belief states, and other modes of presentation. To assert or to believe a proposition *P* is to stand in the right relation to an appropriate intermediary with *P* as content. In cases involving language, our ordinary linguistic competence ensures that we have a reasonable pretheoretic grasp of when two people have said the same thing or expressed the same belief. However, since linguistic competence does not guarantee the possession of a correct semantic theory, theoretical investigation is capable of yielding some surprising conclusions about our beliefs and assertions. (Soames 1987b, S. 125)

---

[287] Salmon (1986 u. 1989) war in Bezug auf eine detaillierte Angabe einer Pragmatik für Glaubensberichte etwas ausführlicher als etwa Soames (1987a und 1987b). Jennifer Saul (1998) hat versucht, die Skizzen von Salmon und Soames zu vervollständigen.

Eine entsprechende Semantik formuliert Salmon folgendermaßen:

> I take the belief relation to be, in effect, the existential generalization of a ternary relation, *BEL*, among believers, propositions and some third type of entity. To believe a proposition p is to adopt an appropriate favorable attitude toward p when taking p in some relevant way. It is to agree to p, or to assent mentally to p, or to approve of p, or some such thing, when taking p a certain way. This is the BEL relation. (Salmon 1989, S. 246)

Darüber, was das dritte Relatum genau ist, wird nicht sehr viel gesagt. Es ist so etwas wie die *Gestalt* einer Proposition.[288] Wir können für unsere Zwecke aber sagen, das dritte Relatum der BEL-Relation ist die Art und Weise, wie eine Proposition im Glaubenszustand eines Agenten *linguistisch* realisiert ist. Mit anderen Worten: das dritte Relatum ist eine Funktion, die jedem Agenten A und jeder Proposition p einen Satz S aus As Sprache zuweist, welcher p ausdrückt und dem A zustimmen würde.[289] Der springende Punkt an diesem Relatum ist, dass es per Definition so beschaffen ist, dass wenn ein vollständig rationaler Agent widersprüchliche Einstellungen in Bezug auf eine Proposition p hat, dann muss er p auch unter *verschiedenen* Gestalten glauben.[290] Ein Glaubensbericht ist demnach wahr, wenn derjenige, dem der Glaube zugeschrieben wird, in der BEL-Relation zu einer entsprechenden singulären Proposition steht. Der Agent steht dann in einer BEL-Relation zu einer singulären Proposition, wenn der Agent die Proposition in einer bestimmten Gestalt akzeptiert. Hier wird wichtig, warum Glauben die existentielle Generalisierung der BEL-Relation ist: ein Agent glaubt eine Proposition p, wenn er sie unter *einer* Gestalt akzeptiert. Damit ist die Gestalt einer Proposition nicht Teil der Semantik von Glaubensberichten und Substitutionen von koreferentiellen Ausdrücken sind wahrheitserhaltend.

Die genannte Semantik hat auch einen Effekt auf Berichte, die einem Agenten einen Glauben absprechen. Wir hatten oben gesehen, dass aus der Wahrheit von (4) notwendigerweise die Falschheit von (10) folgt. Wir müssen also einen Unterschied zwischen *Nicht-Glauben* und *Ablehnen* machen, denn aus der Semantik folgt, dass man ein und dieselbe Proposition glauben und

---

[288] Im Englischen wird hier of der Ausdruck »guise« verwendet, den ich hier einfach mit »Gestalt« übersetze.

[289] Salmon wählt eine ähnliche Formulierung, definiert die Funktion aber als Paare von Agenten und *Sätzen* auf Gestalten. »It happens in most cases (though not all) that when a believer believes some particular proposition p, the relevant third relatum for the BEL relation is a function of the believer and some particular sentence of the believer's language.« (Salmon 1989, S. 247) Salmon macht aber darauf aufmerksam, dass das dritte Relatum nicht immer eine solche Funktion ist. Siehe ebenda.

[290] Siehe dazu ebenda, S. 246.

5.3 Pragmatische Lösungen

ablehnen kann (allerdings nicht: glauben und nicht glauben). Machen wir uns das am obigen Beispiel klar.

Der Bericht

(4) Paul glaubt, dass Peter Bieri ein Schriftsteller ist.

ist wahr, denn Paul stimmt der Proposition, dass Peter Bieri ein Schriftsteller ist, zu, wenn sie ihm durch den Satz »Pascal Mercier ist ein Schriftsteller« präsentiert wird. Es besteht also eine BEL-Relation zwischen Paul, der Proposition, dass Peter Bieri Schriftsteller ist und der Funktion (f), die Paul und die entsprechende Proposition auf den Satz »Pascal Mercier ist Schriftsteller« abbildet. Es gilt also:

[BEL[Paul,] dass Peter Bieri Schriftsteller ist, f(Paul, dass Peter Bieri Schriftsteller ist) = »Pascal Mercier ist Schriftsteller«)

Es folgt außerdem, dass

(4*) Paul lehnt ab, dass Peter Bieri ein Schriftsteller ist.

wahr ist, weil ebenfalls gilt:

[BEL[Paul,] dass Peter Bieri nicht Schriftsteller ist, f(Paul, dass Peter Bieri nicht Schriftsteller ist) = »Peter Bieri ist kein Schriftsteller«)

Allerdings ist Paul nicht irrational, denn es gilt *nicht*:

BEL[Paul, dass Peter Bieri nicht Schriftsteller ist, f(Paul, dass Peter Bieri nicht Schriftsteller ist) = »Pascal Mercier ist kein Schriftsteller«).

An dieser Stelle sind wir bereits in der Lage, Kripkes Sorgen über Paderewski zu begegnen, denn wir können ein modifiziertes Disquotationsprinzip aufstellen:

Modifizierte Disquotation: Ein normaler Sprecher S einer Sprache L (in einem Kontext c) glaubt, dass p genau dann, wenn es einen Satz s in L gibt, der p ausdrückt, und dem S nach angemessener Überlegung ernsthaft zustimmt.

Eine ablehnende Haltung können wir folgendermaßen definieren:

Negative Disquotation: Ein normaler Sprecher S einer Sprache L (in einem Kontext c) lehnt ab, dass p genau dann, wenn es einen Satz s in L gibt, der p ausdrückt, und den S nach angemessener Überlegung ernsthaft zurückweist.

Ein Subjekt S ist nun irrational, wenn S eine Proposition *unter der gleichen Art und Weise* glaubt und nicht glaubt:

Irrationalität: Ein normaler Sprecher S einer Sprache L (in einem Kontext c) ist irrational, wenn er die Proposition p glaubt (oder ablehnt) und es einen Satz s in L gibt, der p ausdrückt, und den S in c nach angemessener Überlegung ernsthaft zurückweist und akzeptiert.[291]

Also ja: Paul glaubt, dass Peter Bieri Schriftsteller ist und lehnt ab, dass Peter Bieri Schriftsteller ist (es ist aber nicht der Fall, dass er *nicht glaubt*, dass Peter Bieri Schriftsteller ist). Dabei ist er aber nicht irrational, denn es gibt keinen Satz (in Pauls Sprache), der ausdrückt, dass Peter Bieri Schriftsteller ist, und den Paul gleichzeitig ablehnt und akzeptiert. Das Gleiche gilt für Peter: er glaubt, dass Paderewski Musiker ist und lehnt ab, dass Paderewski Musiker ist, aber es gibt keinen Kontext, der so beschaffen ist, dass Peter den Satz »Paderewski ist Musiker« (in diesem Kontext) gleichzeitig akzeptiert und zurückweist.

Kommen wir zurück zu den Implikaturen. Wie ich bereits angedeutet habe, sind die Theorien, die beschreiben, welche zusätzlichen Informationen in Glaubensberichten impliziert werden, sehr spärlich. Die Grundsituation ist folgende: nach der pragmatischen Analyse liegen Sprecher oft falsch, wenn sie die semantische Information eines Glaubensberichtes bewerten sollen, weil sie jene mit den pragmatischen Implikaturen verwechseln, die in bestimmten Kontexten mit den Berichten einhergehen. Deswegen kommt es auch oft zu Fehleinschätzungen der Wahrheitswerte von Glaubensberichten. Wir haben ebenfalls gesehen, dass man Glaubensinhalte von Glaubenszuständen unterscheiden muss (jedenfalls in vorliegendem Ansatz). Die Implikaturen eines Glaubensberichtes sollten also genau diese Unterscheidung einfangen: ein Glaubensbericht impliziert (in manchen Kontexten) etwas über den Glaubenszustand desjenigen, dem die Überzeugung zugeschrieben wird. Wenn wir also solche Informationen ebenfalls übermitteln, scheint ein guter Kandidat für eine erste Maxime die Grice'sche Maxime der Quantität zu sein: *stelle nicht mehr und nicht weniger Informationen als benötigt bereit*.[292] Ist ein Kontext so beschaffen, dass das Verständnis des Gesagten Informationen über den Glaubenszustand erfordert, dann können die Hörer eines Glaubensberichts schließen, dass eben solche Informationen übermittelt werden (durch den Bericht).

Die genaue Implikatur, die in solchen Fällen übermittelt wird, stellen sich Salmon und Soames wohl folgendermaßen vor: Eine Äußerung eines Glaubensberichtes »S glaubt, dass p« impliziert, dass S p in einer Gestalt glaubt, die ähnlich ist zu ›p‹. Jennifer Saul (1998) macht allerdings zu Recht darauf aufmerksam, dass man dieses Prinzip noch kontextualisieren muss, indem man

---

[291] Ich formuliere dieses Prinzip nicht als Bikonditional, weil es noch andere Arten der Irrationalität geben kann. Man muss generell vorsichtig sein, dass man die Art und Weise, wie ein Agent eine Proposition glaubt, nicht zu sehr auf Sätze reduziert.
[292] Vgl. Grice 1989, S. 26.

erklärt, was genau »ähnlich zu ›p‹« bedeutet. Nach Saul ist eine Gestalt ähnlich zu ›p‹ nur dann, wenn der Sprecher ›p‹ als eine angemessene Gestalt für seine Kommunikationszwecke akzeptieren würde.[293] Dass man diese Klausel benötigt, kann man sich leicht klar machen: wenn ein Glaubensbericht »*S* glaubt, dass *p*« impliziert, dass *S p* in einer Gestalt glaubt, die ähnlich ist zu ›p‹, dann bekommt man Schwierigkeiten, wenn man Subjekten Überzeugungen zuschreibt, die eine vollkommen anders geartete Sprache sprechen. Wenn wir so etwas sagen wie »Die Babylonier glaubten, dass Hesperus am Himmel zu sehen ist«, dann impliziert der Bericht nicht, dass sie diese Proposition in einer Gestalt glaubten, die ähnlich ist wie der *deutsche* Satz »Hesperus ist am Himmel zu sehen«, sondern dass der Sprecher davon ausgeht, dass es eine Gestalt gibt, unter welcher die Babylonier die Proposition glaubten, die für seine Kommunikationsabsichten ähnlich ist zu »Hesperus ist am Himmel zu sehen«. Die Implikaturen von (3) und (4) lauten also:

(3′) Paul glaubt, dass Pascal Mercier ein Schriftsteller ist in einer Gestalt, die ähnlich ist zu »Pascal Mercier ist ein Schriftsteller«.

(4′) Paul glaubt, dass Peter Bieri ein Schriftsteller ist in einer Gestalt, die ähnlich ist zu »Peter Bieri ist ein Schriftsteller«.

Da Sprecher typischerweise verschiedene Gestalten als angemessen empfinden, wenn sie (3) und (4) äußern, kann (4′) falsch sein. Aus diesem Grund *scheint* uns auch (4) als falsch, obwohl das nicht stimmt – man verwechselt eben die semantische Information in (4) mit der pragmatischen Information in (4′).

Obwohl ich denke, dass der vorliegende Ansatz im Grunde die richtigen Schlüsse zieht, halte ich ihn an einem wichtigen Punkt für unbefriedigend. Und ich denke, dass der von mir in dieser Dissertation entwickelte Ansatz zur Interpretation direkter Referenz einen entscheidenden Beitrag leisten kann, diesen Schwachpunkt auszuräumen.

Saul betont, dass der pragmatische Ansatz eine (spezielle) *generalisierte* Implikatur von Glaubensberichten beschreibt, d. h., dass Glaubensberichte immer die entsprechenden Implikaturen haben. Jeder Bericht der Form »*S* glaubt, dass *p*« impliziert, dass *S p* in einer Gestalt glaubt, die ähnlich ist zu ›p‹. Dass diese Implikatur besteht, können wir daraus schließen, dass in einigen Fällen Informationen darüber benötigt werden, in was für einem Glaubenszustand sich ein Subjekt befindet. Die Maxime der Quantität sagt uns dann, dass der Sprecher diese Information mit seinem Bericht bereitstellt (sonst wäre er nicht kooperativ). Allerdings ist das nicht alles. Ich muss (nach Saul) ebenfalls aus dem Kontext und meinen Erfahrungen mit dem Sprecher erschließen, welche Gestalt ebenjener Sprecher für angemessen hält, die

---

[293] Vgl. Saul 1998, S. 383.

Proposition, die zugeschrieben wird, zu repräsentieren. Der Bericht (4) beispielsweise hat immer die gleiche generalisierte Implikatur – nur ist eben von Kontext zu Kontext eine Variation in Bezug auf die Frage möglich, welche Gestalt der Sprecher für angemessen hält. (4) kann also pragmatisch wahr oder falsch sein, je nach Sprecher. Allerdings ist die Information, die man letztendlich benötigt, um die »korrekte« Implikatur abzuleiten, nicht in dem Bericht selbst enthalten (sondern muss aus dem Kontext abgeleitet werden). Es ist daher zweifelhaft, ob Zuhörer tatsächlich entscheiden können, ob sich ein Sprecher tatsächlich an die Maxime der Quantität hält, wenn er einen Bericht der Art »S glaubt, dass p« äußert. Saul selbst ist optimistisch, dass stets gute Anhaltspunkte vorliegen, eben jene Information darüber, welche Gestalt ein Sprecher für angemessen hält, zu berechnen – ich bin da skeptischer. Vor allem aber scheint man Probleme mit folgendem Fall zu haben: nehmen wir an, wir befinden uns in einer konversationalen Situation, in welcher es eine große Rolle spielt, dass Paul die Identität von Peter Bieri und Pascal Mercier nicht (er)kennt. Es ist also wichtig, in unseren Glaubenszuschreibungen auf die Glaubenszustände von Paul Rücksicht zu nehmen. Nehmen wir weiter an, ich bin mir darüber bewusst, dass der Sprecher – Scott – ein eingefleischter Millianer ist, dass er also jede Gestalt eines Berichts für angemessen hält, die die gleiche Proposition wie »Peter Bieri ist Schriftsteller« ausdrückt. Selbst in diesem Fall hat man doch die Intuition, dass Scott in einem bestimmten Sinne falsch liegt, wenn er sagt »Paul glaubt, dass Peter Bieri Schriftsteller ist«. Diese Intuition verschwindet nicht, wenn wir hinzufügen, dass Scott »Peter Bieri ist Schriftsteller« und »Pascal Marcier ist Schriftsteller« als hinreichend ähnlich für seine kommunikativen Absichten einstuft.

Ich denke, dass man aus meinen Ausführungen in Bezug auf die Informativität von Sätzen, die zwei verschiedene aber koreferentielle Namen enthalten, ein etwas allgemeineres und einfacheres Prinzip über die pragmatische Zulässigkeit eines Glaubensberichtes ableiten kann. Ich hatte dafür argumentiert, dass obwohl ein Satz wie »Hesperus = Phosphorus« die gleiche Proposition ausdrückt wie »Hesperus = Hesperus«, ersterer dennoch eine andere kognitive Relevanz hat als letzterer (eben weil die Charaktere eine kognitive Rolle spielen). Das können wir uns nun zunutze machen und ein grunsätzliches Prinzip aufstellen:

Pragmatische Zulässigkeit: ein Glaubensbericht ist pragmatisch zulässig genau dann, wenn er für denjenigen, dem der Glauben zugeschrieben wird, nicht *informativ ist*.[294]

---

[294] Vielleicht ist der Ausdruck »informativ« ein wenig irreführend, denn ich hatte ja bereits über die Informativität von Identitätssätzen gesprochen. Bei letzteren ging es aber um die Frage, ob ein Satz wie »Hesperus = Phosphorus« ganz allgemein informativ ist. In dem pragmatischen

5.3 Pragmatische Lösungen

Natürlich müssen wir dieses Prinzip auf Kontexte beschränken, in denen der Glaubenszustand des entsprechenden Subjektes relevant ist. Auch müssen wir die Prämisse hinzufügen, dass derjenige, dem die Überzeugung zugeschrieben wird, entweder die Sprache spricht, in welcher der Bericht verfasst ist oder der Bericht in einer Übersetzung vorliegt, welche die relevanten Aspekte der Informativität des Berichtes bewahrt. Nehmen wir beispielsweise den Pierre Fall. Es schien uns unangebracht in diesem Fall zu urteilen, dass Pierre glaubt, dass London hübsch ist, ganz einfach deswegen, weil er seine entsprechenden Gedanken nicht mit »London« sondern mit »Londres« assoziiert. Wenn Pierre also hört, dass er glaubt, dass London hübsch ist, dann ist dieser Bericht eindeutig informativ für ihn, ganz einfach deshalb, weil auch Londres = London informativ ist für Pierre. Gemäß meiner Einschränkungen dürfte man also – pragmatisch gesehen! – nur berichten, dass Pierre glaubt, dass *Londres* hübsch ist. Das wäre eine angemessene Übersetzung und wäre zudem nicht informativ für Pierre. Auch die anderen Fälle kann man so erklären: ist für Peter der Bericht, dass er glaubt, dass Peter Bieri Schriftsteller ist, informativ, dann ist er (in bestimmten Kontexten) pragmatisch unangebracht. Ich denke, dieses Prinzip ist intuitiv sehr einleuchtend: wenn ich jemand anderem wertvolle Informationen darüber geben kann, was *er* glaubt, dann habe ich sicherlich nicht den Zustand beschrieben, in dem er sich befindet (sondern habe ihn verändert).

»S glaubt, dass *p*« impliziert also, dass der gesamte Bericht – in einer gegebenenfalls angemessenen Übersetzung – nicht informativ ist für S. Diese Implikatur können wir unter Mithilfe der Maxime der Quantität berechnen: wenn der Sprecher kooperativ ist, ist sein Bericht nicht informativer als nötig. Wenn der Bericht in einer Situation geäußert wird, in welcher die Glaubenszustände relevant sind, dann darf der Bericht also keine Informationen über eben jene Zustände übermitteln, die demjenigen, dem die Überzeugung zugeschrieben wird, nicht bekannt sind.

Auch wenn das noch kein vollständig ausgearbeiteter Ansatz ist, kann er dennoch neue Impulse für die Debatte geben, denn die oben genannten Probleme hat er nicht: selbst wenn Scott »Peter Bieri ist Schriftsteller« und »Pascal Marcier ist Schriftsteller« als in relevanter Hinsicht ähnlich betrachtet, um Pauls Überzeugungen zu beschreiben, so ist der Bericht, dass Paul glaubt, dass Peter Bieri Schriftsteller ist, nach meiner Auffassung dennoch pragmatisch unangebracht. Auch kann mein Ansatz helfen, eine andere

---

Prinzip gilt die Informativität relativ zu Subjekten. Jeder wahre Satz, der zumindest nicht *a priori* wahr ist, ist generell informativ. Aber nicht jeder Satz ist relativ zu jedem Subjekt informativ. Wenn ich weiß, dass Konstanz am Bodensee liegt, dann ist der Satz »Konstanz liegt am Bodensee« nicht informativ für mich, obwohl er natürlich generell als informativ eingestuft werden muss.

Schwierigkeit in den Griff zu bekommen. Die größte Schwäche der pragmatischen Ansätze ist nach Richard (1997), dass sie Verhalten nicht erklären können, wenn wir die Berichte wörtlich nehmen (sondern nur, wenn wir die Implikaturen auswerten). Das könnte sich durch meine Analyse ebenfalls ändern, da Charaktere kognitiv relevant sind und wir sie ebenfalls in den objektinvolvierenden Wahrheitsbedingungen sichtbar machen können. Aus diesem Grund ist mein Ansatz ebenfalls in der Lage, die Intuitionen in Bezug auf die Substituierbarkeit in simplen Sätzen einzufangen: rein linguistisch ändert sich eben die Bedeutung (und damit auch die kognitive Relevanz), wenn wir koreferentielle Namen (in extensionalen Kontexten) ersetzen. Damit ließen sich auch die Intuitionen in Bezug auf die Substitution in extensionalen Konstruktionen erklären, die in Abschnitt 5.3 besprochen wurden.

Konklusion

Ich möchte diese Arbeit mit zwei Zitaten beenden, die noch einmal ausdrücken, was vielen Anhängern direkter Referenz auf dem Herzen liegt und wo meine Arbeit einen Beitrag leistet. Sie stammen von zwei der Hauptfiguren in der Debatte um direkte Referenz: Nathan Salmon und Keith Donnellan.

> The observation that ›Hesperus is Phosphorus‹ can be used to convey information that has the informative making property P does nothing to show that the sentence's semantic content itself has the property P. It is by no means obvious that this sentence, stripped naked of its pragmatic impartations and with only its properly semantic information content left, is any more informative in the relevant sense than ›Hesperus is Hesperus‹. I claim that the information content of ›Hesperus is Phosphorus‹ is the trivial proposition about the planet Venus that it is it – a piece of information that clearly lacks the informative making property P. It is by no means certain, as the original Fregean argument maintains, that the difference in »cognitive value« we seem to hear between ›Hesperus is Hesperus‹ and ›Hesperus is Phosphorus‹ is not due entirely to a difference in pragmatically imparted information. (Salmon 1990, S. 223)

> It is tempting to try to find something which doesn't amount to a Fregean sense or to meaning which nevertheless does the job of distinguishing when it is true that, e. g., an ancient astronomer believed that Hesperus is Hesperus from when it is true that the same astronomer believed that Phosphorus is Hesperus. [...] The notion of »character« may have the potential for short-circuiting the paradoxes which constitute the problem for the direct reference theory. But, unfortunately, proper names have nothing associated with them which plays the role of »character« for indexicals. So that when we are dealing with the possible contradictory beliefs one may have when they are expressed by two *names* for the same thing, we cannot look to this sort of remedy.
> (Donnellan 1990, S. 203–204. Originale Hervorhebung)

Ich habe in dieser Arbeit gezeigt, dass es möglich ist, Eigennamen auch in der Theorie direkter Referenz einen Charakter zuzuweisen. Ich habe ebenfalls gezeigt, dass dieser Charakter nicht dazu in der Lage ist, die Theorie auf der Seite des (semantischen) Gehalts anzureichern, ganz einfach, weil zu viel am Konzept der globalen Substitution hängt. In diesem Sinne stimme ich also mit den Aussagen der Zitate von Salmon und Donnellan überein. In einem anderen Sinne muss ich Salmon aber widersprechen und kann die Hoffnungen Donnellans erfüllen: durch den Charakter erhalten wir eine befriedigende Methode, die Informativität von Identitätssätzen semantisch zu erklären, d. h. ohne uns direkt auf pragmatische Prinzipien zu berufen. Auf der anderen Seite ermöglichen uns diese Charaktere genau jene pragmatische Prinzipien abzuleiten, die wir für die Analyse von Glaubensberichten benötigen. All das wurde möglich durch die Fragen, ob und wie man die referentiellen Axiome der wahrheitstheoretischen Semantik in die Theorie direkter Referenz einbinden kann.

Literatur

ABBOTT, Barbara (2010): *Reference*. Oxford: Oxford University Press.
ABBOTT, Barbara (2011): »Support for Individual Concepts« in *Linguistic and Philosophical Investigations*, Vol. 10, S. 23–44.
ALMOG, Joseph (2006): »Direct Reference and Significant Cognition: Any Paradoxes?« in *Philosophical Books*, Vol. 47, No. 1, S. 2–14.
ALMOG, Joseph (2014): *Referential Mechanics*. New York: Oxford University Press.
ALMOG, Joseph und PERRY, John und WETTSTEIN, Howard (Hrsg.) (1989): *Themes from Kaplan*. New York und Oxford: Oxford University Press.
ANDERSON, C. Anthony und OWENS, Joseph (Hrsg.) (1990): *Propositional Attitudes: The Role of Content in Logic, Language, and Mind*. Stanford: CSLI lecture notes (No. 20).
BACH, Kent (1981): »What's in a name?« in *Australasian Journal of Philosophy* 59, S. 371–386.
BACH, Kent (2007): »Reflections on *Reference and Reflexivity*« in *Situating Semantics: Essays on the Philosophy of John Perry* (Hrsg.: M. O'Rourke und C. Washington), Cambridge (u. a.): MIT Press, S. 395–424.
BALAGUER, Mark (2011): »Is there a fact of the matter between direct reference theory and (neo-)Fregeanism?«, in *Philosophical Studies* 154, S. 53–78.
BERGER, Alan (2002): *Terms and Truth*. Cambridge and London: MIT Press.
BIANCHI, Andrea (Hrsg.) (2015): *On Reference*. Oxford: Oxford University Press.
BRAUN, David (2002): »Cognitive Significance, Attitude Ascriptions, and Ways of Believing Propositions« in *Philosophical Studies* 108, S. 65–81.
BROCK, Stuart (2004): »The Ubiquitous Problem of Empty Names« in *The Journal of Philosophy*, Vol. 101, No. 6, S. 277–298.
BURGE, Tyler (1973): »Reference and Proper Names« in *The Journal of Philosophy*, Vol. 70, Nr. 14, S. 425–439.
CAMPBELL, John (2006): *Reference and Consciousness*. Oxford: Oxford University Press. (Reprint)
CHOMSKY, Noam (1986): *Knowledge of Language: It's Nature, Origin and Use*. New York: Praeger.
CRIMMINS, Mark (1992): *Talk about Beliefs*. Cambridge und London: The MIT Press.
CRIMMINS, Mark und PERRY, John (1989): »The Prince and the Phone Booth: Reporting Puzzling Beliefs« in *The Journal of Philosophy*, Vol. 86, No. 12, S. 685–711.
CWIKLIK, Robert (1987): *Albert Einstein and the Theory of Relativity*. New York: Barron's Educational Series.

DAVIDSON, Donald (1965): »Theories of Meaning and Learnable Languages« in Davidson 1990, S. 3–16. Ersterscheinung in Yehoshua Bar-Hillel (Hrsg.), *Proceedings of the International Congress for Logic, Methodology, and Philosophy of Science*, 1965, Amsterdam: North-Holland Publishing Company.

DAVIDSON, Donald (1967): »Truth and Meaning«, in DAVIDSON 1990, S. 17–36. Ersterscheinung in *Synthese* 17, 1967, S. 304–323, Dordrecht: D. Reidel Publishing Company.

DAVIDSON, Donald (1970): »Semantics for Natural Languages«, in DAVIDSON 1990, S. 55–64. Ersterscheinung in *Linguaggi nella Società e nella Tecnica*, 1970, Milan: Edizioni di Comunità.

DAVIDSON, Donald (1973): »In Defence of Convention T«, in DAVIDSON 1990, S. 65–76. Ersterscheinung in, *Truth, Syntax and Modality* (Hrsg.: Hugues Leblanc), 1973, Amsterdam: North Holland Publishing Company.

DAVIDSON, Donald (1976): »Reply to Foster«, in EVANS und McDOWELL 1977, S. 33–41.

DAVIDSON, Donald (1979): »The Inscrutability of Reference«, in DAVIDSON 1990, S. 227–242.

DAVIDSON, Donald (1990): *Inquiries into Truth and Interpretation*. Oxford: Clarendon Press. (Reprint)

DEUTSCH, Harry (1989): »On Direct Reference« in ALMOG et. al. (Hrsg.) 1989, S. 167–195.

DEVER, Joshua (2004): »Binding into Character« in *Canadian Journal of Philosophy*, 34:sup1, S. 29–80.

DEVITT, Michael (2015): »Should Proper Names Still Seem So Sroblematic?« in BIANCHI (Hrsg.) 2015, S. 108–144.

DONNELLAN, Keith S. (1966): »Reference and Definite Descriptions« in *The Philosophical Review*, Vol. 75, No. 3, S. 281–304.

DONNELLAN, Keith (1972): »Proper Names and Identifying Descriptions« in *Semantics of Natural Language* (Hrsg: G. Harman und D. Davidson), Dordrecht und Boston: D. Reidel Publishing Company, S. 356–79.

DONNELLAN, Keith (1990): »Belief and the Identity of Reference« in ANDERSON und OWENS (Hrsg.) 1990, S. 201–214.

DORR, Cian (2014): »Transparency and the Context-Sensitivity of Attitude Reports« in *Empty Representations* (Hrsg.: M. García-Carpintero und G. Martí), 2014, New York: Oxford University Press.

DUMMETT, Michael (1981): *Frege. Philosophy of Language.* London: Duckworth (2. Auflage).

EBBS, Gary (2012): »Davidson's explication of meaning«, in PREYER (Hrsg.) 2012, S. 76–104.

EVANS, Gareth (1982): *The Varieties of Reference*. Oxford: Oxford University Press.

EVANS, Gareth und McDOWELL, John (Hrsg.) (1977): *Truth and Meaning. Essays in Semantics.* Oxford: Clarendon Press (Reprint).

FARA, Delia Graff (2015): »Names are Predicates« in *Philosophical Review* 124 (1), S. 59–117.

FINE, Kit (2007): *Semantic Relationism*. Malden (u. a.): Blackwell.
FISCHER, Martin (2008): *Davidsons semantisches Programm und deflationäre Wahrheitskonzeptionen*. Frankfurt: Ontos.
FOSTER, John A. (1976): »Meaning and Truth Theory«, in EVANS und McDOWELL (Hrsg.) 1977, S. 1–32.
FREGE, Gottlob (1892): »Über Sinn und Bedeutung« in *Zeitschrift für Philosophie und philosophische Kritik* NF 100, S. 25–50. Auch erschienen in *Gottlob Frege: Funktion, Begriff, Bedeutung. Fünf logische Studien*. (Hrsg.: Günther Patzig), 2008, Göttingen: Vandenhoeck und Ruprecht, S. 23–46.
GARSON, James (2001): »Quantification in Modal Logic« in *Handbook of Philosophical Logic* (Hrsg.: D. Gabbay und F. Guenthner), second edition, Volume 3, Dordrecht: D. Reidel, S. 267–323.
GLÜER, Kathrin und PAGIN, Peter (2006): »Proper Names and Relational Modality« in *Linguistics and Philosophy* 29, S. 507–535.
GLÜER, Kathrin und PAGIN, Peter (2008): »Relational Modality« in *Journal of Logic, Language and Information* 17, S. 307–322.
GRICE, Paul (1989): »Logic and Conversation« in *Studies in The Way of Words* (Hrsg.: P. Grice), Cambridge und London: Harvard University Press, S. 22–40.
HAAS-SPOHN, Ulrike (1995): *Versteckte Indexikalität und subjektive Bedeutung*. Berlin: Akademie Verlag.
HALE, Bob und WRIGHT, Crispin (Hrsg.) (1997): *A Companion to the Philosophy of Language*. Oxford: Blackwell.
HAWTHORNE, John und MANLEY, David (2012): *The Reference Book*. Oxford: Oxford University Press.
HIGGINBOTHAM, James (1992): »Truth and Understanding«, in *Philosophical Studies* 65, S. 3–16.
HOELTJE, Miguel (2012): *Wahrheit, Bedeutung und Form*. Münster: Mentis.
HUGHES, Christopher (2004): *Kripke. Names, Necessity, and Identity*. Oxford: Clarendon Press.
HUMPHREYS, Paul (Hrsg.) (1998): *The new theory of reference: Kripke, Marcus, and its origins*. Dordrecht: Kluwer.
JACQUETTE, Dale (2011): »Frege on Identity as a Relation of Names« in *Metaphysica*, Vol. 11, No. 1, S. 51–72.
JESHION, Robin (2015): »Names not Predicates« in BIANCHI (Hrsg.) 2015, S. 225–250.
KABASENCHE, William P. und O'ROURKE, Michael und SLATER, Matthew H. (Hrsg.) (2012): *Reference and Referring*. Cambridge und London: The MIT Press.
KAPLAN, David (1968): »Quantifying In« in *Synthese*, Vol. 19, No. 1/2, S. 178–214
KAPLAN, David (1978): »Dthat« in *Syntax and Semantics Volume 9: Pragmatics* (Hrsg.: P. Cole), 1978, New York: Academic Press, S. 221–244.
KAPLAN, David (1989a): »Demonstratives« in ALMOG et. al. (Hrsg.) 1989, S. 481–563.
KAPLAN, David (1989b): »Afterthoughts« in ALMOG et. al. (Hrsg.) 1989, S. 565–614.

KING, Jeffrey (1995): »Structured Propositions and Complex Predicates« in *Noûs*, Vol. 29, Nr. 4, S. 516–535

KING, Jeffrey (1996): »Structured Propositions and Sentence Structure« in *Journal of Philosophical Logic*, Vol. 25, No. 5, S. 495–521.

KING, Jeffrey (2007): *The Nature and Structure of Content*. Oxford: Oxford University Press.

KRIPKE, Saul (1971): »Identity and Necessity« in *Identity and Individuation* (Hrsg.: M. Munitz), 1971, New York: New York University Press, S. 135–164.

KRIPKE, Saul (1977): »Speaker's Reference and Semantic Reference« in *Studies in the Philosophy of Language* (Hrsg.: P. French, T. Uehling Jr. und H. Wettstein), 1977, Morris: University of Minnesota Press, S. 255–296

KRIPKE, Saul (1979): »A Puzzle about Belief« in *Meaning and Use* (Hrsg: A. Margalit), 1979, Dordrecht: D. Reidel, S. 239–283.

KRIPKE, Saul (1980): *Naming and Necessity*. Oxford: Blackwell (überarbeitete und erweiterte Ausgabe).

KÜNNE, Wolfgang (2003): *Conceptions of Truth*. Oxford: Clarendon Press.

LAMBERT, Karl (1991): » A theory of definite descriptions« in *Philosophical Applications of Free Logic* (Hrsg.: K. Lambert), 1991, New York (u. a.): Oxford University Press, S. 17–27.

LARSON, Richard K. und SEGAL, Gabriel (1996): *Knowledge of Meaning. An Introduction to Semantic Theory*. Cambridge: MIT Press. (2. print)

LEHMANN, Scott (1994): »Strict Fregean Free Logic« in *Journal of Philosophical Logic*, Vol. 23, No. 3, S. 307–336.

LEPORE, Ernest (Hrsg.) (1986): *Truth and Interpretation*. Oxford: Basil Blackwell.

LEPORE, Ernest und LUDWIG, Kirk (2005): *Donald Davidson: Meaning, Truth, Language, and Reality*. Oxford: Oxford University Press.

LEPORE, Ernest und LUDWIG, Kirk (2007): *Donald Davidson's Truth-Theoretic Semantics*. Oxford: Clarendon Press.

LEPORE, Ernest und LUDWIG, Kirk (2011): »Truth and meaning redux«, in *Philosophical Studies* 154, S. 251–277.

LEPORE, Ernest und LUDWIG, Kirk (2012): »Introduction: Davidson's philosophical project«, in Preyer 2012, S. 1–38.

LEPORE, Ernest und LUDWIG, Kirk (Hrsg.) (2013): *A Companion to Donald Davidson*. Chichester: Wiley Blackwell.

LEWIS, David K. (1986): *On the Plurality of Worlds*. Oxford (u.A.): Blackwell.

LÖBNER, Sebastian (2002): *Semantik*. Berlin und New York: Walter de Gruyter.

MARTI, Genoveva (1989): »Aboutness and Substitutivity« in *Midwest Studies in Philosophy* XIV, S. 127–139.

MARTI, Genoveva (1995): »The Essence of Genuine Reference« in *Journal of Philosophical Logic*, Vol. 24, No. 3, Afterthoughts on Kaplan's Demonstratives, S. 275–289.

MARTI, Genoveva (2003): »The Question of Rigidity in New Theories of Reference« in *Noûs*, 37:1, S. 161–179.

MARTI, Genoveva (2015): »Reference without Cognition« in BIANCHI (Hrsg.) 2015, S. 77–92.

McDowell, John (1977): »On the Sense and Reference of a Proper Name«, in *Mind*, New Series, Vol. 86, No. 342, S. 159–185.
McDowell, John (1984): »De Re Senses«, in *The Philosophical Quarterly*, Vol. 34, No. 136, S. 283–294.
Montague, Richard (1973): »The proper treatment of quantification in ordinary English« in *Approaches to Natural Language: Proceedings of the 1970 Stanford Workshop on Grammar and Semantics* (Hrsg.: J. Hintikka, J. Moravcsik, P. Suppes), 1973, Dordrecht: Reidel, S. 221–242.
Mill, John Stuart (1973): *A System of Logic*. Books I–III (Hrsg.: J. M. Robson), Toronto und Buffalo: University of Toronto Press.
Napoli, Ernesto (1995): »(Direct) Reference« in *Journal of Philosophical Logic* 24, S. 321–339.
Napoli, Ernesto (2015): »Names as Predicates?« in Bianchi (Hrsg.) 2015, S. 211–224.
Nelson, Michael (2002): »Puzzling Pairs« in *Philosophical Studies* 108, S. 109–119.
Nelson, Michael (2005): »The Problem of Puzzling Pairs« in *Linguistics and Philosophy* 28, S. 319–350.
Patterson, Douglas (2007a): »Understanding the Liar« in *Revenge of the Liar: New Essays on the Paradox* (Hrsg.: J. C. Beal), 2007, Oxford: Oxford University Press, S. 197–224.
Patterson, Douglas (2007b): »Inconsistency Theories: The Significance of Semantic Ascent«, in *Inquiry* 50, S. 575–589.
Peacocke, Christopher (1975): »Proper Names, reference, and rigid designation« in *Meaning, Reference and Necessity* (Hrsg.: S. Blackburn), 1975, Cambridge: Cambridge University Press, S.. 109–132.
Peacocke, Christopher (1981): »Demonstrative Thought and Psychological Explanation« in *Synthese* 49:2, S. 187–217.
Pepp, Jessica (2012): »Reference and Referring: A Framework« in Kabasenche et. al. (Hrsg.) 2012, S. 1–32.
Perry, John (1977): »Frege on Demonstratives« in *The Philosophical Review*, Vol. 86, Nr. 4, S. 474–497. Auch enthalten in Perry (2000).
Perry, John (1979): »The Problem of the Essential Indexical« in *Noûs* 13, S. 3–21. Auch enthalten in Perry (2000).
Perry, John (1980): »Belief and Acceptance« in *Midwest Studies in Philosophy* 5, S. 533–542. Auch enthalten in Perry (2000).
Perry, John (2000): *The Problem of the Essential Indexical and Other Essays*. Stanford: CSLI Publications.
Perry, John (2001): *Reference and Reflexivity*. Stanford: CSLI Publications.
Pinillos, Ángel (2015): »Millianism, Relationism, and Attitude Ascriptions« in Bianchi (Hrsg.) 2015, S. 322–334.
Preyer, Gerhard (Hrsg.) (2012): *Donald Davidson on Truth, Meaning, and the Mental*. Oxford: Oxford University Press.
Quine, Willard v. O. (1960): *Word and Object*. Cambridge: MIT Press.

Rami, Dolf (2014): »The use-conditional indexical conception of proper names« in *Philosophical Studies* 168, S. 119–150.

Rami, Adolf und Wansing, Heinrich (Hrsg.) (2007): *Referenz und Realität*. Paderborn: Mentis.

Recanati, François (1993): *Direct Reference: From Language to Thought*. Oxford und Cambridge: Blackwell.

Richard, Mark (1990): *Propositional Attitudes: An Essay on Thoughts and How We Ascribe Them*. Cambridge (u. a.): Cambridge University Press.

Richard, Mark (1993): »Attitudes in Context« in *Linguistics and Philosophy* 16, S. 123–148.

Richard, Mark (1997): »Propositional Attitudes« in Hale und Wright (Hrsg.) 1997, S. 197–226

Russell, Bertrand (1905): »On Denoting« in *Mind* 14:56, S. 479–493.

Russell, Bertrand (1910/1911): »Knowledge by acquaintance and knowledge by description« in *Proceedings of the Aristotelian Society*, New Series, Vol. 11, S. 108–128.

Sainsbury, Richard Mark (2002): *Departing from Frege. Essays in the Philosophy of Language*. London und New York: Routledge.

Sainsbury, Richard Mark (2005): *Reference Without Referents*. Oxford: Oxford University Press.

Salmon, Nathan (1982): *Reference & Essence*. Oxford: Basil Blackwell.

Salmon, Nathan (1986): *Frege's Puzzle*. Cambridge und London: MIT Press.

Salmon, Nathan (1989): »Illogical Belief« in *Philosophical Perspectives*, Vol. 3, S. 243–285.

Salmon, Nathan (1990): »A Millian Heir Rejects the Wages of *Sinn*« in Anderson und Owens (Hrsg.) 1990, S. 215–248.

Salmon, Nathan (2003): »Naming, Necessity, and Beyond« in *Mind*, New Series, Vol. 112, No. 447, S. 475–492.

Santambrogio, Marco (2015): »Empty Names, Propositions, and Attitude Ascriptions« in Bianchi (Hrsg.) 2015, S. 295–321.

Saul, Jennifer (1997): »Substitution and simple sentences« in *Analysis* 57.2, S. 102–108.

Saul, Jennifer (1998): »The Pragmatics of Attitude Ascription« in *Philosophical Studies* 92, S. 363–389.

Saul, Jennifer (2007): *Simple Sentences, Substitution, and Intuitions*. New York: Oxford University Press.

Schantz, Richard (1996): *Wahrheit, Referenz und Realismus*. Berlin und New York: Walter de Gruyter.

Schiffer, Stephen (1992): »Belief Ascription« in *The Journal of Philosophy*, Vol. 89, No. 10, S. 499–521.

Schiffer, Stephen (1994): »A Paradox of Meaning« in *Noûs*, Vol. 28, No. 3, S. 279–324

Schiffer, Stephen (2003): *The Things We Mean*. Oxford: Clarendon Press.

Searle, John (1958): »Proper Names« in *Mind*, New Series, Vol. 67, No. 266, S. 166–173.

SEGAL, Gabriel (2001): »Two Theories of Names« in *Mind & Language*, Vol. 16, Nr. 5, S. 547–563.

SEGAL, Gabriel (2006): »Truth and Meaning«, in *The Oxford Handbook of Philosophy of Language* (Hrsg.: E. Lepore und B. C. Smith), 2006, Oxford: Clarendon Press, S. 189–212.

SMITH, David (1984): »Rigidity and Scope« in *Mind*, New Series, Vol. 93. No. 370, S. 177–193.

SMITH, David (1987): »Semantical Considerations on Rigid Designation« in *Mind*, New Series, Vol. 96, No. 381, S. 83–92.

SOAMES, Scott (1987a): »Direct Reference, Propositional Attitudes, and Semantic Content« in *Philosophical Topics* 15, S. 47–87. Auch erschienen in ALMOG et al. (Hrsg.) 1989 und in SOAMES 2009, S. 33–71.

SOAMES, Scott (1987b): »Substitutivity« in *On Being and Saying: Essays for Richard Cartwright* (Hrsg.: J. J. Thomson), 1987, Cambridge u. London: The MIT Press, S. 99–132.

SOAMES, Scott (1995): »Beyond Singular Propositions?« in *Canadian Journal of Philosophy*, Vol. 25, No. 4, S. 515–549.

SOAMES, Scott (1998): »The Modal Argument: Wide Scope and Rigidified Descriptions« in *Noûs* 32:1, S. 1–22.

SOAMES, Scott (2002): *Beyond Rigidity: the unfinished semantic agenda of Naming and necessity.* New York: Oxford University Press.

SOAMES, Scott (2008): »Truth and Meaning: In Perspective«, in *Midwest Studies in Philosophy* XXXII, S. 1–19.

SOAMES, Scott (2009): *Philosophical Essays. Volume II.* Princeton und Oxford: Princeton University Press.

SOAMES, Scott (2010): *What is Meaning?* Princeton (u. a.): Princeton University Press.

SOAMES, Scott (2012): »Two Versions of Millianism« in KABASENCHE et al. (Hrsg.) 2012, S. 83–118.

SOSA, David (2001): »Rigidity in the Scope of Russell's Theory« in *Noûs* 35:1, S. 1–38.

SPOHN, Wolfgang (2012): *The Laws of Belief.* Oxford: Oxford University Press.

STANLEY, Jason (1997): »Names and rigid designation« in HALE und WRIGHT (Hrsg.) 1997, S. 555–585.

STEINMAN, Robert (1985): »Kripke Rigidity versus Kaplan Rigidity« in *Mind*, New Series, Vol. 94, No. 375, S. 431–442.

STRAWSON, Peter F. (1950): »On referring« in *Mind*, New Series, Vol. 59, No. 235, S. 320–344.

TARSKI, Alfred (1983): »The Concept of Truth in Formalized Languages« in *Logic, Semantics, Metamathematics.* Oxford: Clarendon Press, pp. 152–278. (Second Edition)

WANSING, Heinrich (2007): »Zitattheorien der Eigennamen« in RAMI und WANSING (Hrsg.) 2007, S. 261–286.

WILLIAMS, Robert G. (2007): »Eligibility and Inscrutability« in *The Philosophical Review*, Vol. 116, No. 3, S. 361–399.

WILLIAMS, Robert G. (2013): »Reference« in LEPORE und LUDWIG (Hrsg.) 2013, S. 264–286.
WILLIAMSON, Timothy (2007): *The Philosophy of Philosophy*. Oxford: Blackwell.

Personenregister

Abbott, Barbara   29, 148, 150, 215, 216, 228
Almog, Joseph   43, 89, 135, 149
Bach, Kent   122, 133
Balaguer, Mark   210, 211
Berger, Alan   56
Braun, David   237
Brock, Stuart   53, 81, 138, 139, 140, 221
Burge, Tyler   96, 134
Campbell, John   210
Chomsky, Noam   172
Crimmins, Mark   225, 226, 227, 228, 229
Davidson, Donald   153, 157, 161, 162, 164, 168, 169, 170, 171, 172, 175, 195, 197, 198, 199, 206, 212
Dever, Joshua   97, 99, 100, 103, 104, 105, 107
Devitt, Michael   136
Deutsch, Harry   76, 78
Donnellan, Keith   43, 89, 135, 148, 149, 150, 151, 215, 235, 248, 249
Dorr, Cian   222, 223, 224, 225, 228
Dummett, Michael   23, 64, 107
Ebbs, Gary   157
Evans, Gareth   23, 37, 108
Fara, Delia Graff   134
Fine, Kit   90
Fischer, Martin   179
Foster, John   158, 159, 160, 165, 168
Frege, Gottlob   19, 20, 21, 22, 24, 27, 28, 31, 35, 36, 41, 88, 89, 102, 106, 125, 132, 134, 135, 144, 147, 148, 181, 182, 183, 196, 198, 199
Garson, James   78
Glüer, Kathrin   53
Grice, Paul   237, 244
Haas-Spohn, Ulrike   215
Hawthorne, John   37, 53
Higginbotham, James   176
Hoeltje, Miguel   162, 165, 176
Hughes, Christopher   40, 52, 53, 54, 56
Jacquette, Dale   20
Jeshion, Robin   134
Kaplan, David   22, 27, 32, 33, 35, 38, 39, 40, 41, 42, 44, 46, 47, 50, 53, 54, 78, 85, 93, 94, 95, 96, 97, 98, 99, 100, 101, 102, 103, 104, 107, 108, 110, 113, 114, 118, 122, 129, 131, 149, 150, 151, 211, 217, 218
King, Jeffrey   128
King, Stephen   231, 232
Kripke, Saul   24, 52, 53, 54, 59, 64, 66, 67, 68, 75, 81, 89, 105, 106, 107, 134, 135, 136, 137, 138, 139, 140, 141, 142, 143, 144, 145, 146, 151, 199, 213, 215, 233, 234, 235, 236, 243
Künne, Wolfgang   162
Lambert, Karl   80, 185
Larson, Richard   164, 166, 168, 172, 177, 185, 203, 213, 215, 216
Lehmann, Scott   80
Lepore, Ernest   157, 160, 161, 164, 165, 166, 174, 175, 176, 177, 179, 191, 197, 201, 202, 203
Lewis, David   40
Löbner, Sebastian   42
Ludwig, Kirk   157, 160, 161, 164, 165, 166, 174, 175, 176, 177, 179, 191, 197, 198, 201, 202, 203
Manley, David   37, 53
Marti, Genoveva   40, 45, 46, 51, 136
McDowell, John   178, 179, 181
Mill, John Stuart   37, 40, 71, 147, 148, 199
Montague, Richard   148
Napoli, Ernesto   42, 134
Nelson, Michael   229
Pagin, Peter   53
Patterson, Douglas   163
Peacocke, Christopher   45, 69
Pepp, Jessica   40
Perry, John   225, 226, 227, 228, 229, 237
Pinillos, Ángel   91
Putnam, Hilary   137
Quine, Willard v. O.   170
Rami, Dolf   136
Recanati, François   51, 64, 68, 69, 94, 108, 109, 110, 111, 112, 113, 114, 115, 116, 118, 119, 136, 137, 138
Richard, Mark   228, 229, 230, 248
Russell, Bertrand   35, 36, 37, 38, 106, 108, 110, 135, 144, 147, 148, 149, 150, 199, 229

Sainsbury, Mark   23, 37, 54, 78, 80, 140, 141, 143, 179, 186, 187, 195, 205, 206, 207, 208, 209, 210, 212
Salmon, Nathan   23, 37, 52, 54, 221, 236, 239, 241, 242, 244, 248, 249
Santambrogio, Marco   221
Saul, Jennifer   230, 233, 240, 241, 244, 245
Schantz, Richard   204
Schiffer, Stephen   38, 51, 228
Searle, John   61
Segal, Gabriel   134, 164, 166, 168, 170, 171, 172, 173, 177, 185, 203, 213, 215, 216
Smith, David   54, 73, 75, 76, 79, 81
Soames, Scott   37, 90, 91, 106, 120, 121, 122, 123, 128, 138, 140, 192, 193, 176, 213, 229, 236, 237, 241, 244
Sosa, David   68, 107, 144
Spohn, Wolfgang   171
Stanley, Jason   54
Steinman, Robert   52, 54, 76, 78, 80, 81
Strawson, Peter   148
Tarski, Alfred   157, 162
Wansing, Heinrich   136
Wettstein, Howard   135
Williams, Robert   189, 191
Williamson, Timothy   38